新马克思经济学综合创新

程恩富经济学术思想研究

Synthesis and Innovation of the New Marxian Economics:
A Study of Cheng Enfu's Economic Thoughts

陈 溢◎著

图书在版编目（CIP）数据

新马克思经济学综合创新：程恩富经济学术思想研究 / 陈溢著. -- 北京：中国经济出版社，2025.7.
ISBN 978-7-5136-8233-6
Ⅰ. F0-0
中国国家版本馆 CIP 数据核字第 2025ZT5999 号

责任编辑	贺　静
责任印制	李　伟
封面设计	华子设计

出版发行	中国经济出版社
印 刷 者	天津嘉恒印务有限公司
经 销 者	各地新华书店
开　　本	787 mm×1092 mm　1/16
印　　张	18.75　彩页印张　1
字　　数	280 千字
版　　次	2025 年 7 月第 1 版
印　　次	2025 年 7 月第 1 次
定　　价	88.00 元

广告经营许可证　京西工商广字第 8179 号

中国经济出版社 网址 http://epc.sinopec.com/epc　社址 北京市东城区安定门外大街 58 号　邮编 100011
本版图书如存在印装质量问题，请与本社销售中心联系调换（联系电话：010-57512564）

版权所有　盗版必究（举报电话：010-57512600）
国家版权局反盗版举报中心（举报电话：12390）　　服务热线：010-57512564

2020年9月，中国社会科学院马克思主义研究院召开"守正创新马克思主义——程恩富学术思想研讨会"

2021年5月，程恩富教授在第三届世界文化论坛暨第二届中国文化分论坛上致辞

2023年9月，程恩富教授在第四届人类文明与文化发展国际学术论坛上作总结发言

2023年11月，程恩富教授在中国社会科学院大学作关于"创新马克思主义十七讲"的专题讲座

2024年4月，程恩富教授及其学术团队在第四届创新马克思主义学术论坛合影

2024年5月，俄罗斯联邦共产党主席久加诺夫给程恩富教授颁发并佩戴列宁勋章

2024年12月，程恩富教授主持国家社科基金重大项目"改革开放以来中国发展道路的政治经济学理论创新与历史经验研究"研讨

2025年7月，笔者与程恩富教授在"中国马克思主义政治经济学自主知识体系构建与创新研讨会"上合影

序 言 Preface

　　作为中国著名的并享有世界声誉的马克思主义经济学家，中国社会科学院学部委员程恩富教授多年来一直致力于政治经济学的开拓性研究与前瞻性探索，坚持经济学方法、原理和政策三者的连贯系统分析，推动现代政治经济学朝国际化、应用化、数理化和学派化的方向发展，是新马克思经济学综合学派的领军人物。正如2016年5月习近平总书记在哲学社会科学工作座谈会上所指出的，"这是一个需要理论而且一定能够产生理论的时代，这是一个需要思想而且一定能够产生思想的时代"；程恩富经济学术思想恰好就是这样一个典型样本，它生于兹、长于兹，始终立足中国实践，时刻回应时代关切，无疑是马克思主义政治经济学中国化时代化在学术界的一豹缩影。鉴于此，陈溢博士毅然决定将程恩富经济学术思想研究作为自己博士学位论文的选题，并在我的指导下顺利完成了论文的撰写、送审和答辩，进而最终形成题为《新马克思经济学综合创新——程恩富经济学术思想研究》的专著，尝试性地探究和展现"学生之学生"眼中的"老师之老师"。

　　毋庸置疑，从"学生之学生"的角度来学习、研究和评价"老师之老师"，这确实绝非易事。这项工作既不是盖棺定论式的组织鉴定，也不是标新立异式的著书立传，更不是诸如论"导师崇高感""师母优美感"那般的鼓噪吹捧；而是要真正"回到"主人公身处的时代背景、"回归"特定时代的中心议题、"回溯"学术争鸣的群体肖像、"回味"思想观点的真知灼见、"回答"当下实践的问题指向。出于这样的考虑，本书摒弃了把特定人物经济思想进行模块化分割和平面式罗列的传统写作模式，转而沿着"坚守马学根基—集成科学方法—判定时代方位—创新理论政策"这一脉络递次推进，并将之作为理解和把握程恩富经济学术思想的内在逻辑。借助于这一逻辑主线，我们一方面能够更加明晰程恩富经济学术思想的"从何处来"与"到哪里去"，纵观其经济学术思想的昨天、今天和明天，贯穿始终的正是程恩富教授所提倡的"马学为体，西学为用，国学为根，世情为鉴，国情为据，综合创新"这一经济学乃至整个哲学社会科学的总体创新原则和思维方针。同时，我们还可以深切体悟到程恩富经济学术思想何以从"怎么看"到"怎样办"，"新的活劳动创造价值假设""利己和利他经济人假设""资源和需要双约束假设""公平与效率互促同向变动假设"和"公有制高绩效假设"何以在理论创新层面聚焦主观世界的革新，幸福指数政策、立新核算政策、为民财税政策、金融实化政策、知识产权政策、公主私辅政策、改善分配政策、提高福利政策、抑制通胀政策、对等开放政策等何以在策论建言层面助推客观世界的改造；在这里，没有理论自洽的"空谈"，没有经验主义的"盲动"，有的只是反映客观现实规律并正确指导实践这一理论的全部价值所在。

当然，作者对程恩富经济学术思想的风范特质所作的科学概括和凝练无疑是本书的最大特色和亮点。程恩富经济学术思想所蕴含的"站人民立场""守主义之正""创时代之新""批错误思潮"和"聚共识之贤"这些鲜明风范特质，从本质上正是程恩富经济学术思想世界观和方法论的生动写照。

"站人民立场"，就是要立学为民、治学报国。习近平总书记强调，"为什么人的问题是哲学社会科学研究的根本性、原则性问题"，"我国哲学社会科学为谁著书、为谁立说，是为少数人服务还是为绝大多数人服务，是必须搞清楚的问题"，"我国哲学社会科学要有所作为，就必须坚持以人民为中心的研究导向"。作为哲学社会科学的一颗璀璨明珠，经济学的阶级性更为鲜明和突出。马克思曾经在《资本论》中对那个时代的"政治经济学教授"进行了无情的嘲讽，认为市民社会中的"教授"无非就是在用"学究味"的话语来复写"资产阶级生产当事人"那些充满"铜臭味"的看法，不过是理论为迎合现实的颠倒需要进行的二次颠倒。相较于这些为稻粱谋者，程恩富教授则是坚守为人民做学问的崇高理想，自觉把个人学术追求之"小我"同国家和民族发展之"大我"紧紧联系在一起，自始至终为人民计、为国家计、为天下计。面对强势的资本逻辑，他总是愿做劳工利益的守护者；面对敏感的财富分配与收入分配问题，他总是愿做共同富裕的推进者；面对复杂的民生领域综合改革，他总是愿做纾忧解困良策的贡献者。

"守主义之正"，就是要笃信马列、主义是从。习近平总书记强调，"有些人认为，马克思主义政治经济学过时了，《资本论》过时了。这个论断是武断的，也是错误的"。"对国外特别是西方经济学，我们要坚持去粗取精、去伪存真，坚持以我为主、为我所用，对其中反映资本主义制度属性、价值观念的内容，对其中具有西方意识形态色彩的内容，不能照搬照抄"。程恩富教授始终把主义摆在第一位，认为主义抉择的"第一公里"直接决定着正视问题、筛选问题、分析问题和解决问题的全过程，不同的主义必然意味着迥然有异的问题意识和问题导向。面对"去马""非马""贬马"等社会思想的泛滥影响，他旗帜鲜明地坚持和维护马克思主义政治经济学的指导地位，既强调马克思主义政治经济学在国民教育体系中的重要性，高度重视马克思主义政治经济学的设置和教研，利用马克思主义政治经济学指导西方经济学的教学研究活动；同时，提出要进一步强化马克思主义政治经济学对推进中国式现代化的支撑作用，学好用好政治经济学，自觉认识和更好遵循经济发展规律，不断提高领导我国经济发展能力和水平。对于程恩富教授而言，马克思主义不仅是严谨的理论体系，更是一种崇高的理想信仰。套用列宁的话来说，他真正"懂得应该怎样、在什么地方、在什么时候将他的马克思主义变成行动"。

"创时代之新"，就是要勇立潮头、系统创新。习近平总书记强调，"创新是哲学社会科学发展的永恒主题，也是社会发展、实践深化、历史前进对哲学社会科学的必然要求"，"哲学社会科学创新可大可小，揭示一条规律是创新，提出一种学说是创新，阐明一个道理是创新，创造一种解决问题的办法也是创新"。在程恩富教授看来，要不断摆脱各种"马教条""西教条""古教条"的思想束缚，真正的学术研究应该海纳百川，推陈出新，探求真理，思想应当解放而不僵化，学风应当严谨而不风化。他所领衔的"新马克思经济学综合学派"，究其理论特征和实质就在于，以马克思经济学的方法和理论为基点，科学综合古今中外的合理经济思想，构建一种有别于马克思经济学、苏联经济学和西方经济学的新范式，即新建在经济全球化大背景中揭示当代中外经济运行机制和发展规律的经济学范式。从系统观念出发，程恩富经济学术思想确实完成了哲学社会科学不同层面上的创新：在"揭示一条规律"层面，程恩富教授结合现代科学技术的发展和创造价值的劳动、财富存在形式、劳动力生产和再生产等发生的新变化，拓展创造价值的劳动的认识，创新性地提出"新的活动价值一元论"，把创造价值的劳动从物质生产领域拓展到部分非物质生产领域；在

"提出一种学说"层面,程恩富教授提出应以生产关系动态变化决定社会主义经济制度发展阶段的核心要素,构建了"产权制度—分配制度—调节制度"的分析框架,将社会主义建设和发展的整个历史进程划分为初级阶段、中级阶段和高级阶段,即"社会主义三阶段论";在"阐明一个道理"层面,针对库兹涅茨所描述的"倒U形假说""效率优先假设""公平与效率高低反向变动假设"等西方理论,程恩富教授提出"公平与效率互促同向变动假设",认为经济公平与经济效率具有正反同向变动的交促互补关系,即经济活动的制度、权利、机会和结果等方面越是公平,效率就越高;相反,越不公平,效率就越低,而当代公平与效率最优结合的载体之一就是市场型按劳分配;在"创造一种解决问题的办法"层面,程恩富教授提出必须以知识产权优势理论作为应对经济全球化和发展对外贸易的战略思想,在结合比较优势与竞争优势的基础上,大力发展控股、控技和控牌的"三控型"民族企业集团。

"批错误思潮",就是要敢于交锋、科学批判。习近平总书记强调,"哲学社会科学要有批判精神,这是马克思主义最可贵的精神品质",要"在传播马克思主义立场、观点、方法的基础上用好批判的武器,直面各种错误观点和思潮,旗帜鲜明进行剖析和批判"。正如斗争精神与批判精神是马克思主义的理论品格和马克思主义政党的政治品质,斗争和批判亦是程恩富教授的生命要素。面对持续涌现的一系列错误的、负面的、腐朽的及保守的社会思潮,程恩富教授系统阐释和科学评析了新自由主义、民主社会主义、新左派、复古主义、折中马克思主义以及传统马克思主义这六大社会思潮的政治立场、思想观点与实践主张,为我们清晰辨识各种非马克思主义思潮的本质与主张提供了有力工具。正因如此,我们可以自豪地说,程恩富教授也许有过很多"理论敌人",但却没有一个私敌;他是一位学者,但首先是一名战士。他所体现出的批判精神,不是简单消极的否定,不是狭隘地靠否定别人来肯定自身,不是以单纯"批判者"的姿态居高临下;而是出于对求真思辨精神的不懈追求,对主流意识形态话语主导权的忠诚捍卫,对批判的和革命的辩证法旗帜的始终高擎。我们应当看到,坚持和发展中国特色社会主义政治经济学,绝不是简单地将马、中、西相关话语像摆积木一样选择性拼凑起来,这种思想的混同杂糅与理论的移花接木非但不能建构起崭新的话语体系,只会造成话语之间的"对冲效应"与整个话语体系的不自洽、不稳定。若批判不到位,则建设无意义。打造具有中国特色、中国风格、中国气派的政治经济学话语体系，必须要以"术语革命"为先导，而程恩富教授的敢于交锋、科学批判精神恰好是推进"术语革命"的必备要件和重要一环。

"聚共识之贤"，就是要组织起来、国际联合。习近平总书记强调，"要善于提炼标识性概念，打造易于为国际社会所理解和接受的新概念、新范畴、新表述，引导国际学术界展开研究和讨论"，"要鼓励哲学社会科学机构参与和设立国际性学术组织"，"加强优秀外文学术网站和学术期刊建设，扶持面向国外推介高水平研究成果"，"增强我国哲学社会科学研究的国际影响力"。程恩富教授是一位典型的国际主义者，他始终主张和践行马克思主义的国际主义原则，深刻理解"世界社会主义的未来取决于国际无产阶级有效联合行动"的内在逻辑，以"组织起来"的实际行动投身于全球马克思主义学者的联系与合作。在程恩富教授看来，要实现《共产党宣言》中所讲的"全世界无产者联合起来"，全世界马克思主义和左翼性质的学会联合起来是其中的重要路径和实现形式。他主张消除马克思主义理论研究领域的国别壁垒，推动马克思主义理论研究的国际化进程与广泛传播，通过一系列重要倡议和行动：与发达国家的马克思主义经济学家共同创建"世界政治经济学学会"，每年定期召开年会并发表共识宣言；创办在国外出版的《世界政治经济学评论》《国际批判思想》等英文期刊；每年评选和颁发"世界马克思经济学奖"和"21世纪世界政治经济学杰出成果奖"。从一定程度上来说，程恩富教授在新时期下组织和再造了马克思主义政治经济学的"共产国际"之学术组织新形态，不仅为全球范围内马克思主义学者的联合与交流搭建起坚实的桥梁，更是在推进中国特色社会主义政治经济学特别是习近平经济思想的对外传播与交流上发挥了"学术大使"的独特功能。

诚如陈溢博士在书中对程恩富教授的"肖像素描"——他是通博的真学者，在坚守马克思主义世界观与方法论的基础之上，以真诚开放的姿态，为社会主义经济建设的实践推进与中国经济学理论体系的发展完善提供了诸多前瞻思考和创新洞见；他是坚强的勇战士，于多元思潮的激烈交锋中，始终站在历史正确和人类进步一边，旗帜鲜明对经济学领域出现的各种错误思潮进行批判和较量，坚守和捍卫马克思主义政治经济学的学术地位；他是育人的大先生，永远愿与学生在一起，致力于马克思主义政治经济学青年人才培养的学术共同体建设，示范和引导学生在知行合一中实现由"马克思主义研究者"到"马克思主义信仰者""马克思主义守正创新者"的重要转变。从"重建中国经济学"到"构建中国自主的经济学知识体系",程恩富教授确实无愧为马克思主义政治经济学中国化时代化在学界的缩影和代表。

是为序。

中央马克思主义理论研究和建设工程专家
厦门大学马克思主义学院教授、博士生导师 肖斌
2025 年 6 月

目录 Contents

绪 论

一、选题背景和意义_ 1
二、研究现状_ 4
三、研究思路与方法_ 16
四、研究重点与创新点_ 20

第一章　程恩富经济学术思想概述

第一节　程恩富求学任教履历_ 25
第二节　程恩富经济学术思想的理论来源_ 27
　　一、理论基础：马克思主义经典作家的经济思想_ 27
　　二、理论依据：马克思主义中国化的经济思想_ 30
　　三、理论拓展：其他经济学说的合理成分_ 36
　　四、理论补充：其他学科的先进理论和方法_ 40
第三节　程恩富经济学术思想的时代背景_ 42
　　一、实践基础：我国改革开放以来取得的伟大成就_ 42
　　二、现实需要：我国现代化进程中面临的风险和挑战_ 47
　　三、国际环境：经济全球化格局下世界经济的复杂形势_ 49
第四节　程恩富经济学术思想的发展脉络_ 51
　　一、对马克思主义政治经济学的研究与拓展_ 51
　　二、对社会主义市场经济体制的探索与创新_ 52

三、对全球化与新时代经济高质量发展的研究_ 52
四、对中国经济学理论体系与民生福祉的探索_ 53

第二章　坚守马学根基：对《资本论》基本理论及其当代价值的再认识

第一节　对《资本论》研究对象的时代化阐释_ 57
　　一、关于《资本论》研究对象的思考_ 57
　　二、"经济力"概念的创新提出_ 59
第二节　对劳动价值论的认识与拓展_ 64
　　一、对劳动价值论现实意义的审视_ 65
　　二、对劳动价值论错误理解的辨析_ 67
　　三、对劳动价值论进行理论延展_ 71
第三节　对共产主义经济特征的阐释_ 79
　　一、资本主义转向共产主义的历史必然性_ 79
　　二、共产主义的经济特征_ 83
第四节　对《资本论》当代价值与研究趋势的探索_ 89
　　一、关于《资本论》当代价值的探索_ 89
　　二、关于《资本论》研究发展态势的阐发_ 93
本章小结_ 96

第三章　集成科学方法：对马克思主义政治经济学方法论的继承创新

第一节　对马克思主义政治经济学方法论的阐释与践行_ 101
　　一、对马克思主义政治经济学方法论灵魂的理解与运用_ 102
　　二、对马克思主义政治经济学具体分析方法的理解与运用_ 106
　　三、对马克思主义政治经济学整体性研究方法的理解与运用_ 112
第二节　对马克思主义政治经济学方法论的时代转化_ 114
　　一、总体原则：集成创新"马学"、"西学"与"国学"_ 115
　　二、时间维度：与时俱进革新学术话语_ 119

三、空间维度：综合构建多学科融合体系_ 120
本章小结_ 122

第四章　判定时代方位：对社会形态演进和历史发展进程的准确把握

第一节　对社会主义发展阶段的把握_ 127
　　一、生产力和生产关系是基本划分标志_ 128
　　二、"社会主义发展三阶段论"的提出_ 130
　　三、对社会主义初级阶段经济特征的分析_ 132
　　四、构建"四主型"经济制度_ 134
第二节　对经济全球化与反全球化的探究_ 135
　　一、对马克思全球化思想的追溯_ 136
　　二、对经济全球化和反全球化的审视_ 137
　　三、对我国在经济全球化中定位和对策的探索_ 143
第三节　对帝国主义新特征的剖析_ 146
　　一、新帝国主义的五大特征_ 147
　　二、新帝国主义的应对之策_ 150
本章小结_ 152

第五章　创新理论政策：对社会主义市场经济理论与政策的有益探索

第一节　建设中国经济学的历史回望、现实分析和路径探索_ 157
　　一、对中国经济学的历史发展阶段划分与模式缺陷分析_ 158
　　二、对建设中国经济学的若干基本问题的分析_ 162
　　三、关于中国经济学现代化转型的路径探索_ 174
第二节　对社会主义公有制主体地位与相应实现形式的研究_ 176
　　一、捍卫公有制主体地位_ 177
　　二、探索国有企业优化升级的路径_ 184
　　三、创新农村集体经济发展壮大的策略_ 191

第三节 对市场和政府关系的研究_ 202
 一、市场与政府关系的研究历程_ 203
 二、市场与政府关系理论的继承、借鉴与辨析_ 205
 三、市场与政府功能性"双重调节"理论的核心主张_ 213

第四节 对平衡财富和收入分配促进共同富裕的研究_ 219
 一、关于共同富裕若干基本问题的理论探析_ 220
 二、关于分配制度体系的综合创新_ 228
 三、关于共同富裕实现路径的实践探索_ 233

本章小结_ 238

第六章 程恩富经济学术思想的风范特质与多维贡献

第一节 程恩富经济学术思想的风范特质_ 243
 一、立学为民，治学报国_ 243
 二、笃信马列，主义是从_ 245
 三、勇立潮头，系统创新_ 247
 四、敢于交锋，科学批判_ 249
 五、组织起来，国际联合_ 251

第二节 程恩富经济学术思想的多维贡献_ 254
 一、理论创新：为马克思主义政治经济学的传承与创新贡献力量_ 255
 二、学科建设：为中国经济学的构建与完善作出表率_ 259
 三、实践探索：为社会主义市场经济体制的改革与发展建言献策_ 265

结　语　从"重建中国经济学"到"构建中国自主的经济学知识体系"_ 269
参考文献_ 275
附　录_ 297

绪 论

一、选题背景和意义

（一）选题背景

历史与实践充分证明，中国式现代化道路的发展离不开马克思主义，在马克思主义指导下建立起来的中国特色社会主义制度和国家治理体系，是具有强大生命力与巨大优越性的制度和治理体系。马克思主义政治经济学作为马克思主义的重要组成部分，不仅揭示了资本主义生产关系的本质及其内在矛盾，还为无产阶级革命和社会主义建设提供了强大的理论武器。尽管现代经济学体系中存在多种经济理论流派，但马克思主义政治经济学依然占据重要地位，对于我们理解现代资本主义经济现象和探索社会主义经济发展路径具有重大价值。

习近平总书记强调，"要通过重温马克思主义政治经济学，深化对经济发展规律的认识和把握，提高领导我国经济发展能力和水平"。[①] 自新民主主义革命时期起，100多年来马克思主义政治经济学在我国如星星之火，历经社会主义建设时期的探索，直至改革开放实践历练，中国特色社会主义政治经济学在发展中不断成熟。当前，激荡变迁的国内国际两个大局，为马克思主义政治经济学的研究带来了新的机遇和挑战，也对我国经济政策的制定与实施提出了更高的标准。此外，学术多元化和跨学科发展的趋势，也要求马克思主义政治经济学理论工作者必须不断吸收新的理论成果和研究方法，以增强解释力和指导力。

在此背景下，我国马克思主义政治经济学理论工作者积极响应习近平总书记"不断开拓当代中国马克思主义政治经济学新境界"[②] 等号召，在推动马克思主义政治经济学创新发展中发挥了重要作用。他们在理论与实践相结合的基础上，持续深挖如何促进实现马克思主义意识形态主体地位稳固、经济高质量发展、科技自立自

---

① 习近平. 论坚持全面深化改革[M]. 北京：中央文献出版社，2018：184.
② 习近平. 论坚持全面深化改革[M]. 北京：中央文献出版社，2018：191.

强、公有制主体地位和国家调节主体地位巩固、国有资本和国有企业做强做优做大、国民收入分配合理化、中国经济学理论自主创新等重大时代课题,提出了一系列具有中国特色的经济理论和政策建议。这些研究不仅丰富了马克思主义政治经济学的理论体系,也为我国经济高质量发展提供了科学的理论支撑和实践指导。

(二) 选题意义

习近平总书记在哲学社会科学工作座谈会上的讲话中指出,"只有以我国实际为研究起点,提出具有主体性、原创性的理论观点,构建具有自身特质的学科体系、学术体系、话语体系,我国哲学社会科学才能形成自己的特色和优势",[①] 并强调在提出具有原创性、时代性的概念和理论过程中"我国哲学社会科学界作出了重大贡献,也形成了不可比拟的优势"。[②] 为响应此号召,"广大马克思主义学者作为马克思主义后继主体之一,更应在习近平新时代中国特色社会主义思想的指引下,坚定'为人民做学问'的信念,在哲学社会科学的主干性和基础性学科领域继续积极丰富和发展中国马克思主义,为更好地促进当代中国马克思主义作为指导思想与作为学术思想两者之间良性互动而努力"[③]。

中国社会科学院学部委员程恩富是我国著名的经济学家,长期从事政治经济学的开拓性研究与前瞻性探索,在国内外享有较高的学术声誉,具有广泛的学术影响力。他在坚持和发展马克思主义政治经济学核心理论、运用和拓展经济学方法论、创新性阐释经济理论和政策、组织团结国内外马克思主义学者等方面作出了突出贡献。他是通博的真学者,在坚守马克思主义世界观与方法论的基础之上,以真诚开放的姿态,为社会主义经济建设的实践推进与中国经济学理论体系的发展完善提供了诸多前瞻思考和创新洞见;他是坚强的勇战士,于多元思潮的激烈交锋中,始终站在历史正确和人类进步一边,旗帜鲜明地对经济学领域出现的各种错误思潮进行批判、与之较量,坚守和捍卫马克思主义政治经济学的学术地位;他是育人的大先生,永远愿与学生在一起,致力于马克思主义政治经济学青年人才培养的学术共同体建设,示范和引导学生在知行合一中实现从"马克思主义研究者"到"马克思主义信仰者""马克思主义守正创新者"的重要转变。简言之,程恩富无疑是马克思主义政治经济学中国化时代化在学界的缩影和代表。

基于此,研究和评析程恩富经济学术思想,有利于具象化地展示马克思主义政

---

① 习近平. 习近平谈治国理政:第 2 卷[M]. 北京:外文出版社,2017:342.
② 习近平. 在哲学社会科学工作座谈会上的讲话[M]. 北京:人民出版社,2016:21.
③ 程恩富. 在学术生涯中形成十大马克思主义观[J]. 毛泽东邓小平理论研究,2020(5):97-107,110.

治经济学中国化时代化，更好地诠释其中所蕴含的守马克思主义基本原理之正与创中国特色社会主义之新的内涵；有利于系统梳理中国特色社会主义政治经济学学术发展史，清晰勾勒从"重建中国经济学"到"构建中国自主的经济学知识体系"的演化历程；有利于甄别批判涉及经济领域的错误思潮，充分彰显中国特色社会主义政治经济学的文化主体性；有利于生动展现政治话语与学术话语之间的良性互动，助力破解社会主义经济治理的理论困惑和实践难题，从而不断聚焦于推进对中国式现代化的前瞻性思考。

1. 有利于具象化展示马克思主义政治经济学中国化时代化

程恩富作为马克思主义理论的忠实信奉者和积极传播者，其经济学术思想深深扎根于马克思主义的沃土之中。他不仅从宏观角度对《资本论》进行多维阐释，还紧密围绕中国经济社会发展的实际，对中国特色社会主义经济理论进行了系统研究。在理论与实践的结合中，程恩富始终坚持以马克思主义的科学世界观和方法论为指引，在经济学方法论、经济理论与政策领域提出了许多创新理论与政策建议。可以说，程恩富经济学术思想不仅是对马克思主义理论的传承与坚守，更是在探索与实践的基础上，对马克思主义政治经济学进行了富有时代特色的创新与发展。对程恩富经济学术思想的全方位探究，无疑为我们提供了一个具象化的视角，有助于我们更加直观地理解和把握马克思主义政治经济学在我国的具体实践与时代发展，从而进一步推动其中国化时代化的进程。

2. 有利于系统梳理中国特色社会主义政治经济学学术发展史

对程恩富经济学术思想进行全面研究，不仅有助于了解在特定历史、社会与文化背景下，经济学理论与时俱进、不断创新的过程，而且有利于以一种全新的视角，勾勒出从"重建中国经济学"到"构建中国自主的经济学知识体系"的演变历程。这不仅反映出我国经济学界对本土化、时代化经济学理论的持续探索与不懈追求，也是我国逐步从经济学理论的引入者转变为贡献者乃至引领者的重要标志，向世界展示了中国经济学如何在坚守马克思主义基本原理的基础上不断与时俱进，为丰富全球经济学理论宝库贡献中国智慧与中国方案。

3. 有利于强化对经济领域错误思潮的甄别批判

马克思主义政治经济学兼具学术体系与理论信仰的双重属性。改革开放以来，我国经济在取得举世瞩目成就的同时，面临着历史虚无主义、新自由主义等多种错误思潮的挑战与渗透。程恩富的研究与实践体现了他坚定捍卫公有制主体地位的态度，以及对自由化、市场化、私有化等错误主张的清醒认识与有力驳斥。研究他的思想观点不仅有利于提升我们对经济领域错误思潮的甄别与批判能力，而且能够使我们在面对错误思潮时更加自信、更加坚定。

4. 有利于促进对社会主义经济治理难题的分析破解

马克思主义政治经济学者绝非拘泥于陈规的守旧者，而是积极拥抱变革、引领改革的先锋。如于祖尧、刘国光、张薰华等，他们不仅以"社会主义市场经济""经济体制市场化改革""土地管理体制改革"等前瞻性理论为改革出谋划策，更以实际行动展现了思想的灵活性与开放性。在改革开放的大潮中，程恩富经济学术思想应运而生，程恩富以马克思主义为理论基石，紧密结合我国经济建设实际，针对社会主义经济发展中遇到的种种问题，提出了强化公有制主体地位、"市场—国家"双重调节机制、国有经济管理新体制、"幸福指数政策"和"新住房政策"等一系列富有创新性的理论和政策。这些理论和政策不仅是对中国特色社会主义经济理论的丰富与发展，更是对改革实践经验的总结和提炼。因此，研究程恩富经济学术思想，能够穿透社会主义经济治理的复杂性与特殊性，为破解其中难题，从而科学地制定和实施相关政策提供宝贵的思路和启示。

5. 有利于展现对中国式现代化的前瞻性思考

程恩富经济学术思想植根于马克思主义，展现了对中国式现代化道路的思考与实践探索。他提出的"马学为体、西学为用、国学为根，世情为鉴、国情为据、党情为要、综合创新"的学术原则，不仅为经济学研究提供了综合的方法论参考，也为理解和推进中国式现代化提供了强有力的理论支撑。以这一原则为内在逻辑，他致力于研究人口规模与质量对国家长期发展的影响、分析财富与收入分配的现状与趋势、研究公有制经济的地位与作用、提倡坚持和完善社会主义基本经济制度、探讨文化经济对于推动经济社会发展的独特作用。对程恩富经济学术思想进行探究，不仅能够为破解"超大规模国家现代化"的治理难题提供理论工具，也能通过预判人口红利转型、资本逻辑规制、文明互鉴深化等未来命题，展现出对中国现代化道路的前瞻性思考。

二、研究现状

在期刊文献方面，截至2025年4月，在中国知网上以"程恩富"为主题进行搜索，搜索到有关程恩富经济学术思想的研究作品有275篇，暂无相关主题的硕士、博士学位论文。从形式上看，这些研究作品有针对程恩富经济学术思想中某一方面进行的专题研究，有针对程恩富出版著作的书评，有以对话形式展开的专题访谈；从内容上看，这些研究作品对程恩富经济学术思想的理论来源、应用方法、政策创新等多个方面展开研究。从国内研究成果分布的时间段来看，1990—2000年，有27

篇文章，主要聚焦于就当时的经济改革方向进行的访谈和学术争鸣进行的研究；2001—2010 年，有 101 篇文章，主要是围绕程恩富对重建中国经济学所做的贡献的研究以及对程恩富编写的政治经济学著作的评介；2011 年以来，有 144 篇文章，主要是针对程恩富关于马克思主义政治经济学理论的开拓性和前瞻性研究、对中国经济学理论和经济体制改革政策方面的创新性发展，以及对各种社会思潮的批判等维度进行的研究。通过对上述研究成果的分析可以看出，对程恩富经济学术思想的研究呈现出形式多元、角度多维、内容广博等特点，在对程恩富经济学术思想的关注度方面也呈现出稳中有升的趋势。

（一）国内研究现状

当前，国内学术界已有不少学者针对程恩富经济学术思想展开研究，研究内容涵盖其中的主要理论、研究方法、现实意义，以及整体性综合评价等多个方面。

1. 对程恩富经济学术思想主要理论的研究

在对《资本论》的研究与拓展方面。李家祥等（2021）认为程恩富明晰了《资本论》的研究对象、研究方法及基本要求，阐释了其重要思想，并从多个角度阐发了《资本论》的时代意蕴，为构建中国特色社会主义政治经济学体系提供了重要指导。[①] 卢国琪（2016）指出，程恩富对《资本论》的研究取得了丰硕成果，他对《资本论》的研究不仅推动了国内外学界在该领域的研究深化，也深化了人们对中国特色社会主义政治经济学发展现状的认识。[②]

在创新马克思主义政治经济学基本原理方面。第一，杨卫、夏晖（2004），白暴力、董宇坤（2021），朱富强（2012）等对程恩富在劳动价值论方面进行的学术创新性发展进行了研究。杨卫、夏晖（2004）指出，程恩富的"新的活劳动价值一元论"在国内率先提出了关于非物质领域的劳动创造价值的概念，从方法论层面拓宽了劳动价值论的研究思路，对于研究劳动价值论具有积极意义；[③] 白暴力、董宇坤（2021）指出，程恩富对有关物化劳动的错误观点进行有力批判、对科学劳动与价值创造关系进行深刻分析，彰显了其对于活劳动作为价值唯一来源的肯定，体现了对马克思的劳动价值理论的坚持与捍卫；[④] 朱富强（2012）认为程恩富结合生产

[①] 李家祥,徐仲伟,张顺洪,等."程恩富教授马克思主义政治经济学学术思想"笔谈[J].河北经贸大学学报,2021(3):27-47.

[②] 卢国琪.程恩富对《资本论》的开拓性与前瞻性研究[J].海派经济学,2016(2):1-11.

[③] 杨卫,夏晖.劳动价值论的解读与创新：读程恩富等主编《劳动·价值·分配》[J].海派经济学,2004(4):164-167.

[④] 白暴力,董宇坤.程恩富"新的活劳动价值一元论"思想述评[J].理论月刊,2021(3):24-29.

力发展实际归纳了创造价值的生产性劳动的五大类型,具有重要启示作用。[1] 第二,朱殊洋(2011,2013)接连通过三篇文章,用数理分析的方式,论证了程恩富"劳动生产率与商品价值量之间的关系为正比例的关系"这一观点的逻辑合理性。[2] 第三,邱海平(2021)充分认同程恩富关于"重建生活资料的个人所有制"的观点。他指出,程恩富依托经典文本及理论演进脉络,着重探讨如何准确把握马克思原著中"否定之否定"这一表述的具体含义,并在此基础上进行了更为透彻的阐释与推理。[3] 第四,多位学者对程恩富在文化经济学领域的贡献给予了高度评价与阐述。尹伯成(1994)重视文化领域中的经济问题,他详尽研究了《文化经济学》中的创新点和亮点,并充分肯定了程恩富在社会主义"大文化"领域的开创性地位。[4] 朱奎(2010)系统梳理了程恩富关于文化经济学发展与现代化建设的四个关键论点,为理解文化经济学的重要性提供了有力支撑。[5] 第五,田辰山(2021)[6],李茹月、唐莉(2019)[7],黎昔柒(2019)[8]等学者对程恩富关于商品拜物教的批判进行了研究,对程恩富善于精准引述马克思主义经典文本并以此启迪读者的做法给予了积极评价。

在判定我国历史发展方位与创新市场经济体制方面。首先,"社会主义发展三阶段论"揭示了社会主义社会的发展阶段与演化规律,为我国经济理论研究和经济改革实践提供了重要的理论支撑,顾钰民(1993),杨俊、陈泓宇(2020),李保民(2021)等学者都对该理论展开了相应研究。顾钰民(1993)对程恩富在《社会主义发展三阶段新论》中提出的理论新观点进行了细致分析,肯定了这些理论的全面性、超前性和系统性;[9] 杨俊、陈泓宇(2020)梳理了这一理论的历史脉络,并指

---

[1] 朱富强. 以发展和开放的眼光审视社会劳动的性质:兼论判断社会劳动性质的基本原则[J]. 管理学刊,2012(3):38-44.

[2] 朱殊洋. 单位商品价值量与劳动生产率的关系:对程恩富、马艳理论的数理分析与评述[J]. 马克思主义研究,2011(5):50-57;朱殊洋. 个别劳动生产率的提高一定会使价值总量增加吗:程恩富、马艳框架下的分析[J]. 学习与探索,2011(3):152-155;朱殊洋. 劳动生产率与单位商品价值量成正比的条件:兼对程恩富、马艳"正比论"的证明[J]. 海派经济学,2013(1):17-27.

[3] 邱海平. 关于"重建个人所有制"学术争论的感想[J]. 学术评论,2021(3):23-28.

[4] 尹伯成. 评介程恩富教授主编的《文化经济学》[J]. 经济学动态,1994(11):73-69.

[5] 朱奎. 新政治经济学·海派经济学·大文化经济学:程恩富教授学术成就与学术思想评述[J]. 河北经贸大学学报,2010(1):23-31.

[6] 田辰山. 程恩富马克思主义学术思想评析[J]. 长江论坛,2021(1):8-17.

[7] 李茹月,唐莉. 近年来国内马克思共产主义思想研究述评[J]. 中共云南省委党校学报,2019(6):5-9.

[8] 黎昔柒. 马克思政治经济学批判的价值立场及其出场方式:基于四个维度进行的研究述评[J]. 湖南省社会主义学院学报,2019(1):88-90.

[9] 顾钰民. 社会主义经济理论的拓新之作:评程恩富的《社会主义三阶段论》[J]. 学术月刊,1993(3):39-40.

出其核心要义和思想精华,肯定了该学说在马克思主义和科学社会主义发展史中的重要地位;[1] 李保民(2021)则从唯物辩证法质量互变规律的角度出发,论证了此观点的前瞻性。[2] 其次,"市场—国家"双重调节思想不仅为完善社会主义市场经济体制提供了有力支持,也为应对复杂多变的经济环境提供了重要理论工具,朱殊洋(2019)、王彬彬(2021)等学者从不同角度对程恩富的这一思想进行了探讨。朱殊洋(2019)通过分析各类调控模式的控制论原理,揭示了程恩富双重调节论中所呈现出的控制论特征,为深入理解该理论提供了新的视角;[3] 王彬彬(2021)探寻了该思想的理论源流,强调了它在资源配置、空间布局、信息传导等方面的重要价值。[4]

在世界经济与经济全球化的理论研究与创新方面。李家祥等(2021)认为程恩富的研究议题具有宽广的理论视野,指出程恩富经济学术思想不仅涵盖了马克思的全球化理论,还探讨了新自由主义推动下的经济全球化及其引发的各种效应,以及对我国在经济全球化中的定位与对策提出了独到见解。[5] 在关于帝国主义新特征方面。颜鹏飞(2021)指出,程恩富以列宁帝国主义论的核心论点为依据,对帝国主义论进行了创造性研究,极大地拓展了该领域研究的深度及广度。[6] 刘长明(2021)则追溯了帝国主义论的理论来源,肯定了程恩富根据发展了的国际形势与时俱进地对新时代的帝国主义进行重新定义的创举。[7]

2. 对程恩富经济学术思想主要研究方法的探析

在马克思主义基本方法的研究和应用方面。王学平(2021)指出,程恩富在研究中始终坚持马克思主义基本方法,特别是矛盾分析方法。[8] 蒋永穆(2021)认为程恩富在研究中注重从整体出发对马克思主义进行系统性研究。[9]

在经济学方法论的革命与综合方面。徐永禄(2004),李立男(2013),周肇

---

[1] 杨俊,陈泓宇. 论新马克思经济学综合学派的"第一创新学说"[J]. 海派经济学,2020(4):90-106.
[2] 李保民. 对中国特色社会主义基本经济制度的超前性理论创新:新马克思经济学综合学派"四主型经济制度观"[J]. 海派经济学,2021(1):1-12.
[3] 朱殊洋. 程恩富"功能性双重调节论"的控制论特征[J]. 海派经济学,2019(1):1-9.
[4] 王彬彬. 程恩富教授的"市场-国家"双重调节思想研究:兼议构建新发展格局的经济调节方式[J]. 西部论坛,2021(2):1-10.
[5] 李家祥,徐仲伟,张顺洪,等."程恩富教授马克思主义政治经济学学术思想"笔谈[J]. 河北经贸大学学报,2021(3):27-47.
[6] 中国社会科学院马克思主义研究院,编. 程恩富学术思想研究:第2辑[M]. 北京:经济科学出版社,2021:171-179.
[7] 中国社会科学院马克思主义研究院,编. 程恩富学术思想研究:第2辑[M]. 北京:经济科学出版社,2021:565-570.
[8] 王学平. 马克思主义基本方法历史之谜解答[J]. 宁夏社会科学,2021(3):26-33.
[9] 蒋永穆. 马克思主义整体性研究新思维:读程恩富教授著作有感[J]. 唯实,2021(4):92-96.

光、伍装（2003）等学者认为程恩富的研究方法为经济学的发展提供了新的思路和方向。徐永禄（2004）认为程恩富把社会科学和自然科学的方法及可用知识作为经济学方法论体系有机整合的重要组成部分，是对传统经济学方法论的重大突破，程恩富在《经济学方法论》一书中构建了经济学方法论体系，批判了西方经济学理性主义，并重新确立了正确的理性思维方式；[1] 李立男（2013）提到程恩富以经济学方法论为切入点，所阐述的经济美学体现了经济学的人文关怀，这一审美关怀在程恩富关于"经济美学建立的客观基础"以及"经济美在财富分配过程中的具体表现"等论述中得到了充分体现；[2] 周肇光、伍装（2003）强调，程恩富成功地融合了马克思主义的科学方法论与现代经济学的分析方法，这种方法论策略不仅增强了政治经济学体系的包容性，而且使其内容更加丰富且与时俱进。[3]

在现代马克思主义政治经济学理论假设的研究方面。方兴起（2008）对程恩富提出的创新理论假设进行了评析，认为这些假设以理论形式探讨了马恩经典作家的经济学原理及当代重大理论问题，既遵循了马克思主义的研究方法，又增添了实践、民族和时代特色，有助于批判性借鉴西方经济学成果。[4] 余斌（2010）则结合马克思主义文本，有针对性地回应了不同学者对程恩富提出的创新理论假设的质疑，进一步凸显了这些假设的现实性、科学性及其辩证特征。[5]

3. 对程恩富经济学术思想现实意义的研究

在建设中国经济学自主知识体系方面。1994年，程恩富较早提出了"重建中国经济学"，这一倡议被许光伟（2021）视为率先倡导的学术先声。[6] 许多学者对此进行了研究与评价。辛白（2001）指出，程恩富在构建中国理论经济学时，没有局限于传统的经济学框架，而是展现了多元的视角和思路。[7] 李江帆（2001）特别强调了程恩富在重建中国经济学方面的显著贡献，尤其是其主编的《当代中国经济理论

---

[1] 徐永禄. 革命与综合的新尝试:评程恩富等的《经济学方法论》[J]. 海派经济学,2004(1):194-197.
[2] 李立男. 经济美学辨[J]. 经济师,2013(7):17-19.
[3] 周肇光,伍装. 现代政治经济学体系的新探索[J]. 经济学动态,2003(3):1-7.
[4] 方兴起. 马克思主义经济学中的理论假设:对程恩富教授"四大理论假设"的思考[J]. 中国社会科学,2008(2):83-84.
[5] 余斌. 改革创新还是僵化退步:对陈文通教授关于程恩富教授四大理论假设的异议的评论[J]. 政治经济学评论,2010(4):140-152.
[6] 中国社会科学院马克思主义研究院,编. 程恩富学术思想研究:第2辑[M]. 北京:经济科学出版社,2021:114-133.
[7] 辛白. 建立中国经济学的有益探索:评程恩富主编《当代中国经济理论探索》[J]. 上海财经大学学报,2001(1):64.

探索》一书极具系统性、创新性、批判性、时代性。① 孙立冰（2015）以"中国经济学的重建之路"为主题，围绕中国经济学现代化思想提出的历史背景和中国经济学现代化的方法论基础、基本学术方针、总体创新原则、理论假设及发展态势五个方面对程恩富的中国经济学现代化思想进行了总结。② 朱进东（2021）则从更为宏观的角度，从"中外经济思想和理论研究""中国经济发展和改革研究""重建中国经济学的思考"三个维度，对程恩富重建中国经济学思想的形成理路和理论成果进行了梳理。③

在巩固社会主义公有制主体地位和完善其实现形式的探索方面。第一，坚持公有制主体地位。于金富、孙世强（2015）从只有坚持公有制经济为主体才能促进共同富裕、社会主义公有产权制度与市场经济能够相容、社会主义公有产权制度应当采取新的实现形式三个方面阐述了程恩富对社会主义公有产权制度的坚持与创新，并且对建构中国特色社会主义经营方式的相关理论进行了分析。④ 第二，进一步完善国企改革。李政（2021）对程恩富的国有经济性质功能及战略调整、国有经济促进共同富裕、国有资产管理体制改革、做强做优做大国有企业等观点进行了再现与评析，指出程恩富为我国国有经济理论研究者和实践探索者提供了宝贵的理论支撑。⑤ 鄢杰（2015）根据我国国有经济改革与发展的具体实践，将程恩富有关国有经济改革与发展的论述划分为三个阶段进行梳理，并对国有经济改革与发展思想的主要内容进行了详细阐释。⑥ 第三，促进集体经济与合作经济的发展。陆夏（2015）从关于实现第二次飞跃的集体经济和合作经济的三层次系统性构想、强调从所有制和产权制度提升农民的经济地位、关于合作经济模式多样化的开放式思维三个方面论证了程恩富关于集体经济与合作经济的宽广视野和系统思维。⑦ 谢地（2021）等从程恩富关于集体经济及合作经济与乡村振兴相结合的有关研究入手，解构其中的

---

① 李江帆. 重建中国经济学的有益探索：评程恩富主编的《当代中国经济理论探索》[J]. 世界经济文汇, 2001(3)：80-75.
② 孙立冰. 中国经济学的重建之路：程恩富中国经济学现代化思想评述[J]. 税务与经济, 2015(6)：60-65.
③ 朱进东. 从文化、范式危机到重建中国经济学[J]. 辽宁大学学报（哲学社会科学版）, 2021(5)：11-21.
④ 于金富, 孙世强. 程恩富关于中国产权制度与经营方式的思想研究[J]. 海派经济学, 2015(2)：1-15.
⑤ 李政. 新马克思经济学综合学派的国有经济理论及其时代价值：略评《社会主义市场经济论》的重要观点[J]. 学术评论, 2021(3)：40-53.
⑥ 中国社会科学院马克思主义研究院, 编. 程恩富学术思想研究[M]. 北京：经济科学出版社, 2015：310-319.
⑦ 中国社会科学院马克思主义研究院, 编. 程恩富学术思想研究[M]. 北京：经济科学出版社, 2015：343-349.

理论意涵，阐释其学术价值和现实意义。①

关于经济发展战略与政策的建议，学者们进行的相关研究主要体现在：在人口政策方面，张嘉昕（2014）指出，程恩富提出的"新人口策论"不仅继承和发展了马克思人口理论，还进一步提出了具有现实操作性的政策建议。② 朱殊洋（2012）通过系统动力学方法构建出新人口政策模型，并将其应用于广佛肇地区，验证了"新人口策论"的可行性和有效性，通过实证研究论证了其实际应用价值。③ 在住房保障领域，汪洪涛（2015）对程恩富以公租房为主的"新住房策论"进行了研究，并认为该政策的提出不仅有助于解决中低收入群体的住房困难，还能促进经济增长模式的转变、减少空置房对社会资源的浪费，同时对房地产市场的健康发展能起到积极的纠偏作用。④ 在"知识产权优势策论"方面，韩喜平、周玲玲（2013）认为该理论突破了传统的比较优势理论和竞争优势理论，鼓励发展中国家通过技术创新和品牌建设，培育自主知识产权，以提升国际竞争力。⑤ 郭民生、郭铮（2006）对程恩富的"知识产权优势理论"进行了丰富拓展，有针对性地分析了"知识产权优势策论"的内涵、特征、分类和应用等内容。⑥

4. 对程恩富经济学术思想的整体性评价

学者们对程恩富经济学术思想所具有的鲜明理论特征和重要学术贡献进行了综合论述。在总结程恩富学术思想的理论特征方面，李家祥等（2021）指出程恩富坚持马克思主义的阶级立场、坚持马克思主义政治经济学，是代表无产阶级对资本主义进行批判。⑦ 王今朝（2021）则通过挖掘程恩富文章中蕴含的马克思主义元素，以及对比马克思主义政治经济学研究学者与形形色色的反马克思主义力量的不同，来论证程恩富在坚持和发展马克思主义方面的贡献。⑧ 田辰山（2021）指出，程恩富学术思想的核心特质是守正创新，即在坚守马克思主义基本原理的同时，结合时

---

① 中国社会科学院马克思主义研究院，编．程恩富学术思想研究：第 2 辑[M]．北京：经济科学出版社，2021：438-446．
② 张嘉昕．马克思人口理论视阈下的"新人口策论"研究：阐发程恩富教授人口思想[J]．海派经济学，2014(2)：1-13．
③ 朱殊洋．新人口政策模型及其在广佛肇一体化的应用[J]．探求，2012(2)：37-45．
④ 中国社会科学院马克思主义研究院，编．程恩富学术思想研究[M]．北京：经济科学出版社，2015：387-392．
⑤ 韩喜平，周玲玲．"知识产权优势理论"评析及其应用价值[J]．海派经济学，2013(3)：1-9．
⑥ 郭民生，郭铮．"知识产权优势"理论探析[J]．知识产权，2006(2)：16-23．
⑦ 李家祥，徐仲伟，张顺洪，等．"程恩富教授马克思主义政治经济学学术思想"笔谈[J]．河北经贸大学学报，2021(3)：27-47．
⑧ 中国社会科学院马克思主义研究院，编．程恩富学术思想研究：第 2 辑[M]．北京：经济科学出版社，2021：537-547．

代特征进行理论创新。这种立场不仅体现在他对经典马克思主义的深刻理解上,更体现在他对当代经济问题的独到见解中。[1] 尹伯成(1997)[2]、罗节礼(1997)[3]、奚兆永(1997)[4] 等学者以程恩富与张五常关于中国经济改革方向的论战为例,充分肯定了程恩富在学术争鸣中表现出来的旗帜鲜明、立场坚定、文笔犀利等特点。

在梳理程恩富的学术贡献方面。朱奎(2009)回顾了程恩富的学术成果和获得的相关荣誉,将他的学术贡献概括为积极创新政治经济学、领衔创立马克思经济学学术组织、引领应用经济学创新、首创"大文化"经济学、科学地评析国外经济理论等五个方面。[5] 周肇光(2005)认为程恩富在推动政治经济学现代化方面作出了重要贡献,提出的一系列创新性的理论观点极大地丰富了马克思主义政治经济学的理论体系。[6] 郑彪(2011)指出学术生命的关键在于创新,他认为程恩富不仅关注理论创新,还注重在理论与实践的结合中提出一系列具有针对性的政策建议,为中国经济持续健康发展提供了有力支撑。[7] 武建奇(2021)指出,程恩富所创立的创新马克思主义学派为中国经济学界注入了一股新的力量。[8] 丁晓钦(2018)认为程恩富作为国内通过组织策划国际学术论坛、积极出版发行英文期刊等举措来提升中国马克思主义政治经济学国际影响力的先行者,为中国学术在国际上发声作出了重要贡献。[9]

(二)国外研究现状

截至目前,国外学术界围绕程恩富经济学术思想进行的相关研究日渐增多,研究主题集中于程恩富经济学术思想中关于当代马克思主义政治经济学、当代社会主义和当代资本主义理论等方面。

1. 对马克思主义政治经济学的相关理论进行研究

学者们围绕程恩富经济学术思想中关于当代马克思主义政治经济学方法论和理

---

[1] 中国社会科学院马克思主义研究院,编. 程恩富学术思想研究:第2辑[M]. 北京:经济科学出版社,2021:68 – 84.
[2] 尹伯成. 一场意义重大的有关经济改革方向问题的论战[J]. 财经研究,1997(4):11 – 12,64.
[3] 罗节礼. 经济学发展需要创新性的评论[J]. 财经研究,1997(4):6 – 8.
[4] 奚兆永. 经济改革需要提倡学术争鸣[J]. 财经研究,1997(4):15 – 17.
[5] 朱奎. 程恩富的学术贡献和经济思想[J]. 海派经济学,2009(4):176 – 190.
[6] 周肇光. 解放思想创新理论:程恩富教授学术思想述要[J]. 高校理论战线,2005(4):21 – 28.
[7] 郑彪. 当代马克思主义经济学者的必要品质:《程恩富选集》评论与感悟[J]. 经济纵横,2011(9):117 – 120.
[8] 武建奇. 马克思主义经济学的战略科学家:程恩富印象[J]. 理论月刊,2021(3):30 – 36.
[9] 丁晓钦. 走向世界的宏伟气魄和有益尝试:从创办"世界政治经济学学会"谈起[EB/OL]. (2018 – 06 – 26) [2024 – 12 – 15]. http://xinmapai.com/Index/show/catid/25/id/713.html.

论的研究与创新展开探讨，主要涉及理论和方法论的研究。

对马克思主义政治经济学理论的继承与创新。艾伦·弗里曼、孙业霞（2020）认为程恩富从理论上详细讨论了劳动的功能属性，分析了不同形式的劳动特别是服务劳动的作用，他强调程恩富对马克思劳动价值论的充分论证不仅展示了中国马克思主义研究的独特性，而且创造性地扩展了马克思主义政治经济学的边界。[①] 让-克洛德·德洛奈、吴茜（2024）在分析中国行业趋势与经济发展时，借鉴并运用了程恩富关于劳动价值理论的观点，特别是关于非物质生产劳动的观点。他们认为程恩富的研究将马克思的劳动价值论从物质生产扩展到文化和服务领域，并提出科技劳动和文化劳动也是生产性劳动，这些观点都是对劳动价值理论的扩展，为人们理解中国经济结构的演变提供了有力的工具。[②] 托尼·安德烈阿尼（2023）也肯定了程恩富提出的生产性劳动不局限于物质产品生产的观点，认为这一观点拓展了马克思主义理论的适用性。他还特别关注程恩富对复杂劳动的研究，认为这为理解现代收入分配与劳动价值之间的关系提供了新方向。[③] 拉赫曼诺夫（2021）则关注程恩富在理论体系构建中的独创性贡献，特别是对马克思主义社会学和阶级理论的新阐释，认为程恩富的研究增强了马克思列宁主义理论的现代适应性。[④]

对马克思主义政治经济学方法论的继承与创新。阿尼霍夫斯基（2021）重点分析了程恩富在发展马克思列宁主义哲学方面的贡献，指出他关于唯物辩证法的分析为马克思主义者提供了理论武器。[⑤] 大卫 S. 佩纳（2023）肯定了程恩富对马克思主义基本原理的理解和创新应用，认为他捍卫了马克思主义的科学地位。[⑥] 约翰·贝拉米·福斯特（2022）认为程恩富是中国马克思主义复兴的代表人物之一，他引用了多部著作来论证程恩富对马克思主义政治经济学的创新和发展，并肯定了程恩富为中国经济发展、辩证法的研究和劳动价值论的发展所作出的贡献。[⑦] 罗兰·波尔

---

① 艾伦·弗里曼,孙业霞. 技术劳动和创造劳动的解释与管理:中国经济奇迹背后的理论:程恩富等著《劳动创造价值的规范与实证研究——新的活劳动价值一元论》第一卷评述[J]. 政治经济学研究,2020(1):173-179.

② 让-克洛德·德洛奈,吴茜. 中国的行业趋势与经济发展[J]. 政治经济学研究,2024(1):89-101.

③ John Bellamy Foster, Gennady Zyuganov, T. Andréani, et al. Innovative Marxist school in China: comments by international scholars on Cheng Enfu's academic thoughts[M]. Berlin: Canut International Publishers, 2023:673-686.

④ 拉赫曼诺夫. 评《程恩富选集》:国际理论战线的老战士和先行者[EB/OL]. (2021-12-05)[2024-12-20]. http://www.kunlunce.com/ssjj/ssjjhuanqiu/2021-12-05/157156.html.

⑤ 阿尼霍夫斯基. 程恩富院士对马克思列宁主义哲学发展的贡献[EB/OL]. (2021-12-03)[2024-12-20]. http://www.kunlunce.com/llyj/fl111111111111/2021-12-03/157087.html.

⑥ John Bellamy Foster, Gennady Zyuganov, T. Andréani et al. Innovative Marxist school in China: comments by international scholars on Cheng Enfu's academic thoughts[M]. Berlin: Canut International Publishers, 2023:55-76.

⑦ Foster, John Bellamy. Foreword to China's economic dialectic: the original aspiration of reform by Cheng Enfu[J]. World review of political economy, 2022, 13(3):414-420.

(2023)认为程恩富经济学术思想具有深刻的哲学意蕴,通过列举程恩富对"双循环"政策、市场政府关系等政策理论的分析,详细阐述了他对矛盾分析法的应用。①大西广、童珊(2013)从跨学科融合的角度,指出程恩富的研究不仅吸收了多国马克思主义政治经济学的研究精华,还融合了政治学、法学、社会学等多学科的研究方法,彰显了马克思主义政治经济学视野广阔和开放包容的特点。②保罗·库科肖特(2023)认为程恩富及其团队采用实证研究与计量经济学模型,为研究劳动价值论提供了具体可信的实证依据。③

2. 对当代社会主义的相关理论进行研究

学者们围绕程恩富如何将经济理论应用于社会主义经济实践,使理论展现出强大的生命力和实践指导意义展开了讨论研究。罗伯特·威尔(2013)赞同程恩富提出的马克思主义要与具体国情相结合,尤其是与社会主义与市场经济能够有效结合的观点。他认为这种灵活性对于中国实现社会主义的目标至关重要。④大卫 S. 佩纳(2010)指出,程恩富关于社会主义市场经济的特征和功能的分析为构建可持续发展的社会主义提供了理论支持,尤其是对公有经济与私有经济关系的分析,揭示了社会主义制度下如何实现经济平衡和可持续发展。⑤艾萨克·克里斯蒂安森(2023)强调了程恩富为研究如何以公有制经济促进共同富裕提供了重要理论支撑,认为程恩富的理论揭示了中国特色社会主义道路的独特性和优越性,为解决发展不平衡问题提供了有力支持。⑥约翰·贝拉米·福斯特(2022)特别关注程恩富在马克思主义框架内对中国社会主义实践的分析和创新,以及程恩富关于改革开放背景下市场经济模式与国有部门相结合的探讨。⑦布鲁斯·帕里(2023)指出,程恩富对社会主义各个发展阶段的分析具有独到之处,特别是以生产关系(产权、分配制度和市场调节制度)为切入点的做法,与许多基于生产力而进行的研究形成了鲜明对比。通过对比资本主义与社会主义在生产关系上的异同,特别是科技革命对两者产生的

---

① John Bellamy Foster, Gennady Zyuganov, T. Andréani et al. Innovative Marxist school in China: comments by international scholars on Cheng Enfu's academic thoughts[M]. Berlin: Canut International Publishers, 2023:367 – 391.
② 大西广,童珊. 评程恩富、胡乐明主编的《经济学方法论》[J]. 海派经济学,2013(2):177 – 182.
③ John Bellamy Foster, Gennady Zyuganov, T. Andréani et al. Innovative Marxist school in China: comments by international scholars on Cheng Enfu's academic thoughts[M]. Berlin: Canut International Publishers, 2023:707 – 728.
④ Robert Ware. Reflections on Chinese Marxism[J]. Socialism and democracy, 2013, 27(1):136 – 160.
⑤ Pena David S. 21st – century socialism and the four components of sustainability[J]. World review of political economy, 2010, 1(2):290 – 304.
⑥ John Bellamy Foster, Gennady Zyuganov, T. Andréani et al. Innovative Marxist school in China: comments by international scholars on Cheng Enfu's academic thoughts[M]. Berlin: Canut International Publishers, 2023:19 – 40.
⑦ Foster, John Bellamy. Foreword to China's economic dialectic: the original aspiration of reform by Cheng Enfu[J]. World Review of Political Economy, 2022, 13(3):414 – 420.

不同影响，帕里认为程恩富为我们理解当代资本主义危机以及社会主义的未来发展趋势提供了强有力的理论工具。①波波维奇（2021）聚焦于程恩富提出的社会主义阶段理论，认为这一理论采用历史分析的方法，以生产力与生产关系的辩证关系为判断标准，围绕产权制度、分配制度、调节制度等方面详细分析了社会主义在初、中、高三个阶段所具备的具体特征，从而细化了社会主义从初级到高级阶段的演进路径，为全球社会主义经济实践提供了指导性框架。②

3. 对当代资本主义的相关理论进行研究

随着全球经济的不断发展，当代资本主义呈现出新的变化与特征，因此学者们也围绕程恩富经济学术思想中关于当代资本主义的理论展开了相关讨论。尼基丘克（2021）将程恩富的学术研究视作对资本主义意识形态的强力反击，他十分认可程恩富在坚持党性和阶级性的基础上对那种"中立"的研究立场进行的批判，认为程恩富继承和发展了马克思列宁主义思想体系，为全球马克思主义者提供了理论参考，并吸引了国际学术界对马克思主义理论的密切关注。③斯塔夫罗斯 D. 马夫鲁迪亚斯（2023）提出重新界定马克思主义帝国主义理论的必要性，并建议将程恩富的理论作为重要参考。④萨拉佩尔·杰伊（2021）引用了程恩富关于中国经济崛起并非意图复制西方帝国主义模式的论述，重申了程恩富对中国与其他国家经济关系进行的定义，认为中国的"共赢"合作模式与西方列强的掠夺式殖民模式有本质的不同。⑤佩吉·坎塔维·富耶（2023）通过具体案例展示了程恩富对"新帝国主义"理论的实际应用，并高度评价了程恩富对当代帝国主义新特征的剖析。他认为程恩富提出的"新帝国主义的五大特征"是对列宁帝国主义理论的延续与发展，为理解当代帝国主义的本质及其新表现提供了重要参考。⑥大卫·科茨（2023）指出，程恩富分析了帝国主义给当下全球经济和社会发展带来的负面影响，这为发展中国家提供了

---

① John Bellamy Foster, Gennady Zyuganov, T. Andréani et al. Innovative Marxist school in China: comments by international scholars on Cheng Enfu's academic thoughts[M]. Berlin: Canut International Publishers, 2023:105 – 126.

② 波波维奇. 评《程恩富选集》：真正的马克思主义思想家[EB/OL]. (2021 – 12 – 03)[2024 – 12 – 22]. http://www.kunlunce.com/e/wap/show.php? classid = 176&id = 157136.html.

③ 尼基丘克. 马克思列宁主义的光辉著作：程恩富院士和意识形态斗争[EB/OL]. (2021 – 12 – 03)[2024 – 12 – 22]. http://www.kunlunce.com/llyj/fl1/2021 – 12 – 03/157110.html.

④ John Bellamy Foster, Gennady Zyuganov, T. Andréani et al. Innovative Marxist school in China: comments by international scholars on Cheng Enfu's academic thoughts[M]. Berlin: Canut International Publishers, 2023:199 – 210.

⑤ Tharappel Jay. Why China's capital exports can weaken imperialism[J]. World Review of Political Economy, 2021, 12(1): 27 – 49.

⑥ John Bellamy Foster, Gennady Zyuganov, T. Andréani et al. Innovative Marxist school in China: comments by international scholars on Cheng Enfu's academic thoughts[M]. Berlin: Canut International Publishers, 2023:147 – 148.

理解和应对全球资本主义体系的理论工具。[①] 彼得·赫尔曼（2023）在探讨国际金融危机和向新历史时期的转向时，借鉴了程恩富的相关理论框架，认为程恩富对经济危机的分析具有前瞻性。[②] 迭戈·保塔索等（2024）将程恩富的理论观点与西方马克思主义者多梅尼克·洛苏尔多的思想进行了对比，指出程恩富基于对21世纪现代资本主义和国际体系等议题的探讨，为揭示西方马克思主义在理解社会主义经验方面的局限性作出了巨大努力，这对于批判现实社会主义危机和反对自由主义具有重要意义。[③] 卡洛斯·桑切斯（2023）则在讨论知识资本主义与比较优势理论时，引用了程恩富关于知识产权优势的观点，并指出这一观点为中国及其他发展中国家的发展提供了宝贵的启示。[④]

（三）对现有研究的评析

总体而言，学术界对程恩富经济学术思想的研究起始时间较早，可追溯至20世纪90年代，近年来关注热度持续上升。学者们所提出的学术评价较为客观，研究水平较高，产生了积极的影响，贡献了许多富有新意和启发性的研究思路与分析框架。学者们通过书评、商榷、数理分析等多种方式，从多个维度研究了程恩富经济学术思想，并对其特点与贡献进行了阐述，为后续理论工作者提供了宝贵的学术参考。然而，与程恩富致力于研究我国经济建设相关理论与政策实践的广阔视野和深刻洞见相比，上述研究覆盖面较为有限，仍有待进一步拓展与深化。

第一，针对程恩富经济学术思想的系统性研究尚显不足，以硕士、博士研究生学位论文形式对该主题进行全面整合与深入探讨的案例至今尚无。已有研究就个体层面而言，多数研究仅是对程恩富经济学术思想进行简单的梳理性阐述或广义的概括，并未从整体视角出发进行探讨，更多地聚焦于某一创新理论假设、某一创新方法或国企改革等单一方面的研究，导致研究成果呈现出零散化、碎片化的特征。此外，这些研究在范畴与范畴之间缺乏紧密的联结，展示的仅是程恩富经济学术思想宏大体系中的局部内容，研究的整体性和层次性还需进一步提升。

---

① John Bellamy Foster, Gennady Zyuganov, T. Andréani et al. Innovative Marxist school in China: comments by international scholars on Cheng Enfu's academic thoughts[M]. Berlin: Canut International Publishers, 2023:211-230.
② John Bellamy Foster, Gennady Zyuganov, T. Andréani et al. Innovative Marxist school in China: comments by international scholars on Cheng Enfu's academic thoughts[M]. Berlin: Canut International Publishers, 2023:231-248.
③ Pautasso D., Nogara T. S. Cheng Enfu and Domenico Losurdo's views on socialist construction[J]. Socialism and Democracy, 2024, 38(1):26-39.
④ John Bellamy Foster, Gennady Zyuganov, T. Andréani et al. Innovative Marxist school in China: comments by international scholars on Cheng Enfu's academic thoughts[M]. Berlin: Canut International Publishers, 2023:337-354.

第二，当前对于程恩富经济学术思想的研究，多集中在对其理论或政策创新的简单归类与并行罗列上，而对其形成的内在逻辑及历史背景进行系统追溯的较少。但从根本上讲，所有思想意识都是当时社会历史条件的反映，因此，在研究过程中，必须注重理论与具体实践的结合，以及做好与同时代其他主流经济思想的比较分析。在纵向与横向的综合交叉研究中，呈现更为立体、全面的研究图景。基于此，本书将遵循这一理念，探讨程恩富经济学术思想生成的历史背景及其重要观点间的逻辑关联，以期对其作出系统性的解读。

第三，理论研究的目的和落脚点在于揭示经济体内部固有的本质规律，并以此为实践工作的开展提供坚实依据，这构成了当代政治经济学学者开展学术研究的基本路径。尽管当前学术界对程恩富经济学术思想的研究已取得不少成果，但在对其风范特质与贡献启示的系统总结归纳方面仍需进一步凝练与升华。特别是在促进政治话语创新与学术话语创新良性互动方面，以及在实现程恩富经济学术思想与构建中国自主的经济学知识体系的融合发展方面，需要开展更为细致的靶向性研究。

三、研究思路与方法

（一）研究思路和框架

习近平总书记在全国哲学社会科学工作座谈会上提出，中国特色哲学社会科学应该体现继承性、民族性、原创性、时代性、系统性、专业性。习近平总书记十分强调学术话语体系的建设。这对于学术评价的创新具有重要的指导意义。本书遵从这一指导思想，对程恩富经济学术思想展开研究。具体而言，本书的开篇与结尾两个章节分别起始于对经济学者思想形成历程及发展状况的全面概述，最终落脚于对其价值贡献的凝练升华。同时，本书的创新之处体现在第二章到第五章的铺陈展开上。在这四章的展开过程中，摒弃了将特定人物经济思想进行模块化分割和平面式罗列的传统写作模式，转而尽可能体现章节间层层递进的逻辑结构。即将"坚守马学根基—集成科学方法—判定时代方位—创新理论政策"作为理解和把握程恩富经济学术思想的逻辑线索，并借此系统地将程恩富在不同时期形成的思想观点进行有机融合与相互贯通。此举不仅大体上遵循了程恩富经济学术思想本身形成与发展的历史脉络，而且展现了他如何从对马克思主义元理论的创新性探索，过渡到对经济学方法论硬核的丰富拓展，进而实现对我国发展时代特征的精准把握。在掌握科学理论和方法、厘清国内国际发展形势的基础上，本书进一步梳理并分析了程恩富在理论与政策方面的创新成果。"重建中国经济学"是程恩富在20世纪末提出的重要倡议，是其著书立说的目标旨归，因此本书的结语旨在展现"重建中国经济学"与习近平总书记多次提到的"加快构建中国特色哲学社会科学，归根结底是建构中国自主的知识体系"之间所体现出的政治话语与学术话语间的高度契合性。以上构成了全书的研究思路（可参考如图0-1所示的技术路线）。

```
程恩富经济学术思想研究

理论来源：校园求学 | 马列真经 | 时代所需

核心思想：
  对《资本论》基本理论和当代价值的再认识 —— 坚守马学根基
  对马克思主义政治经济学方法论的继承创新 —— 集成科学方法     逻辑主线
  对社会形态演进和历史发展进程的准确把握 —— 判定时代方位
  对社会主义市场经济理论与政策的有益探索 —— 创新理论政策

启示意义：
  风范特质：立学为民 | 笃信马列 | 系统创新
           科学批判 | 国际联合
  当代价值：
    理论深化：发展马克思主义政治经济学
    学科建设：构建中国自主的经济学知识体系
    实践探索：助力社会主义市场经济改革
```

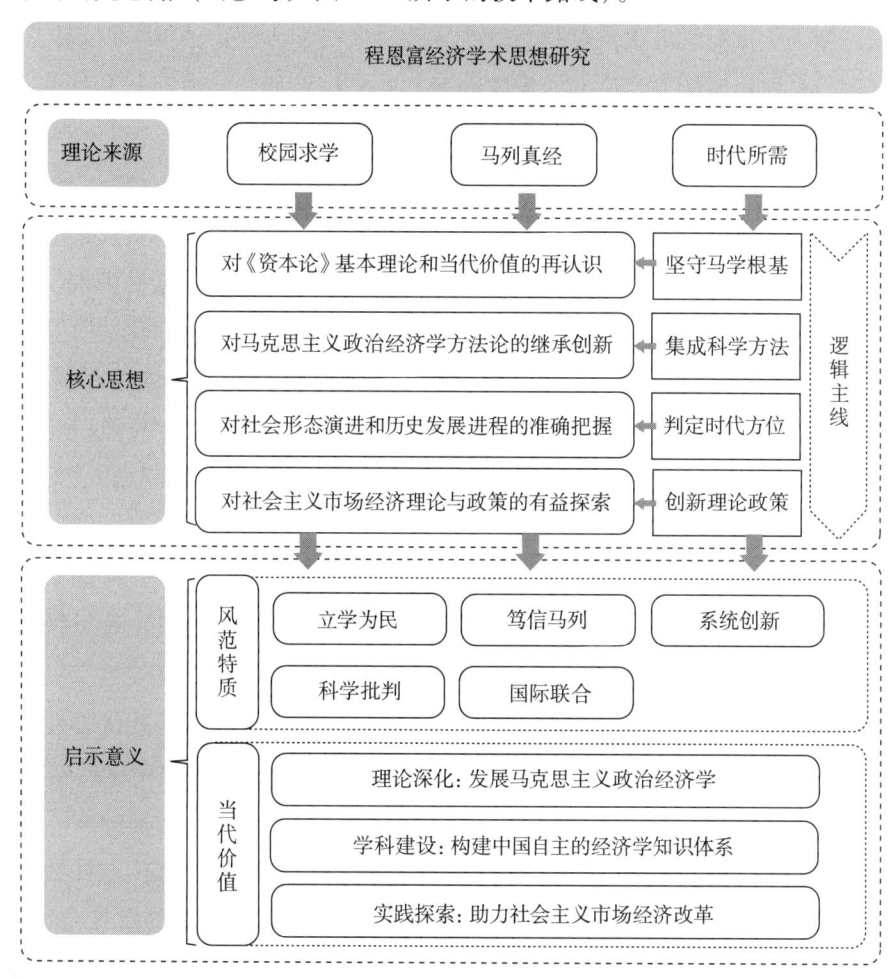

图0-1　技术路线

全书的研究框架如下：

除绪论外，全书共分为六章内容。

第一章为程恩富经济学术思想概述。本章追溯了其求学任教历程；其"马学""西学""国学"等思想渊源，以及改革开放以来市场经济体制改革、全球化冲击等时代命题对其思想的塑形作用；分阶段梳理了程恩富经济学术思想体系从理论奠基到实践转向的研究轨迹，为理解程恩富经济学术思想提供了三维坐标。

第二章为坚守马学根基：对《资本论》基本理论及其当代价值的再认识。本章旨在聚焦于程恩富对《资本论》研究对象、基本理论，以及当代价值的研究与拓展。主要内容包括：关于《资本论》研究对象的时代化阐释；关于劳动价值论的认识和拓展，着重阐述"新的活劳动价值一元论"这一创新理论；关于《资本论》中共产主义经济特征的阐释；关于《资本论》当代价值和研究趋势的探索。

第三章为集成科学方法：对马克思主义政治经济学方法论的继承创新。本章旨在体现程恩富在经济学方法论上的集成创新，突出与那种教条地理解马克思主义或者宣扬要代替马克思主义的主张的重大区别。主要内容包括：程恩富对马克思科学方法论的继承与坚守；"马学为体、西学为用、国学为根，世情为鉴、国情为据、党情为要、综合创新"这一中国经济学总体创新原则的提出。

第四章为判定时代方位：对社会形态演进和历史发展进程的准确把握。本章旨在呈现程恩富对社会主义初级阶段的把握、对经济全球化与反全球化的探究和对新帝国主义本质与特征的剖析，揭示其对我国所处的时代和历史方位的理解与判断。主要内容包括"社会主义发展三阶段论"、"四主型"经济制度、"中心—准中心—半外围—外围"模式、"新帝国主义五大特征"、"四控型民族经济"和"对半式双赢"的全球化合作模式等。

第五章为创新理论政策：对社会主义市场经济理论与政策的有益探索。本章梳理分析程恩富关于社会主义市场经济理论和政策的探索和创新，着重聚焦于两大核心问题：一是应对市场经济可能带来的意识形态挑战；二是破解市场经济下的具体治理难题。本章所呈现出的内容是程恩富的学术成果中最具代表性和现实意义的理论与政策建议创新。主要内容包括：程恩富关于"重建中国经济学"的倡议；对社会主义公有制主体地位的捍卫；关于"一府两系、三层分立、分类管理"国有资产管理新体制的探索；关于发展集体经济的政策建议；对社会主义市场经济中市场与政府功能性"双重调节"关系的研究；关于程恩富在金融财税、民生和文化等领域相关政策建议的研究；关于五种分配方式助力共同富裕的研究等。

第六章为程恩富经济学术思想的风范特质与多维贡献。本章旨在对程恩富经济学术思想的风范特质以及多维贡献进行凝练，其风范特质体现为：立学为民，治学报国；笃信马列，主义是从；勇立潮头，系统创新；敢于交锋，科学批判；组织起来，国际联合。同时，对程恩富经济学术思想的多维贡献作出总结：为马克思主义政治经济学的发展与创新贡献力量、为构建中国自主的经济学知识体系作出表率、为社会主义市场经济体制改革与发展建言献策。

结语为从"重建中国经济学"到"构建中国自主的经济学知识体系"。透过程恩富经济学术思想这一特殊性的样本，看到中国特色社会主义政治经济学在创立、发展和完善过程中从未离场的文化主体性，阐述程恩富提出的"重建中国经济学"倡议在构建和发展"中国自主的经济学知识体系"中所发挥的桥梁作用。

（二）研究方法

本书在研究过程中，严格遵循逻辑与历史相统一、理论与实践相结合的研究范式，并辅以文本分析法、比较研究法和人物访谈法等具体研究方法。

1. 逻辑与历史相统一

科学研究需充分运用逻辑与历史方法，逻辑分析应基于历史趋势，历史描述则要依据事物发展的逻辑联系。本书遵循主观与客观相统一原则，将逻辑思维和分析法内嵌于研究过程，分类梳理程恩富经济学术思想，确保研究逻辑与历史进程的一致性。

2. 理论与实践相统一

程恩富经济学术思想既是对马克思主义理论的继承和发展，也是伴随改革开放以来我国经济建设的实践而萌生和发展的，具有理论和实践的双重意义。因此，本书采用理论与实践相结合的分析方法，一方面，专注于研究程恩富经济学术思想本身的产生与发展；另一方面，凝练出程恩富经济学术思想的特点和贡献，指出其理论观点和政策创新对当前及未来我国各项事业现代化实践的指导意义。

3. 文本分析法

文本分析是本书的基础研究方法。首先，马克思主义经典文本承载着程恩富经济学术思想的理论基础和理论源泉，其学术价值和现实意义不仅不像有些人所说的存在过时问题，反而是与时俱进地为指导当代经济社会发展提供了根本、全局、长远的理论指导和实践指南。其次，程恩富的一系列作品，如著作、论文、访谈、演讲稿等，以及学术界学者们撰写的程恩富学术思想研究相关作品，有助于加深我们对程恩富经济学术思想的认识。因此，要探寻程恩富经济学术思想的演进脉络与逻辑深化，对程恩富经济学术思想作出系统化的阐释和体系化的表达，就必须运用好文本分析的研究方法，对经典原著和程恩富的相关作品进行综合分析与归纳。

4. 比较研究法

借助于比较研究法，一方面将马克思经济学立场观点方法与西方经济学相关议题相比较；另一方面将程恩富经济学术思想与同时期、同领域其他经济学者观点进行对比，发掘它们之间的共性和个性，才能更好地对程恩富经济学术思想的观点、逻辑和方法进行总体定位与阐释。

5. 人物访谈法

人物访谈法的优点在于调查内容的时间跨度长、开展方式灵活。通过对程恩富和业内前辈，以及程恩富学生的访谈，能够增进对程恩富经济学术思想发展轨迹的了解，为研究收集直接素材，所得的信息更加直接、充分、真实。

四、研究重点与创新点

（一）研究重点

1. 探寻程恩富经济学术思想的内在逻辑脉络

在对程恩富浩如烟海的作品进行细致归纳与整理的过程中，需要找寻其中贯穿始终的清晰逻辑主线，并以此为核心展开研究，以逐渐揭示程恩富经济学术思想的内在联系和发展规律，为进一步理解和传承其学术成果奠定前提基础。

2. 把握程恩富经济学术思想的多维性

在对程恩富经济学术思想的产生、发展与创新的研究中，系统把握其中折射出的马克思主义中国化时代化、中国自主的经济学知识体系构建、社会主义经济难题治理、各种错误思潮甄别与批判、国际竞争发展态势研判等理论和方法，注重历史逻辑、理论逻辑与实践逻辑三者的统一。

3. 总结程恩富经济学术思想的风范特质和多维贡献

通过对程恩富经济学术思想的梳理和研究，总结凝练其突出的风范特质和多维贡献，为中国经济学理论体系的丰富和发展、为我国社会主义经济建设和马克思主义政治经济学人才培养及组织引领提供借鉴。

（二）研究创新点

在借鉴学术界相关理论成果的基础上，本书尝试在以下几个方面作出创新：

1. 研究形式和角度更加全面和多元

已有的研究侧重于采用书评、论文等形式，往往聚焦于程恩富经济学术思想某一方面展开专题探讨，且尚未出现与之相关的硕博学位论文。本书旨在系统阐述程恩富经济学术思想的理论渊源、方法论基础、理论策论交互创新等多个维度，全景式展现程恩富经济学术思想的基本面貌和理论特质，以期填补该领域集成性研究的空白。

2. 研究思路更富逻辑性

习近平总书记在全国哲学社会科学工作座谈会上提出，中国特色哲学社会科学应该体现继承性、民族性,原创性、时代性,系统性、专业性。这对于学术评价的创新具有重要的指导意义。本书遵从这一指导思想,在打破以往将特定人物的特定思想进行模块化分割和平面式罗列的传统写作模式的基础上,将"坚守马学根基—集成科学方法—判定时代方位—创新理论政策"作为理解和把握程恩富经济学术思想的内在逻辑,进而使程恩富在不同时期的思想观点实现有机融合与贯通,让此项研究更具立体性、整体性和系统性。

3. 更突出呈现政治话语与学术话语之间融合衔接的重要性

本书致力于系统梳理程恩富经济学术思想,但绝非学术话语的自我反转和闭环论证,而是试图揭示程恩富经济学术思想与中国特色社会主义政治经济学之间的交相呼应与逻辑衔接,尤其是重视政治话语与学术话语的良性互动,既突出党和国家的重大路线方针政策对程恩富经济学术思想的政治引领和启蒙孕育,也体现程恩富经济学术思想在理论创新和建言献策中所发挥的积极影响。

第一章

程恩富经济学术思想概述

第一节　程恩富求学任教履历

程恩富,1950年7月6日生于上海,祖籍安徽省合肥市。程恩富的学术成就与理论贡献,是经过长期学习积累、实践锻炼以及持续探索所形成的智慧成果。他的研学道路丰富而坚实,青少年时期,他便表现出对政治理论课程的浓厚兴趣,并对唯物论、唯心论、实践论以及矛盾论等深奥哲学议题展开了学习研究,这种对知识的渴望与坚持,为他未来的学术生涯奠定了坚实的基础。即便是在黑龙江国营农场艰苦的环境中,程恩富也未曾放松对知识的追求。他利用所有可用的时间和资源,积极组织身边其他知青共同创建了读书会,一起研读《共产党宣言》《国家与革命》等马列主义经典著作。这些宝贵的经历不仅丰富了他的精神生活,也为他深厚的马克思主义理论功底奠定了坚实的基础。经过几十年深耕,程恩富凭借卓越的科研能力与广泛的学术影响力获评"2024中国知网高被引学者TOP 1%",刘国光、卫兴华、项启源、张薰华等资深马克思主义政治经济学家在为《程恩富学术思想研究》题词时,一致认为"程恩富在国内外学界发挥了先锋模范作用"[1]。

复旦大学求学执教时期(1972—1989年):1972年,是程恩富学术生涯中一个关键节点。那一年,他考入复旦大学,师承著名经济学家张薰华、洪远朋,自此开启了探索、成长与成熟的学术研究旅程。1975年,程恩富以优异的成绩从复旦大学政治经济学专业毕业,并被留在母校任教。他先后担任了经济学系的助教和讲师,在教育教学的实践积淀中不断深化自己的理论认识。在从事教育教学工作的同时,他并未停止学习的步伐,于1987年取得复旦大学经济系的政治经济学硕士学位。在复旦大学度过的17年岁月中,他广泛阅读了《马克思恩格斯选集》《列宁选集》等马克思主义政治经济学的核心文献。以《资本论》为代表的经典著作不仅为他搭建了学术研究的理论基础,也激发了他对经济学深层次问题的思考。此外,他还涉猎了外国经济学说史及西方经济学的各类著作。哲学、历史、美学等人文社会科学领域,以及生物学和医学等自然科学领域的书籍,也都是他研究学习的对象。这种开放包容跨学科的学习与研究方法,极大地拓宽了他的学术视野,有助于他从多个角

---

[1] 《程恩富学术思想研究》编委会,编.程恩富学术思想研究[M].北京:经济科学出版社,2015:4-7.

度审视经济学问题，从而获得对问题更全面的理解。在广泛阅读和系统思考中，程恩富逐渐形成了自己独特的学术风格和研究方法。

上海财经大学任教时期（1989—2005年）：这16年见证了程恩富个人学术成果的飞速增长，同时见证了他为该校马克思主义学科建设所作出的努力。为培养学生的全球视野和跨文化交流能力，程恩富的授课具有内容覆盖面广和逻辑性强的特点，他不仅讲授政治经济学这一传统优势课程，还积极引入并讲授西方经济学、中外社会主义经济思想史、马克思主义经济思想史等十余门课程。他通过生动且富有启发性的教学方法，激发了学生对经济学的浓厚兴趣，为培养在经济学领域具有深厚理论基础和实践能力的杰出人才作出了贡献。此外，他还投身于学校的行政管理和学术研究领导工作，历任经济系、经济学院、马克思主义研究院等多部门行政领导职务和学科带头人。任职期间，他显著促进了该校马克思主义政治经济学在学术研究、师资队伍建设、课程设置以及国际交流等领域的进步，提升了学校在该领域的学术地位和影响力。其间，他还与多国马克思主义学者共同创立了"世界政治经济学学会"，有力推动了全球政治经济学研究的交流与合作，显著增强了中国经济学在国际学术界的话语权和影响力。

中国社会科学院任教时期（2005年至今）：自2005年10月调任至中国社会科学院起，程恩富不仅担任了马克思主义研究院常务副院长、院长等领导职务，还当选了中国社会科学院首批学部委员、学部主席团成员兼马克思主义学部主任，担任中国社会科学院大学学术委员会副主任、首席教授。在这期间，程恩富一以贯之地秉承"学术研究、应用探讨和理论宣传三方面有机结合"理念，不仅在马克思主义政治经济学基础理论研究和应用经济学理论创新方面取得了显著成果，而且积极将这些成果应用于教学实践，通过授课、讲座、研讨会等多种形式指导各类层次的学生，培养了一大批马克思主义理论研究的栋梁之材，为中国社会科学院乃至全国在该领域的学术发展与人才梯队建设作出了贡献。程恩富的职责并不限于完成单位内部的日常事务，还致力于参与国内外的学术交流与合作，通过发表高水平的多语种文章和著作、创办在国外出版的《世界政治经济学评论》《国际批判思想》《世纪马克思主义评论》英文国际学术期刊、召开或参与国际学术会议等途径，将中国马克思主义研究的最新成果推向国际舞台，促进了马克思主义理论的全球交流与对话。此外，自2008年参加中华人民共和国第十一届全国人民代表大会以来，他连续三届当选全国人大代表，担任第十三届全国人大教科文卫委员会委员，并在履职期间始终秉持高度的责任感和使命感，每年都以书面形式细心撰写与提交政策建议，展现出对国家经济社会重大事项和对人民福祉的密切关注。

第二节　程恩富经济学术思想的理论来源

程恩富经济学术思想植根于马克思主义经典作家的经济思想和马克思主义中国化的经济理论，在此基础上对古今中外经济学说中的合理成分和其他学科的先进知识与方法进行理论批判与转化，从而构建起"马学为体、西学为用、国学为根"的综合创新范式。

一、理论基础：马克思主义经典作家的经济思想

恩格斯指出，无产阶级政党的"全部理论来自对政治经济学的研究"[①]。列宁则把政治经济学视为马克思主义理论"最深刻、最全面、最详尽的证明和运用"[②]。时至今日，马克思主义政治经济学的理论仍具有深远的指导意义和实用价值，这不仅得益于其作为一个体系完备、逻辑严谨的科学理论体系，拥有辩证唯物主义和历史唯物主义的世界观和方法论，还得益于为马克思恩格斯及他们的后继者们所不断丰富和发展的科学理论。

（一）马克思恩格斯经济思想

有些人轻率地断言马克思主义和《资本论》都已经过时，这种观点是片面且错误的。自撰写《1844年经济学哲学手稿》起，马克思、恩格斯便对当时社会经济情况进行了深入的实地调查与研究，不断充实和完善马克思主义政治经济学体系。他们的努力成果体现在《德意志意识形态》《哲学的贫困》《共产党宣言》等多部重要著作中，而《资本论》无疑是这一体系的集大成者。尽管这些著作距今已100多年，但马克思主义政治经济学的科学性已经在历史和现实的考验中得到了充分验证，其诸多理论依然保持着强大的生命力，特别是在理解人类社会现实和发展方面，《资本论》著作的深度和广度至今仍无其他理论可及。此外，劳动价值论和剩余价值理论更是在深刻揭

[①] 中共中央马克思恩格斯列宁斯大林著作编译局，编译．马克思恩格斯文集：第2卷[M]．北京：人民出版社，2009：596．

[②] 中共中央马克思恩格斯列宁斯大林著作编译局，编译．列宁全集：第26卷[M]．北京：人民出版社，2017：62．

露资本主义社会关系本质的基础上，帮助我们透视现代社会中劳动者与资本家之间的经济地位差异，为我们理解和解决现实社会问题提供了重要的理论基础。

正如程恩富所言，只要资本主义制度与市场经济的形态依旧存在，马克思就将始终"在场"，并持续发挥指导作用。无论经济术语如何随着"全球化""工业化""后工业社会""后信息社会""数字经济时代"等概念的演变而更新，《资本论》所阐述的资本主义内在矛盾和冲突依然存在，并可能愈演愈烈。因此，程恩富选择马克思主义政治经济学作为经济学术研究的元理论。他并非"教条"地对待经典，而是将这种开放式架构的理论体系作为基底，在结合当前经济实际的基础上引领经济学研究的创新发展。例如，马克思关于资本原始积累导致生产者与生产资料分离，进而引发资本有机构成提升、相对过剩人口产生以及贫富严重分化的观点，为程恩富关于我国所有制和分配制度的研究指明了方向。基于此，他进一步提出了重构和完善我国社会主义初级阶段四种基本经济形态的理论，即公有主体型的多类型产权形态、劳动主体型的多要素分配形态、国家主导型的多结构市场形态和自力主导型的多方位开放形态。我国市场经济的发展历程正不断证明着这一"四主型"经济制度的科学性和必要性。

（二）列宁经济思想

列宁经济思想作为马克思主义政治经济学在俄国革命与建设实践中的丰富和发展，不仅指导了苏俄社会主义建设的伟大实践，而且对世界社会主义运动产生了深远的影响。在全球化与社会主义市场经济快速发展的当下，列宁经济思想依然是当代经济学者的理论宝库。

列宁是马克思恩格斯思想的重要继承者，他通过《怎么办？（我们运动中的迫切问题）》《国家与革命》《论粮食税》等一系列著作，为马克思主义政治经济学注入了创新性的理论贡献。列宁结合苏联经济社会发展实际，丰富和发展了关于社会主义和共产主义社会的思想，指出"在资本主义和共产主义之间有一个过渡时期"[①]，认为共产主义社会将会经历低级阶段和高级阶段，并提出了"发达的社会主义""完全的社会主义"等概念。在《帝国主义是资本主义的最高阶段》一书中，他基于马克思主义的核心原理，以唯物史观为指导，科学区分了资本主义经济发展的两大阶段，深刻剖析了垄断阶段的资本主义，揭示了帝国主义的五大特征和三大

---

① 中共中央马克思恩格斯列宁斯大林著作编译局,编译. 列宁全集:第 37 卷[M]. 北京:人民出版社,2017:265.

特性，对于全球无产阶级和劳动者正确理解帝国主义的本质及其发展规律具有深远的启示意义。在领导苏俄进行社会主义建设的实践中，列宁积累了丰富的经济建设思想，他强调发展商品经济，利用市场和商品货币关系来发展经济。同时，他注重发展对外经济，认为有效利用资本主义国家的资金、技术以及先进设备是经济技术尚处弱势地位的社会主义国家经济发展的重要路径。

列宁经济思想中关于社会主义发展阶段、帝国主义特征剖析、社会主义经济建设路径以及对外经济关系处理等方面的深刻见解，为程恩富的相关研究提供了宝贵的理论启示。具体而言，程恩富在钻研列宁关于共产主义社会分阶段发展思想的基础上，紧密结合中国社会主义建设的实际国情，展开对社会主义新三阶段的思考；在全球化浪潮席卷的当下，帝国主义的形式与特征不断变化，但究其本质依旧为列宁所揭示的帝国主义"垄断"特性所主导，剥削性积累的本质并未改变，因而列宁的帝国主义理论成为程恩富研究当代经济全球化和新帝国主义以及"东升西降"国际经济政治新格局的重要理论基石；列宁首次提出社会主义可以搞商品经济和商品交换的思想，对程恩富先于官方文件提出社会主义市场经济以及市场与政府"双重调节"思想产生了深远影响。此外，列宁的对外经济政策和国际主义思想，对于拓展程恩富的国际视野也产生了深远而积极的影响。在全球化日益加深的当下，程恩富在学术研究和为经济社会建言献策等各方面都十分强调加强国际合作与交流。

（三）斯大林经济思想

斯大林经济思想中的众多核心观点至今仍被广泛认可与采纳，《苏联社会主义经济问题》及《政治经济学教科书》在理论界占据着举足轻重的地位。斯大林提出并论述了社会主义基本经济规律，深刻揭示了社会主义经济制度的本质，明确了社会主义生产的方向和动力，强调了技术进步和社会需求满足之间的紧密联系。在探讨国民经济的发展时，斯大林明确指出，国民经济有计划按比例发展的规律是在生产资料公有化的基础上产生的，这是社会主义经济的客观必然性。"它之所以发生作用，是因为社会主义的国民经济只有在国民经济有计划发展的经济规律的基础上才能得到发展。"[①] 这一规律要求国家计划机关必须科学合理地规划社会生产，确保国民经济的各个部门和领域能够协调发展，实现资源的优化配置和高效利用。此外，斯大林提出了向共产主义社会过渡的三个先决条件，包括全部社会生产的不断增长、

---

① 中共中央马克思恩格斯列宁斯大林著作编译局，编译. 斯大林选集：下卷[M]. 北京：人民出版社，1979：544.

把集体农庄所有制提高到全民所有制水平和保证社会一切成员全面发展体力与智力。斯大林的社会主义经济理论涵盖了社会主义基本经济规律、国民经济有计划按比例发展规律和向共产主义社会过渡的理论等诸多经济理论，这些理论不仅为苏联的社会主义经济建设提供了重要的指导，也对其他社会主义国家的经济发展和理论研究产生了深远的影响。

程恩富的理论研究在一定程度上受到了斯大林经济思想的启发。通过对程恩富经济学术思想中的创新经济理论和政策进行梳理分析可以发现，斯大林的国民经济有计划按比例发展规律为程恩富提出市场与政府"双重调节"思想提供了理论依据。程恩富认为，社会主义市场经济应处理好国民经济按比例发展、国家调节和市场调节三种经济规律的关系，既需要政府的宏观调控，也需要市场的微观调节、地区和产业的中观调节，以实现资源的优化配置和国计民生的协调发展。这一思想与斯大林的有计划按比例发展规律在理念上相契合，都强调了经济计划的必要性和重要性；斯大林关于社会主义发展阶段的理论对程恩富的"社会主义发展三阶段论"产生了重要影响；斯大林的分配理论为程恩富研究社会主义分配制度、促进共同富裕的实现提供了理论依据，他认为"各尽所能，按劳取酬"是共产主义社会第一阶段的分配方式，这一观点与程恩富关于我国在社会主义初级阶段分配制度的研究相契合，程恩富以此为基础深耕并探讨了如何完善社会主义市场经济条件下财富和收入的分配制度机制。此外，程恩富对斯大林模式也进行过辩证评析，认为它存在某些失误，但仍具有资本主义制度无可比拟的先进性和优越性，因而主张在吸取斯大林模式经验教训的基础上，结合中国的实际情况构建具有中国特色的政治经济学理论体系。

二、理论依据：马克思主义中国化的经济思想

自成立之日起，中国共产党就坚定不移地高举马克思主义旗帜，并在革命、建设与改革的各个阶段持续推动马克思主义理论与我国具体实践相结合，形成了马克思主义中国化的系列经济思想。程恩富经济学术思想既植根于毛泽东、邓小平、江泽民、胡锦涛等同志关于社会主义经济建设的历史性理论成果，又通过对习近平新时代中国特色社会主义思想的系统研究与践行，在不断学习中实现自身的理论精进。

（一）毛泽东的经济思想

毛泽东的经济思想不仅继承了马克思主义经典作家的理论精髓，更从苏俄及东欧的社会主义实践中汲取了宝贵经验，在与中国实际情况紧密结合的过程中实现了

深刻的创新发展。这种创新建立在深厚的理论积淀和丰富的实践经验之上，秉承实事求是、与时俱进的原则，突破了传统理论教条的束缚。

毛泽东的经济思想的核心在于坚持走社会主义道路，充分发挥人民的主观能动性，通过自力更生、艰苦奋斗，实现国家经济的独立自主和较快发展。在这一思想的指导下，我国进行了土地改革、农业集体化、工业化建设和科教文卫发展等一系列实践，为社会主义经济发展打下了坚实的基础。从总体上看，毛泽东对我国经济发展理论和实践的深刻探索经历了新民主主义时期、社会主义革命和建设时期的演变，涉及农业、工业、区域、科技、民生、开放等多个领域，这些在《新民主主义论》《论联合政府》《论十大关系》等著作中得到了充分体现。例如，在更好满足人民需要方面，他强调社会主义生产的实质是为人民服务，主张一切经济工作应从人民需要出发；在发展生产方面，他主张生产力和生产关系、经济基础和上层建筑之间的矛盾依然是社会主义社会的基本矛盾，社会主义革命的目的在于解放生产力、发展生产力；在生产资料所有制变革方面，社会主义改造任务的完成使我国确立了生产资料公有制和按劳分配制度；在经济体制方面，他提出在社会主义条件下"可以消灭了资本主义，又搞资本主义"[①]这一重要命题；在社会主义国家发展商品经济的问题方面，尽管当时毛泽东主张以计划经济为主，但他也强调，为满足服务社会主义的客观需求，在较长时期内需要大力发展商品生产和交换，社会主义商品经济的发展不会导致资本主义；在如何实现有计划、按比例地推动经济发展方面，他主张统筹各大产业和各部类的关系，平衡生产与消费；在社会主义发展阶段的问题上，他设想分三步将我国建设成为四个现代化的社会主义强国；在对外开放方面，他提出正确对待外国资本，以自力更生为主、争取外援为辅，倡导辩证学习国外先进科学技术与管理经验。

程恩富经济学术思想中的"学问要为人民而做"、"国家主导型市场经济理论"、"社会主义发展三阶段论"、"公有制为主私有制为辅政策"以及"全方位对等开放论"等观点，正是从毛泽东的经济思想中汲取了理论创新的智慧，体现了对毛泽东的经济思想的继承与发展。此外，程恩富率先在20世纪90年代中后期撰文批判对毛泽东时代国计民生发展采取的历史虚无主义观点，并召开中国海派经济论坛，强调按照《中华人民共和国宪法》和《关于建国以来党的若干历史问题的决议》的表述，客观肯定改革开放前20多年经济社会发展的巨大成就。

---

① 中共中央文献研究室,编. 毛泽东文集:第7卷[M]. 北京:人民出版社,1999:170.

（二）中国特色社会主义理论体系中的经济思想

中国特色社会主义理论体系中的经济思想，作为马克思主义政治经济学中国化的时代结晶，构建了具有连续性与创新性的经济理论框架。邓小平理论、江泽民"三个代表"重要思想和胡锦涛科学发展观中的经济学论述均蕴含的实践辩证法、制度创新思维与人本发展观，为程恩富开展政治经济学研究提供了丰厚的理论滋养。

1. 邓小平理论中的经济学论述

邓小平理论是马克思主义中国化第二次历史性飞跃的重要理论成果。在社会主义建设的探索中，邓小平在明确"何为毛泽东思想、如何对待毛泽东思想"的基础上，进一步挖掘了"什么是社会主义、怎样建设社会主义"的深层次问题。邓小平理论中的经济学论述是邓小平理论的重要组成部分，是以"改革开放"为核心、以"社会主义初级阶段论"为理论基础、以"社会主义市场经济"为实践路径的中国特色社会主义经济理论体系。

邓小平理论中的经济学论述紧密结合时代背景和实践需求，以我国的实际情况为出发点，结合国际先进经验，提倡解放和发展生产力，邓小平关于"社会主义本质""三个有利于""社会主义初级阶段理论""市场经济理论""改革开放理论""以经济建设为中心""逐步实现共同富裕""以公有制经济为主体、多种所有制经济共同发展""农业改革与发展将会经历两个飞跃"等一系列观点，不仅为我国的改革开放和现代化建设指明了方向，开辟出一条具有鲜明中国特色的社会主义经济发展新路径，而且为经济文化相对滞后、寻求经济进步和摆脱贫困的第三世界国家，提供了系统性的参考。

程恩富开启科研工作时所处的时代正是邓小平理论形成、发展并广泛运用于指导我国经济建设实践的时代，因而邓小平理论中的经济学论述成为程恩富学术研究的重要理论来源。在认真学习研究的过程中，程恩富总结出理解邓小平经济理论的八大辩证思维："推进市场经济与坚持社会主义的统一；公有制主体地位与发展各种非公经济的统一；国家（计划）调节与市场调节的统一；先富带后富与按劳分配的统一；发展速度与发展质效的统一；中央领导与基层能动性的统一；独立自主、自力更生与引资引技、对外开放的统一；灵活借鉴国外先进发展经验与结合实际、破除教条的统一。"[①] 对邓小平理论中经济学论述的理解，为程恩富进一步创新提出"社会主义发展三阶段论""一府两系、三层分立、分类管理"国有资产管理体制改

---

① 程恩富. 邓小平经济理论的八大辩证思维[J]. 经济学动态,1998(1):18-21.

革新模式、构建"以市场调节为基础、以国家调节为主导"的新型调节机制、积极发展农村集体经营等一系列符合我国国情的观点奠定了理论基础。

2. 江泽民"三个代表"重要思想中的经济学论述

在发展国民经济和推动社会主义现代化建设的过程中,以江泽民同志为核心的党的第三代中央领导集体在前人伟大思想的基础上,深化了对社会主义本质、社会主义建设路径以及党的建设目标和方法的认知,为中国特色社会主义理论体系注入了崭新的生命力。

江泽民"三个代表"重要思想中的经济学论述,作为"三个代表"重要思想的有机构成,揭开了我国改革开放和社会主义现代化建设的新篇章。在我国改革开放的过程中,江泽民同志牢牢把握经济建设这个重中之重,提出了关于经济建设的系列理论,这些理论涵盖了经济制度、社会主义市场经济体系、"三农"问题、国有企业改革、科教兴国战略、对外开放政策以及富民强国等多个关键领域。例如,关于市场经济,江泽民明确提出了"社会主义市场经济体制"的概念,他曾多次强调,"国家宏观调控和市场机制的作用,都是社会主义市场经济体制的本质要求"[①];关于社会主义公有制,江泽民明确地将"公有制为主体、多种所有制共同发展"升华为我国社会主义初级阶段的一项基本经济制度;关于国有大中型企业规范的公司制改革,江泽民提出"产权清晰、权责明确、政企分开、管理科学"的现代企业制度方针;关于对外开放,为应对经济全球化和世界政治经济格局新变化,江泽民特别强调,要"正确处理对外开放同独立自主、自力更生的关系,维护国家经济安全"[②]。

程恩富将江泽民"三个代表"重要思想中关于经济体制改革的目的、公有制主体地位、坚持按劳分配为主体、开创国有企业发展的新局面、提高对外开放水平等与当时我国经济社会发展紧密结合的政策,灵活运用到其自身关于"市场—国家"功能性双重调节理论、社会主义国有经济基本功能与国有经济内在基本制度、国有企业改革基本要点、建立"四控型"企业发展策略、创建"大文化"经济学等基础性研究当中,形成了一系列具有创新性和实践性的观点和策略。

3. 胡锦涛科学发展观中的经济学论述

在马克思列宁主义、毛泽东思想、邓小平理论和"三个代表"重要思想的指导下,以胡锦涛同志为核心的党中央第四代领导集体团结带领全党全国各族人民,通

---

① 中共中央文献研究室,编.十四大以来重要文献选编上[M].北京:人民出版社,1996:17-19.
② 中共中央文献研究室,编.江泽民文选:第2卷[M].北京:人民出版社,2006:27.

过持续不断的实践探索、理论创新和制度完善,对新形势下应该实现何种发展等关键问题进行了深刻认识和回应,凝练出科学发展观。其中的经济学论述作为科学发展观理论体系的关键组成部分,展现了中国共产党在经济指导思想上的又一次创新和进步。

胡锦涛科学发展观中的经济学论述,建立在对我国社会主义初级阶段基本国情的深刻理解和对我国社会经济发展阶段性特征的紧密把握之上。1992年进入中央工作后,胡锦涛亲身参与了改革开放和社会主义市场经济理论的确立与完善过程,这不仅使他对我国的经济发展大局有了全面的了解,更使他深刻体会到社会主义市场经济体制在我国经济社会发展中的重要地位。自2002年党的十六大以来,在科学发展观的指导下,他坚持统筹兼顾的科学方法,系统地阐述了坚持社会主义基本经济制度、完善社会主义市场经济体制、转变经济发展战略、构建社会主义和谐社会,以及建设创新型国家等一系列经济学论述。

胡锦涛科学发展观中的经济学论述为程恩富分析研究社会主义经济问题提供了重要的理论参考。例如,胡锦涛同志强调坚持和完善基本经济制度,受此启发,程恩富从遵循中国社会的经济发展规律的角度出发,论述了正确处理公有制为主体与发展非公经济的辩证关系,阐发了坚持社会主义基本经济制度在应对国际金融危机中的重要作用;胡锦涛同志强调要形成在国家宏观调控下市场对资源配置发挥基础性作用的经济管理制度,与此相对应,程恩富进一步完善了"以市场调节为基础、以国家调节为主导"的新型调节机制;胡锦涛同志将加快推进对外经济发展方式转变作为加快我国经济发展方式转变的八个"加快"[①]之一,程恩富在此基础上经过研究,提出了转变对外经济发展方式的"新开放策论"。这些研究成果的相互借鉴与融合,有助于中国特色社会主义经济理论的深化与发展。

(三) 习近平经济思想

党的十八大以来,以习近平同志为核心的党中央汲取国内外发展的宝贵经验与教训,对我国社会主要矛盾转变所带来的全新特征与迫切要求进行了全面而深刻的阐述,并就涉及新时代党和国家事业发展的关键理论与实践议题展开了深远的思考,提出一系列原创性的治国理政新主张,创立了习近平新时代中国特色社会主义思想。习近平经济思想作为习近平新时代中国特色社会主义思想的重要内容,是中国共产党坚持马克思主义政治经济学根本立场,运用马克思主义世界观和方法论,分析新

---

① 中共中央文献研究室,编.胡锦涛文选:第3卷[M].北京:人民出版社,2016:342.

时代中国特色社会主义经济发展重大问题的最新理论成果。

习近平总书记以经济建设为中心,深入探讨了经济社会的基本规律、中心目标、发展形势及重点任务,在理论与实践的紧密结合中,习近平经济思想日臻成熟和丰富。习近平经济思想内容广博、视野宏大,吸纳了马克思主义政治经济理论和历代党的领导人的经济思想,是我国经济高质量发展、全面建设社会主义现代化国家的科学指南。其中,"党对经济工作的全面领导"是根本保证;"以人民为中心"是根本立场;"新发展阶段"是对经济发展历史方位的界定;"新发展理念"是科学指导原则;"新发展格局"是路径选择;推动"经济高质量发展"是经济发展的主题;"坚持和完善社会主义基本经济制度""坚持问题导向部署实施国家重大发展战略""坚持创新驱动发展""大力发展制造业和实体经济""全面扩大开放"是重要抓手;"统筹发展和安全"是重要保障;注重"坚持正确工作策略和方法"是经济工作的科学方法论。

习近平经济思想中关于我国经济发展的总体目标、领导权问题、人民性问题、改革动力、发展战略、工作方法等多个领域的科学论述,成为程恩富经济学术思想最直接、最具体的理论来源。例如,在完善基本经济制度方面,习近平总书记反复强调公有制的主体地位不可动摇,要"做强做优做大国有企业",程恩富在其经济学术思想中对巩固公有制经济、完善公有制实现形式、大力发展公有资本为主体的混合所有制经济等观点论证,正是基于习近平总书记的这些深刻论述。在论述市场与政府的关系时,习近平总书记强调,"我国实行的是社会主义市场经济体制,我们仍然要坚持发挥我国社会主义制度的优越性、发挥党和政府的积极作用。市场在资源配置中起决定性作用,并不是起全部作用"[1]。在资源配置过程中,市场虽然起决定性作用,但它并非无所不能。这一理念验证了程恩富所提倡的高效市场与高效政府并存的"双高"或"双强"模式的科学性。在分配制度方面,习近平总书记坚持我们应该"不断解放和发展社会生产力,努力解决群众的生活生产困难,坚定不移走共同富裕的道路"[2]。程恩富关于坚持按劳分配为主体的五种分配方式、规范财富和收入分配秩序的思想,正是对这一理念的践行。在城乡一体化方面,习近平总书记提出要走"集约、智能、绿色、低碳的新型城镇化道路",并强调农民应平等参与现代化进程、共享现代化成果,程恩富关于探索乡村振兴战略、壮大集体经济合作经济等的研究正是对这一思想的积极响应。

---

[1] 习近平.习近平谈治国理政:第1卷[M].北京:外文出版社,2014:77.
[2] 习近平.习近平谈治国理政:第1卷[M].北京:外文出版社,2014:4.

三、理论拓展：其他经济学说的合理成分

在人类思想史的演进过程中，每一种新兴的经济理论体系均建立在前人实践经验之上，它们不仅无法切割与历史的深厚联系，反而是在这厚重的土壤中汲取养分。程恩富经济学术思想也是在辩证吸收其他经济学说有益成分的基础上，通过批判性扬弃与创造性转化而不断发展完善的。

（一）科学采纳中国传统经济思想

中华优秀传统文化是中华民族五千多年文明史的智慧结晶和精华所在。综观源远流长的中华文明，经济思想在中国古代知识体系中独树一帜、熠熠生辉，是推动历史上的中国经济长期稳居世界前列的关键因素。从古代农耕经济重视农业、提倡节俭、均衡富裕的观念，到近代工业经济对实业、革新、民主与法治的追求，中国传统经济思想展现出不断革新与持续演进的动态特征，为中华民族的经济发展注入了强大势能。

1. 关于共同富裕的思想

"共同富裕"这一理念在中华大地上源远流长。几千年的中华文化里流淌着关于大同和均贫富的伟大思想，或多或少映射着共同富裕的基因。早在原始社会末期，炎帝神农氏就已倡导共享食物与衣物，黄帝则在开辟疆土的过程中传播着共富共享的文明火种。《易经》将"损益盈虚，与时偕行"视为"天地之大义"。春秋战国时期，晏子、孔子、老子、庄子、墨子等众多古代哲学家都各自对共富思想有着自己的独到见解。例如，晏子提出应根据不同阶级的实际情况对财富进行调均；孔子提出"均无贫"观点；孟子通过"恒产论"强调固定产业和收入来源对社会稳定的重要性；荀子倡导君主应"以政裕民"，实施利民政策以实现"上下俱富"；墨子提出"交相利""爱无差"，主张与人交往要彼此有利。程恩富认为，"这些思想都可与西方古希腊色诺芬等思想家对人类的贡献相媲美"[①]。

在近代，即便康有为的"大同思想"和孙中山"天下为公"的愿景限于当时历史条件而未能实现，却也体现出当时有识之士对世界新秩序的向往和不懈追求。程恩富高度赞扬康有为撰写的《大同书》，认为他巧妙地将深厚的国学知识与个人独到的见解相结合，对社会主义经济理念和发展模式进行探析，彰显出鲜明的中华优

---

① 程恩富. 中国经济学现代化的创新原则与发展态势[J]. 政治经济学评论, 2010（1）: 51–56.

秀思想文化色彩,称其为"马学"的同盟者[①]。程恩富还认为以孙中山为代表的扶助农工,尤其是节制私人大资本等经济思想,也为社会主义初级阶段的经济建设提供了有效借鉴与宝贵经验。

上述各历史时期关于共同富裕的思想,为程恩富在研究农村集体经济振兴、平衡财富和收入分配促进共同富裕、完善关于民生的财税政策等问题时,提供了重要的历史参考和理论借鉴。

2. 关于市场治理的思想

是采取国家干预的手段对商业生产与商品经济的发展施加影响,还是采取放任自流的态度让市场机制发挥决定性作用,这一政府和市场的关系问题,历来是经济理论工作者绕不过去的重要命题。如何看待政府和市场的关系问题,在中国传统经济思想中也存在一些具有代表性的观点。公元前81年桑弘羊与文学贤良们共同参与的盐铁会议,开启了后世在市场与政府关系领域的长期论争。在后续的经济治理发展史中,不乏支持国家参与管理的观点。例如,管子指出"凡将为国,不通于轻重,不可为笼以守民;不能调通民利,不可以语制为大治",这一"轻重论"思想强调国家通过调节商品价格以控制经济,掌握了"轻重"之术,便掌握了利用经济收益来控制民众的方法;孟子提出的"何必曰利,仁义而已矣"反映了儒家在道德与仁义框架下"重义轻利"的价值观,主张政府应引导人们重视道德修养而非纯粹的物质追求;法家的"万事莫贵于义"也提供了一种义治市场经济的视角;墨家则强调政府有责任建立和完善法律体系,以保障市场的公平竞争和消费者的合法权益。此外,支持发挥市场调节的相关思想也不在少数。道家老子倡导的"无为"并非是指无所作为或逃避现实,而是在尊重自然法则的前提下,避免盲目行动和过度干预,以期达到更理想的治理状态。"无为"是达成"治"这一终极目标的手段,市场经济虽然鼓励积极进取,但同样可以借鉴"无为"的智慧,以实现市场的健康有序发展。

这些源自中国传统经济学家的理论洞见,尽管主要目的是服务于封建专制统治,但它们在一定程度上也对市场与政府在推动经济发展中的各自角色与功能进行了有意义的探讨,对此,程恩富曾在其论著中高度赞扬。这对他理解和阐释市场与政府之间的复杂关系,以及进一步开展关于资源和需求双重约束的假设、制度经济学思想等前沿经济理论和政策研究,也起到了重要的参考作用。

---

① 程恩富,何干强. 论推进中国经济学现代化的学术原则:主析"马学""西学"与"国学"之关系[J]. 马克思主义研究,2009(4):5-16,159.

3. 关于尊重规律的思想

作为贯穿历史进程的核心脉络，规律自古以来便受到历代学者的推崇与阐扬。尊重并顺应自然和社会规律的理念，在诸多层面得到了深刻的体现与实践。例如，对自然规律的尊崇。古代中国经济以农业为基石，而农业又与土地、水源等自然资源息息相关。因此，古代思想家们深知保护自然资源和维护生态平衡的重要性。老子的"人法地，地法天，天法道，道法自然"、孟子的"斧斤以时入山林，材木不可胜用也"，以及荀子的"万物各得其和以生，各得其养以成"，均传达了人类应顺应自然、人与自然和谐共生的深刻理念。又如，对农业生产规律的遵循。农业作为古代中国的经济支柱，其稳定性直接关系国家的经济命脉。《论语·学而》中的"耕也，馁在其中矣"便揭示了农业对于国家经济的至关重要性。孟子也强调："不违农时，谷不可胜食也。"意指农业生产必须遵循时令，以充分利用自然规律确保粮食的持续丰收。再如，对社会发展规律的把握。《易经》中的"凡益之道，与时偕行"便是在告诫我们，行事需顺应时势。《淮南子》更进一步指出："人各以其所知去其所害，就其所利。常故不可循，器械不可因也，则先王之法度有移易者矣。"这意味着在处理问题时，我们不能墨守成规，而应根据实际情况灵活应变。

程恩富的经济学术思想中关于尊重经济发展规律、协调人与自然关系、推动农业发展以及增强自主创新能力的论述，恰恰是"国学为根""古为今用"，实现了继承与创新的结合。

4. 关于和谐包容的思想

中国传统文化中的和谐包容思想，其核心在于强调"和"的价值观。这一思想将以和为贵、和而不同、协和万邦等作为核心理念，倡导人与人、国与国、人与自然之间的和谐共生，将追求和平与发展作为最终目标。孔子曾提出"礼之用，和为贵""君子和而不同，小人同而不和"，深刻揭示了和谐中允许差异存在的智慧。孟子也提出"天时不如地利，地利不如人和"，进一步强调了人与人之间和睦共处的重要性，而如果将这种"和"的思想应用于处理国际关系之中，便升华为协和万邦的理念。庄子的"齐物论"则强调在研究经济发展时，应以平等的态度对待各种利益、言论和价值观。他的"齐物"观念认为宇宙间万物，包括人的品性和情感，虽然表面上存在差异但本质上是统一的；"齐论"则认为各种观点和见解尽管起初看似不同，但最终会达到和谐一致并超越是非和差异的界限。

程恩富的经济学术思想中，倡导积极应对全球化的正负效应、全面对等开放和对半式双赢、推动国有企业寻求国际合作、团结世界各国的马克思主义组织与学者，以及借鉴各国先进文化等论述，均体现了我国传统文化中和谐与包容的精神内核。

(二) 批判汲取外国经济学的理论观点

自改革开放以来，中国经济学理论逐渐演变为马克思主义政治经济学和西方经济学两大学派，这两大学派的交锋在一定程度上成为我国经济学理论发展的重要推动力。面对西方主流与非主流经济学流派，程恩富展现出既开放包容又审慎严谨的姿态。他反对盲目排外，并倡导对西方经济学中的有益元素采取批判借鉴的态度。对此，在《汲取西方经济理论的科学因素》一文中，他引用了多位国际知名学者的洞见作为佐证。例如，赞同米勒所倡导的"不要试图立即解决一切问题""寻找合适的模式，不要总以为美国模式是正确的"的"勿求速胜"的智慧，强调不应急于求成，而应循序渐进地探索适合自身发展的道路，避免将美国模式视为放之四海而皆准的真理；认可萨缪尔森在金融市场中的箴言，尤其是对股票、债券交易所持的谨慎态度，以此提醒人们在追求财富增长的同时，不要忽视风险管理与理性投资的重要性；引述米尔顿·弗里德曼关于通货膨胀与就业之间关系的辩证思考，指出在利用经济政策促进就业时，需警惕通货膨胀可能带来的长期负面影响，以保持政策制定的平衡与稳健。[①] 这种研学态度展现了高度的智慧与包容性，既不失对西方经济学先进理论的尊重与学习，又主张立足本国实际进行批判性的吸收与借鉴。

1. 对西方主流经济学的批判性汲取

西方主流经济学理论体系经历了"古典经济学—新古典经济学—凯恩斯主义经济学—新自由主义经济学"的历史演变，在此过程中形成了一套涵盖微观经济和宏观经济的理论体系，这在一定程度上为研究社会主义市场经济提供了方法和理论借鉴。程恩富对西方主流经济学的批判性汲取主要体现在以下两个方面：

第一，对市场经济理论的批判汲取。西方经济学将市场经济定义为一种基于市场进行资源分配的经济体制。西方经济学在不同的历史发展阶段，对市场与政府关系的看法有所不同。以亚当·斯密为代表的古典市场经济理论强调经济的自由性，主张要避免政府对私人经济活动的过度干预，让市场力量自发调节经济运行。而近代凯恩斯主义则推崇国家干预理论，强调国家在经济中的积极作用，认为政府应通过增加公共支出、减税和增加货币供应等财政与货币政策来刺激消费和生产以推动经济增长。程恩富在论述市场与政府关系时，对西方经济学的市场经济观点进行了客观辩证的分析。他认为，市场经济虽然以自由竞争为基础，但并非完全的自由放任，而是需要政府进行必要的宏观调控。他坚决反对过分宣扬私有制的高绩效性，

---

① 程恩富. 汲取西方经济理论的科学因素[J]. 经济改革与发展, 1996(6):13-16.

主张市场经济应在保障公平竞争的同时注重社会公平。因此，在市场经济中，政府的角色不可或缺，必须通过合理的政策手段对市场经济进行适时的引导和调控。

第二，对比较优势理论和竞争优势理论的批判汲取。比较优势理论揭示了国际贸易的内在逻辑，指出国家如何依据自身的相对优势进行专门化的生产与交易。该理论认为，开展国际贸易的基石在于生产技术之间的相对差别，以及这些差别所带来的成本差异，而造成这种比较优势的根源就在于各国独特的资源禀赋条件。相对于比较优势理论，竞争优势理论提出了一个更全面的分析框架，它强调一个国家的竞争优势不仅来源于生产成本的相对优势，还依赖于多个关键因素，包括生产要素的条件、国内市场的需求特征、相关和支持性产业的状况，以及企业的战略、组织结构和竞争环境。此外，政府和其他外部机遇也在塑造竞争优势中发挥着不可或缺的作用。程恩富对这两种理论进行了比较研究，洞悉了它们各自的理论价值并另辟蹊径地提出了"知识产权优势理论"。该理论综合汲取了比较优势理论与竞争优势理论的精髓，为解析国际贸易与国际竞争力提供了新的视角。

2. 对发达国家非主流经济学和发展中国家经济学的批判性汲取

程恩富也注重对发达国家非主流经济学和发展中国家经济学说的关注与理解。他在《重建中国经济学：超越马克思与西方经济学》一文中指出，美国的激进政治经济学与加尔布雷思的制度主义理论更多关注社会公平、福利国家以及资本主义制度内部的矛盾和冲突，这些理论有助于我们更深入地了解发达资本主义国家的经济现象，为我们提供了观察资本主义经济运行规律的新视角；英国的凯恩斯左派经济学强调了政府在经济中的积极作用，主张通过财政政策和货币政策来实现经济稳定、增长和发展，这一观点与我国发展社会主义市场经济的实践有一定的契合度，可以为完善宏观经济政策提供参考；"中心—外围"、"依附"和"不平等交换"等国际贸易理论，从发展中国家的角度出发，揭示了国际贸易中的权力关系和不平等现象，有助于更好地把握全球经济一体化进程中的机遇和挑战，为研究我国对外经济政策制定提供了依据；日本的非正统马克思主义政治经济学说和经济全球化悖论研究，为思考全球化背景下的经济发展路径提供了新的思路。[①]

四、理论补充：其他学科的先进理论和方法

经济学并非一个孤立的学科领域，而是与其他多门学科紧密相连的多元且复杂的知识网络。因此，在研究过程中我们既要坚守马克思主义政治经济学的基本原理，

---

① 程恩富. 重建中国经济学：超越马克思与西方经济学[J]. 学术月刊,2000(2):75-82,89.

也要灵活运用各种学科的理论和方法。程恩富在这方面为我们树立了典范，他在研究中常常参考其他学科的理论和方法，更为重要的是，他并非盲目地复制或拼凑这些理论，而是根据经济学的研究需求和现实情况，进行有针对性的借鉴和融合。这种严谨的研究态度和方式，对于我们更好地理解经济学并推动其不断发展和完善具有重要意义。

首先，社会科学领域的相关知识为理论工作者提供了深入理解研究对象的社会背景和行为动机的窗口。社会科学涵盖现代社会学、政治学、伦理学和心理学等诸多学科，通过汲取各学科的先进学术成果，有利于更为透彻地分析和阐释人类群体的行为规律、社会结构以及文化因素对经济活动的塑造和影响。例如，社会学专注于探究人类社会的构造、组织和演变，可以将社会学的理论和方法融入经济学研究，以剖析不同社会群体间的互动、社会阶层的演变以及文化传统对经济决策和政策效果的影响；政治学聚焦于政治权力的根源、运作方式和影响力，考虑到政治与经济的紧密联系，以及政治体制对经济发展的推动作用，从政治学的视角探讨政府对经济的介入和调控，也是经济学研究不可或缺的一环；伦理学以道德问题为核心研究对象，在经济活动中，道德和利益往往紧密相连，因此理论经济学可以将伦理学中的"道德"与"至善"等概念融入其研究框架；心理学聚焦于对人类行为和心理过程的探究，有助于我们理解个体在经济决策中的心理机制和行为倾向，将消费心理学、管理心理学和商业心理学等领域的理论知识融入经济学研究，可以对"心理预期"、"心理偏好"和"主观效用"等概念进行更为合理的解读和改造。

其次，自然科学的相关知识为理论工作者提供了客观的分析工具和科学理论支持。以数学、物理学、生物学和统计学为代表的自然科学，为经济学研究提供了丰富的分析工具和方法论指导。例如，物理学中的控制变量法、数学的微积分以及统计学的回归分析等工具，均可以融入经济学研究以更精确地理解和阐释经济现象；生物学的发展不仅奠定了生态经济和环境经济研究的理论基础，还为更贴切地剖析"利己人""利他人"等经济行为特性提供了科学的理论和研究方法。

最后，人文科学以人类的文化、历史、审美等作为核心研究领域，这些要素在一定程度上能对经济行为和决策产生影响，因此它们在经济学研究中的地位也不可忽视。以美学为例，它融合了哲学、艺术、文学等多学科元素，可以帮助我们洞察人类对于"美"的认知如何形成、演变，并随着社会的历史变迁而调整。程恩富巧妙地将美学的视角和思考模式与经济学相融合，为经济学引入了一个创新的方向——"经济美学"。这种跨学科的融合不仅打破了经济学仅限于数量分析、模型构建和政策效果评估的传统界限，还追求经济学理论体系在形式与内容上的双重和谐。

第三节　程恩富经济学术思想的时代背景

特定历史时期的物质生产条件与社会实践结构构成理论创新成果生成的现实基础，"一切划时代的体系的真正的内容都是由于产生这些体系的那个时期的需要而形成起来的"①。程恩富经济学术思想始终与时代脉搏同频共振，对其思想进行宏观溯源，不能仅以静态背景来概述历史的动态演进，而应揭示理论与我国改革开放进程、经济全球化浪潮的交织逻辑。对时代背景的整体性勾勒，目的在于锚定程恩富理论和政策创新的历史方位，无论是社会主义市场经济体制的提出和完善、加入WTO后面临的对外开放压力，还是新时代共同富裕使命的凸显，程恩富经济学术思想的各个发展阶段都映射着我国在发展过程中的探索轨迹。需要说明的是，这种宏观观照并不会消解其理论发展的阶段性特质，诸如20世纪80年代对《资本论》过时论的批判性回应、20世纪90年代国企改制论战中的立场建构、21世纪初对全球化叙事的重新审视，这些具体历史节点的时事变迁和理论交锋，将在后续章节结合相应理论创见予以具象化剖析，以呈现其思想史细节与时代背景的互构关系。

一、实践基础：我国改革开放以来取得的伟大成就

社会的经济结构、生产方式及其衍生的社会意识三者之间存在紧密的相互联系与影响。任何经济思想的诞生都不是孤立的，而是深深植根于经济社会发展的现实土壤之中。经济思想总是以特定的社会生产作为基石，并服务于相应的生产方式。随着生产方式的演变，新的经济思想也会应运而生并持续发展。程恩富的经济学术研究历程，与我国改革开放的步伐大致相吻合。40多年里，我国在各个领域取得的显著成就，不仅为国家的全面发展打下了坚实的物质、制度、文化和社会基础，也为程恩富经济学术思想的萌生、演进和深化提供了有力的现实支撑。

（一）经济发展方面

在过去的几十年间，中国经济经历了翻天覆地的变化，在GDP的迅猛增长、贫

---

① 中共中央马克思恩格斯列宁斯大林著作编译局,编译. 马克思恩格斯全集:第3卷[M]. 北京:人民出版社,1960:544.

困的全面消除、工农业的显著发展以及科技创新的重大突破等方面取得了令人瞩目的伟大成就。国家统计局数据显示，1978—2024年，我国的GDP总量从3679亿元飙升至134.91万亿元[①]，成为世界第二大经济体。这一飞跃不仅展现了中国经济的巨大潜力和历史高度，更凸显了我国经济实力的显著增强。在消除贫困方面，党的十八大以来，我国成功消除了绝对贫困，达成了全面建成小康社会的第一个百年奋斗目标，这一辉煌成就不仅为全球减贫树立了典范，更为人类社会的发展与进步贡献了不可磨灭的力量。在农业方面，我国经济的快速增长带来了粮食产量的稳步提升，2024年全国粮食总产量高达14130亿斤[②]，自2015年以来连续9年保持在1.3万亿斤以上的稳定水平。同时，我国农业现代化进程也取得了重大进展，农业科技水平不断提高，农业产业链日益完善，为实现乡村振兴战略奠定了坚实基础。在工业领域，我国正逐步从世界工厂转变为世界市场，成为全球最大的制造业国家。随着产业结构的不断优化，我国的高新技术产业和新兴产业也迅速发展，光伏产业和5G通信等领域取得重要突破、数字化车间和智能工厂蓬勃发展、传统制造业绿色转型和新能源智能网联汽车遥遥领先，这些都表明我国正由制造业大国向制造业强国迈进。此外，我国在科技创新方面也取得了显著成果，人工智能、量子计算、航天科技等领域实现重大突破，科技创新在我国经济发展中的驱动作用越发凸显。这些辉煌成就的取得，为程恩富的学术研究提供了不竭的动力。一方面，公有制主体下市场活力的迸发、脱贫攻坚中"有为政府"与"有效市场"的协同，为他批判新自由主义奠定了实证根基；另一方面，与经济高速增长伴生的城乡差距、资本无序扩张等矛盾，又推动他进一步剖析社会主义初级阶段分配关系的特殊性，催生出"四主型"经济制度等理论创新。这些成就与挑战的交织，促使程恩富用理论回应如何驾驭资本逻辑、平衡效率与公平等时代命题，并在与国际学术话语的对话中确立起"中国经济学派"的辨识度。更为具体的理论形成与历史事件的互动机制，将在后文结合不同发展阶段展开细致分析。

（二）政治建设方面

随着改革开放的推进，我国政治体制现代化建设也逐步展开，在根本政治制度、基本政治制度以及相关体制机制建设方面均取得了巨大成就，中国特色社会主义基

---

① 国家统计局.2024年四季度和全年国内生产总值初步核算结果[R/OL].(2025-01-18)[2025-03-10]. https://www.stats.gov.cn/sj/zxfb/202501/t20250118_1958363.html.

② 国家统计局.国家统计局关于2024年粮食产量数据的公告[R/OL].(2024-12-13)[2025-03-10]. https://www.stats.gov.cn/sj/zxfb/202412/t20241213_1957744.html.

本政治制度体系的优越性得到了充分发挥。人民代表大会制度作为我国的根本政治制度，其建设已步入规范化的发展轨道，人民代表大会及其常委会的组织制度得以优化，选举制度、工作制度和议事程序也日益完善。这使得国家各级权力机关的运作更加高效，人大监督职能得到了强化，为我国民主政治建设奠定了坚实的基础。同时，我国的基本政治制度，如中国共产党领导的多党合作和政治协商制度、民族区域自治制度和基层民主制度，也得到了进一步的健全与完善。中国共产党与各民主党派之间确立了"长期共存、互相监督、肝胆相照、荣辱与共"的十六字方针，成为处理双方关系的基本准则。党中央还颁布了《中国共产党统一战线工作条例》等规范性文件，加强了中国特色社会主义参政党建设，并相继出台了推动多党合作向纵深发展的政策举措。在民族区域自治方面，民族区域自治不断得到切实贯彻落实，充分保障了各族人民享有平等自由权利以及经济、社会、文化权利。《中华人民共和国民族区域自治法》的出台，标志着民族区域自治迈向了制度化、法治化的轨道。"铸牢中华民族共同体意识"的提出，将新时代党的民族工作推向了高质量发展的新阶段，有力地凝聚了全国各族人民和全体中华儿女的力量。此外，基层民主制度也随着改革开放40多年的发展而更加充满活力。村民委员会、居民委员会、企业职工代表大会等制度载体日益健全，不断激发人民群众广泛、直接参与社会事务管理的热情。我国政治体制的现代化进程与制度优势的持续释放，为程恩富的学术研究提供了良好的政治语境与理论生长点。中国特色社会主义政治制度的成熟定型深化了他对"经济基础与上层建筑互动规律"的学理探索。例如，基层民主实践中的群众参与活力支撑他所提出的"劳动者主体地位"，不仅是经济范畴的分配正义，更是政治范畴的权力重构。又如，程恩富更多地使用"国家调节"，因为这一概念包括各级政府和人大等经济、行政、法律和文化调节。我国取得的这些政治成就既构成了程恩富进行学术研究的现实基础，也有助于他回应"如何通过制度优势规避市场失灵""如何以社会主义民主遏制资本权力膨胀"等深层命题，最终形成具有中国特色的政治经济学解释框架。具体政策创新与理论突破的良性互动，将在后续章节结合不同时期的改革方案展开有针对性的剖析。

（三）文化繁荣方面

我们党一直将物质文明和精神文明协调发展视为重中之重，始终把推进文化建设作为党和国家工作的关键战略环节。改革开放以来，我国文化体制改革取得了重大突破，中国特色社会主义文化事业和文化产业也得到迅猛的发展，成果丰硕。党的十六大报告首次明确区分了"文化事业"与"文化产业"，自2003年文化体制改革试点启动后，我国的文化事业和文化产业便步入了快速发展的轨道，文化实力和竞争力持续增强。

在文化产业快速发展方面，政策扶持、市场引导和社会参与等多种方式极大地激发了我国文化的创新与创造活力。我国文化及其相关产业持续展现出稳健增长趋势，生产运营规模逐步扩张。2024年，我国文化企业实现营业收入141510亿元，比上年增长了6个百分点。其中，随着文化数字化战略的加速推进，以数字化、网络化、智能化为核心的文化新业态异军突起，实现了59082亿元的营收，占据文化企业总营收的41.8%，已成为驱动我国文化产业迈向高质量发展的核心引擎。[1] 在文化事业繁荣兴盛方面，党和国家通过持续增大公共文化投入、完善服务设施和提升服务水平，已经建立起了覆盖全国城乡的文化服务体系，为广大人民群众提供了丰富多彩的文化场馆、文化活动和文化衍生品。至2024年年末，全国已有公共图书馆3248个，文化馆3516个，艺术表演团体1888个。[2] 我国在文化遗产保护方面也取得了显著成效，全国共设置各类文物机构9645个。[3] 在文化交流与合作的全面推动方面，改革开放以来，我国积极参与国际文化交流，在充分展示中华文化魅力的同时吸收外来的优秀文化，不断推动中外文化的相互学习与借鉴。世界各地举办的"中国文化周""中国文化节"等系列活动，不仅展现了中华文化的独特魅力，也为世界文化的多样性作出了积极的贡献。我国在文化体制改革与精神文明建设中取得的突破性进展，为程恩富的学术研究提供了诸多启示与实践参照。文化产业的规模化增长与数字化创新，验证了程恩富关于文化与市场经济的共生互动效应和社会主义"大文化"经济学的辩证思考；文化遗产保护的制度化推进与国际文化影响力的提升，则为他批判新帝国主义的知识产权垄断、构建"文明互鉴的政治经济学"提供了现实支点，使他的理论突破不仅聚焦于经济层面的所有制与分配问题，也延伸至文化领导权与意识形态话语权的辩证分析。

（四）社会和谐方面

社会和谐发展是经济社会持续健康发展的基础。我们党始终将建设和谐美丽的社会主义现代化强国作为奋斗目标，并在此基础上不断深化对社会运行规律和社会

---

[1] 国家统计局. 2024年全国规模以上文化及相关产业企业营业收入增长6.0% [R/OL]. (2025-01-27) [2025-03-10]. https://www.stats.gov.cn/xxgk/sjfb/zxfb2020/202501/t20250127_1958489.html.

[2] 国家统计局. 中华人民共和国2024年国民经济和社会发展统计公报 [R/OL]. (2025-02-28) [2025-03-10]. https://www.stats.gov.cn/xxgk/sjfb/zxfb2020/202502/t20250228_1958817.html.

[3] 中华人民共和国文化和旅游部. 中华人民共和国文化和旅游部2023年文化和旅游发展统计公报 [R/OL]. (2024-09-01) [2025-03-10]. https://www.gov.cn/lianbo/bumen/202409/content_6972211.html.

经济治理方法的理解与掌握。在教育领域，我国政府通过持续增加投入、优化教育体制和提升教育质量，成功推动了教育从普及推广向高质量发展的转变，显著提高了公民的受教育水平；在医疗卫生领域，全民医疗保障体系不断完善，基层医疗服务能力得到提升，重大疫情防控和救治能力不断加强，人民的健康状况持续改善，人均预期寿命逐年延长。此外，我国已建立了覆盖城乡的社会保障体系，包括养老、失业、医疗、工伤和生育保险等在内的制度日益完善，为民众安居乐业提供了强有力的保障。上述关于我国在社会治理与民生保障领域的系统性突破，为程恩富的学术研究提供了鲜活的实践经验与研究切入点。教育高质量发展与优秀人力资源积累的加速，支撑他在"新的活劳动价值一元论"中关于劳动生产力变化与商品价值量变化关系的阐释；全民医保与社会保障体系的完善，为他批判新自由主义"福利个人化"提供了对比样本。这些成就既验证了其"公平与效率互促同向变动"的理论假设，也推动他的学术关切由单一经济维度拓展至对"社会总资本"的统筹分析，从而在民生改善与制度优势的互动中构建起更具解释力的中国经济学范式。

（五）生态保护方面

我国的生态环保工作不仅保障了自然资源的可持续利用，还促进了绿色产业的崛起，为推动我国经济结构优化升级提供绿色动能。同时，良好的生态环境也提升了人民的生活质量，减少了环境修复成本，为经济社会可持续发展提供了有力保障。改革开放以来，我国在生态环保方面取得了显著成就。一方面，政府不断完善环保法规体系，加大环境治理力度，生态环境治理能力现代化水平大幅提升。另一方面，我国成功实施了包括退耕还林、湿地保护在内的一系列重大生态修复工程，并积极推动产业结构调整，促进了绿色能源、绿色交通、绿色建筑、绿色消费等多个领域的绿色产业发展。以我国大力发展清洁能源，显著降低碳排放强度为例，近年来我国清洁能源比重持续增加，能源消费总量得到有效控制，数据显示，2024年我国万元国内生产总值能耗比上年下降3.8%，万元国内生产总值二氧化碳排放比上年下降3.4%，[①]节能降耗减排工作稳步推进。我国在从严保护生态环境和高效利用自然资源方面的有效实践，强化了程恩富政治经济学分析的生态维度。生态环境治理的法治化推进与制度创新、退耕还林等生态修复工程的系统性实施，为他进一步揭示资本主义基本矛盾对全球生态环境的影响、批判资本主义"剥夺性积累"对生态的

---

① 国家统计局. 中华人民共和国2024年国民经济和社会发展统计公报[R/OL]. (2025-02-28)[2025-03-10]. https://www.stats.gov.cn/xxgk/sjfb/zxfb2020/202502/t20250228_1958817.html.

破坏、论证"人与自然生命共同体"的马克思主义自然观提供了实证参照;绿色产业崛起中"有为政府"对光伏、新能源汽车等战略性行业的规划引领,则深化了他市场与政府功能性"双重调节"思想的实践内涵。

二、现实需要:我国现代化进程中面临的风险和挑战

我国在全面推进现代化进程中,在经济、政治、文化、社会和生态等方面均取得了举世瞩目的成就,充分体现了大国应有的责任与担当。但是,大国也存在大的难处。我国社会主义建设快速推进的同时伴随一系列风险与挑战,这些不时出现的新情况和新问题,不仅要求我国经济决策者深入研究解决之道、提供有效方案,也对我国理论工作者的学术探索提出了更高的要求。程恩富的经济学术研究正是在直面和应对我国社会主义现代化建设过程中所出现的种种问题的基础上不断发展成熟的。

(一)中国经济发展进入新阶段

自改革开放以来,中国经济经历了翻天覆地的变化。党中央坚持以经济建设为中心,不断推动社会生产力的解放与发展。过去的40余年,我国经济大致经历了两大重要发展阶段。

1978—2012年,我国经济迅速崛起,GDP增长率多次突破10%,使我国成功跻身中等收入国家之列,成为名副其实的经济强国。以1978年党的十一届三中全会为标志,我国正式迎来了改革开放的新纪元。我国以经济建设为基石,通过实施家庭联产承包责任制和深化国企改革,极大地激发了农村经济的活力,并引发了社会主义经济体制的改革热潮。1979年经济特区的试点以及沿海城市的开放,进一步推动了改革开放的进程。1992年党中央明确提出建立社会主义市场经济体制的目标,为我国经济的飞速发展注入了新的活力。2001年我国成功加入WTO,加强了与全球经济的紧密联系。即使在2008年国际金融危机的冲击下,我国经济也经受住了考验,实现了平稳过渡和持续增长。

自2012年起,受西方金融危机和国内需要高质量发展等因素的影响,我国经济增速开始放缓,结束了长达30多年的高速增长。以习近平同志为核心的党中央提出了经济发展新常态重要论断,并强调"经济结构不断优化升级""从要素、投资驱动向创新驱动转变"是经济新常态的阶段性特征。在科学把握世界经济发展规律和我国经济运行主要矛盾的基础上,2015年,党中央进一步提出了"供给侧结构性改革"以优化经济结构,提高经济增长的质量和效益。党的十九大明确指出,中国经

济已进入高质量发展阶段,需要深化供给侧结构性改革,推动经济质量、效率和动力的"三大变革"。进入高质量发展阶段,我国经济从依赖要素投入、追求规模扩张的发展模式,转向更加注重创新、协调、绿色、开放、共享的发展模式。这是我国经济发展的必然趋势,也是适应我国经济社会发展新常态、全面建设社会主义现代化国家的必然要求。党的二十大报告提出"推动经济实现质的有效提升和量的合理增长"[①],强调在充分重视经济发展质和量的有机统一中,推动实现中国式现代化的宏伟目标。

这两大历史阶段充分证明了改革是我国经济行稳致远、不断发展的根本途径,但同时应看到我们在改革过程中也面临着一系列严峻的挑战和难题。例如,如何在经济高速增长阶段妥善处理好城乡、地区、产业间的利益关系,如何处理好不同群体与国家间的利益问题,如何进一步攻克核心技术、深化经济体制改革、发展新能源和应对人口结构变化等问题。对于解决这些问题,理论指导和政策支持起着至关重要的作用。作为提倡理论联系实际的经济理论工作者,程恩富紧跟时代步伐,积极探索我国在全面深化改革道路上遇到的前沿议题,如市场与政府职能划分、国企改革及混合所有制经济推进、分配体系中公平与效率平衡等,他提出的许多创新观点为我国的经济理论发展和政策制定提供了有力的理论支撑。

(二)社会主要矛盾的转变

社会主要矛盾,作为在特定社会发展阶段占据主导地位并发挥关键作用的矛盾,是社会基本矛盾的外在显现。在我国社会主义的演进历程中,这一矛盾的内涵与外延均经历了显著的变迁。随着世情、国情和党情的不断演变,当前中国的社会主要矛盾已不再体现为阶级间的对立,而是转化为社会供给与人民需要之间的矛盾。

党的十一届六中全会明确指出:"我国社会的主要矛盾是人民日益增长的物质文化需要同落后的社会生产之间的矛盾。"[②] 在这一论断的指引下,邓小平同志领导全党全国各族人民坚定不移地推进改革开放,以经济发展为明确目标,激发了社会主义市场经济的活力。党的十三大将这一矛盾与社会主义初级阶段相结合,进一步明确了发展方向。党的十四大又将这一矛盾与社会主义的根本任务相统一,为社会主义事业的发展提供了更为清晰的指引。党的十六大重申了我国社会的主要矛盾并未发生改变,并指出当前的小康水平仍然较低、不全面且发展不均衡,由此提出了

---

① 本书编写组,编.中国共产党第二十次全国代表大会文件汇编[M].北京:人民出版社,2022:24.
② 中国共产党中央委员会,编.中国共产党中央委员会关于建国以来党的若干历史问题的决议[M].北京:人民出版社,1981:54.

"全面建设小康社会"的宏伟目标。在中国共产党的坚强领导下,经过数十年的持续努力,我国在多个领域取得了举世瞩目的成就,基本满足了人民群众的物质文化需求。随着我国进入新时代,人民群众对民主、安全、居住环境等层面的要求日益增长,在经过深入调查和严密论证后,党的十九大提出了重要论断:"新时代我国社会的主要矛盾已经转变为人民日益增长的美好生活需要和不平衡不充分的发展之间的矛盾。"[①] 这一论断不仅科学地揭示了新时代我国社会发展的关键问题,也为未来的经济社会发展提供了明确的方向指引。

应明确,"社会主要矛盾已经转变"的提出,并不是对之前旧有判断的颠覆,而是对社会主义发展中遇到的新情况的严谨评判。改革开放之初,我国大部分地区和民众面临着解决温饱问题,因此,推动经济快速增长,保障农村贫困人口衣食住行的基本生活需求是当时的首要任务。而随着我国生产力水平的显著提升,暴露出地区发展不均衡、产业结构不合理、创新动力不足、环境保护压力大等一些亟待解决的问题,解决这些问题是当时我国社会发展的当务之急。与此同时,经济持续增长之下人民群众对于更高质量生活的渴望日益强烈,这不仅包括物质层面的需求,而且涵盖了对精神文化、民主法治、社会公正、安全保障和环境保护等多方面的追求。这就要求我们在发展过程中,必须更加关注民生,努力回应民众多元化的需求,确保所有人都能共享发展的红利。

程恩富的经济学术研究经历了我国两大社会主要矛盾的叠加过渡期。他不仅认识到发展生产力的紧迫性,还领悟到经济发展的终极目标是增进人民福祉。因此,他的研究领域也从经济、文化领域逐步拓展到政治、经济、文化、社会和生态等多方面。他提出的社会主义发展阶段应分为初级、中级、高级的"社会主义发展新三阶段论",为明确我国发展的历史方位以制定更切合实际的经济政策提供了理论支撑。在此基础上,他立足于我国社会主义初级阶段的具体实际开展研究工作,在民生、金融财税等领域提出了"改善分配政策""国资收益分红""为民财税政策""新住房策论""新养老策论""新开放策论"等一系列创新的理论和政策建议,这些都为更好地解决社会矛盾提供了创新思路和有效方案。

三、国际环境:经济全球化格局下世界经济的复杂形势

经济全球化已成为当下世界经济发展的显著特点,它所倡导的开放、包容、合作与共赢的原则,在为世界各国带来空前发展契机的同时带来了风险挑战。在此背

---

① 本书编写组,编.中国共产党第十九次全国代表大会文件汇编[M].北京:人民出版社,2017:116.

景下，各国需保持头脑清醒，在全面评估利弊的基础上积极寻求合作，以共同面对经济全球化带来的风险与挑战，推动全球经济的平衡与可持续发展。

我国改革开放以来在经济建设上取得的辉煌成就，与我国不断深化对外开放、全面融入全球经济体系的战略决策紧密相连。自1978年党的十一届三中全会提出并实施对内改革、对外开放的政策以来，我国已逐步建立起社会主义市场经济体制。2001年我国成功加入WTO与世界经济正式接轨，这是我国深度融入经济全球化的重要标志。2013年，我国提出并大力推广"一带一路"倡议，体现出我国在融入全球治理中的积极态度和创新精神。如今，我国已成为世界第二大经济体，并与国际金融市场形成了更加紧密的联系。

经济全球化促进了国际资本的自由流动，为我国吸引外国投资、引进先进技术和管理经验提供了有利条件。国际贸易自由化的推进，使我国的企业能够更容易地进入国际市场，扩大进出口贸易。同时，经济全球化推动了我国的产业结构调整，促进产业升级，催生了新的经济增长点。但值得注意的是，经济全球化在加强各国之间经济联系的同时带来了诸多风险和挑战，例如，在市场竞争压力增大的情况下，我国企业不仅要应对来自国内竞争者的挑战，还要迎接国际市场的冲击；外资的大量流入可能引发国内金融市场的波动，增加金融风险；全球化还使得一些传统产业需要进行结构调整和转型升级以适应全球市场的变化，这将导致一些劳动密集型产业面临就业和转型的困难。此外，知识产权保护、贸易摩擦、保护主义、环境污染和资源限制等问题也是我国需要重点关注和解决的问题。上述的一系列新情况新问题要求我们必须对经济全球化进行辩证审视以保障经济的持续健康稳定发展。程恩富在对经济全球化的研究中对它引发的四大正面效应和三大负面效应进行了阐述，并提出了应对之策。

经济全球化不仅为我国经济的蓬勃发展提供了广阔舞台，也为程恩富经济学术思想的形成和深化注入了理论灵感，提供了实践依据。他坚持以马克思主义国际主义思想为指引，在对经济全球化核心特质进行充分研究的基础上，提出了一系列新见解，包括"经济全球化利弊的不确定性""知识产权优势理论""四控型民族经济""对半式双赢"的全球化合作模式，以及"东升西降"国际经济新格局等。特别地，他强调发展中国家的经济学术研究应具备独立性和创新性，这也更加坚定了他"重建中国经济学"的构想，通过呼吁构建中国自主的经济学知识体系，以应对全球化带来的意识形态冲击。这些富有创意的理论和政策建议不仅具有现实意义，也为我国经济学研究提供了国际化的视角和本土化的实践路径。

第四节 程恩富经济学术思想的发展脉络

自1978年发表第一篇学术文章以来，经过20年的扎实积累，程恩富于1998年前后步入了学术成果的高产阶段，每年发表的文章数量激增至十余篇，彰显了其卓越的学术生产力。截至2024年年底，程恩富累计在中外报刊上发表文章超700篇。此外，他独立撰写或与他人合作编纂了超过40部（套）的学术著作，这些作品不仅在国内学术界引起了广泛的关注和讨论，而且频繁被转载、引用，有些被翻译成多种语言出版，学术影响力跨越国界。

从丰富的研究成果来看，程恩富经济学术思想覆盖主题广泛，涵盖《资本论》研究、社会主义基本经济制度、改革开放发展、经济全球化和当代资本主义等诸多重要议题。他的经济学术思想发展过程也充分彰显出鲜明的时代性、实践性与创新性，大致可以分为以下几个阶段：从萌芽时期对马克思主义基础理论的研究出发，到20世纪90年代伊始紧扣我国经济改革对社会主义市场经济体制进行探索，再到21世纪对全球化与新时代经济高质量发展的深化研究，逐步构建起涵盖学科建设、民生保障、国家治理、全球化战略等多维度的理论体系。

一、对马克思主义政治经济学的研究与拓展

在程恩富学术生涯的萌芽阶段，他的研究焦点紧密围绕《资本论》这一马克思主义政治经济学基石。他通过《关于资本主义制度下雇佣工人的劳动力归属关系》《怎样认识〈资本论〉研究方法和叙述方法的关系》《具有"独立科学价值"的〈资本论〉法文版》《马克思的股份资本理论》《论〈资本论〉研究的发展态势》等文章，系统研究了马克思主义政治经济学的基础理论。在此基础上，程恩富将马克思主义经济理论的触角延伸至文化领域，开启了文化经济学的探索，先后发表《要重视文化生活的管理》《经济和文化的基本含义及其相互关系——文化经济学理论探索之一》《文化变迁和经济改革——文化经济学理论探索之二》《从文化变革的高度来指导经济改革——文化经济学理论探索之三》《论创立"大文化"经济学》等论文，为日后系统提出"大文化"经济学思想奠定了理论基础。

二、对社会主义市场经济体制的探索与创新

与我国社会主义市场经济建设一同飞速发展的，是程恩富研究重心的转向和研究视野的不断开拓。20世纪90年代初期，随着全球经济体制向市场经济转型的加速，市场与政府关系的科学界定成为学界的研究热点。反映在我国，改革开放的持续推进使得建立社会主义市场经济体制成为明确目标，1992年党的十四大为中国的经济体制改革指明了方向，厘清市场与政府的关系促使学界更加关注政府如何在市场经济中发挥作用。同时，国有企业作为经济体制转型的重点，面临着经营困境和改革需求，其改革路径和现代企业制度的建立也成为学界广泛研究的议题。这一时期，程恩富把握时代脉搏，将研究的重心转向了市场与政府关系、国有企业改革等热点议题。他通过《社会主义初级阶段的经济特征与改革》《关于划分社会经济形态和社会发展阶段的基本标志——兼论我国社会主义社会初级阶段的经济特征》《社会主义发展三阶段新论》等文章，创新地提出"社会主义发展新三阶段理论"，清晰指明了我国发展所处的历史方位，为《构建"以市场调节为基础、以国家调节为主导"的新型调节机制》《"基础—主导型"调节机制的结合形式体系》《社会主义市场体系的特点和内在结构》等文章的发表夯实了研究前提。以此为基础，他创新性地提出了市场与政府功能性"双重调节"理论，为优化经济调节机制提供了理论支撑。在关于国企改革研究方面，程恩富连续发表《加速国有企业改革的若干问题》《掌握积极推进国有企业改革的若干基本观点——学习江泽民同志关于国有企业改革讲话的体会》《国有经济的功能定位与发展战略——国有经济的主导功能与制度创新》《确保基本完成国有企业改革之要点》《股份制国有企业改革效应分析》《建立"一府两系、三层分立、分类管理"的国有资产管理新体制》等一系列文章，探讨了国有企业的功能定位、管理体制改革及路径选择，为国企改革实践提供了宝贵的理论支撑，受到国家和上海市国资委的高度重视。

三、对全球化与新时代经济高质量发展的研究

进入21世纪，我国对外开放步入了一个全新的历史阶段，也预示着我国经济与世界经济的深度融合与相互依存。特别是进入新时代以来，我国经济建设的宏伟蓝图与改革创新的深度实践，更加鲜明地聚焦于与世界经济的接轨，致力于实现经济的高质量发展，以及坚定不移地实施创新驱动发展战略等核心议题。而理论研究作为实践探索的先导，也随之迎来新的调整与发展。因此，程恩富的研究重心也相应地进行了调整与深化，他更加关注新时代中国经济发展的新特点和新趋势，聚焦于

研究高质量发展、创新驱动发展战略等重大问题，同时积极回应国际经济格局变化对我国经济发展的挑战和影响。这一时期他的代表性成果包括《经济全球化：若干问题的马克思主义解析》《经济全球化与中国的对策思路——兼论"三控型民族经济"与对半式双赢》《民族产业被外资并购整合并非宿命》《当前西方金融和经济危机与全球治理》《创新是引领发展的第一动力》《"双循环"新发展格局的政治经济学分析》《积极贯彻高质量发展新方略新举措》《全球经济新格局与中国新型工业化》《大力发展新质生产力加速推进中国式现代化》《"东升西降"国际新格局与全球经济治理》《"印太战略"视域下大国博弈与中国应对方略》等，展现了他广阔的国际视野和把握时代脉搏的敏锐性。

四、对中国经济学理论体系与民生福祉的探索

随着物质基础的日益坚实，人民对美好生活的向往不再局限于物质层面，而是更多地转向精神文化与社会福利的诉求。为紧密贴合这一转变要求，程恩富的研究视野也随之开拓，从聚焦于经济体制改革拓展到构建和完善经济理论体系，以及广泛探索如何提升人民福祉。一方面，他针对经济学建设中遭遇的范式危机，结合时代发展需求，提出了"重建中国经济学"的重要倡议，通过《试论建立综合的社会主义经济学》《范式危机、问题意识与政治经济学革新》《重建中国经济学的若干基本问题》《重建中国经济学：超越马克思与西方经济学》《论推进中国经济学现代化的学术原则——主析"马学""西学"与"国学"之关系》《中国特色社会主义政治经济学研究十大要义》等文章，为中国经济学的未来发展指明了方向。而在理论体系的构建完善过程中，多元文化的涌入如同一股强大的潮流，既带来了新鲜的思想与观念，也对我国意识形态领域产生了不可忽视的冲击。面对这些冲击，必须保持清醒的头脑，对其中潜在的风险与危机保持足够的警惕，以确保我国经济理论的健康发展与意识形态的安全稳固。对此，程恩富以马克思主义为武器，与错误思潮进行了积极的理论交锋，发表了《产权、经济发展与社会主义——与张五常先生商榷之一》《公平、效率与经济人分析——与张五常先生商榷之二》《新中国的经济变迁与趋势定位——与张五常先生商榷之三》《用科学的产权理论分析中国经济变革——张五常先生若干产权观点质疑》《马克思经济学与经济思维方法——与张五常先生商榷之四》《用什么经济理论驾驭社会主义市场经济——与吴敬琏、王东京教授商榷》等旗帜鲜明的论战性文章，彰显了马克思主义者的无畏勇气，坚决捍卫了马克思主义理论阵地。

另一方面，程恩富关注民生福祉，就共同富裕主题做了持续研究，通过《社

主义共同富裕的理论解读与实践剖析》《坚持公有制经济为主体与促进共同富裕》《促进社会各阶层共同富裕的若干政策思路》《中国共产党反贫困的百年探索——历程、成就、经验与展望》《把握与运用扎实推动共同富裕的五种分配方式》等文章，对共同富裕的理论逻辑、历史逻辑和实践逻辑进行了系统阐述。另外，程恩富在人口政策、职工权益保护、养老保障、住房问题等社会热点方面，也提出了诸多创新性的策略建议，体现在其《新人口策论：先控后减》《构建国家主导的企业职工权益保护体系》《机关、事业和企业联动的"新养老策论"》《城市以公租房为主的"新住房策论"》等文章中。

第二章

坚守马学根基：对《资本论》基本理论及其当代价值的再认识

《资本论》是马克思主义理论中最光辉灿烂的科学巨著,正如习近平总书记所言,"1867年问世的《资本论》是马克思主义最厚重、最丰富的著作,被誉为'工人阶级的圣经'"[①]。在全球政治经济格局深度调整与我国进一步全面深化改革纵深推进的双重背景下,《资本论》研究展现出独特的理论价值与现实观照性,它所蕴含的科学理论内涵与揭示的资本主义发展规律,为理解当代资本主义新形态、新特征提供了不可替代的理论工具,同时为认识和发展社会主义市场经济提供了科学参照。因此,如何推动《资本论》研究范式和核心理论的时代转化与创新发展,已成为当下学界亟待探讨的重要命题,这不仅关乎马克思主义政治经济学的当代发展,也关系到对全球经济发展规律与中国道路理论阐释的深化。

第一节　对《资本论》研究对象的时代化阐释

通过文本考据与厘清研究对象是认识一门学科的首要任务。明确《资本论》的研究对象,是掌握马克思主义政治经济学核心思想的前提。在此基础上,结合社会发展需要对《资本论》研究对象作出时代化阐释,不仅有助于更深刻地理解资本主义社会经济发展的特点与本质,而且对于探究社会主义的社会经济建设具有积极意义。

一、关于《资本论》研究对象的思考

在《资本论》第一卷第一版的序言中,马克思阐述了该书的研究对象是"资本主义生产方式以及和它相适应的生产关系和交换关系",[②] 该论述涉及两个核心概念,即资本主义生产方式与生产关系。学术界围绕这一主题进行了持久的辩论,并围绕生产关系说、生产力说和生产方式说三大类别衍生出多种关于《资本论》研究主题的观点。生产关系说认为《资本论》聚焦于资本主义生产关系,代表人物有王

---

① 习近平. 在纪念马克思诞辰200周年大会上的讲话[M]. 北京:人民出版社,2018:3.
② 中共中央马克思恩格斯列宁斯大林著作编译局,编译. 马克思恩格斯文集:第5卷[M]. 北京:人民出版社,2009:8.

学文（1961）[①]、田光（1981）[②]、卫兴华（2017）[③] 等，如王学文（1961）认为《资本论》的研究对象是广义的生产关系。而张魁峰（1980）[④] 等持生产力与生产关系统一说的学者，主张要把对生产力的研究放在首位。马家驹、蔺子荣（1980）[⑤]，吴易风（1997）[⑥]，萧冬荣（1995）[⑦] 等学者则是生产方式说的支持者。除了上述观点，学者们在研究过程中还不断形成诸多创新主张，如林岗（2013）将《资本论》的研究对象概括为"资本主义经济形态"，[⑧] 马拥军（2015）认为马克思创作《资本论》是为了将"资本"研究透彻。[⑨]

围绕生产力、生产方式、生产关系三大核心概念，程恩富将学术界关于《资本论》研究对象的相关探讨归纳为生产力论与反生产力论、生产方式论与反生产方式论、生产关系论与反生产关系论等十一种主要类别，并对它们进行了评析与借鉴。[⑩] 例如，针对"在社会主义基本经济制度下，要解决社会基本矛盾，必须首先研究生产力"的"生产力论"观点，程恩富指出这一观点未能充分重视马克思主义政治经济学研究对象的系统性与整体性，未能充分考量政治经济学的目标、任务和实现过程。因此他认为，在社会主义条件下，生产关系的暂时性及其独特的发生、发展、演进规律，始终反映在生产方式的变化过程中。对于部分学者以"政治经济学不是工艺学"为依据，主张"马克思主义政治经济学关注的是资本主义经济发展趋势，而非促进资本主义生产力的发展"的"生产关系论"观点，程恩富认为，马克思的论述旨在明确其研究不是为了钻研生产力本身如何提高，并非强调完全排除对生产力的研究。对于有些学者侧重于从资本主义生产方式切入，强调《资本论》侧重于对生产方式的研究，是进一步研究资本主义生产关系和交换关系的前提与基础。程恩富认为这种观点看似综合了生产力和生产关系，实则没有考虑生产方式由低到高分属于生产力和制度形态范畴的层次性，同时，对生产方式的认识偏差也容易淡化

[①] 王学文.《资本论》的研究对象[J]. 经济研究,1961(1):38-44.
[②] 田光. 论《资本论》的对象问题[J]. 经济研究,1981(5):47-54.
[③] 卫兴华. 再论中国特色社会主义政治经济学研究对象[J]. 毛泽东邓小平理论研究,2017(10):22-25,107.
[④] 张魁峰. 谈《资本论》的研究对象:兼谈我国政治经济学的研究对象[J]. 山西财经学院学报,1980(1):1-4.
[⑤] 马家驹,蔺子荣. 生产方式和政治经济学的研究对象[J]. 经济研究,1980(6):65-72.
[⑥] 吴易风. 论政治经济学或经济学的研究对象[J]. 中国社会科学,1997(2):52-65.
[⑦] 萧冬荣. 政治经济学的对象应该是生产方式:喜读张建民《新编政治经济学教程》[J]. 湖北大学学报（哲学社会科学版）,1995(6):121-123.
[⑧] 林岗. 不朽的《资本论》:纪念马克思195周年诞辰之际为《资本论》的初学者而作[J]. 政治经济学评论,2013(3):3-38.
[⑨] 马拥军. 对《资本论》的九个根本性误读[J]. 天津社会科学,2015(2):14-23.
[⑩] 王朝科,程恩富. 经济力系统研究[M]. 上海:上海财经大学出版社,2011:15-16.

政治经济学的阶级性。

在对不同观点进行客观评析的基础上,程恩富提出了关于该问题的几点思考:第一,学术研究工作需要在系统思维之上一以贯之,对《资本论》研究对象的分析不能脱离实际、表里不一,那些一边提倡研究生产方式一边在设计政治经济学结构体系时依然坚持以生产关系为基础的研究方式有失妥当。第二,有些学者将生产力作为《资本论》的研究对象的学理依据在于,生产力经济学在我国已经发展成一门独立的学科,并产生了众多专门著作,各个经济学分支皆可视为其应用或特定研究领域。第三,应打破那种效仿西方经济学将研究资源配置局限于市场与政府关系的思维定式,必须将概念进行拓展,将产权配置纳入研究范畴。① 思考了这些问题后,程恩富参照《资本论》"资本的生产—流通—资本主义生产总过程"的逻辑框架,认为"生产力—生产方式—生产关系"这一概念模型是全面把握政治经济学研究对象的关键,并在后续的研究中,将这一模型扩展为"经济力—经济关系即经济制度"②。

二、"经济力"概念的创新提出

随着时代的演进,围绕《资本论》的研讨仍在不断深化,关于《资本论》研究的具体对象仍未达成共识,而西方经济学以资源配置为核心的范式也难以涵盖产权制度、所有制结构等政治经济学的核心议题,凸显了理论工具与研究对象的不适配。基于此,同时为避免因使用生产力、生产关系概念在狭义或广义上引起分歧,程恩富从马克思主义的内在逻辑出发,提出"经济力"范畴。

(一)"经济力"的具体内涵

马克思在《资本论》中分析资本原始积累时指出"暴力是每一个孕育着新社会的旧社会的助产婆。暴力本身就是一种经济力"③,这是"经济力"概念在马克思主义政治经济学领域的首次出场。当前我国在物质产品、精神产品等领域呈现出新的需求,社会经济活动的内容与条件较之过往已经发生了显著变化,传统的政治经济学中关于生产力的定义已无法全面适应当前多元化的大生产格局,因此迫切需要对生产力的内涵和外延进行拓展和丰富。

---

① 程恩富.关于《资本论》的研究对象等若干问题的讨论[J].政治经济学评论,2017(3):24–26.
② 王朝科,程恩富.经济力系统研究[M].上海:上海财经大学出版社,2011:15–16.
③ 中共中央马克思恩格斯列宁斯大林著作编译局,编译.马克思恩格斯文集:第5卷[M].北京:人民出版社,2009:18.

程恩富认为,马克思提出的经济力更倾向于泛指一国的经济实力、经济状况,但目前应该从经济范畴层面来明确经济力这一概念,因为"传统经济学中,仅仅关注生产力这一概念,而未涉及交换力、分配力和消费力。然而,根据马克思经济学的方法论,有必要明确生产力、交换力、分配力和消费力的概念,并将它们集中于经济力这个核心范畴"①。于是,程恩富借用跨学科横向借鉴的科学方法,参考物理学力的相互性基本理论,将物理学意义上"力"的概念引入经济力的阐释过程中,在系统观念指引下形成了经济力的全新定义:"经济力是生产力、分配力、交换力、消费力和自然力在耦合基础上形成的合力。"②

经济力不是单一的指向,而是包含多种元素的综合性概念。为了更易于理解经济力概念,程恩富用公式对其进行了表达③:

$$E_p = (A, R)$$

其中,E_p 即经济力;A 是构成要素集合,$A = \{a_1, a_2, \cdots, a_n\}$,具体表现为 $A = \{生产力,分配力,交换力,消费力,自然力\}$;$R$ 是与构成要素相适应的关系集,$R = \{r_1, r_2, \cdots, r_n\}$,具体表现为 $R = \{生产关系,分配关系,交换关系,消费关系,人与自然的关系\}$。

可以看出,程恩富将生产力、交换力、分配力、消费力和自然力"五力"共同集合于经济力这一范畴之下。生产、交换、分配等属于马克思经济学的核心概念,在马恩经典论述中都能寻得相应的论述。而生产力、交换力、分配力、消费力和自然力则需要结合时代发展,赋予其更新更全面的含义,程恩富对此进行了富有新意的探索:

第一,生产力是创造物质、精神及自然财富的效能或能力。马克思、恩格斯曾多次强调,生产劳动构成了人类历史发展的基石。生产力是推动人类社会发展的重要力量,在经济力系统中也起着决定性作用。科技进步和经济活动的复杂化要求我们超越传统经济学对劳动的狭隘理解,以更新的视野全面认识和掌握新时代的生产力。对此,程恩富特别强调要在两个方面防止出现认识的片面性。一是要坚持马克思主义辩证法,既看到生产力发展过程中,人类利用各种方式将自然力转化为人们所需之要素,也要看到劳动过程对自然力造成的破坏。二是不能人为地割裂人与自然力的联系,甚至将二者对立起来。要用历史的眼光辩证分析《资本论》中没有描述资本主义生产方式与自然力系统之间双向共建的本质原因,要结合当下实际,科

---

① 程恩富. 论经济力中的消费力及与消费关系的辩证运动[J]. 消费经济,1997(6):16-19.
② 王朝科,程恩富. 经济力系统研究[M]. 上海:上海财经大学出版社,2011:47.
③ 王朝科,程恩富. 经济力系统研究[M]. 上海:上海财经大学出版社,2011:48.

学认识生产力生产自然财富的能力。①

第二,交换力是促进个人利益、组织间利益以及人与自然之间利益的相互转换系统。程恩富提出,从社会再生产全过程的角度出发,交换是生产过程的一部分,而从系统论角度看,交换力是经济力系统的一个子系统。交换力系统存在纵向和横向两个研究视角。纵向上看,交换力连接生产和消费,是个人之间、组织之间利益交换的媒介。横向上看,交换力体现了人与自然间的利益联系,它拓展了马克思主义经典交换理论,将自然环境视为交换主体并纳入交换过程的补充与拓展。该观点源于对资本主义生产模式下人类对自然资源无节制开发的反思,旨在探讨如何在纵向与横向的交换关系中实现平衡,以及如何在人类与自然这两大交换主体之间调和各自的利益需求。②

第三,分配力是确保经济与社会系统和谐共生、推动社会公正及整体进步的关键要素。在政治经济学研究中,分配问题占据着重要地位。将分配纳入经济力系统作为一个重要组成部分进行深入研究,显得尤为重要。程恩富提出,从纵向维度来看,分配力是社会再生产的一个环节,传统经济学将分配视为对生产成果进行的分割。而从横向维度来看,分配力一方面是实现生产资料资源配置的高效工具,对关系国计民生、经济安全等重要战略资源进行配置;另一方面它影响着全部劳动成果的分配,是实现社会和谐的重要途径。因此,深入理解分配力的本质及其在经济政策和制度中的作用至关重要。③

第四,消费力决定于消费主体、消费客体和消费媒介内在结构的耦合一致性。消费构成了社会再生产的关键环节,是与生产相对应的范畴,它既是生产的起点,也是生产的终点。通常,购买力与收入水平被视为衡量消费能力的关键指标。然而,程恩富基于系统论的视角,提出在生产力水平固定的情况下,消费主体、消费客体以及消费媒介内在结构的耦合一致性,才是决定消费力的关键因素。只有三者实现协调统一,才能真正形成消费力。此外,程恩富引入了"消费效率"的概念,主张在消费力与自然力之间寻求平衡,强调消费效率的重要性,反对单纯追求消除使用价值和满足个人私欲的做法。④

第五,自然力的二重性和三命题。古典政治经济学家和马克思都研究过生产力与自然力的关系。程恩富在这些研究的基础上,结合21世纪的新问题,提出了自然

---

① 王朝科,程恩富.经济力系统研究[M].上海:上海财经大学出版社,2011:386.
② 王朝科,程恩富.经济力系统研究[M].上海:上海财经大学出版社,2011:387.
③ 王朝科,程恩富.经济力系统研究[M].上海:上海财经大学出版社,2011:387-388.
④ 王朝科,程恩富.经济力系统研究[M].上海:上海财经大学出版社,2011:388-389.

力二重性观点,即自然力由纯粹自然力和社会力共同构成。他区分了显在生产力和潜在生产力,并基于此提出了三个核心命题:自然力独立于人类,包含已知与未知两个方面;纯粹自然力是已知自然力与未知自然力的综合,而可利用自然力是已知自然力与人类能力的交集;从历史角度看,自然力的已知与未知是相对的,具有代际差异。①

(二)"经济力"的系统结构

"经济力"这一术语具有双重内涵,一方面可以作为衡量经济实力的具体标准,另一方面它是经济学的理论范畴。程恩富指出,当经济力被视为经济实力的衡量标准时,代表的是一个剥离了各种经济关系的纯粹的生产力概念;而当从经济学的视角探讨经济力时,则必须在聚焦于研究生产力的同时,全面考虑与之相关的各种经济关系。从研究范围来看,作为衡量经济实力的经济力,其核心聚焦于经济增长的单一维度,而不是全面审视经济发展状况;相对地,作为综合概念的经济力,则要求将生产、分配、交换、消费等多个环节紧密结合起来,并深入探究这些环节间相互作用的深层逻辑。因此,"经济力不是对物质生产过程的分解和逻辑展开,而是对整个经济系统各构成要素相互作用结果的综合"②。

依据系统论的观点,系统的构造是各组成要素之间所有关联方式的整体集合。因此要以系统的视角来审视经济力,不能简单地将其视为生产力、分配力等要素的累加。必须认识到这些要素之间相互联系、相互依存、相互影响的复杂性,而这种复杂关系正是经济力系统结构的体现。对此,程恩富分别从纵向和横向两个方面展开分析:首先,经济力系统纵向结构揭示了系统内部的层级关系,各要素呈现出关系复杂但层次有序的等级构造。这一结构表明,经济力的各要素可以细分并形成相互联结的子系统,从不可再细分的元素开始,逐级向上螺旋构建,直至形成完整系统。这个过程展示了从简单到复杂、从低级到高级的层级结构关系。低级子系统为高级子系统提供基础支撑,而高级子系统统领着低级子系统。其次,经济力系统横向结构呈现出系统内部同级的要素或子系统之间的相关性,在同层级中,根据生产力决定生产关系原理,能够推导出 a_n 决定 r_n,R 就是与"经济力"相对应的"经济关系"。③ 程恩富用耦合理论对经济力系统结构进行了总结:"经济力可视为生产力、交换力、分配力、消费力和自然力这五种力耦合效果的综合性体现,各个构成要素

---

① 王朝科,程恩富. 经济力系统研究[M]. 上海:上海财经大学出版社,2011:389-390.
② 王朝科,程恩富. 经济力系统研究[M]. 上海:上海财经大学出版社,2011:59.
③ 王朝科,程恩富. 经济力系统研究[M]. 上海:上海财经大学出版社,2011:62.

之间的耦合关系,即体现了经济关系对经济力的反作用。"① 为了更加直观地体现该理念,他用图2-1清晰地阐明了子系统与经济力、子系统与子系统之间的相互关系。

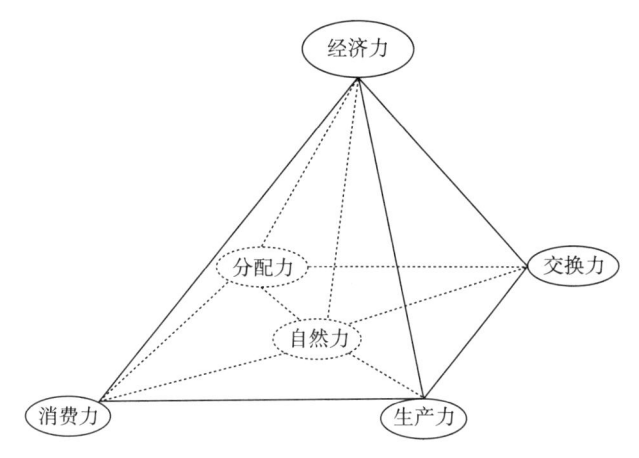

图2-1 经济力的系统结构

资料来源:王朝科,程恩富.经济力系统研究[M].上海:上海财经大学出版社,2011:63.

本研究认为,学术界一段时间以来围绕《资本论》研究对象展开的争论,在一定程度上也是为了更好地拓展政治经济学的研究领域,增强其现实解释力。程恩富通过构建一套由"生产力、交换力、分配力、消费力、自然力"组成的"经济力"系统框架,将经济活动的全过程纳入分析范畴,实质上是将《资本论》隐含的"生产—再生产"逻辑显性化。这一突破不仅有助于避免单纯使用生产力、生产关系引起的概念分歧,又继承了马克思关于"四环节"辩证运动的经典论述,为直面当代经济全球化、生态危机等现实问题提供了理论工具。

"经济力"概念的提出,首先是对生产力范畴的辩证发展。"经济力"系统并非对生产力基础性地位的否定,反而通过引入"自然力"的维度,延续了马克思在《资本论》中未充分展开的生态批判。程恩富将自然力划分为"纯粹自然力"与"社会化的自然力",既承认自然力的客观独立性,又强调其与人类实践的交互性。这一划分突破了"生产力单向改造自然"的线性逻辑,揭示了资本主义生产方式对自然力的掠夺性开发本质。其次是对生产关系反作用力的系统化阐释。传统马克思主义在辩证的基础上更为强调生产力决定生产关系,但程恩富通过"分配力""交换力"等子范畴的提出,将生产关系的反作用具体化为经济力系统的内生动力。例

---

① 王朝科,程恩富.经济力系统研究[M].上海:上海财经大学出版社,2011:118-119.

如，他将分配力视为"政策工具"与"社会调节器"，既延续了马克思关于分配关系由生产关系决定的观点，又突出了分配对生产结构、消费能力的动态反馈作用。这种分析符合恩格斯关于"历史合力论"的论述，有利于增强马克思主义政治经济学的解释力。最后是对经济全球化的批判性回应。程恩富将"交换力"扩展到人与自然的关系层面，暗含了对新自由主义全球化下帝国主义新特征的批判。他将自然环境纳入交换主体范畴，实质上是将马克思的商品拜物教批判延伸到生态领域，揭露了资本主义通过不平等的国际交换体系将自然力商品化的剥削逻辑，如碳排放权交易。这种分析超越了西方生态经济学局限于技术改良的路径，回归了马克思主义的阶级分析与制度批判，为发展中国家争取自身权益提供了理论武器。

从程恩富经济学术思想的发展过程来看，"经济力"概念并非程恩富学术生涯的孤立产物，而是其理论体系演进的关键节点。程恩富长期致力于"新马克思经济学综合学派"的构建，主张打破苏联教科书体系对生产关系的僵化表述。"经济力"概念的提出，正是这一思想的具体实践：通过引入系统论与生态视角，他将"生产关系反作用"具体化为分配力、交换力的动态反馈机制。从这一概念中可以看出程恩富所具备的创新性学术品格。一方面，他善于综合运用跨学科方法论，借用力学"耦合"概念解释经济系统互动，实现了经济学与系统科学的互通。例如，用"涌现效应"描述生产力与消费力的协同作用，在坚持马克思主义的基础上吸纳借鉴了复杂性科学的前沿成果。另一方面，在继承马克思生态批判的基础上，程恩富对"大工业对自然力的破坏"进行了分析，直指新自由主义下的剥削本质。这种批判路径，既区别于西方生态经济学的技术改良主义，又超越了传统左翼理论对生态问题的抽象化处理。

第二节　对劳动价值论的认识与拓展

劳动价值论是马克思主义政治经济学的枢纽。马克思在批判剖析古典经济学理论基础之上，创新性地发展出一套全面且严谨的理论体系，阐释了劳动在商品价值创造中的核心作用。正是依托于这一科学的劳动价值理论，马克思得以成功揭示资本主义制度下剥削的本质，进而提出剩余价值理论。"无论时代条件如何变化，我们始终都要崇尚劳动、尊重劳动者，始终重视发挥工人阶级和广大劳动群众的主力军作用。"① 随着时代的发展，劳动、劳动者的主体地位依然没有动摇，广大学者围绕劳动价值论在当代社会的适用性、创新和发展等多个维度展开探讨。而程恩富强调了马克思主义劳动价值论在揭示商品经济一般规律、分析资本主义与社会主义市场经济运行中的现实意义和重要性。在对当前关于劳动价值论存在的误点进行辨析的基础上，创新性地提出了"新的活劳动价值一元论"，并进行了拓展，形成了包括"全要素财富说""按贡分配形质说"等在内的创新理论，为理解和解决当前市场经济条件下的价值、财富和分配问题提供了新的研究视角。

一、对劳动价值论现实意义的审视

马克思主义劳动价值论一经诞生，就在经济思想史上引起了巨大变革。近年来，学者们从理论、历史和现实应用等多个维度对劳动价值论在当代经济理论和实践中的重要性进行了探讨。如简新华（2024）围绕劳动价值论在马克思主义政治经济学中的基石地位进行了探讨，明确了其作为核心原理的不可动摇性，强调了在新时代背景下对劳动价值论进行创新与发展的必要性。② 侯风云（2022）阐述了劳动价值论不仅证明了资本主义生产资料私有制条件下无产阶级革命的合理性，还为中国特色社会主义制度提供了理论支持，强调了按劳分配的主体地位。③ 鲁品越（2016）指出，马克思的劳动价值论建立在唯物史观基础上，将劳动视为创造历史的"社会劳动"，强调马克思主义劳动价值论对旧劳动价值论的革命性创新。④ 张雷声、顾海良（2015）深入探讨了马克思主义劳动价值论的历史发展过程与持久解释力，回顾对比了从重商主义和重农学派提出财富概念到古典经济学家萌发劳动创造价值，直至马克思提出劳动价值论的历史演变，强调了这一理论的历史整体性是通过方法和逻辑的整体性来实现的。⑤ 王今朝、金志达（2023），张旭、于蒙蒙（2024）则从现实应用的角度，展示了劳动价值论的适应性。王今朝、金志达（2023）从三个维度分析了劳动价值论的客观性和根本性，认为劳动价值论是揭示现代社会经济现象的重要工具，特别是在揭示现代社会阶级对立和市场经济运行中的价格信号预测方面

---

① 中共中央党史和文献研究院，编. 论坚持人民当家作主[M]. 北京：中央文献出版社，2021：118.
② 简新华. 劳动价值论和剩余价值论的再思考[J]. 河北经贸大学学报，2024（6）：1-13.
③ 侯风云. 论马克思劳动价值论及其理论意义和实践意义[J]. 河北经贸大学学报，2022（3）：1-8.
④ 鲁品越. 马克思劳动价值论是与旧劳动价值论根本对立的理论：兼论马恩为何是旧劳动价值论的反对者[J]. 创新，2016（1）：16-22.
⑤ 张雷声，顾海良. 马克思劳动价值论研究的历史整体性[J]. 河海大学学报（哲学社会科学版），2015（1）：1-8.

具有不可替代的作用。① 张旭、于蒙蒙（2024）通过回溯历史和经典理论，提出劳动价值论在人工智能时代仍然具有重要的现实解释力，只是需要新的解释和观点来适应技术变革带来的挑战。②

值得注意的是，程恩富早在2001年就对马克思主义劳动价值论的现实意义进行了分析。他认为劳动价值论至今依然是我们分析资本主义市场经济和社会主义市场经济的理论基石和有效方法。尤其是我国社会主义经济建设过程中有关所有制结构、分配制度、社会保障制度、区域经济协调发展、科教文卫管理劳动，以及价格体系等方面的理论解析和政策制定，都需要以马克思主义劳动价值论为行动指南。因此，他对劳动价值论在社会主义市场经济条件下的实际意义进行了探讨。他认为，在当前社会背景下，重新审视和研究劳动及劳动价值论的重要现实意义主要体现在以下四个方面：

第一，有益于强化对科技和教育劳动重要性的认识。程恩富认为，现代社会中脑力劳动占比已大幅提升，有必要探讨科技劳动和教育劳动在创造价值方面的深层机制和诸多影响因素，为"科技是第一生产力"的观点奠定经济学上的劳动价值论基石。③

第二，有益于纠正那些认为文化劳动不创造价值的错误观点，对发展社会主义先进文化具有重要意义。当下将文化嵌入物质生产的现象急剧增加，独立的文化产业规模急剧扩大。程恩富指出，先进文化理念的萌发与推广、先进文化技术和载体的发明和运用，以及先进文创商品的创作与交换，须臾离不开活劳动创造价值这一科学理论的指导。④

第三，有益于重新认识管理劳动在社会主义经济管理中的重要性。过往的研究常关注生产操作人员的价值创造，却忽视了管理者在价值形成中的关键作用。但事实上，无论企业性质如何，直接涉及经营管理的劳动都是价值创造的重要组成部分。⑤

第四，有益于阐明按劳分配为主体与按生产要素分配的体制，共同促进财富和收入分配结构的改善与优化。当下的市场型按劳分配体制与计划型体制存在较大差异，因此，劳动价值论与现行分配制度之间的关联变得尤为明显且紧密。在生产性

---

① 王今朝,金志达. 从三重维度看劳动价值论的客观性和根本性[J]. 学术界,2023(5):17-27.
② 张旭,于蒙蒙. 人工智能背景下的劳动价值论研究:核心议题、历史追溯与经典回顾[J]. 政治经济学评论,2024(4):196-224.
③ 程恩富. 科学地认识和发展劳动价值论:兼立"新的活劳动价值一元论"[J]. 财经研究,2001(11):3-9.
④ 程恩富. 科学地认识和发展劳动价值论:兼立"新的活劳动价值一元论"[J]. 财经研究,2001(11):3-9.
⑤ 程恩富. 科学地认识和发展劳动价值论:兼立"新的活劳动价值一元论"[J]. 财经研究,2001(11):3-9.

和流通性企业中，分配机制都紧密地围绕价值的产生和交换进行。深入剖析活劳动创造价值，有助于更科学地理解并解释在当前时期坚持劳动主体型分配格局的必要性，并在此基础上推动财富和收入的合理分配。①

二、对劳动价值论错误理解的辨析

劳动价值论是马克思主义政治经济学的重要基础理论，其在我国的发展伴随着长期的理论争鸣。20世纪90年代后，随着建立社会主义市场经济体制改革目标的确立，以及与"新经济""知识经济""信息经济"等新概念相伴的劳动新样态的出现，劳动价值论日渐成为我国学术界创新发展马克思主义政治经济学的关键内容。然而，由于西方经济学理论的引入和不当应用，劳动价值论在发展过程中又面临着诸多挑战与争议。

理论界对马克思主义劳动价值论的探讨集中于价值源泉的组成、价值创造与分配的关系、具体劳动形态的价值生产等方面。苏星（1992）认为，马克思的价值理论是劳动创造价值的"一元论"，指出多种要素共同创造价值的观点既陷入了资产阶级古典经济学家的思维陷阱，又难以科学解释新技术革命下的价值创造逻辑。② 谷书堂、柳欣（1993）则主张应在原劳动价值一元论基础上加入资本、土地等非劳动生产要素而形成价值创造"多元论"的观点。③ 在此之后，李运福（1994）④、吴宣恭（1995）⑤ 等学者也围绕价值创造的"一元论"与"多元论"问题，展开了两方面的理论阐发。除此争议外，学者还从理论基础、现实应用等方面参与劳动价值论研究，如吴易风（2001）⑥，简新华、毕先萍（2002）⑦ 等对"价值创造与价值分配""生产劳动与非生产劳动""新型知识劳动与传统体力劳动"等议题展开政治经济学逻辑下的理论解析与发展。

梳理总结近年来关于劳动价值论的创新观点，会发现这些观点主张较为多元，例如，广义生产劳动创造价值的观点对传统劳动价值论的范围进行了拓展，将非物质劳动纳入价值创造的考量范畴，并肯定第三产业劳动同样创造价值。又如，社会

---

① 程恩富. 科学地认识和发展劳动价值论：兼立"新的活劳动价值一元论"[J]. 财经研究,2001(11):3-9.
② 苏星. 劳动价值论一元论[J]. 中国社会科学,1992(6):3-16.
③ 谷书堂,柳欣. 新劳动价值论一元论：与苏星同志商榷[J]. 中国社会科学,1993(6):83-94.
④ 李运福. 怎样维护劳动价值一元论：读苏星教授"劳动价值一元论"的一点感想[J]. 学术月刊,1994(6):41-48.
⑤ 吴宣恭. 价值创造和马克思主义的劳动价值论[J]. 学术月刊,1995(9):36-44.
⑥ 吴易风. 坚持和发展劳动价值论[J]. 当代经济研究,2001(10):12-23.
⑦ 简新华,毕先萍. 坚持和发展劳动价值论必须正确认识的若干问题[J]. 学术月刊,2002(3):41-46.

劳动创造价值的观点从企业角度出发，认为物化劳动创造价值；而从社会角度出发，则强调活劳动创造价值，并突出了劳动的社会属性，指出物化劳动在社会层面上也能创造价值。再如，劳动整体价值论的观点着重强调劳动过程中各要素间共同作用的重要性。此外，还存在效用价值论、三元价值论、供求决定论等各种观点，虽然它们丰富了劳动价值论的研究内容，但也需对它们进行深入细致的甄别与分析。出现这些不同态度与观点的原因是多样的，其中部分源于对劳动价值论科学内涵的误解，部分源于对社会主义市场经济下劳动形态变化的模糊认识，部分则是企图通过彻底否定劳动价值论进而达到否定马克思主义政治经济学的目的。程恩富认为，"劳动价值论是判断各种经济学派的终极分水岭"。[1] 因此，针对我国理论界出现的试图模糊甚至颠覆马克思主义劳动价值论的"新式"概念，他秉承着坚守马克思主义劳动价值论的坚定立场和坚决捍卫活劳动创造价值的核心观点，紧密结合当前的新情况、新实际，对其中的错误观点进行了驳斥。

第一，对"仅体力劳动创造价值"观点的驳斥。有些学者认为劳动创造价值仅指体力劳动，随着知识和信息等经济要素的重要性日益凸显，劳动创造价值的概念已经过时。对此，程恩富从马恩原著关于"劳动过程把脑力劳动和体力劳动结合在一起了"的论述入手，还原了劳动的定义，指出劳动本身既包括体力劳动，也包括脑力劳动。[2] 在传统观念中，劳动通常被理解为人们通过身体的力量和技能来完成工作的体力劳动。然而，随着科技的进步和社会的发展，在知识经济和信息经济中，许多传统的体力劳动被机器和自动化替代，脑力劳动越发成为推动社会进步和经济发展的关键因素。所以，虽然体力劳动和脑力劳动在形式与内容上有所不同，但在实际的生产过程中，体力劳动和脑力劳动往往是相互依存、相互促进的，它们在价值创造中共同发挥重要作用，不能简单地将体力劳动和脑力劳动对立起来，而应该看到它们之间的内在联系和相互作用。

第二，对"劳动价值论不适用于科技时代"观点的驳斥。有些观点提出劳动价值论起源于小生产时代，因此在当前的新科技革命时代可能不再适用。针对这一看法，程恩富指出，马克思所创立的科学劳动价值论，实际上是在近代第一次科技革命和产业革命的浪潮中应运而生，植根于社会化大生产的广阔土壤。只是由于当时科技生产占整个社会生产的比重不太高，马克思没有用专门的章节进行特别阐释。如今尽管科技的发展和生产方式的变革对劳动的形式与价值创造方式产生了巨大影

---

[1] 程恩富. 马克思经济学与经济思维方法：与张五常先生商榷之四[J]. 学术月刊,1996(10):32–39.
[2] 程恩富. 科学地认识和发展劳动价值论：兼立"新的活劳动价值一元论"[J]. 财经研究,2001(11):3–9.

响,但这并不意味着劳动价值论本身已经过时或不再适用。① 事实上,新科技革命时代下的生产方式变革,如自动化、智能化等,只是改变了劳动的形式和方式,并未改变劳动是价值创造的基础这一根本原理。同时,科学技术的运用有效提升了劳动者的劳动生产率,并赋予活劳动更多复杂性,从而使人类的劳动能够不断自乘,为劳动价值论提供了新的研究视角和工具。

第三,对"劳动价值论忽视生产要素的作用"观点的驳斥。有些人主张劳动价值论不承认有形或无形的生产要素在创造使用价值和价值中的重要作用。程恩富认为这是对劳动价值论的重大误解。② 马恩原著明确指出:"劳动不是一切财富的源泉。自然界同劳动一样也是使用价值(而物质财富本来就是由使用价值构成的!)的源泉,劳动本身不过是一种自然力即人的劳动力的表现。"③ 劳动是创造财富的关键,劳动者凭借劳动生产出众多满足人们需求的物质与文化产品。但是,财富的创造也离不开自然界中的矿产、水、空气等自然资源,这些都是劳动得以进行的基础,是构成商品使用价值的重要因素,也是物质财富的重要组成部分。

第四,对"劳动价值论局限于一国内部的实物交换"观点的驳斥。有些言论强调劳动价值论仅适用于实物交换的场合和一国内部的交换。程恩富以《资本论》中的相关论述为依据,回应了这些极为片面的观点。他认为马克思所阐述的商品二因素、劳动二重性以及价值交换等基本理论和分析手段在经过充实与扩展之后,一定能突破实物交换的局限和国界的束缚,从而充分适用于剖析服务等非物质生产领域的生产与交换,以及全球范围内的商品生产与交换。④

第五,对"物化劳动创造价值"观点的驳斥。有些学者认为物化劳动或劳动的土地生产力创造价值的观点合乎劳动价值论的核心论点和方法。而程恩富始终坚持价值源泉的唯一性,认为物化劳动不创造价值。他指出,劳动力在劳动过程中创造价值,而物化劳动是前一次劳动所创造的价值在物中的凝结,一次劳动不能被重复计算价值,因此物化劳动不具备劳动力创造价值的主动性。再者,物化劳动与价值量之间的数量关系问题也是一个无法通过科学实证分析的问题。此外,程恩富明确指出:"主张物化劳动创造价值的观点,实质是认为生产资料创造价值;而主张非劳动生产要素创造价值的说法,实质是用马克思的理论重述19世纪西方庸俗经济学

---

① 程恩富.科学地认识和发展劳动价值论:兼立"新的活劳动价值一元论"[J].财经研究,2001(11):3-9.
② 程恩富.科学地认识和发展劳动价值论:兼立"新的活劳动价值一元论"[J].财经研究,2001(11):3-9.
③ 中共中央马克思恩格斯列宁斯大林著作编译局,编译.马克思恩格斯文集:第3卷[M].北京:人民出版社,2009:428.
④ 程恩富.科学地认识和发展劳动价值论:兼立"新的活劳动价值一元论"[J].财经研究,2001(11):3-9.

的'生产要素价值论'。"① 虽然马克思在《资本论》中曾提及劳动不是财富的唯一源泉，物质财富的生产离不开原材料、土地、机器设备等生产资料，但决不能因此认为物质生产资料创造了价值。要素价值论主张商品价值由多种生产要素共创，但这混淆了价值源泉与条件，是错误地用分配解释创造。劳动价值论的与时俱进、不断发展，并不意味着将动摇活劳动创造商品价值这一根本观点。

第六，对"科技劳动和企业管理劳动不创造价值"观点的驳斥。有些观点认为创造价值的劳动不包括科技劳动和企业管理劳动。实则在马克思研究工作开始的工业革命初期，科技已经开始对生产力产生影响，在《1857—1858年经济学手稿》中，马克思首次提出了"科学劳动"的概念，在《资本论》中他还持续关注科学劳动，指出"生产劳动就是一切加入商品生产的劳动（这里所说的生产，包括商品从首要生产者到消费者所必须经过的一切行为），不管这个劳动是体力劳动还是非体力的劳动（科学方面的劳动）"②。据此，程恩富提出，在马克思恩格斯经典论述中，科技劳动不仅被明确界定为创造价值的劳动形态，而且依据其科技含量的高低，应将其视为不同程度的复杂劳动。③ 此外，随着生产社会化程度的提高，劳动的形式和种类呈现出多样化特征，科技劳动和经营管理劳动在价值创造中的地位越发凸显。所以，除认为科技劳动创造价值之外，程恩富也对企业管理劳动在价值创造中所扮演的角色进行了辩证探讨。他明确指出，企业高层管理人员及经理在生产物质商品时是创造价值的，而当资本家同时担任管理角色，直接参与经营时，除去剥削因素，他们凭借高效的管理活动，也对价值创造起到了积极作用。④

本研究认为，程恩富的理论阐释并非纯学理之争，而是为了服务于社会主义市场经济实践。例如，承认科技劳动与管理劳动的价值创造属性，能够为知识型劳动者权益保护、创新驱动发展战略提供理论支撑；强调全球化背景下劳动价值论的国际适用性，能够为我国参与国际分工、争取价值链话语权奠定学理基础。同时，程恩富通过以上辨析，系统回应了劳动价值论在当代面临的质疑。例如，他批判"仅体力劳动创造价值"的机械论观点，还原马克思脑力劳动、体力劳动统一性的原意，将科技劳动、管理劳动等纳入价值创造范畴，突破了传统劳动价值论对体力劳动的过度聚焦，有利于澄清对"劳动价值论过时论"的误解。可以说，程恩富在批

---

① 程恩富. 科学地认识和发展劳动价值论:兼立"新的活劳动价值一元论"[J]. 财经研究,2001(11):3-9.
② 中共中央马克思恩格斯列宁斯大林著作编译局,编译. 马克思恩格斯全集:第36卷[M]. 北京:人民出版社,2015:322.
③ 程恩富. 科学地认识和发展劳动价值论:兼立"新的活劳动价值一元论"[J]. 财经研究,2001(11):3-9.
④ 程恩富. 科学地认识和发展劳动价值论:兼立"新的活劳动价值一元论"[J]. 财经研究,2001(11):3-9.

判"物化劳动创造价值"的谬误中,重申了价值创造过程中活劳动的唯一主体性;在将科技劳动、管理劳动等劳动纳入价值创造劳动中,扩展了劳动范畴,这些批判性工作为"新的活劳动价值一元论"核心主张的提出奠定了前提基础,使其既继承马克思劳动二重性原理,又突破传统理论对物质生产的狭隘限定,构建起更具弹性的解释框架。

三、对劳动价值论进行理论延展

在学术界,关于商品价值、社会财富及其分配关系的理论探讨,长期以来也是众说纷纭,尚未达成共识。在这一背景下,程恩富以劳动价值论为核心线索提出了"新的活劳动价值一元论"("活劳动价值说"),并以此为基础对劳动价值论进行系统拓展,进一步提出了"全要素财富说""按要素贡献的分配形式与实质说"。它们之间关系紧密,相辅相成,共同构成了关于价值、财富及分配的系统论述。

(一)"新的活劳动价值一元论"

社会意识的形成都是源于特定社会物质生活发展的需求,并随着社会物质生活条件的变化而变化。自马克思创立劳动价值论至今已逾百年,在此期间包括中国在内的世界各国均经历了剧烈的社会变革,如生产力的飞速提升、科学技术的持续创新以及知识经济的深远影响,这些共同促进了劳动形态的多元化和社会生产的全新变革。在这一背景下,程恩富指出,随着非物质生产部门的快速崛起、智力劳动与体力劳动的差距逐渐拉大、精神劳动和服务劳动在社会总体劳动中所占比重的持续增加,必须对劳动价值论的内涵和外延进行适时的更新及拓展,以适应这些新的变化和发展趋势。[①] 基于这些主张,程恩富以马克思主义劳动价值论的核心思想和方法为出发点,构建了"新的活劳动价值一元论"。

程恩富将劳动价值论拓展到更广的社会经济部门,他指出:"凡是直接为市场交换而生产物质商品和精神商品,以及直接为劳动力商品的生产和再生产服务的劳动,其中包括自然人和法人实体的内部管理劳动和科技劳动,都属于创造价值的劳动或生产劳动。"[②] 具体而言:

第一,生产物质商品的劳动创造价值。[③] 这一观点直接来源于马克思主义劳动价值论。农业、工业和建筑业等产业为人类提供衣食住行等生活必需品和再生产资

---

① 程恩富. 科学地认识和发展劳动价值论:兼立"新的活劳动价值一元论"[J]. 财经研究,2001(11):3-9.
② 程恩富. 科学地认识和发展劳动价值论:兼立"新的活劳动价值一元论"[J]. 财经研究,2001(11):3-9.
③ 程恩富. 科学地认识和发展劳动价值论:兼立"新的活劳动价值一元论"[J]. 财经研究,2001(11):3-9.

料,是社会运转的基础。生产物质商品的劳动是社会经济活动的基础,在生产过程中劳动者将生产资料转化为物质商品,他们的抽象劳动凝结在商品中形成商品的价值。

第二,从事有形和无形商品场所变更的劳动创造价值。[1] 商品交换不仅是所有权的变化,也意味着商品在空间上的位移,有形和无形商品场所变更即指"产品由一个地方到另一个地方的实际运动"[2]。马克思在《资本论》第二卷中曾针对交通劳动的生产性质进行过具体分析,并指出:"有一些独立的产业部门,那里的生产过程的产品不是新的物质的产品,不是商品。在这些产业部门中,经济上重要的,只有交通工业,它或者是真正的货客运输业,或者只是消息、书信、电报等等的传递。"[3] 由此可见,交通运输业是一个独立的产业部门,在实现对象(人或物)位置变化的过程中,虽然并未产生新的物质产品,但空间上的位移产生了新的效用。程恩富将广义的交通劳动定义为场所变革和信息传递,并遵循马克思的原意,进一步挖掘了交通运输业流通形式下"掩盖"着的生产性质。[4]

第三,生产有形和无形精神商品的劳动创造价值。[5] 在《共产党宣言》中,马克思提出"精神生产随着物质生产的改造而改造"[6],物质生产决定精神生产,精神生产和物质生产相互统一、相互交织、相互作用,精神生产是人类社会生产实践的基本形式之一。对此,恩格斯曾强调:"政治、法、哲学、宗教、文学、艺术等等的发展是以经济发展为基础的。但是,它们又都互相作用并对经济基础发生作用。"[7] 马克思、恩格斯从研究初期就关注到"精神生产"这一概念,然而,受限于当时社会物质生产能力水平,以及文化产业所占的经济比重极低,他们的研究更多地侧重于从上层建筑的角度探讨精神生产的问题。现代经济条件下,随着科技的进步,精神生产日益凸显其重要性,逐渐发展成一个独立的生产范畴,在经济领域中扮演着举足轻重的角色。从全球范围来看,文化产业已然崛起为一个关键的经济增

---

[1] 程恩富. 科学地认识和发展劳动价值论:兼立"新的活劳动价值一元论"[J]. 财经研究,2001(11):3-9.
[2] 中共中央马克思恩格斯列宁斯大林著作编译局,编译. 马克思恩格斯文集:第6卷[M]. 北京:人民出版社,2009:167.
[3] 中共中央马克思恩格斯列宁斯大林著作编译局,编译. 马克思恩格斯文集:第6卷[M]. 北京:人民出版社,2009:64.
[4] 程恩富. 科学地认识和发展劳动价值论:兼立"新的活劳动价值一元论"[J]. 财经研究,2001(11):3-9.
[5] 程恩富. 科学地认识和发展劳动价值论:兼立"新的活劳动价值一元论"[J]. 财经研究,2001(11):3-9.
[6] 中共中央马克思恩格斯列宁斯大林著作编译局,编译. 马克思恩格斯文集:第2卷[M]. 北京:人民出版社,2009:51.
[7] 中共中央马克思恩格斯列宁斯大林著作编译局,编译. 马克思恩格斯文集:第10卷[M]. 北京:人民出版社,2009:668.

长动力,以往那种只重视物质生产、轻视精神文化生产的发展模式,已经无法满足当今社会的需求。在这一背景下,程恩富进行了延伸拓展,将马克思关于物质生产劳动是价值创造的观点延伸到精神生产领域。他提出,任何提供无论是有形还是无形的精神文化商品的劳动,都是创造价值的。① 这些文化产品既包括书籍、文学艺术品、报纸等可以触摸和感知的有形精神商品,也包括表演、音乐、讲课等没有物质载体但能够满足消费者特定需求,并对人类思维和意识产生深远影响的无形精神商品。

第四,从事劳动力商品生产的服务劳动创造价值。② 劳动力是生产的核心要素。马克思指出,劳动力的生产和再生产,需要具备"维持身体所必不可少的生活资料""工人的补充者即工人子女的生活资料""一定的教育或训练"三大因素。在生产力不发达、社会化程度不高的资本主义社会,劳动力的生产和再生产主要与提供物质生活资料的生产性部门息息相关,教育的目的主要在于更好地将工人变成"发达的和专门的劳动力",而非激发其主观能动性。随着社会发展,劳动分工越来越精细,劳动形式也越来越多样化。在智能化时代背景下,社会生产力和经济的发展已不再仅仅依赖于个体的简单体力劳动。相反,具备高素质文化修养、身心健康且充满活力的劳动力成为推动社会进步的关键因素。因此,除传统的物质生产部门外,一系列旨在促进劳动力身心全面发展的非物质生产服务业也应运而生并蓬勃发展,如教育、旅游、医疗、卫生、体育以及康养等。这些非物质生产劳动创造出的以交换为目的,用来满足劳动力精神需求的服务型产品,也应当被视为商品。这些服务型商品的生产过程中耗费的劳动也能创造新的价值。尽管这些劳动并未直接参与物质生产流程,但它们在增进劳动力这一社会生产中至关重要的商品性要素的生产和再生产的质量与数量方面,发挥着至关重要的作用。此外,为了避免人们机械地套用西方经济学理论,程恩富以辩证的视角明确指出,并非第三产业中的所有服务劳动都属于创造价值的生产性劳动。那些不以市场交换为目的的服务劳动、旨在实现价值或价值形态转换的流通劳动,以及仅仅涉及现存价值分配的劳动等,都不应被归类为生产性劳动。③

第五,生产性企业私营业主的经营管理活动创造价值。④ 随着社会分工不断细

---

① 程恩富,顾钰民.新的活劳动价值一元论:劳动价值理论的当代拓展[J].当代经济研究,2001(11):16-20,72.
② 程恩富.科学地认识和发展劳动价值论:兼立"新的活劳动价值一元论"[J].财经研究,2001(11):3-9.
③ 程恩富.科学地认识和发展劳动价值论:兼立"新的活劳动价值一元论"[J].财经研究,2001(11):3-9.
④ 程恩富.科学地认识和发展劳动价值论:兼立"新的活劳动价值一元论"[J].财经研究,2001(11):3-9.

化、生产领域持续拓宽,以及产品种类和品质要求的日益提升,科学化的组织与管理显得越来越关键。如今,经营管理劳动不仅关乎企业自身的运营效益,而且在推动国家经济的稳定增长中具有不可或缺的作用。毋庸置疑,公有制企业的企业性质决定了其主要负责人从事的生产性管理活动是创造价值的劳动。但关于私营企业主的经营管理是否也属于价值创造的劳动,学术界还存在广泛争议。争议的核心在于,私营企业的私有性质是否否定了其经营管理活动的价值创造性。针对这一问题,马克思在剖析资本主义企业生产时曾明确指出:"利润中也包含一点属于工资的东西(在不存在领取这种工资的经理的地方)。资本家在生产过程中是作为劳动的管理者和指挥者出现的,在这个意义上说,资本家在劳动过程本身中起着积极作用。……这种与剥削相结合的劳动……当然就与雇佣工人的劳动一样,是一种加入产品价值的劳动。"[①] 程恩富以马克思原意为基础加以审视,分析了私营企业管理活动的二重性:从社会协作方面来看,私营业主作为经营管理者所付出的必要的一般性管理劳动,属于创造价值的劳动;从财产所有权角度来看,私营业主作为资本家对工人剩余价值进行的无偿占有,不属于价值创造的范畴。据此,他得出了"不管生产性企业的财产状况如何,凡是单纯从事管理的经理人员,都属于熟练劳动者,并应获得包括较高复杂劳动在内的熟练劳动的工资"[②] 的结论。

第六,劳动生产力变化,可能引起劳动复杂程度和社会必要劳动量的变化,从而引起商品价值量的变化。[③] 劳动生产率与商品价值量关系研究是马克思的劳动价值论的重要内容。这种关系受劳动者的平均熟练程度、劳动资料的规模、科技发展的水平等多种因素的影响。在研究商品价值量时,马克思采用了科学抽象法专注于分析劳动客观因素对劳动生产率的影响,而暂时撇开了劳动主观因素的作用。通过这种方法,马克思指出劳动客观因素的变动会影响劳动生产率的变化,生产率的提高减少了生产每件商品的社会必要劳动时间,从而导致单位商品价值量下降,这体现出商品价值量与劳动生产率的反比关系。然而,随着经济社会的迅猛发展和科学技术的不断进步,现代劳动已经由简单劳动演变为有自动化机械系统参与的复杂劳动,复杂劳动与简单劳动、体力劳动与脑力劳动之间的相互配合与协作正日益成为常态。这种劳动形态的转变不仅体现了技术进步对生产方式的影响,也反映了现代社会对劳动力需求的多样性和复杂性。程恩富认为,在此背景下,马克思提出的

---

① 中共中央马克思恩格斯列宁斯大林著作编译局,编译. 马克思恩格斯全集:第35卷[M]. 北京:人民出版社,2013:355.
② 程恩富. 生产性管理活动都是创造价值的生产劳动[J]. 社会科学,1995(7):20-22.
③ 程恩富. 科学地认识和发展劳动价值论:兼立"新的活劳动价值一元论"[J]. 财经研究,2001(11):3-9.

"劳动生产率与商品价值量成反比"的观点与当下的现实经济状况存在不符。他指出劳动条件的任何变动都是影响劳动生产率的关键因素,并直接影响商品价值量的变化,因此对劳动的主观条件进行剖析正是时代所需,是研究社会生产的重要一环。劳动的主观条件涵盖劳动者的技能熟练程度和劳动强度等层面。对此,他将计量价值量的时间尺度进行了区分,提出了劳动的自然时间和密度时间,并认为劳动力综合素质的提高、科技的发展及智能化机械的普遍应用,会提高"总体工人"的劳动熟练程度、复杂程度和强度,在创造出更多使用价值的同时,使社会总价值量得到增加。[1] 据此,程恩富找到了单位劳动时间内价值大幅提高的根源,对马克思的"反比"理论形成了补充。

本研究认为,"新的活劳动价值一元论"坚守"活劳动创造价值"这一马克思主义基石,同时突破了对生产性劳动的传统界定,将理论触角延伸至当下不断涌现的新兴经济领域,既回应了资本主义全球化与科技革命对劳动形态的时代重塑,也为社会主义市场经济中多种劳动形式的价值创造性提供了科学解释。因此,"新的活劳动价值一元论"具有重要的理论和实践价值:第一,马克思主义方法论的一贯性。程恩富的理论建构严格遵循马克思从"具体到抽象再到具体"的方法。例如,他将"无形商品场所变更劳动"纳入价值创造范畴,并非简单照搬马克思对运输业的分析,而是通过抽象出"劳动创造价值"的本质,结合交通运输业流通形式的新现象,将其重新具体化为"无形商品场所变更"的价值逻辑。这种分析既延续了马克思对流通领域所进行的生产性流通与非生产性流通的二重划分,又有利于揭示当代资本通过控制物流、信息流加速剩余价值实现的隐蔽机制。第二,对阶级分析的细化。针对私营企业主经营管理劳动的二重性,程恩富提出"凡是单纯从事管理的经理人员,都属于熟练劳动者,这种管理劳动创造价值"的命题,是对马克思"管理的二重性"思想的时代性阐发。程恩富通过区分"一般管理劳动"与"剥削职能",既坚持了剩余价值来源于雇佣劳动的本质,又承认了管理劳动在协作生产中创造价值的客观性,避免了将私营经济全盘否定或全盘肯定的两极错误。这一分析为社会主义市场经济中非公有制经济的地位提供了理论依据,同时为甄别与批判"企业家才能创造价值"的庸俗经济学观点提供了马克思主义武器。第三,对"总体工人"概念的当代拓展。马克思指出:"随着劳动过程的协作性质本身的发展,

---

[1] 马艳,程恩富.马克思"商品价值量与劳动生产率变动规律"新探:对劳动价值论的一种发展[J].财经研究,2002(10):43-48.

生产劳动和它的承担者即生产工人的概念也就必然扩大。"① 程恩富将教育、医疗等劳动力再生产服务纳入生产性劳动，实质上是将马克思"总体工人"理论从物质生产领域拓展到劳动力商品的全生命周期。

（二）"全要素财富说"

马克思主义劳动价值论明确指出劳动具有二重性，具体劳动创造具有自然属性的使用价值，而抽象劳动则创造具有社会属性的价值。显然，自然物本身无法自发转化为满足人类需求的商品，需要通过劳动对其加以改造；而活劳动创造价值，必须是在现实社会实践活动中真实进行的，而非单纯概念上的虚构。土地、资本、技术、信息，以及自然资源和生态环境等多元生产要素，在财富的生成、效用的实现或使用价值的创造中发挥了重要作用。为阐明劳动价值论和要素财富说之间的辩证统一性，程恩富提出了"全要素财富说"。

首先，程恩富对价值和财富的概念内涵进行了详细阐释，分析了财富的源泉问题。② 他指出，马克思在劳动价值论中将价值和财富进行了严格区分，价值是凝结在商品中的无差别的人类劳动，属于"抽象财富"，需要通过货币形式来表现自己；使用价值是价值的载体，是价值的物质承担者，"物质财富就是由使用价值构成的"③，所以通常情况下说的财富即指使用价值。价值是历史范畴，产生于存在商品生产和交换的商品经济条件下，只有劳动产品成为商品时，人类劳动才表现为价值，在自然经济阶段和共产主义阶段，价值都不存在。而财富（使用价值）是永恒的范畴，它是物品的自然属性，体现的是物品的效用，可以用来满足人们某种需要。无论处于资本主义社会之前还是之后，使用价值总是构成社会财富的物质内容。财富的生成与价值的创造之间的差异性，决定了二者在来源上的不同。程恩富根据马克思"劳动并不是它所生产的使用价值即为物质财富的唯一源泉。正像威廉·配第所说，劳动是财富之父，土地是财富之母"④的论述，对财富源泉问题展开追溯，同时，他引用了恩格斯劳动与自然界的结合才能创造出财富的观点，在综合马恩经典论述的基础上，指出劳动者的劳动和所有被吸纳进社会生产的生产资料共同构成了

---

① 中共中央马克思恩格斯列宁斯大林著作编译局,编译. 马克思恩格斯文集:第5卷[M]. 北京:人民出版社,2009:582.
② 程恩富,汪桂进. 价值、财富与分配"新四说"[J]. 经济经纬,2003(5):1-5.
③ 中共中央马克思恩格斯列宁斯大林著作编译局,编译. 马克思恩格斯文集:第6卷[M]. 北京:人民出版社,2009:428.
④ 中共中央马克思恩格斯列宁斯大林著作编译局,编译. 马克思恩格斯文集:第5卷[M]. 北京:人民出版社,2009:58.

财富源泉的关键元素。①

其次,关于"全要素财富说"和"活劳动价值说"之间的关系。程恩富指出,"全要素财富说"侧重于解析劳动过程中生产要素与社会财富之间的本质联系,它探讨了这些要素如何在劳动实践中结合,生成特定的使用价值或效用,这一过程涵盖了人与人之间、物与物之间错综复杂的关系。从这一研究视角出发,可以观察到财富的来源具有多样性和复合性。"活劳动价值说"则侧重于挖掘抽象劳动与商品价值生成之间的内在联系,其目标是阐明在特定的社会生产方式下,新价值是如何被创造出来的,以及这一过程所涉及的人际关系。从这个研究视角可以明确得出价值源泉的唯一性。综合以上两个视角,程恩富认为,"全要素财富说"和"活劳动价值说"在各自维度下都是能够成立且不相矛盾的,这两种学说之间的关系并非利用前者推翻后者,也非固守后者否定前者。相反,应该强调两种理论的统一性和协同性,在相互支撑、相辅相成的基础上,共同构成创造商品和财富的完整理论体系。而活劳动,就是联结这两种学说的关键因素。②

本研究认为,程恩富通过分析"价值"和"财富"这两个经济学范畴,明确劳动创造价值的唯一性与多元要素参与财富创造的协同性,既坚持了劳动在价值创造中的一元核心地位,又承认其他要素对使用价值生产的物质贡献。这种区分有助于澄清长期以来关于"价值源泉"与"财富源泉"的混淆,为解释现代经济中技术、资本等要素的作用提供了理论依据。而他提出"活劳动是联结两种学说的关键因素",试图通过"全要素财富说"与"活劳动价值说"的互补性,构建一个既能解释价值创造的社会属性,又能说明财富生成的物质基础的完整体系,这一理论阐释为理解社会主义市场经济中的要素分配机制提供了思路,为理解相关政策提供了学理支撑。

(三)"按要素贡献的分配形式与实质说"

对事物的本质与形式进行辨别是学术界一个经典而重要的议题。实质学说关注概念的深层含义和核心特性,而形式学说则侧重于概念的外在特征和逻辑关系。两者形成互补,共同促成对事物的全面理解。程恩富在坚持"新的活劳动价值一元论"与"全要素财富说"的基础上,引入了哲学中关于形式与实质的表述手法,并以此为出发点,提出了"按要素贡献的分配形式与实质说"(以下简称"按贡分配

---

① 程恩富,汪桂进. 价值、财富与分配"新四说"[J]. 经济经纬,2003(5):1-5.
② 程恩富,汪桂进. 价值、财富与分配"新四说"[J]. 经济经纬,2003(5):1-5.

形质说")。该学说详细地阐释了生产要素按贡献分配理论,并探索了其外显形式和内在本质。程恩富认为按生产要素贡献分配,形式上是以要素所有者的具体贡献为依据,而实质上是依要素所有者所提供的要素数量和产权关系而定。①

首先,辩证分析"按贡分配形质说"与"按贡献分配"二者在质上的区别。一方面,程恩富指出,将"按贡献分配"看作对生产要素所有者亲自创造或贡献财富和价值的认可,并以此作为分配依据的观点,颠倒了事物的本质与表象,是错误地将按生产要素贡献分配的形式当作其本质,暴露了西方资产阶级经济学者在阶级立场上的局限性。另一方面,程恩富从产业资本循环的角度对"按贡分配形质说"的前提条件、运行实质进行了详尽分析。他认为,"按贡献分配"只适用于特定的经济制度,是劳动者的活劳动与要素所有者拿出的生产要素相结合,从而创造出新的价值和财富的情况。一般而言,"按贡献分配"理论框架下,先是要素所有者在购买阶段贡献了生产要素,而后这些生产要素通过劳动者的劳动产出所有新的价值与财富,这是生产要素与劳动者相结合的过程。但是,最后生产成果是交由最初贡献了生产要素的要素所有者依据"贡献"的要素数量及其所有权进行分配。程恩富通过对购买、生产、分配过程分阶段进行解构,将要素本身的贡献与要素所有者的贡献更为清晰地进行了区分,揭示了按生产要素贡献分配的实质,进而将按生产要素贡献分配归纳为按劳分配和按资分配两个维度。②

其次,要重视不同生产要素分配的量的规定性研究工作。在经济学中,要素价值论者主张各种生产要素在生产过程中都发挥着重要作用,并获得相应报酬。根据这一理论,边际分析法被作为分割收益的依据而广泛应用于测定各种要素应得的实际贡献额。然而,程恩富指出,在实际应用中要素所有者的收益分配受到多种其他因素的影响,并不是边际贡献论能够全面覆盖的。一是劳动者的工资收入更多地取决于劳动力市场的供求关系、劳动者的谈判能力以及博弈状态,而不仅仅是劳动者的边际贡献。二是非劳动的生产要素所有者的收益分配受到竞争规律和平均利润率规律的影响。在充分竞争的环境下,相同的资本投入通常会带来相似的收益,但实际操作中,诸如市场垄断情况、企业在行业中的地位、交易谈判的能力和商业策略等主客观条件都可能对实际收入产生影响。因此,在设计和实施收益分配政策时,我们必须全面权衡各种影响因素,以确保分配的公正和高效。③

本研究认为,"按贡分配形质说"提出的意义不单在于理论创新本身,更在于

---

① 程恩富,汪桂进. 价值、财富与分配"新四说"[J]. 经济经纬,2003(5):1-5.
② 程恩富,汪桂进. 价值、财富与分配"新四说"[J]. 经济经纬,2003(5):1-5.
③ 程恩富,汪桂进. 价值、财富与分配"新四说"[J]. 经济经纬,2003(5):1-5.

为批判新自由主义分配逻辑、探索社会主义分配正义提供了分析工具。程恩富通过引入哲学中"形式与实质"的辩证范畴构建起认识和批判框架,对西方要素价值论中将"按贡献分配"的形式逻辑等同于分配本质的观点进行了批判,指出其掩盖了要素所有者通过产权垄断占有剩余价值的实质。与此同时,他既承认要素在财富创造中的协同作用,又避免了陷入"泛要素价值论"的窠臼,回应了新时代下生产要素多元化的现实挑战,还为社会主义市场经济的"按劳分配为主体、多种分配方式并存"提供了学理支撑。在分配理论层面,程恩富通过对"购买—生产—分配"过程的解构,揭示了"按贡献分配"的双重维度:形式上以要素贡献为依据,实质上受制于要素背后的产权关系。这一分析框架将分配问题由技术性测算提升至生产关系批判,为揭示当代资本积累的隐蔽剥削机制提供了理论工具。

第三节 对共产主义经济特征的阐释

《资本论》不仅深刻剖析了资本主义经济运行规律,也科学揭示了共产主义的一系列特征。马克思通过对资本主义生产方式的历史性批判,揭示了资本主义私有制下剩余价值剥削的本质矛盾,并在此基础上推演出未来共产主义社会的经济形态轮廓。其科学性与预见性,既体现在对资本主义必然灭亡的精确判断中,也凝聚于对生产力解放、生产资料公有、分配正义、劳动自由等共产主义经济特征的辩证分析中,从而成为指导人类摆脱异化、迈向自由王国的"百科全书"。基于此,程恩富对《资本论》中关于共产主义经济特征的相关论述进行了挖掘与阐释。

一、资本主义转向共产主义的历史必然性

马克思将人类社会发展视为遵循自然规律的演进过程,资本主义作为这一过程中的特定阶段,"是既不能跳过也不能用法令取消自然的发展阶段"[①]。按照马克思的观点,资本主义在社会发展形态的链条中,既不是必然要经历的历史阶段,更不是历史发展的终极阶段,它仅仅扮演着向社会主义、共产主义社会的过渡性角色。

---

① 中共中央马克思恩格斯列宁斯大林著作编译局,编译. 马克思恩格斯选集:第2卷[M]. 北京:人民出版社,2012:83.

程恩富聚焦于资本主义生产关系向共产主义生产关系转化的历史必然性及其实现方式，对其进行了梳理与总结。

（一）资本主义的自我否定

《资本论》将共产主义视为资本主义发展的必然趋势，强调其作为更高级社会形态的优越性，并指出这是遵循历史发展规律终将实现的先进社会形态。那么，资本主义为何必然走向共产主义？程恩富结合《资本论》的相关论述，剖析了资本主义的内在症结，从四个方面阐述了其向共产主义转变的历史必然性。

第一，资本主义生产关系的对抗性质加深阶级矛盾。① 资本主义生产关系的核心是资本与雇佣劳动的对立。资本的本质是追求剩余价值的无限增殖，而这种增殖建立在对劳动力商品的无偿占有基础上。资本家通过购买劳动力，将货币转化为资本，形成资产阶级对无产阶级的剥削关系，在资本积累规律作用下贫富的两极分化越发严峻，而产业后备军的扩大进一步加剧了无产阶级的贫困化。这种对抗性生产关系不仅再生产出物质财富，而且再生产出阶级对立。随着资本积累的深化，无产阶级的绝对数量和社会化劳动生产力的提升，使阶级矛盾日益尖锐。

第二，资本主义的内在矛盾最终指向私有制的瓦解。② 资本主义的内在矛盾表现为生产社会化与私人占有之间的冲突。资本积累使社会生产条件逐渐脱离实际生产者，异化为独立的社会权力。资本家则通过资本量化权力，控制社会生产秩序，导致社会财富的集中与劳动者贫困的加剧。然而"社会生产条件与实际生产者分离"越是深化，就越是要求生产条件由私人占有转化为社会共同占有，最终导致资本主义创造了消灭自身的社会力量。

第三，垄断培养了剥夺者的掘墓人。③ 资本主义竞争规律必然导致生产集中和垄断。马克思指出，垄断最初表现为"少数资本家对多数资本家的剥夺"，但随着生产社会化程度的提高，"生产资料的集中和劳动的社会化，达到了同它们的资本主义外壳不能相容的地步"④，反而促成整个社会积蓄了剥夺资本家的力量。例如，19世纪末垄断资本主义的形成，使生产资料的集中与劳动社会化之间的矛盾达到顶点，最终引发无产阶级革命。当资本主义外壳无法容纳生产力的发展时，剥夺者终

---

① 程恩富,段学慧.《资本论》中关于共产主义经济形态的思想阐释(上)[J]. 经济纵横,2017(4):1-15.
② 程恩富,段学慧.《资本论》中关于共产主义经济形态的思想阐释(上)[J]. 经济纵横,2017(4):1-15.
③ 程恩富,段学慧.《资本论》中关于共产主义经济形态的思想阐释(上)[J]. 经济纵横,2017(4):1-15.
④ 中共中央马克思恩格斯列宁斯大林著作编译局,编译. 马克思恩格斯文集:第5卷[M]. 北京:人民出版社,2009:874.

将被剥夺。

第四，劳动异化促使劳动者觉醒。[1] 资本主义社会是劳动全面异化的阶段，劳动者与劳动产品、劳动过程及自身类本质相异化，这种异化在劳动对资本的实际隶属中达到顶点。对此，程恩富从生产和再生产的社会总过程进行考察，指出资本利用工人先前的无偿劳动来购买新的劳动力，并利用新劳动力获取新的剩余价值。在此过程中，劳动力形式上的所有权变更掩盖了资本实质上对过去和现有剩余劳动的无偿占有，雇佣劳动实质上演变为一种特殊的奴隶制度。[2] 而雇佣劳动作为劳动的"极端的异化形式"，为劳动者进行自主性的"联合活动"创造了条件。因此，资本主义下劳动的全面异化最终必然导致劳动者去争取共产主义的实现。

（二）资本主义为共产主义提供过渡的条件

资本主义在榨取剩余价值的过程中，虽然给劳动者带来了深重的苦难，但是马克思也指出其"有利于更高级的新形态的各种要素的创造"[3]。据此，程恩富从《资本论》中挖掘出资本主义在剥削劳动者过程中间接为共产主义新形态的形成所创造的条件。

第一，资本主义剥削方式的变化为人的自由全面发展提供了空间。[4] 资本主义早期通过延长劳动时间榨取绝对剩余价值的方式逐渐演变成通过提高劳动生产率来榨取工人的相对剩余价值。这一转变缩短了工人实际工作日，使其拥有更多自由时间用于技能学习和自我发展，逐步突破"局部工人"的局限。尽管剥削本质未变，但劳动生产率的提升和社会财富的积累为"自由王国"的到来奠定了基础。

第二，合作工厂与股份公司成为向共产主义过渡的组织形式。[5] 合作工厂通过劳动者联合出资、自主管理，打破了资本对劳动的绝对控制，实现了"积极扬弃"，成为资本主义向联合生产过渡的实践形式。股份公司的出现则体现了私有制框架下资本关系的社会化趋势，股份公司内部结构中存在着两大分离现象：一是资本的所有权与管理权相分离，二是劳动与生产资料的所有权以及剩余劳动的所有权彼此分离。这两大分离扮演着关键性的过渡角色：一方面，它们促使资本逐渐转化为联合

---

[1] 程恩富,段学慧.《资本论》中关于共产主义经济形态的思想阐释(上)[J].经济纵横,2017(4):1-15.
[2] 程恩富,李存荣.关于资本主义制度下雇佣工人的劳动力归属关系[J].复旦学报(社会科学版),1982(5):36-37.
[3] 中共中央马克思恩格斯列宁斯大林著作编译局,编译.马克思恩格斯文集:第7卷[M].北京:人民出版社,2009:928.
[4] 程恩富,段学慧.《资本论》中关于共产主义经济形态的思想阐释(上)[J].经济纵横,2017(4):1-15.
[5] 程恩富,段学慧.《资本论》中关于共产主义经济形态的思想阐释(上)[J].经济纵横,2017(4):1-15.

生产者共有的社会财产;另一方面,与资本所有权紧密相连的再生产职能,也转化为联合生产者的社会职能,这一过程深刻体现了对职能资本家的超越与扬弃。由此可见,资本主义股份公司的演进,为社会主义生产关系的发展奠定了某些基础,并作为"消极扬弃"的一种过渡形态,引领着向共产主义的转变。①

第三,信用制度为向共产主义生产方式过渡提供了杠杆工具。② 资本主义信用体系加速了资本集中与生产社会化的发展,创造了合作工厂、股份公司等新型组织形式,并形成社会化的"公共簿记"和生产资料在形式上的公共的分配形式。尽管信用制度在资本主义下具有投机性和剥削性,但其推动的生产力发展和组织创新为向共产主义过渡准备了技术与管理条件,是"转到一种新生产方式的过渡形式"。③

(三) 以革命的方式转向共产主义

资本主义向共产主义的转化是一个漫长的历史进程,它的实现需要多重条件的协同作用。这既依赖于高度发达的生产力及其所创造的客观物质条件,也离不开人民群众在参与社会革命、推动历史进步中主观能动性的充分发挥。生产力和物质条件的成熟,并不会促使资本主义主动谢幕,劳动和所有权的统一,"只有通过工人阶级和整个社会在这个创造过程中经历的革命,才有可能实现"④。因此,共产主义取代资本主义绝非自发的过程,必须依靠无产阶级革命才能摧毁旧政权。

程恩富认为,无产阶级是资本主义自我否定的历史主体,其革命性源于与先进生产力的直接结合。资本主义在发展中创造了社会化大生产的物质条件,同时将无产阶级培育成自身的掘墓人。无产阶级因其直接参与机器化大生产、处于被剥削地位,天然具有推翻资本主义制度的革命自觉。随着资本主义生产的全球化扩张,产业工人队伍持续壮大,其阶级意识与组织力量不断增强,成为社会主义取代资本主义的核心力量。迄今为止建立的社会主义国家证明,暴力革命是工人阶级打破私有制枷锁的必然手段。资本主义下劳动与生产资料所有权分离这一矛盾的解决无法通过制度内改良实现,唯有依靠工人阶级的多种革命行动。空想社会主义或民主社会主义主张的"平稳过渡"本质上是幻想,首先夺取政权、建立无产阶级专政,才是彻底摧毁资本主义私有制、重构共产主义生产关系的唯一路径。在此过程中,是否

---

① 程恩富. 马克思的股份资本理论[J]. 学术月刊,1985(10):6-9.
② 程恩富,段学慧.《资本论》中关于共产主义经济形态的思想阐释(上)[J]. 经济纵横,2017(4):1-15.
③ 中共中央马克思恩格斯列宁斯大林著作编译局,编译. 马克思恩格斯文集:第7卷[M]. 北京:人民出版社,2009:500.
④ 中共中央马克思恩格斯列宁斯大林著作编译局,编译. 马克思恩格斯全集:第36卷[M]. 北京:人民出版社,2015:304.

拥有"高水平的无产阶级政党及其领袖"是革命成败的关键要素。通过理论武装、组织建设和战略谋划，无产阶级政党能够将分散的阶级力量转化为有组织的革命主体，最终实现社会形态的根本性变革。①

二、共产主义的经济特征

《资本论》对资本主义生产方式的全面剖析，也暗含着对未来社会经济形态的描绘。对此，学者们从生产资料公有制、有计划按比例发展问题、按劳分配规律、基本经济规律、节约劳动时间的规律和劳动生产率不断提高的规律等多个方面进行了研究。例如，围绕生产方式变革，白刚（2017）②、刘雄伟（2016）③从"政治经济学批判"视角切入，指出资本是阻碍人的解放的现实力量，共产主义经济形态的核心在于变革资本主义私有制，建立"合作化生产方式"与"重建个人所有制"的制度，实现社会生产的有计划调节和分配公平。在经济制度层面，黎健坤、储东涛（1983）④，陈征（1983）⑤提出共产主义经济形态以生产资料公有制、有计划按比例发展、节约劳动时间规律等为特征，强调《资本论》对共产主义经济规律的预示性分析。围绕共产主义的实现方式，倪建秀（2019）⑥，梅荣政、李红军（2011）⑦分析了《资本论》如何对社会主义的生成条件进行论述，以及对无产阶级的历史地位、历史作用、历史使命的科学阐释。

上述研究成果从多个方面对《资本论》中共产主义经济形态理论进行了积极探索，但无论从个体维度还是综合来看，系统性都尚显不足。相较之下，程恩富也曾围绕物质基础构建、生产资料所有制形式、经济计划实施与比例协调发展、农业与土地问题、收入分配机制等十余个核心维度，对《资本论》一至四卷中关于共产主义经济形态的本质特征展开过探究。

第一，关于共产主义的物质基础。程恩富认为，共产主义必须以高度发达的社会生产力为前提，唯有当生产力水平超越资本主义阶段、实现社会财富的极大丰富时，才能满足全体成员的物质文化需求，并支撑人与自然和谐共生的新型关系。而资本主义以发展生产力为内核的扩张逻辑，客观上为共产主义创造了物质条件。

---

① 程恩富,段学慧.《资本论》中关于共产主义经济形态的思想阐释(上)[J].经济纵横,2017(4):1-15.
② 白刚.《资本论》与人类文明新形态[J].四川大学学报(哲学社会科学版),2017(5):13-19.
③ 刘雄伟.《资本论》语境中的共产主义观念[J].中共天津市委党校学报,2016(6):27-32,45.
④ 黎健坤,储东涛.《资本论》与科学共产主义[J].南昌大学学报(人文社会科学版),1983(1):1-9.
⑤ 陈征.马克思在《资本论》中对共产主义(社会主义)经济的预示[J].经济研究,1983(4):15-21.
⑥ 倪建秀.论《资本论》对科学社会主义的科学论证[J].学理论,2019(1):43-44.
⑦ 梅荣政,李红军.《资本论》对科学社会主义的科学论证[J].科学社会主义,2011(4):136-139.

"发展社会劳动的生产力,是资本的历史任务和存在理由。资本正是以此不自觉地创造着一种更高级的生产形式的物质条件。"[1] 资本对剩余价值的狂热追求迫使社会进行"为生产而生产"的扩张,推动生产力以前所未有的速度发展。从蒸汽革命到电力革命,再到信息技术与绿色工业革命,四次工业革命极大地提高了生产效率,创造了远超过去一切世代总和的生产力,这种生产力的积累为共产主义社会提供了必需的物质前提。[2]

第二,关于共产主义的生产资料所有制。通过分析资本主义基本矛盾,程恩富指出生产社会化与私有制的冲突必然导致无产阶级贫困化和社会生产无政府状态,其根源在于资本主义私有制。"资本主义生产由于自然过程的必然性,造成了对自身的否定,这是否定的否定,这种否定不是重新建立私有制。"[3] 因此,要想消灭剥削和危机,必须通过剥夺资产阶级建立生产资料公有制,使劳动产品成为社会共同财富。这种公有制形成的"自由人联合体"将消除商品拜物教和资本统治,使生产关系回归人与人、人与自然之间的合理关系,最终实现劳动者对生产资料的共同占有、社会生产的计划性以及人的真正解放。这种公有制既是对资本主义私有制的辩证否定,也是历史发展的必然结果。[4]

第三,关于共产主义社会的产品生产和交换。程恩富认为,商品经济是为未来社会高度发达的生产力准备条件的阶段,进入共产主义社会,商品经济将被产品经济取代。在高度发达的生产力基础上,生产的目的由追求剩余价值转向创造社会财富。同时,劳动直接成为社会劳动,劳动的交换无需通过商品货币形式,而是通过计划调节实现,商品拜物教、货币资本关系随之消亡,代之以"劳动券"的形式实现按劳取酬,这比按资分配和按生产要素产权分配更加简单明了。[5]

第四,关于共产主义社会的经济计划和按比例发展。程恩富通过分析《资本论》的相关论述,指出按比例发展规律是一切社会共有的经济规律,尤其是共产主义经济的基本特征。在资本主义私有制下,由于市场盲目调节,无法自觉遵从这一规律。资本主义所谓的人为控制实则局部的短期的控制,仅服务于利润,无法解决整体失衡问题。而在共产主义中,生产和消费"是作为由他们的集体的理性所把

---

[1] 中共中央马克思恩格斯列宁斯大林著作编译局,编译. 马克思恩格斯文集:第7卷[M]. 北京:人民出版社,2009:288.
[2] 程恩富,段学慧.《资本论》中关于共产主义经济形态的思想阐释(上)[J]. 经济纵横,2017(4):1-15.
[3] 中共中央马克思恩格斯列宁斯大林著作编译局,编译. 马克思恩格斯文集:第5卷[M]. 北京:人民出版社,2009:874.
[4] 程恩富,段学慧.《资本论》中关于共产主义经济形态的思想阐释(上)[J]. 经济纵横,2017(4):1-15.
[5] 程恩富,段学慧.《资本论》中关于共产主义经济形态的思想阐释(上)[J]. 经济纵横,2017(4):1-15.

握、从而受这种理性支配的规律来使生产过程服从于他们的共同的控制"①，即通过公有制和计划调节，主动实现社会生产与需求的比例平衡，从而避免生产过剩危机的出现。此外，程恩富通过对比资本主义与共产主义社会中对人与自然关系的处理，揭示了资本主义因资本逐利本性引发生态危机的实质，即资本与自然间的对抗关系，进而论证了共产主义通过联合生产者实施计划性物质交换调节，能够在资源最小消耗下达成人与自然和谐共生。②

第五，关于共产主义社会的再生产。程恩富引用马克思"这个联合体的总产品是社会的产品。这些产品的一部分重新用作生产资料。这一部分依旧是社会的。而另一部分则作为生活资料由联合体成员消费"③的论述，指出共产主义社会的社会总产品依然划分为生产资料和消费资料两大部类，借助公有制下的计划调节实现两大部类之间以及部类内部之间的平衡，即供需总量与结构平衡。并且，共产主义社会可以利用劳动时间的直接计算精确分配社会总劳动，以避免出现盲目性社会再生产。在再生产过程中社会总产品需进行跨部类及部类内部的物质交换，并通过有计划的后备性生产过剩补偿固定资本更新与物资储备需求，确保再生产的连续性。同时，程恩富强调要注重生产周期不同的产业之间的协调发展，预先科学规划资源投入以避免经济失衡。这种再生产模式以公有制为基础，通过计划性消除资本主义私有制下的盲目性与危机根源，在维持优先发展生产资料的同时优化生活资料供给，为社会主义市场经济的总量平衡与结构优化提供理论指导。④

第六，关于共产主义社会的必要劳动和剩余劳动。必要劳动和剩余劳动并非资本主义的特殊范畴，而是一切社会生产的共同基础。但是在不同社会经济形态下它们有着不同的社会形式，从而也体现出不同的生产关系。共产主义社会消除了资本主义的对抗性矛盾，通过公有制实现剩余劳动由全体劳动者共同占有，其性质发生根本转变，从阶级剥削属性变成满足社会共同需要，成为社会再生产可持续性与公共福祉的物质基础。同时，剩余劳动与必要劳动的界限逐渐消失，必要劳动的范围扩大，不仅覆盖劳动者自身发展性需求，还将剩余劳动纳入必要范畴，如为社会生产准备金和积累基金。程恩富还结合社会主义初级阶段的实际，指出当前存在多种所有制下剩余价值归属的差异问题，如公有资本归国家或集体，而私人资本获取

---

① 中共中央马克思恩格斯列宁斯大林著作编译局,编译. 马克思恩格斯文集:第7卷[M]. 北京:人民出版社,2009:286.
② 程恩富,段学慧.《资本论》中关于共产主义经济形态的思想阐释(上)[J]. 经济纵横,2017(4):1-15.
③ 中共中央马克思恩格斯列宁斯大林著作编译局,编译. 马克思恩格斯文集:第5卷[M]. 北京:人民出版社,2009:96.
④ 程恩富,段学慧.《资本论》中关于共产主义经济形态的思想阐释(下)[J]. 经济纵横,2017(5):1-13.

"私人剩余价值"仍具剥削性,因此,需要通过强化公有制主体地位,鼓励、支持和引导非公有制合法合理获取剩余价值,逐步实现消灭剥削、共同富裕的长期目标,最终推动劳动由"谋生手段"向"自由全面发展"的跃升。①

第七,关于共产主义社会的各种基金。马克指出,"一般剩余劳动,作为超过一定的需要量的劳动,必须始终存在"②。因此,在共产主义社会中,剩余劳动依然且有必要存在,只是其生产目的变成了生产满足社会需求的各种基金。程恩富综合《资本论》中的相关论述,将其归纳为三大类:其一,积累基金用于扩大再生产及丰富物资储备,是劳动者"为自己积累"的可持续保障;其二,社会保障基金用于应对各种突发风险,平等地覆盖全体成员以保证每个人的发展权;其三,发展基金用于支持教育、保健及社会福利,为人的自由全面发展奠定基础。这些基金通过社会总产品的计划性扣除与分配实现,既满足再生产需求,又超越资本主义"剩余价值剥削"逻辑,将剩余劳动严格限定在形成社会准备金、保险基金及按需扩大再生产的必要限度内,体现了"剩余劳动的一部分将会列入必要劳动"。③

第八,关于共产主义社会的农业和土地。与资本主义通过土地私有制用地租的形式剥削农业工人的剩余价值不同,在共产主义社会,土地公有制将彻底取代私有制,绝对地租与级差地租的剥削关系将被终止,同时终结了由土地垄断经营导致的农产品的"虚假社会价值"。取而代之的是"联合起来的生产者"以有计划的社会化生产取代资本主义的掠夺式经营,实现土地资源的合理配置与可持续利用。在这种模式下,既实现了按实际劳动时间公平交换农产品,又通过劳动节约改良土地肥力以实现"把土地改良后传给后代"④。同时,程恩富指出,土地作为全社会的共同占有对象,对它的利用需遵循生态原则,如针对林业的长生产周期特性,需将其纳入社会生产统一规划,以合理地安排土地资源。⑤

第九,关于共产主义社会的分配。共产主义社会的分配制度以生产资料公有制为根本前提。在消灭资本主义私有制后,分配关系由占有剩余价值的剥削性分配转变为劳动者平等共享劳动成果。程恩富指出,共产主义社会分配制度的核心特征体现为"两阶段"模式:在社会主义初级阶段(共产主义低级阶段),劳动时间作为

---

① 程恩富,段学慧.《资本论》中关于共产主义经济形态的思想阐释(下)[J]. 经济纵横,2017(5):1-13.
② 中共中央马克思恩格斯列宁斯大林著作编译局,编译. 马克思恩格斯全集:第25卷[M]. 北京:人民出版社,1974:925.
③ 程恩富,段学慧.《资本论》中关于共产主义经济形态的思想阐释(下)[J]. 经济纵横,2017(5):1-13.
④ 中共中央马克思恩格斯列宁斯大林著作编译局,编译. 马克思恩格斯全集:第25卷[M]. 北京:人民出版社,1974:875.
⑤ 程恩富,段学慧.《资本论》中关于共产主义经济形态的思想阐释(下)[J]. 经济纵横,2017(5):1-13.

双重尺度发挥基础性作用，既通过有计划的社会劳动分配调节生产与需求的比例，又作为计量个人劳动贡献的凭证。而随着劳动成为直接的社会劳动，分配将以不流通的"纸的凭证"的形式实现劳动者按劳动时间获取消费品。共产主义分配制度的演进并非静态，而是一个随着生产力的提升和公有制的完善的动态过程。到了共产主义高级阶段，随着生产力高度发展、物质财富充分涌流和分工消亡，分配原则将转向按需分配。①

第十，关于共产主义社会的劳动时间和自由时间。程恩富将共产主义社会在劳动时间与自由时间关系上的核心特征总结为：以缩短工作日为根本条件，通过劳动普遍化和生产力发展实现自由王国的繁荣。马克思指出："即使交换价值消灭了，劳动时间也始终是财富的创造实体和生产财富所需的费用的尺度。"② 因此，在共产主义社会，劳动时间的范畴依然存在，只是在消灭资本主义私有制后，劳动时间与自由时间的对立被扬弃，劳动时间的性质发生了根本转变。一方面，在公有制下，所有有劳动能力者平等参与生产，通过劳动普遍化为所有人自由时间的增长奠定社会基础；另一方面，劳动生产率的极大提高，尤其是公有制下技术条件的优化，使得必要劳动时间缩短，剩余劳动时间与自由时间同步扩展，最终使自由时间本身成为"财富"的象征。在这一过程中，劳动从资本压迫下的异化状态解放为"自由自觉的活动"，工作日的缩短既依赖于公有制消灭剥削后劳动时间的公平分配，也依托于生产力发展带来的物质丰裕，最终实现"必然王国"向"自由王国"的飞跃。③

第十一，关于共产主义社会的教育、人的发展和家庭。程恩富指出，在资本主义机器大工业中，尽管剥削导致童工和妇女沦为廉价劳动力并遭受精神摧残，但工厂法对教育的强制性要求却也在客观上催生了现代教育的萌芽，预示了未来社会中教育的发展方向。到了共产主义社会，将以"造就全面发展的人"④为根本目标而彻底扬弃资本主义的功利性教育和受教育方面的阶级差别。一方面，实现教育与生产劳动深度结合，既适应大工业对灵活劳动力的需求，又通过理论实践并重的工艺教育打破旧式分工束缚，使劳动成为"自由自觉的活动"；另一方面，教育不再服务于资本增殖，而是以提升个体素质、促进智力与体力协调发展为核心，消除阶级对立下的教育不平等。此外，程恩富认为，资本主义大工业将妇女儿童卷入社会化

---

① 程恩富,段学慧.《资本论》中关于共产主义经济形态的思想阐释(下)[J].经济纵横,2017(5):1-13.
② 中共中央马克思恩格斯列宁斯大林著作编译局,编译.马克思恩格斯全集:第35卷[M].北京:人民出版社,2013:230.
③ 程恩富,段学慧.《资本论》中关于共产主义经济形态的思想阐释(下)[J].经济纵横,2017(5):1-13.
④ 中共中央马克思恩格斯列宁斯大林著作编译局,编译.马克思恩格斯文集:第9卷[M].北京:人民出版社,2009:340.

生产，虽然摧毁了传统家庭结构，却为新型家庭和两性关系奠定了经济基础。而进一步地，以公有制为基础的社会主义工厂制度将在废除资本主义祸源的基础上，推动家庭关系向自由、平等的"更高级形式"演进，实现人的全面发展与社会关系的整体重构。①

本研究认为，程恩富以《资本论》一至四卷为文本基础，从资本主义的历史暂时性和共产主义的必然性、共产主义的物质基础、生产资料所有制、经济计划和按比例发展、再生产、劳动范畴、社会基金、农业土地、分配制度、必要劳动与剩余劳动、教育与人的发展等十余个维度对共产主义社会的经济特征展开分析，相较于前人的研究，更为系统和全面地呈现出一个相对完整的框架。这一研究不仅体现了学界从碎片化解读《资本论》到围绕专门议题进行系统阐释的研究发展趋势，还将理论触角延伸到传统研究中关注度相对较少的议题，如共产主义再生产中的物质交换机制、社会基金的分类与功能，以及妇女与家庭等，展现出广阔的理论视野。

在理论研究层面，程恩富的阐释并非简单地引用和复述马克思原著，而是通过辩证逻辑与历史唯物主义方法论，从整体上揭示内在规律。例如，提出资本主义生产力的扩张具有"自我否定性"，工业革命积累的物质条件为共产主义奠定基础，深化了"资本主义为共产主义准备条件"的辩证命题；在剩余劳动分析中，论证了剩余劳动在共产主义社会中转化为公共福祉物质基础的历史性转化逻辑。这些观点既忠实于马克思的批判逻辑，又体现出对经典理论的综合解读。在研究方法上，程恩富既注重对资本主义矛盾进行批判解构，如私有制与生产社会化的冲突，又强调对共产主义经济特征的辩证论述，如公有制对私有制的扬弃、计划调节对无政府状态的功能弥补。同时，注重将文本与实践紧密联系也是该研究的亮点，如在研究分配制度时结合社会主义初级阶段实际，生动呈现"两阶段分配模式"的动态演进路径。和大多数理论工作者一样，程恩富关于共产主义社会经济特征的研究也具有鲜明的现实指导意义，在再生产理论中论述的"通过计划调节实现部类平衡"，为社会主义市场经济优化供给结构提供了参考；在所有制分析中强调公有制主体地位与非公有制经济的引导规范，回应了混合所有制改革的现实需求；在分配制度中主张通过剩余价值归属调整逐步实现共同富裕，为当前的共同富裕实践提供了学理支撑。这些都充分印证了共产主义经济目标和理想与当前我们所处的社会主义初级阶段实际是紧密相连的。更为重要的是，这些从经典文本中挖掘出的共产主义经济特征，也为程恩富更好地开展政治经济学研究奠定了方法论和理论前提。

---

① 程恩富,段学慧.《资本论》中关于共产主义经济形态的思想阐释(下)[J]. 经济纵横,2017(5):1-13.

第四节　对《资本论》当代价值与研究趋势的探索

在国际政治经济格局深刻变革的背景下,《资本论》的科学性与实践指导力非但未曾消减,反而在数字经济、全球化危机中展现出更大的价值。然而,资本主义形态的迭代更新与社会主义市场经济改革的全面深化,对经典文本的研究提出了更高更全面的要求。程恩富立足于这一时代命题,从价值确认与范式革新两个角度展开研究,既论证了《资本论》的当代价值,又从学科发展的角度,针对研究在实践导向、视野拓展、方法论创新和人才培养等方面的进一步加强提出设想。

一、关于《资本论》当代价值的探索

《资本论》是一部集经济学、哲学和科学社会主义之大成的鸿篇巨制,它深入剖析了资本主义社会的本质和运行规律,通过对资本主义生产方式和生产关系的详尽剖析,以及对剩余价值产生过程的精辟阐释,为我们提供了洞悉资本主义经济体系的深刻视角。《资本论》的理论价值与现实价值不仅体现在指导我们认识当代资本主义经济体系的内在矛盾,而且为认识和发展社会主义市场经济提供了科学的理论指导。

关于《资本论》的理论价值,学者们进行过诸多探讨,集中体现在考察其在揭露资本主义逻辑本质、夯实经济学的理论基础、提供科学的研究方法和批判错误理论等方面。首先,张旭(2017)、丁堡骏(2023)等学者认为《资本论》深入剖析并透彻展现了资本主义经济体系的本质特征和运行方式。张旭(2017)指出,剩余价值理论、资本积累理论等理论为无产阶级革命提供了科学依据;[①] 丁堡骏(2023)通过马克思晚年两封书信的阐释,从理论和方法两个方面阐述了《资本论》在分析东方社会发展道路方面的重要作用。[②] 其次,汪翠荣(2018)[③]、邱海平(2018)[④]等学者认为,《资本论》构建了宏大且科学的经济学理论体系,劳动价值论、剩余价值论、资本循环与周转理论等构成了该体系的核心,对后来者的经济学研究工作

---

① 张旭.《资本论》的当代价值[J]. 马克思主义研究,2017(10):46-51.
② 丁堡骏.《资本论》当代价值的再阐释:以马克思晚年两封书信为中心[J]. 哲学研究,2023(6):34-43.
③ 汪翠荣.《资本论》理论及其当代价值[J]. 学校党建与思想教育,2018(9):15-19.
④ 邱海平.《资本论》的历史地位和当代价值:纪念马克思诞辰200周年[J]. 前线,2018(6):48-51.

具有科学指导意义。刘凤义（2017）也指出，中国特色社会主义政治经济学可以沿用《资本论》中的分析框架，研究社会主义市场经济规律。[①] 最后，王天义（2013）强调，萌发于唯物史观的《资本论》，深刻阐明了人类社会发展进程的客观规律，以及不同社会形态下经济发展模式更迭的统一逻辑，从而为理解人类社会历史变迁提供了严谨且科学的方法论指导，显著地彰显了其在方法论层面的重大价值与深远意义。[②]

而关于《资本论》在当代所具有的深远现实意义，学者们也从《资本论》对于构建社会主义市场经济理论体系、推动经济社会发展，以及增强民族自信等方面所起到的重要作用进行了充分的论证。例如，张旭（2017）[③]、李正宏（2018）[④]、何干强（2022）[⑤] 等学者认为，《资本论》中的唯物辩证法不仅适用于批判资本主义，而且是新时代中国特色社会主义经济建设和中国特色社会主义政治经济学理论体系构建的重要指导原则。

从以上分析可以看出，学术界围绕《资本论》的理论价值与现实价值进行了广泛讨论，学者们从不同角度、不同层面进行了充分的论证与分析，力图揭示其深邃的思想内涵和对现代社会发展的指导意义。程恩富也从自己对《资本论》的研究与思考中，提出了关于此著作在理论价值与现实价值方面的见解。

（一）对《资本论》理论价值的考察

《资本论》作为马克思主义政治经济学的奠基之作，在政治经济学发展历程中的基石地位毋庸置疑。程恩富认为，《资本论》在擘画马克思主义政治经济学体系框架、实现哲学与经济学的有机统一、揭示私有制深层本质等方面产生了深远影响，具有重要的理论价值。

1. 理论基石：擘画马克思主义政治经济学体系框架

首先，《资本论》规范了马克思主义政治经济学的研究对象。[⑥] 马克思明确指出政治经济学的研究不是泛泛而谈，而是深入资本主义社会的核心去研究资本主义生产方式以及与之相适应的生产关系和交换关系，以揭示资本主义社会制度的本质和运行规律。同时，马克思特别强调研究要真正触及资本主义社会的本质，而不应陷入对一般财富或物与物的表象关系的探讨中。

---

① 刘凤义.《资本论》与中国特色社会主义政治经济学的构建[J].政治经济学评论,2017(3):43-44.
② 王天义.论《资本论》的当代价值[J].当代经济研究,2013(11):1-5,93.
③ 张旭.《资本论》的当代价值[J].马克思主义研究,2017(10):46-51.
④ 李正宏.论《资本论》的当代价值[J].湖北行政学院学报,2018(6):24-28.
⑤ 何干强.论《资本论》对资产阶级经济学的批判及其现实指导价值[J].当代经济研究,2022(2):22-51.
⑥ 程恩富.《资本论》在当今时代的重大价值[J].《资本论》研究,2017(1):3-10.

其次,《资本论》确立了马克思主义政治经济学的方法论基础。[①] 书中展现了马克思对从抽象到具体、对立与统一等多种唯物辩证法的灵活应用,在哲学与经济学的紧密结合中,实现了辩证唯物主义与历史唯物主义有机统一,为分析资本主义市场经济动态演变提供了重要方法论工具。

最后,《资本论》深入探讨了资本生产的直接过程和剩余价值的形成机制。[②] 马克思的这一伟大发现为他在后续著作中继续研究资本流通过程与剩余价值流通、资本的生产总过程以及剩余价值分配等议题提供了坚实的研究起点和理论支撑。

2. 多维剖析:整合经济学、哲学与科学社会主义多重视角

关于《资本论》是一部哲学著作还是经济学著作的问题,学者们始终各执一词。哲学研究以抽象研究为主,遇到具体范畴便难以具体化,因此《资本论》将对社会问题的探讨引向了物质利益层面,揭示了资本主义社会中不同阶级之间的经济利益冲突,以及这种冲突对社会发展和变革的深远影响。这不仅更易于我们理解资本主义社会的本质和规律,也对马克思主义理论体系的成熟与发展起到了至关重要的推动作用。对此,程恩富强调,"《资本论》是经济学、哲学与科学社会主义的整体性统一"[③]。《资本论》不仅详细分析了资本主义的经济运作机制,而且从哲学的角度审视了资本主义社会的本质、矛盾和发展规律,同时,它还结合科学社会主义理论,对资本主义的未来走向进行了前瞻性的预测。因此,《资本论》对资本主义的剖析并非仅局限于经济学的单一视角,而是兼顾哲学和科学社会主义进行的全面而深入的探索。

3. 深度在场:揭示资本主义私有制逻辑和实践的内在矛盾

资本主义理论框架的底层出发点建立在所谓的"经济人"的假设之上。对此,程恩富认为资本主义逻辑体系不仅在思想上,而且在实践操作中都存在根深蒂固、难以消除的缺陷。在逻辑层面,资本主义理论以"经济人"作为其核心的人性假设和基石构建起了整个经济学理论体系,而《资本论》为精准批判"经济人"假设所存在的问题提供了辩证法和唯物史观等理论武器;在实践层面,程恩富通过资本主义历史上的萧条、危机、对外侵略和国际垄断等真实案例,对近现代资产阶级经济学者在"经济人"假设下所宣扬的资本主义是市场均衡和社会总福利最大化的历史终点的错误论断进行了有力的反驳。程恩富通过揭示资本主义私有制的内在逻辑及

---

① 程恩富.《资本论》在当今时代的重大价值[J].《资本论》研究,2017(0):3–10.
② 程恩富.《资本论》在当今时代的重大价值[J].《资本论》研究,2017(0):3–10.
③ 程恩富.《资本论》在当今时代的重大价值[J].《资本论》研究,2017(0):3–10.

其实践中的深层矛盾,力证了《资本论》自问世以来始终展现出的深度历史在场。①

(二) 对《资本论》现实意义的回答

每当全球遭遇重大的挑战或危机,马克思的理论总是会得到新一轮的重视,成为人们寻求解决经济问题的指路明灯。换言之,只要资本主义制度和市场经济存在,《资本论》的指导意义就将持续发挥作用。对于为何在当代《资本论》仍然能够以新的方式登上世界舞台,程恩富从其对资本主义经济体系和中国特色社会主义的影响两个方面给出了答案。

1. 有助于深刻剖析当代资本主义体系

《资本论》所蕴含的独特社会科学理论和方法,为我们揭示现代资本主义的内核以及洞察当下社会历史演变提供了严谨的逻辑结构和锐利的分析工具。在现代世界,生产力与生产关系之间的矛盾运动依然是影响社会发展趋势的决定因素。程恩富强调,资本主义的演进是一个自然的历史过程,无论其如何自我修正、自我调整,以资本主义私有制为核心的资本主义经济关系从诞生、成长到最终消亡的总体趋势是不会改变的。② 程恩富特别关注《资本论》对资本的历史范畴及其在生产过程中作为创造剩余价值的生产要素的阐释,他指出了资本所具有的双重属性:一方面,资本借助物的力量推动物质文明和经济文明的进步;另一方面,资本以追求利润最大化为终极目标,不断寻求新的更多的价值增殖。资本主义体系下的经济和社会矛盾是其制度本身所固有的,无法从根本上解决。因此,马克思关于资本理论的论述,对于我们深刻理解当今生产、贸易、金融日益全球化下资本的本质,以及资本如何影响和塑造当今世界的经济格局,提供了理论支持。

2. 有助于正确认识中国特色社会主义

马克思在《资本论》中不仅对资本主义经济运行规律进行了系统分析,还深刻阐释了人类社会普遍适用的经济规律。这些规律对于我们正确认识社会主义市场经济运行方式具有重要的指导意义。以《资本论》为鉴,可以更清晰地梳理社会主义市场经济的本质特征、发展动力和运行机制。同时,马克思在书中论证的私有制弊端也时刻提醒我们,在发展社会主义市场经济的过程中,要警惕资本主义经济发展过程中出现的种种问题,避免重蹈覆辙。基于此,程恩富分析了我国的社会主义市场经济,并提出诸多建设性意见。

---

① 程恩富.《资本论》在当今时代的重大价值[J].《资本论》研究,2017(0):3-10.
② 程恩富.《资本论》在当今时代的重大价值[J].《资本论》研究,2017(0):3-10.

首先，公有制是社会化大生产的必然产物，它与我国当前的生产力发展需求相吻合，有助于生产力的迅猛增长。程恩富认为，《资本论》揭示了因资本主义私有制内在矛盾而引发的发展不可持续性，这为理解公有制在社会主义市场经济中的重要性提供了理论基础。[①] 他严厉地批驳了那些打着"重建个人所有制"的幌子，实则主张重建生产资料个人私有制的反马观点，同时，他也对私有化可能引发的经济和社会问题提出了警示，指出近年来由新自由主义推动的私有化实践已经在全球范围内造成了不少负面影响，强调要摒弃那些与马克思主义基本原理相悖的错误主张。

其次，居于《资本论》核心地位的劳动观深刻揭示了劳动在社会发展和财富创造中的决定性作用。劳动者的主体地位不仅体现在他们是生产力的核心要素，更在于他们是社会进步和创新的源泉。在我国社会主义市场经济条件下，这一观点具有强烈的现实意义。因此，程恩富强调在社会主义市场经济中，必须深刻理解、尊重和发挥劳动者在历史创造和社会经济发展中的作用。[②] 为了践行这一理念，他始终提倡要坚持和完善以按劳分配为主体的基本分配制度，以期从根本上化解劳资冲突，营造劳资两利的良性关系，在财富和收入层面真正维护劳动和劳动者的权益。

二、关于《资本论》研究发展态势的阐发

每个时代都面临着特定的时代课题，恰如中国共产党在各个历史时期都会明确该时期特定背景下的核心议题，为下一阶段党和人民的伟大事业举旗定向，为学界的理论研究聚焦时代热点。自新中国成立以来，马克思主义学科在文献搜集、整理与研究领域迎来了新的发展阶段。得益于此，关于《资本论》的研究也取得了显著的成就。例如，全面完成了对《资本论》相关文献的翻译工作；与《资本论》主题相关的学术论文数量实现了从几篇到数百篇的飞跃，并持续增长；发展形成了一支规模可观的《资本论》研究队伍等。这些成就不仅深化与拓展了我们对马克思经济思想的理解，也为解决当代社会经济问题提供了理论支持。

近年来，不少学者对《资本论》的研究工作进行了梳理与展望。胡岳岷、胡慧欣（2019）通过统计分析过往 17 年内 CSSCI 来源期刊中的《资本论》研究文献，从马克思主义哲学、政治经济学和科学社会主义三个视角展开研究，发现《资本论》的研究正在不断开辟新境界，并提出今后要更多地从增加学科对话、增强话语

---

① 程恩富.《资本论》在当今时代的重大价值[J].《资本论》研究,2017(0):3-10.
② 程恩富.《资本论》在当今时代的重大价值[J].《资本论》研究,2017(0):3-10.

权、展现中国风貌等方面进行深化研究。① 李连波（2022）回顾了国内《资本论》年度研究进展，指出研究热点主要集中在出版与传播、研究对象与方法的深化、经典理论的推进，以及《资本论》理论与方法在分析中国经济问题中的应用四个方面。他预测，《资本论》与当代经济的结合将是未来研究的热点。② 邰丽华（2017）则强调《资本论》研究要加强对西方研究最新成果和发展动向的关注，她分析了西方学者存在"整体性否定"、"沟通与融合"及"超越式改造"三种研究倾向。③ 可以看出，学界对《资本论》的研究各有侧重和特点，且取得了丰富的研究成果。

程恩富也曾对《资本论》研究工作进行回顾与梳理，并提出了研究的完善之策。例如，在研究的广度方面，他认为可以在一些关键的领域和层面进行更加充分的探索；在研究深度方面，他强调可以对《资本论》中深层次的理论问题和现实意义进行更深入的探讨。具体而言，他从六个方面对《资本论》研究的基本要求和发展趋势进行了阐发。

第一，《资本论》研究的发展观。针对用什么观念来研究《资本论》，以保障其理论价值得到恰当的继承与弘扬这一问题，程恩富认为，应当通过多元化形式和多渠道系统推动《资本论》内容的发展与充实。首先，理论的现实意义在于指导实践。鉴于当前资本主义经济与社会主义经济建设均处于不断发展之中，新的问题接连不断产生，这就要求我们结合现实对《资本论》的理论进行修正、补充，并在此基础上创立新的科学理论。其次，任何科学理论的新发展都伴随着对旧概念的继承与突破。《资本论》作为马克思主义政治经济学的百科全书，其基本原理、范畴和规律需要被坚持与继承，但在新的经济实践中，我们也需要突破其中某些具体论断和原理的束缚，以更好地指导现实。这种在继承基础上的突破，正是理论保持活力的关键。最后，争鸣与斗争是理论发展的推动力。《资本论》的诞生就是在与各种错误经济学说的斗争中形成的，因此当代马克思主义政治经济学也需要与资产阶级经济学进行理论斗争，以捍卫真理的权威。④

第二，《资本论》研究的多维性。《资本论》作为一部划时代的巨著，其综合性和深刻性都堪称人类先进文化思想的典范，程恩富认为，要真正理解和把握《资本论》的精髓，跨学科的多维度研究将成为《资本论》研究的一大趋势。这意味着我

---

① 胡岳岷,胡慧欣. 21 世纪中国《资本论》研究的统计分析:基于 CSSCI 来源期刊文献的视角[J]. 当代经济研究,2019(5):55－63.
② 李连波. 2021 年国内《资本论》研究进展与展望[J]. 当代经济研究,2022(8):16－25.
③ 邰丽华. 试析当代西方学者《资本论》研究[J]. 毛泽东邓小平理论研究,2017(9):62－66.
④ 程恩富. 论《资本论》研究的发展态势[J]. 世界经济文汇,1987(2):30－34.

们需要从不同学科、不同视角出发，深入挖掘其内在的理论价值和现实意义。以往对《资本论》的研究过于集中在单一的经济学视角，忽视了与其他学科的横向联系和比较研究，这无疑限制了我们对《资本论》的全面理解。为了推动我国在《资本论》研究领域达到世界先进水平，跨学科研究成为必然选择。需要调动与《资本论》相关的各学科研究人员，进行全面、多维的整合性研究，特别是要加强与哲学、政治学、社会学、数学等学科的结合，汲取各学科先进研究方法，进一步挖掘《资本论》的深刻内涵。[①]

第三，《资本论》研究的辐射面。《资本论》的研究内容全面覆盖了从原始社会到共产主义社会各种社会形态下的经济演变，并深度剖析了资本主义经济的运行规律和机制。程恩富从中获得启发，提倡学者要走出书斋、融入世界，以深厚的理论储备和开阔的理论视野拓展研究的辐射面，具体做好以下三个方面工作：首先，研究范围应当涵盖当代发达及不发达资本主义国家的经济状况，同时广泛探索社会主义国家内部存在的多元的资本主义经济形态，以此来丰富和完善马克思主义关于资本主义的理论研究内容，尤其是帝国主义和自由资本主义理论，并对它们新的表现形式及其运行规律进行系统分析。其次，研究范围应当囊括全球范围内社会主义国家的经济活动，同时，应当结合社会主义经济现实，有选择地借鉴各国经济学说，这是构筑和完善社会主义政治经济学不可或缺的路径。最后，研究范围应当广泛延伸至现代资产阶级经济学的理论场域，用马克思主义基本立场、观点、方法与之对话，剖析现代西方经济学说的各种观点，同时，必须保持审慎态度，避免盲目追捧西方理论，也不能因偏见而轻易否定其全部价值，要深入研究、批判性吸收，并在实事求是的基础上作出公正的评判。[②]

第四，《资本论》研究的纵深度。历史上我们曾因理论研究浮于表面而在实际操作中屡遭困境，因此要想在《资本论》研究领域取得新的发现和突破，不仅要拓宽研究的视野，还要挖掘其内在的理论深度。程恩富指出，深化《资本论》研究的首要任务是确保研究与当前社会实际相挂钩。当前，我国经济体制改革正如火如荼地进行，这一变革正挑战着传统的认知边界，也为《资本论》研究的深入提供了丰富的实践土壤。社会主义条件下，股份企业、市场体系、国际贸易等诸多问题亟待我们借助《资本论》的理论框架进行批判性剖析，攻克这些现实理论难题将极大地推动《资本论》研究的深化。此外，在追求理论的实际应用价值时，也不能忽视对

---

① 程恩富. 论《资本论》研究的发展态势[J]. 世界经济文汇, 1987(2): 30 – 34.
② 程恩富. 论《资本论》研究的发展态势[J]. 世界经济文汇, 1987(2): 30 – 34.

学问本身的纯粹追求，需要对《资本论》文本本身所蕴含的宝贵资源进行挖掘，包括但不限于研究其创作历程、传播历史、不同版本比较分析、翻译精准度，以及对特定难句和难题的解读。①

第五，《资本论》研究的新方法。策略与方法是实现突破和创新的关键因素，想要更深入钻研《资本论》，选择并运用正确的思维方法和研究方法至关重要。因此，掌握系统论、控制论、现代数学等当代科学研究的前沿工具，已成为推动《资本论》研究的重要手段。为了实现这一目标，程恩富认为，可以从三个方面着力推进：一是聚焦于"规范型"研究，深度钻研《资本论》中所运用的唯物辩证法；二是聚焦于发掘型研究，将《资本论》所蕴含的方法论看作一个科学方法的集合体，其中的一些科学方法可能在《资本论》创作初期尚处于萌芽阶段而并未被发掘，但随着科学技术的不断进步，我们能够在对《资本论》的深度剖析中捕捉到它们的应用痕迹；三是聚焦于开拓性研究，将传统方法与现代科学方法相融合，既致力于挖掘当代资本主义经济的内在动态和未来趋势以开展具有创新性的研究，又重新审视自由资本主义经济理论。②

第六，《资本论》研究的新群体。程恩富在探讨《资本论》研究现状时，着重指出了我国在该领域科研文章及著作数量不足的问题，并提出缺乏高水平研究团队是问题根源之一。许多人对《资本论》的了解仅限于零散阅读，对其进行深入研究的专家数量有限，同时，随着资深专家数量的减少，这一形势变得更加严峻。程恩富指出，提高理论工作者素质和构建合理的群体结构是改善现状的关键，他认为研究团队应是一个由不同学科背景和专业视角的研究人员组成的多维、多层次的动态综合体，在年龄分布上需涵盖老、中、青三代学术梯队，同时，在团队建设上应秉持开放、灵活和动态的原则，以确保研究的协同与高效。③

本章小结

习近平总书记指出："中国共产党之所以能够完成近代以来各种政治力量不可能完成的艰巨任务，就在于始终把马克思主义这一科学理论作为自己的行动指南，并坚持在实践中不断丰富和发展马克思主义。"④ 20 世纪 80 年代后期，世界社会主义运动和马克思主义研究几度陷入低潮，在"马克思主义失败论""共产主义失败论"等消极声音于世界范围内甚嚣尘上的形势下，《资本论》作为居于马克思主义理

---

① 程恩富. 论《资本论》研究的发展态势[J]. 世界经济文汇,1987(2):30-34.
② 程恩富. 论《资本论》研究的发展态势[J]. 世界经济文汇,1987(2):30-34.
③ 程恩富. 论《资本论》研究的发展态势[J]. 世界经济文汇,1987(2):30-34.
④ 习近平. 习近平谈治国理政:第2卷[M]. 北京:外文出版社,2017:33.

论体系核心地位的著作，首当其冲面临"过时论""无用论"等论调的攻击，以至于其在理论研究、高校课程和社会舆论等场域中的主流地位几度遭遇冲击。面对纷繁复杂且迅速变化的经济现实，《资本论》必须作出新的发展并丰富为更加开放、包容且充满活力的思想宝库，在指导中国特色社会主义发展实践中完成对各种理论质疑的终极驳斥。在新的历史条件和理论发展任务下，程恩富秉持守正与创新相统一的学术风范，对《资本论》基本理论进行了研究和拓展。

首先，对《资本论》研究对象的时代化阐释。长期以来，理论界对《资本论》研究对象的具体所指始终未达成一致意见。程恩富认为，对《资本论》研究对象的认识直接关系到对社会生产方式具体特征及马克思主义理论整体性的理解。据此，他对《资本论》的研究对象作出新理解，认为"生产力—生产关系"这一概念模型应当扩展为"经济力—经济关系即经济制度"，创新性地提出"经济力"概念，指出经济力表示生产力、分配力、交换力、消费力和自然力在耦合基础上形成的合力，意味着《资本论》的研究对象是复杂的有机体，既代表剥离了各种经济关系的纯粹的生产力概念，又要全面考虑与之相关的各种经济关系即经济制度（含经济体制机制）。

其次，对马克思主义劳动价值论的认识与创新。马克思主义劳动价值论是马克思主义政治经济学的理论根基，在经济思想史上曾引起巨大变革。然而，随着我国改革开放以来社会主义经济条件的变化，广大学者对劳动价值论在当代社会的适用性、科学性问题形成了不同认识，相关理论争议至今仍较激烈，在很大程度上影响着马克思主义政治经济学的当代解释力。程恩富积极投入学界的理论探讨与争鸣，其对马克思主义劳动价值论的认识与创新主要包括以下三个方面。第一，捍卫马克思主义劳动价值论的时代价值。他指出，劳动价值论至今不仅是我们分析资本主义市场经济和社会主义市场经济的理论基石，还是我国社会主义经济建设过程中有关所有制结构、分配制度、社会保障制度等各方面政策制定的行动指南。第二，辨析对马克思主义劳动价值论的误解。他认为，劳动价值论屡遭质疑兼有社会经济现实的客观变化与不同经济流派的不当引入的双重原因，需从理论上对攻击和颠覆马克思主义劳动价值论的观点予以反驳。他对"仅体力劳动创造价值""劳动价值论不适用于科技时代""劳动价值论忽视生产要素的作用""劳动价值论局限于一国内部的实物交换""物化劳动创造价值""科技劳动和企业管理劳动不创造价值"等观点进行了有力驳斥，指出马克思主义劳动价值论不仅未在不同经济流派的冲击下趋于失效，还具备对新的经济现象的现实解释力。第三，提出"新的活劳动价值一元论"。他认为，坚持和捍卫马克思主义劳动价值论并不意味着墨守成规、故步自封，而应使其中的具体结论得到与时俱进的拓展。据此，他创造性地提出了"新的活劳动价值一元论",并围绕该理论拓展出"全要素财富说""按贡分配形质说"等创新理论,在一定程度上拓宽了中国特色社会主义政治经济学理论研究的视野。

再次,对共产主义经济形态的思想阐释。《资本论》作为集中、全面彰显马克思主义理论伟力的鸿篇巨制,既在世界观方法论维度实现了划时代的革命性突破,又在各种具体理论上展现出对传统理论的超越性。程恩富对《资本论》的研究并未拘泥于方法论或核心理论层面,而是广泛触及全书以求全面激活《资本论》的理论与现实价值,这充分体现在他对《资本论》中关于共产主义经济特征的梳理之中。第一,关于资本主义转向共产主义的历史必然性。程恩富通过剖析资本主义的内在痼疾,揭示了资本主义灭亡的历史必然性,列举了资本主义为向共产主义过渡所创造的各种前提条件,同时论证了无产阶级革命作为推翻资本主义制度、建立共产主义社会的关键路径。第二,关于共产主义的经济特征。程恩富结合《资本论》一至四卷,从经济基础、所有制、分配与公平、生产与再生产、社会关系与文明等方面,在文本与现实的结合中,对共产主义的十一大经济特征进行了描绘,较为系统地阐释了《资本论》对未来社会制度构建的理论指导与实践引领。

最后,对《资本论》当代价值和研究态势的研判。研究《资本论》的当代价值与发展态势,既是继承和发展马克思主义理论的内在要求,也是回应现实社会矛盾、探索未来发展道路的需要。在对现有研究成果的总结和提炼的基础上,程恩富对《资本论》的现实价值和未来研究的发展方向作出了归纳与研判。第一,关于《资本论》当代价值的探索。在新的历史条件下,程恩富认为,《资本论》不仅"未过时",反而彰显出强大的理论与实践价值。他指出,《资本论》不仅在规范马克思主义政治经济学的研究对象、确立马克思主义政治经济学的方法论基础、规定资本主义剩余价值形成机制等方面具有重大理论价值,而且对于我们正确认识社会主义市场经济运行方式具有重要指导意义,其为我们揭示现代资本主义的内核以及洞察当下社会历史演变提供了严谨的逻辑结构和分析工具。第二,关于《资本论》的研究发展态势。程恩富认为,改革开放以来,《资本论》作为马克思主义理论精髓的集中展现,在发展变化的经济现实和不同理论学派的理论解读下呈现出新的研究趋势,《资本论》当代价值的激活面临着新挑战。据此,他对《资本论》的研究趋势作出了研判,指出《资本论》研究在未来应重点关注以下几个方面:一是加强理论的原创性和深度,避免过分追逐热点;二是深化理论与实践相结合,特别是对中国经济问题的关注;三是要关注西方研究的最新动态,在借鉴其方法和视角的同时保持批判性;四是探索新的研究方法,以丰富和深化《资本论》的研究;五是进一步探讨《资本论》在全球经济治理、国际贸易和金融体系中的应用;六是注重以老带新,培养新生代学者。

第三章

集成科学方法：对马克思主义政治经济学方法论的继承创新

方法论是关于人们如何认识和改造世界的根本方法的学说。方法论在经济学研究中的重要性，本质上是由经济学的内在矛盾决定的。这种矛盾体现为它的研究对象既具有物质运动的客观规律性，又深嵌于人类社会的价值判断与权力关系之中，以及它的研究目的既要解释经济现象的运行机制，又要为社会实践提供规范性指引。

我国学界对马克思主义政治经济学方法论议题的研究持续至今，其中也不乏立场和观点上的分歧。部分学者强调西方经济理论在中国经济学发展与中国经济改革中的作用。如钱颖一（2002）认为，现代经济学提供了一种研究经济行为和现象的分析框架，其主要由视角、参照系和分析工具三大部分组成，强调数学和统计学是现代经济学的重要分析工具。[1] 部分学者则强调马克思主义政治经济学方法论的基础性地位。如林岗、张宇（2000）依据《资本论》的逻辑线索，将马克思主义经济学的方法论概括为五个基本命题，指出只有坚持作为马克思主义经济学理论硬核的严密方法论体系，才能确保其成为指导应用性和政策性经济研究的主导性理论基础而免受西方经济学说庸俗成分的干扰。[2]

实际上，各学派的分野关键在于其方法论取向，方法论不仅决定了研究范式的科学性与解释力，更直接关系到经济学学科的意识形态属性与社会功能。新自由主义经济学通过动态随机一般均衡模型等方法论霸权，将金融危机解释为"外生冲击"，实质是为资本主义制度危机开脱的精致话术；行为经济学虽然引入心理实验方法，却有意回避"非理性选择"背后的制度根源。可以说，经济学方法论之争已远远超出学术范式竞争的范畴，成为不同阶级利益在理论战场的投射。程恩富强调，当西方经济学方法论中的庸俗成分不断渗透至中国经济学体系内部时，坚持和发展马克思主义政治经济学方法论，并在与时俱进中转化形成属于中国经济学独特的方法论体系，不仅关乎学术研究的科学性，更是守护劳动人民根本利益的理论斗争。

第一节　对马克思主义政治经济学方法论的阐释与践行

马克思主义的核心在于其方法，而非固定的教义或教条。正如卢卡奇所言：

---

[1] 钱颖一. 理解现代经济学[J]. 经济社会体制比较, 2002(2): 1-12.
[2] 林岗, 张宇.《资本论》的方法论意义：马克思主义经济学的五个方法论命题[J]. 当代经济研究, 2000(6): 3-15.

"正统的马克思主义并不意味着无批判的接受马克思研究的结果……马克思主义问题中的正统仅仅是指方法。"[①] 马克思、恩格斯通过科学的方法深入探索了人类社会发展规律,分析了资本主义本质和演变规律,构建了系统且鲜明的政治经济学理论体系。马克思主义政治经济学的发展是马克思主义方法论与非马克思主义方法论斗争的结果,历史也充分证明马克思主义方法论更具科学性。[②]

一、对马克思主义政治经济学方法论灵魂的理解与运用

马克思主义方法论是一个科学体系,唯物史观和唯物辩证法作为其核心方法,不仅构成了人们认识世界的基石,也是改造世界的行动指南。它们与科学探索和社会实践紧密相连,深入阐释了人与自然、主体与客体,以及思维与存在之间的本质联系和互动规律。唯物史观和唯物辩证法使得马克思主义政治经济学能够深入剖析社会经济现象的本质与规律,为无产阶级革命和建设提供科学的理论指导。同样地,面对新时代的理论创新需要,唯物史观和唯物辩证法仍然扮演着重要角色,"中国特色社会主义政治经济学依然要从初级社会主义的生产关系(经济制度)与生产力和上层建筑的互动互促关系中来揭示经济发展的变迁、特点和规律"[③]。

(一) 唯物史观

恩格斯指出,马克思的经济学"本质上是建立在唯物主义历史观的基础上的"[④]。正是唯物史观的创立,为马克思深入研究资本主义生产方式提供了科学的世界观和方法论基石。在这一理论框架下,马克思得以揭示并阐述剩余价值理论,进而深刻剖析了资本主义经济的本质,推动社会主义理论从空想走向科学实践,实现了历史性飞跃。[⑤]

唯物史观作为马克思哲学变革的精髓,经历了由产生、发展到成熟的几个关键演变阶段:在撰写博士论文初显唯物主义后,马克思在《莱茵报》工作期间,通过理论与现实社会的直接交锋,他的思想禁锢得到进一步释放。在《黑格尔法哲学批判》中,马克思开始摆脱唯心主义的影响,提出市民社会对国家与法律的影响。在

---

① [匈]卢卡奇,著. 历史与阶级意识[M]. 杜章智等,译. 北京:商务印书馆,1999:48.
② 余斌,程恩富. 论马克思主义立场、观点和方法的辩证统一[J]. 马克思主义研究,2013(12):48-55.
③ 程恩富. 中国特色社会主义政治经济学研究十大要义[J]. 理论月刊,2021(1):5-9.
④ 中共中央马克思恩格斯列宁斯大林著作编译局,编译. 马克思恩格斯文集:第2卷[M]. 北京:人民出版社,2009:597.
⑤ 段学慧,程恩富. 以人民为中心:中国特色社会主义政治经济学的根本立场[J]. 福建论坛(人文社会科学版),2017(12):5-16.

《1844年经济学哲学手稿》中,他借助异化劳动概念,深化了对资本主义经济学的批判,并从经济学视角预见了共产主义的必然趋势。在与恩格斯合著的《神圣家族》中,他们共同对青年黑格尔派的唯心史观进行了有力批判,确立了物质生产在历史发展中的核心地位。之后,在《关于费尔巴哈的提纲》中,马克思确立了科学的实践观,实现了从旧唯物主义到新唯物主义(实践唯物主义)以及从唯心主义历史观到唯物主义历史观的双重转变。马克思恩格斯在《德意志意识形态》中首次系统阐述历史唯物主义基本原理,确立了"生活决定意识""社会存在决定社会意识"等根本原则,标志着唯物史观的基本形成。在之后的理论探索中,马克思将历史唯物主义贯彻至政治经济学研究中并不断扩充其内涵。在《哲学的贫困》中,马克思通过对蒲鲁东的批判,阐明了生产力和生产关系、经济范畴与社会关系等之间的辩证关系,表明马克思"已经弄清楚了他的新历史观和经济观的基本特点"[1]。在《共产党宣言》中,他进一步阐述了阶级斗争的理论,强调了人民群众在历史创造中的主体作用,这标志着马克思唯物史观的成熟与完备。而后在《〈政治经济学批判〉序言》中,马克思对唯物史观基本原理进行了经典阐述,"物质生活的生产方式制约着整个社会生活、政治生活和精神生活的过程。不是人们的意识决定人们的存在,相反,是人们的社会存在决定人们的意识"[2]。最终,在《资本论》中,唯物史观实现了从"假设"到"科学"的飞跃。这一系列著作共同构成了马克思主义一项伟大发现的诞生。

在与西方经济学的比较中,唯物史观的科学性进一步凸显。马克思主义政治经济学与西方经济学在核心观点和方法论上的根本差异,源于它们对哲学基础的不同选择。程恩富指出,西方经济学囿于唯心主义世界观和方法论,以"经济人"假设为核心,局限于物质技术层面和经济活动的外在表现,从人的理性和利己本性出发来解释社会经济现象,从而无法科学揭示社会经济发展的深层原因。而马克思主义政治经济学建立在唯物史观基础上,从社会生产关系中的个体及"现实的个人"出发,强调生产在其他社会经济运转过程和经济要素中的支配地位,深入探究经济活动在生产力与生产关系、经济基础与上层建筑的动态矛盾与内在联系中的运行机制,揭示了社会经济的本质联系。因此,他强调,中国特色社会主义政治经济学唯有全面掌握并灵活运用唯物史观这一马克思主义政治经济学的核心要义,方能透彻洞察

---

[1] 中共中央马克思恩格斯列宁斯大林著作编译局,编译. 马克思恩格斯文集:第4卷[M]. 北京:人民出版社,2009:199.

[2] 中共中央马克思恩格斯列宁斯大林著作编译局,编译. 马克思恩格斯文集:第2卷[M]. 北京:人民出版社,2009:591.

西方经济学所固有的资产阶级立场,以及该理论体系因建立在唯心史观基础之上而不可避免的系统性偏颇与谬误。[1]

马克思主义政治经济学为中国经济学提供了理论基础和研究方法,在对中国经济学的创新发展实践中,程恩富也继承并坚持唯物史观这一根本研究方法。例如,唯物史观认为生产资料所有制直接或间接决定该社会的上层建筑。据此,程恩富指出,以公有制为主体的共同富裕是中国特色社会主义的经济本质。[2] 又如,社会主义基本经济制度不仅塑造了我国经济体系的根本性质与经济发展的长远导向,而且在推动社会主义经济建设中发挥着决定性和全局性的影响。因此,程恩富强调,当代政治经济学的研究重心应明确指向探索与阐释如何坚持与完善中国特色社会主义基本经济制度的理论与实践,以此为指导,促进我国经济社会的持续健康发展,确保国家治理效能的不断提升。[3]

(二) 唯物辩证法

马克思在《资本论》中对辩证法的性质作了科学描述:"辩证法在对现存事物的肯定的理解中同时包含对现存事物的否定的理解,即对现存事物的必然灭亡的理解;辩证法对每一种既成的形式都是从不断的运动中,因而也是从它的暂时性方面去理解;辩证法不崇拜任何东西,按其本质来说,它是批判的和革命的。"[4] 唯物辩证法是马克思恩格斯基于对人类认识与改造世界过程的剖析,超越了传统框架,综合辩证法与唯物主义精髓创立的科学方法论。它由诸多哲学范畴紧密交织而成,深刻揭示了自然界、人类社会及人类思维的发展规律。唯物辩证法为哲学带来革新,提供了全新的世界观与方法论,成为探索未知、理解现实的科学工具。

程恩富在分析唯物辩证法所涵盖的内容时,结合《资本论》探讨了辩证法三大基本规律:第一,对立统一规律。马克思在《资本论》中运用唯物辩证法,逐步深入地对资本主义进行了批判。例如,在分析资本主义经济时,从商品的二重性出发,揭示了商品内在矛盾的激化过程。随后,他指出资本主义生产过程是劳动过程与价值增殖过程的统一,在这一过程中同时生产使用价值和剩余价值,体现了对立因素

---

[1] 段学慧,程恩富. 以人民为中心:中国特色社会主义政治经济学的根本立场[J]. 福建论坛(人文社会科学版),2017(12):5-16.

[2] 程恩富,董金明. 坚持以公有制为主体的共同富裕是中国特色社会主义的经济本质[J]. 海派经济学,2023(4):232-233.

[3] 程恩富,张福军. 要注重研究社会主义基本经济制度[J]. 上海经济研究,2020(10):17-23.

[4] 中共中央马克思恩格斯列宁斯大林著作编译局,编译. 马克思恩格斯文集:第5卷[M]. 北京:人民出版社,2009:22.

的统一性。第二,质量互变规律。该规律揭示了事物发展变化的一个关键特征:量的积累导致质变,而质变又开启新一轮量变的循环。以商品价值形式的发展为例,这一过程清晰地展现了质量互变的规律。在商品交换的早期阶段,交换形式相对简单、个别或偶然,这是量的初步积累阶段,随着商品交换的频繁和量的持续增加,交换形式逐渐演变为总和扩大的形式,这标志着质的转变。随后,商品交换进一步发展,量的再次积累使得交换形式从物物直接交换转变为以一般等价物为媒介的间接交换,这又是另一次质的转变,之后交换形式在新的质的基础上继续进行量的积累。第三,否定之否定规律。事物内部既包含着保持自身存在的肯定因素,又包含着促使自身灭亡的否定因素。这些因素随着事物的发展运动而相互作用,在不断的"肯定—否定—再肯定"过程中,推动其向更高阶段发展,形成螺旋式上升的趋势。马克思运用此规律洞透了资本主义经济的历史、现实与未来,指出封建社会孕育了资本主义萌芽,而资本主义社会为社会主义提供了物质条件和新社会的萌芽。社会形态的变迁,从封建主义到资本主义,再到社会主义,实质是不同阶级间的剥夺与被剥夺,体现了人类社会由低级向高级不断发展的规律。[①]

程恩富对唯物辩证法的掌握不仅体现在他对概念和内容的准确阐发上,更体现在他对这一科学方法的实际应用上。首先,体现在对我国经济社会发展的政策建议中。秉承着事物普遍联系的唯物辩证法思想,程恩富指出经济建设各要素间是紧密相连的,构成一个整体系统,因此需紧扣国家发展总体布局,全面平衡各发展要素,特别针对区域发展不平衡问题,加速补齐短板,推动均衡发展的策略;以两点论的唯物辩证法思想为指引,程恩富认为全面建成小康社会必须将物质与精神两大文明建设落到实处,针对当前两者发展不均的现状,应双管齐下,既深化供给侧结构性改革提升经济质效,又强化精神文明建设,全面优化社会道德风尚与诚信体系;以质量互变的唯物辩证法思想为指导,程恩富建议针对城乡协调发展问题,既要完善一体化机制,长效投入农村基建,又要秉持质量互变理念,通过强化制度设计与分类施策,稳中求进,因地制宜地推动多元特色的新型城镇化进程。其次,体现在对党中央关于我国经济社会发展指导思想的分析方面。在深入研读党的二十大精神后,程恩富巧妙地将辩证法融入对我国经济社会发展的政策解读中。他指出,"系统观念"的理论基础源自唯物辩证法,即视系统为由相互联系、相互作用的要素构成的有机整体,强调从整体性和全局性出发把握事物的本质规律与逻辑关系。作为马克

---

① 程恩富,胡乐明. 经济学方法论:马克思、西方主流与多学科视角[M]. 上海:上海财经大学出版社,2002:25-36.

思主义中国化时代化的重要理论成果，"系统观念"是应当长期坚持的科学世界观和方法论。

二、对马克思主义政治经济学具体分析方法的理解与运用

回顾马克思主义政治经济学的发展历程，马克思在确立其根本的世界观和方法论的同时，提出了一系列具体的研究方法。程恩富在对政治经济学的研究过程中，不仅理解和领会了这些具体方法的内涵与要义，而且将其灵活运用于分析经济现象和总结经济规律之中。

（一）具体与抽象相统一

在《资本论》第一卷德文第一版序言中，马克思指出："分析经济形式，既不能用显微镜，也不能用化学试剂。二者都必须用抽象力来代替。"① 马克思主义政治经济学所采用的科学抽象法是一种独特的科学思维方式。一方面，它能够引导人们透过经济现象的表面特征把握其深层逻辑，对事物形成全面认识；另一方面，它能引导人们从已有的认识成果出发，对研究对象作出符合历史和逻辑的分析，在思维中再现研究对象的本质属性，判断其未来发展规律。这一"抽象力"，是政治经济学研究过程中所有方法所具有的共同特征。

科学抽象法包括两个环节：一是从具体到抽象，分析"浑沌的表象"，对客观存在的具体事物进行观察描述，除去特殊性和偶然性，通过归纳从一般经济现象中提炼和总结出"抽象的规定"。"抽象力"在分析过程中显得至关重要，它涉及从具体事物中概括出共同特征和深层本质的能力。二是从抽象到具体，基于前一过程得到的"抽象的规定"，按照从简单到复杂的顺序，具体再现社会经济关系总体的思维方法。马克思将上述两个过程归结为："在第一条道路上，完整的表象蒸发为抽象的规定；在第二条道路上，抽象的规定在思维行程中导致具体的再现。"② 虽然马克思强调，"后一种方法显然是科学上正确的方法"③，但值得注意的是，这并不意味着"第一条道路"在政治经济学研究中没有价值，它也是辩证法分析的一个特殊环节。有些学者倾向于认为"第一条道路"是研究方法，而把"第二条道路"理解

---

① 中共中央马克思恩格斯列宁斯大林著作编译局，编译. 马克思恩格斯文集：第5卷[M]. 北京：人民出版社，2009：8.

② 中共中央马克思恩格斯列宁斯大林著作编译局，编译. 马克思恩格斯文集：第8卷[M]. 北京：人民出版社，2009：25.

③ 中共中央马克思恩格斯列宁斯大林著作编译局，编译. 马克思恩格斯文集：第8卷[M]. 北京：人民出版社，2009：25.

为叙述方法,并围绕二者展开了诸多的理论争鸣。对此,程恩富强调文本研究要以"马克思主义的辩证逻辑和认识论"为出发点,始终遵从马克思的原意。他指出,关于《资本论》的研究方法,应该且只能从广义上进行理解,即研究方法只能是指由具体到抽象,再由抽象到具体的全过程,而叙述方法特指从抽象上升到具体这一研究过程。据此,程恩富得出了关于这一争议的重要结论:研究方法和叙述方法的实质是一致的,只是在形式上存在差异,前者的出发点是感性的具体,后者的出发点是思维的抽象。①

程恩富在综合掌握科学抽象法两个方面内涵的基础上,总结了马克思构建政治经济学理论体系的逻辑理路:首先,简化经济现象,透视其中最基本的经济范畴和过程。其次,逐步分析更复杂的经济范畴和过程。最后,对最复杂的资本主义社会经济关系进行整体分析。这就是马克思构建政治经济学理论体系的科学方法。② 以此为依据,在新时代背景下,程恩富主张采用科学抽象法总结我国经济社会建设的丰富实践经验,经提炼升华形成中国特色社会主义政治经济学理论体系。然后科学运用强大的"抽象力",深入剖析中国特色社会主义经济发展的历史进程,从中提炼出具有代表性和普遍性的经济特征。例如,从中国的经济实践中抽象出社会主义发展的初级、中级和高级阶段,以及共同富裕、资源共享等关键特征。③

(二) 逻辑与历史相一致

逻辑的方法是指人们用概念、范畴按照由简单到复杂的思维推理逻辑,对社会经济现象的发展过程进行的概括反映;历史的方法是指根据客观世界的自然发展过程,以及人们在实践基础上对客观世界认识的进阶变化,来研究社会经济现象的发展过程。马克思在唯物主义立场之上,对黑格尔逻辑与历史的方法进行了合理改造,认为逻辑的分析要遵从历史发展的客观历程,具体表现为"历史从哪里开始,思想进程也应当从哪里开始"。④ 同时,这种统一也有相对性。一方面,逻辑分析不是对历史过程进行刻板复写和简单描述,而是借助人的理性思维对历史中次要的、偶然的因素进行取舍后对其内在联系和本质的科学认识,即"按照现实的历史过程本身

---

① 程恩富.怎样认识《资本论》研究方法和叙述方法的关系[J].复旦学报(社会科学版),1984(1):42-43.
② 程恩富,胡乐明.经济学方法论:马克思、西方主流与多学科视角[M].上海:上海财经大学出版社,2002:40.
③ 程恩富,王朝科.中国政治经济学三大体系创新:方法、范畴与学科[J].政治经济学研究,2020(1):10-13.
④ 中共中央马克思恩格斯列宁斯大林著作编译局,编译.马克思恩格斯文集:第2卷[M].北京:人民出版社,2009:603.

的规律修正"。① 另一方面，在研究过程中要避免陷入将经济范畴教条地按历史现象先后发生顺序进行简单排列的误区。因为"它们的次序倒是由他们在现代资产阶级社会中的相互关系决定的"。②

处理好逻辑与历史的关系，有利于更好地理解马克思在研究政治经济学中所运用的叙述方法。程恩富系统研究了逻辑与历史相一致的方法，主张虽然历史的东西和逻辑的东西属于两个不同的范畴，但是它们在实质上是一致的，在对立中实现了统一。③ 程恩富以资本主义之前的社会史为例，指出当时的历史是农业起主导作用的历史，土地所有权先于资本而出现，那么先讲土地所有权再讲资本看似符合历史的发展进程，但这并不是《资本论》的主要关注点。因为土地所有权和资本的地位不取决于它们在历史发展过程中先后出现的次序，而取决于它们在所处的特定历史阶段中的特殊关系。在资本主义经济基础结构中起决定性作用的是资本而非土地所有权，只有先说明资本，才能厘清土地所有权。④

（三）定性与定量相结合

重视数学分析，在定性分析的基础上进行必要的定量分析，一直是马克思主义政治经济学的优良传统之一。⑤ 马克思的经济学著作充分体现了他致力于通过数学论证和表述极为重要的政治经济学原理，这从他给恩格斯的信中可见一斑："为了分析危机，我不止一次地想计算出这些作为不规则曲线的升和降，并曾想用数学方式从中得出危机的主要规律。"⑥ 程恩富认为，马克思显然是当时运用数学方法分析经济问题及建立经济学体系的典范，他并非教条地运用数学方法，而是将其作为历史科学中的辅助研究工具有限度地使用。马克思通过将数学工具与语言逻辑相结合，在定性与定量的综合分析中，对资本主义经济现象及其运动规律进行了整体性探析，他对数学的掌握和应用体现在两个层面：首先，他完成了大量基础性的研究工作，

---

① 中共中央马克思恩格斯列宁斯大林著作编译局，编译. 马克思恩格斯文集:第2卷[M]. 北京:人民出版社,2009:603.
② 中共中央马克思恩格斯列宁斯大林著作编译局，编译. 马克思恩格斯文集:第8卷[M]. 北京:人民出版社,2009:32.
③ 程恩富,胡乐明. 经济学方法论:马克思、西方主流与多学科视角[M]. 上海:上海财经大学出版社,2002:42-43.
④ 程恩富,胡乐明. 经济学方法论:马克思、西方主流与多学科视角[M]. 上海:上海财经大学出版社,2002:44.
⑤ 程恩富. 政治经济学现代化的四个学术方向[J]. 学术月刊,2011(7):59-63,71.
⑥ 中共中央马克思恩格斯列宁斯大林著作编译局，编译. 马克思恩格斯文集:第10卷[M]. 北京:人民出版社,2009:389-390.

不仅全方位探究了配第、李嘉图、魁奈等古典经济学家的经济理论与方法，还对数学进行了深入的探讨，《伦敦笔记》中收录了他所撰写的众多数学笔记和手稿。其次，在《资本论》中，他关于劳动力价值、货币流通量、工资、不变资本、可变资本以及变量间相互关系的论述，均广泛采用了数学公式和计算。[①]

以《资本论》中关于剩余价值率和利润率的表达为例：

$$剩余价值率 = 剩余价值/可变资本 = s/v$$

$$利润率 = 总利润/总资本 = m/(c+v)$$

可以看出，用数学语言表达观点、展开逻辑，更易于读者进行直观理解。相较于单纯的文字描述，数学公式更具表达力和分析力。具体体现在：一是精确化表述，更易明晰各个变量之间的关系。二是可量化分析，使得对经济关系的定量分析成为可能。通过具体数值的代入，可以进行更为准确的计算和推导，而不仅仅停留在定性描述上。三是可视化呈现，通过数学模型和公式对数据进行数值计算和转化，配合图表和图形等形式传达原本复杂的想法，以便人们更直观地理解和解释数据。四是逻辑化推导，数学公式对逻辑推导进行了强化，使得演算过程更为清晰和有条理。定性与定量相结合的数学分析法是马克思主义政治经济学方法论体系的重要一环。探索社会经济运行规律，既要研究其质的规定性，又要确保量的准确性。

在充分分析马克思如何运用数学分析方法的基础上，程恩富对这一研究方法进行了继承和灵活运用。在研究我国社会经济发展现象时，他也大量采取了定性与定量相结合的方法，以提升理论的解释力和科学性。例如，面对第四次工业革命所带来的机遇和挑战，如何融入全球经济新格局，推进我国新型工业进一步发展是一个重要的理论和现实问题，程恩富通过文字模型、图表模型和经济数据，考察了全球经济格局的新变化和我国工业制造业的发展现状，提出了合理性政策建议。[②] 又如，程恩富运用政治经济学的分配理论，结合全国民营企业调查数据，分析员工分享制度在民企的实施情况，并通过数学模型探讨其中的影响因素。[③] 在不断的摸索过程中，程恩富提出："马克思主义政治经济学的数学化，将有利于弥补目前政治经济学研究中的部分缺憾，大大促进其理论的传承和创新，真正体现中国经济学的时代特征。"[④]

[①] 程恩富,齐新宇. 马克思经济学是同时代经济学数量分析的典范：《〈资本论〉中的数量分析》读后感[J]. 复旦学报(社会科学版),1997(6):107-108.
[②] 程恩富,宋宪萍. 全球经济新格局与中国新型工业化[J]. 政治经济学评论,2023(5):3-25.
[③] 白红丽,程恩富. 我国民营企业员工分享选择的实证分析[J]. 东南学术,2018(6):110-117.
[④] 程恩富. 政治经济学现代化的四个学术方向[J]. 学术月刊,2011(7):59-63,71.

(四) 宏观与微观相协同

马克思主义政治经济学中，并没有刻意将宏观经济学和微观经济学分为两个独立的部分进行研究。因此，后人对于这一问题的看法存在一定的分歧，一种观点认为，之所以马克思主义政治经济学没有像西方经济学那样明确区分宏观和微观经济学，是因为马克思主义政治经济学采用的是一种整体性和历史性的分析方法，更注重从生产关系和生产方式的角度来揭示资本主义经济的本质与规律。另一种观点认为，尽管马克思没有明确区分宏观和微观经济学，但其理论体系中实际包含了对这两个层面的经济分析，马克思既关注宏观经济层面的总体趋势和规律，也关注微观经济层面的个体行为和决策。程恩富对第二种观点表示赞同，并认为马克思所采用的宏微观经济分析手段凭借独有的特征与深刻的内涵，更能洞悉社会生产方式和生产关系的本质。[①]

为了更好地说明这一点，程恩富对马克思主义政治经济学宏观经济分析和微观经济分析的内容进行了梳理归纳。他指出马克思的宏观经济分析主要内容体现在四个方面：第一，关于社会总资本再生产理论，该理论深入分析了总量平衡与结构平衡、实物平衡与价值平衡之间的关系。第二，关于社会总资本供求平衡的实现机制，价值规律与按比例分配社会劳动的规律在本质上是相通的。价值规律在微观层面上调节着商品的社会必要劳动时间，在宏观层面上指导着社会总劳动时间在不同商品间的合理分配，体现了价值规律的双重调节功能。第三，关于社会总供求非均衡的根源及其条件。在资本主义体系中，市场经济固有的矛盾导致供需失衡，进而引发以生产过剩为特征的经济危机。马克思通过对货币职能和资本流通过程的深入分析，揭示了这种失衡的潜在性和必然性，尤其是固定资本更新、交易时间与空间的分离，以及价格波动对再生产条件的破坏作用。第四，关于社会总劳动的分配与调控。作为未来社会主义与共产主义社会宏观管理的关键特征，尽管与资本主义同样基于社会大生产，两者在"按比例分配社会劳动"的必要性上是一致的，但实现这一比例的社会形式存在根本差异，这体现了基于公有制的宏观经济管理的先进性和合理性。[②]

与宏观经济学研究相对应，程恩富将马克思的微观经济分析概括为三个主要方

---

① 程恩富,胡乐明. 经济学方法论:马克思、西方主流与多学科视角[M]. 上海:上海财经大学出版社,2002:98.

② 程恩富,胡乐明. 经济学方法论:马克思、西方主流与多学科视角[M]. 上海:上海财经大学出版社,2002:98–102.

面。第一，企业制度与产权结构。马克思强调企业制度与产权结构的辩证统一，细致探讨了单一业主制、股份制及合作制三种基本模式。单一业主制作为《资本论》第一卷的主要考察对象，体现了资本家个人对资本的全面掌控与经营；股份制作为生产力发展与资本集中的产物，标志着市场经济条件下企业制度的一次根本性变革；而合作制则彰显了基于资金与劳动联合的平等合作构想。第二，市场机制与供求关系。马克思深入揭示了供需关系的内在逻辑与阶级本质，指出供给在根本上决定需求，同时需求亦对供给产生反作用，二者共同形成了市场调节的核心机制，不仅反映了社会产品量的分配，更深层次地体现了社会劳动时间的分配及各阶级间的经济利益关系。第三，价值决定和价值实现。这是马克思主义微观经济理论的又一基石。马克思强调价值作为一般人类劳动的凝结，价值量由社会必要劳动时间决定，并在商品交换中实现为货币形式。这一过程不仅是商品形态的转变，更是商品生产者面临的关键考验，即实现价值的"惊险跳跃"，体现了价值理论在微观经济运行中的核心作用。[1]

程恩富不仅阐述了马克思主义政治经济学中的宏观与微观分析方法论的具体内容，还对马克思如何实现宏观与微观的统一进行了分析。他指出，马克思的经济研究并非局限于对个体或单一经济活动的分析，而是将人们的所有经济活动视为社会行为的一部分，并运用社会的观点和全局的视角来审视和处理这些微观现象，从而揭示它们与社会结构、制度以及历史发展之间的内在联系。同时，马克思在研究宏观经济问题时，始终保持与微观经济问题的紧密联系，并没有将宏观经济看作一个与微观经济截然分开的独立领域，而是认为宏观经济是由无数微观经济活动相互作用、相互影响而形成的总体结果。[2]

在理解和掌握微观与宏观相结合的方法论基础上，程恩富将此方法融入学术研究工作。例如，在政策创新方面，中国共产党的初心与使命，要求其实施以增进人民福祉为核心的经济社会全面发展的最佳政策，为此，程恩富通过宏观与微观相结合的辩证方法，提出了涵盖个体与社会双重维度的"幸福指数"评价体系。[3] 微观层面，该指数关注个人或家庭的幸福指数，涵盖个体素质、经济收入、自然和公共环境、家庭社会和谐以及文化精神满足度等五个维度，细分为衣食住行、文娱健康

---

[1] 程恩富,胡乐明. 经济学方法论:马克思、西方主流与多学科视角[M]. 上海:上海财经大学出版社,2002:108-114.
[2] 程恩富,胡乐明. 经济学方法论:马克思、西方主流与多学科视角[M]. 上海:上海财经大学出版社,2002:116-117.
[3] 王艺,程恩富. 马克思主义视野中的"幸福指数"探究[J]. 学术月刊,2013(4):68-75.

等十三个领域；宏观层面，该指数关注国民幸福水平和群体间差异，系统评估国家整体幸福，包括社会福祉、经济发展、环境安全、文化消费等二十四项指标，全面反映社会福祉状况。① 在理论创新方面，他在宏观与微观协同的基础上进一步细化拓展出涵盖"渺观、微观、中观、宏观和宇观"的现代政治经济学"五观"体系，拓展了广义政治经济学的理论外延。②

三、对马克思主义政治经济学整体性研究方法的理解与运用

马克思在致恩格斯的信中谈及"不论我的著作有什么缺点，它们却有一个长处，即它们是一个艺术的整体"③。整体性研究方法体现了对马克思主义政治经济学方法的融会贯通和综合应用，它包括对经济、社会、历史等领域的系统性思考，并强调在分析经济现象、社会变迁和资本主义规律时，应采用全面、联系和发展的视角。这种将社会视为一个有机整体的方法，既关注各个范畴的独立性，又重视发掘它们之间的逻辑联系和历史发展，通过揭示各个组成部分之间的内在联系来把握其整体发展规律。《资本论》从商品、货币、资本等基本概念出发，层层递进地揭示了资本主义生产方式的内在矛盾和运动规律，这种逻辑上的连贯性和严谨性充分彰显了马克思整体性研究方法的逻辑魅力。更为深刻的是，《资本论》所蕴含的各种思想要素并非孤立存在，而是相互贯穿、彼此交融，共同形成了一个复杂交织而又和谐统一的联系网络。无论是从政治经济学、哲学还是历史学的视角，在《资本论》中都能找到它们的交汇点，这种跨学科的融合与贯通，使得马克思的全部思想体系超越了单一学科的界限，呈现出"艺术的整体"。由此可以看出，马克思的整体性研究方法能够帮助我们超越片面和孤立的视角，从整体上理解和解释复杂的社会现象。

关于马克思主义的整体性问题，我国学者从学科定位、核心主题、方法论等方面展开了广泛探讨。在学科定位方面，郝敬之（2005）认为，马克思学说的理论整体性意味着其在学科上应被界定为"社会发展学说"，包括共产主义理想学说、唯物主义历史哲学学说和现实资本主义批判学说的内在统一。④ 张雷声（2008）进一步指出，马克思主义的整体性问题既包括马克思主义理论的整体性，又包括马克思

---

① 程恩富. 改革开放以来新马克思经济学综合学派的十大政策创新[J]. 河北经贸大学学报,2021(3):18 – 26,102.
② 程恩富,段学慧. 现代政治经济学研究[M]. 北京:高等教育出版社,2024:343.
③ 中共中央马克思恩格斯列宁斯大林著作编译局,编译. 马克思恩格斯文集:第10卷[M]. 北京:人民出版社,2009:231.
④ 郝敬之. 论马克思学说的整体性[J]. 山东社会科学,2005(2):5 – 12.

主义理论学科的整体性和思想政治理论课的整体性。① 在核心主题方面，鲁品越（2017）认为，将"三个组成部分"分化为"三个独立学科"不利于马克思主义在理论和实践上的发展，而唯物史观关于物化的社会关系的思想、货币权力与资本权力的思想、资本吸收三种"自然力"实现自身扩张的思想等不应被抽象视为"政治经济学的辩证方法"而遭遇忽视。② 侯惠勤（2021）认为，将马克思主义的整体性简单视为"三个组成部分"的统一是不够完备的，而具体归结到无论哪一个学科支点上同样有难以克服的软肋。他进一步指出，马克思主义的整体性源自世界的物质统一性，其核心在于具有科学的世界观和人类解放这一一以贯之的主题。③ 在方法论方面，刘召峰（2019）指出，对《资本论》尤其是其中的"从抽象上升到具体"等方法进行深入研究，有利于真正把握马克思主义理论整体性的内涵，而非将其简单视为理论条目的罗列与拼接。④

针对当时国内马克思主义整体性问题研究取得的丰富研究成果，程恩富认为研究马克思主义整体性的积极意义主要体现在两方面：一方面，从理论层面而言，强化马克思主义整体性研究成为破解单一学科视角局限、深入理解马克思主义的关键所在。既往的研究范式倾向于从哲学、政治经济学和科学社会主义三个维度分别作为切入点，展开对马克思主义的研究。这种分科研究固然有其独特优势，能够深入挖掘各领域的独特贡献，但不可避免地导致了对马克思主义整体架构的割裂，使得其深刻而连贯的思想体系面临被碎片化的风险，进而阻碍了人们对其完整性的深刻把握。另一方面，推进对马克思主义整体性研究，能够积极应对反马克思主义思潮的挑战，批判那些片面解读，甚至恶意割裂与肢解马克思主义的现象。这不仅有助于我们系统梳理并准确把握马克思主义各个理论部分之间的内在联系，深刻理解其根本精神与核心价值，还能为我们提供有力的思想武器，捍卫马克思主义的科学性与真理性。⑤ 据此，他认为，"就总体而言，目前马克思主义整体性研究所取得的成果并不理想"⑥。为此，程恩富及其学术团队在回顾相关文献的基础上，提出了"马克思主义政治经济学研究的整体观"，从十四个视角对马克思主义进行了较为系统的分析。具体而言：

在定义性研究层面，基于创发主体、学术内涵、社会功能等六个层面定义马克

---

① 张雷声. 马克思主义整体性的三个层次[J]. 思想理论教育导刊,2008(2):44-47.
② 鲁品越. 马克思主义是不能肢解的"艺术的整体"[J]. 思想理论教育,2017(7):26-30,37.
③ 侯惠勤. 论马克思主义的整体性[J]. 思想理论教育导刊,2021(5):32-40.
④ 刘召峰. 马克思主义整体性研究:既有成果、存在的问题与未来进路[J]. 社会主义研究,2019(2):148-155.
⑤ 程恩富. 在学术生涯中形成十大马克思主义观[J]. 毛泽东邓小平理论研究,2020(5):97-107,110.
⑥ 程恩富. 在学术生涯中形成十大马克思主义观[J]. 毛泽东邓小平理论研究,2020(5):97-107,110.

思主义；在综括性研究层面，全面概述其理论特征、社会理想等要素，确保研究的全面性和基础性；在统一性研究和层次性研究层面，综合呈现马克思主义的立场、观点和方法之间的辩证关系，以及理论内部各层次和相互之间的紧密联系；在发展性研究、"三化"（时代化、中国化、大众化）研究和实践性研究层面，从不同角度揭示了马克思主义的历史演进和实践应用，充分展现马克思主义的动态性和发展性；在互动性研究层面，探讨领袖思想与学者思想的相互影响；在破立性研究层面，侧重分析批判性与建设性的互动关系，进一步丰富研究的内涵；在分类与学科层面，既通过分类研究区分了马克思主义中哪些属于基本原理，哪些属于需要进一步发展的理论，又从学科性研究和分科性研究两个角度，探讨了马克思主义与各学科之间的整体性关系；在致用性研究层面，关注方法、理论、政策及其相互关系；在国别性研究层面，对不同国家学界和政界对马克思主义的理解与应用进行对比分析。[①] 程恩富的这一整体性研究策略不仅全面涵盖了马克思主义的多个方面，还注重层次性、动态性和实用性的统一，为深入理解和把握马克思主义的整体性研究提供了全面的参考。[②]

第二节　对马克思主义政治经济学方法论的时代转化

每个历史时期都承载着独特的时代使命，每一时期的经济学均须肩负起与当下时代相呼应的历史重任。马克思主义政治经济学之所以能够担当起其所属时代的历史重任，关键在于它在继承古典政治经济学精髓的基础上，实施了一场深刻的方法论变革，进而构筑起一套独特的经济学方法论体系。而这本身也表明了这一方法论体系不能是故步自封、停滞不前的，它需要在不断创新中焕发出契合时代发展的理论和实践价值。因此，程恩富立足于马克思主义政治经济学方法论，紧密结合中国经济学理论体系建构的实践需求，对该方法论进行了时代性转化与拓展，形成了中国经济学方法论总体创新原则，并且在时间维度上通过术语革新实现理论表达的本土化，在空间维度上借助跨学科研究范式的融合完成方法论的现代化演进。在这一

---

① 程恩富. 在学术生涯中形成十大马克思主义观[J]. 毛泽东邓小平理论研究,2020(5):97-107,110.
② 程恩富. 在学术生涯中形成十大马克思主义观[J]. 毛泽东邓小平理论研究,2020(5):97-107,110.

转化过程中推动着马克思主义政治经济学方法论的当代发展。①

一、总体原则：集成创新"马学"、"西学"与"国学"

马克思主义政治经济学方法论的现代化转化过程，也是中国经济学方法论的创新过程。这一过程超越了简单接轨国际范式或机械移植马克思主义的路径，实质上是以马克思主义政治经济学方法论为根基，系统整合"马学"（马克思主义政治经济学）、"西学"（西方经济学）与"国学"（中国传统经济学思想）的过程。

学术界关于这一议题的研究日益深入，形成了丰富的研究成果。张岱年（1987）提出了"文化综合创新论"，强调在马列主义思想指导下，总结传统文化、研究西方文化，以创新出社会主义新文化。② 丁涛（2015）③、方克立（2017）④ 等学者着重强调了马克思主义世界观与方法论的核心地位，并指出了中华优秀传统文化与海外哲学社会科学资源在这一过程中的不可或缺性。

程恩富从重建符合时代要求的社会主义理论经济学的角度，认为要以"继承和发展马克思经济学、批判和超越西方经济学"为目标来实现经济学方法论的转化和创新。因此，围绕如何处理"马学""西学""国学"的关系问题，程恩富展开了持续性研究。他于 1999 年提出"马学为体、西学为用"⑤ 这一中国经济学创新原则的初级形态，历经近 10 年的沉淀，于 2008 年提出了"马学为体、西学为用、国学为根、世情为鉴、国情为据、党情为要、综合创新"⑥ 的中国经济学总体创新原则（"党情为要"意为"以中国共产党的实际党情为领要"，从广义的视角来看，国情已然包含了党情，因此在后文中将不再对这一要点进行专门阐述）。2009 年，他撰文详细阐述了这三者之间的密切关系，并强调了它们各自的地位和作用。⑦

（一）马学为体：坚持马克思主义政治经济学的指导地位

"马学为体"强调了中国经济学现代化必须坚持以马克思主义政治经济学为根

---

① 程恩富,王朝科. 中国政治经济学三大体系创新:方法、范畴与学科[J]. 政治经济学研究,2020(1):10-13.
② 张岱年. 综合、创新,建立社会主义新文化[J]. 清华大学学报(哲学社会科学版),1987(2):1-2.
③ 丁涛. 习近平总书记系列重要讲话对中国经济学改革的启示:兼论马学、西学和国学之关系[J]. 海派经济学,2015(4):1-20.
④ 方克立. 铸马学之魂立中学之体明西学之用:学习习近平在哲学社会科学工作座谈会上讲话的体会[J]. 理论与现代化,2017(3):5-12.
⑤ 程恩富,齐新宇. 重建中国经济学的若干基本问题[J]. 财经研究,1999(7):3-7.
⑥ 程恩富. 经济学现代化及其五大态势[J]. 高校理论战线,2008(3):21-23.
⑦ 程恩富,何干强. 论推进中国经济学现代化的学术原则:主析"马学""西学"与"国学"之关系[J]. 马克思主义研究,2009(4):5-16,159.

本和主导。关于"马学为体",程恩富在继承前人论述的基础上,经过思考加工,得出了新的阐释。他认为,坚持将马克思主义政治经济学作为核心,能更有效地推动中国经济学向现代化迈进。相反,若背离这一核心,过度向西方现代经济学理论偏离,则中国经济学不仅难以达成科学的现代化目标,还可能面临沦为当代资产阶级经济学附庸的窘境。因此,要坚持以唯物史观引领经济学发展方向,同时,要以马克思主义政治经济学为主体拓展经济学研究内容。马克思主义为我们提供了研究经济现象的有力工具,在中国经济学现代化的过程中,我们应不断拓展和创新其内容,以满足时代发展的需要。[①]

(二)西学为用:借鉴西方经济学的有益元素

所谓"西学",广义上是指从西方产生并传播到中国的学说,在经济学领域程恩富用其指代西方经济学。[②] 程恩富认为,西方经济学作为近现代主流经济思想的代表,虽然在整体上存在非科学性的弊端,但也在一定程度上包含着合理颗粒。因此对于"西学",需要辩证地看待。首先,在借鉴西方经济学的过程中,必须警惕陷入"西学为体"的误区,不能盲目地将西方经济学视为中国经济学现代化的主导思想,而应将其视为拓展和深化中国经济学服务的辅助参考。只有这样,我们才能在保持理论创新的同时,确保经济学的现代化始终沿着科学的轨道前进。其次,不应简单排斥将西方经济学应用于实践。应当用马克思主义立场、方法、原则对"西学"中的合理颗粒进行加工,赋予其适用于我国国情的全新含义。[③] 习近平总书记曾指出:"我们坚持马克思主义政治经济学基本原理和方法论,并不排斥国外经济理论的合理成分。西方经济学关于金融、价格、货币、市场、竞争、贸易、汇率、产业、企业、增长、管理等方面的知识,有反映社会化大生产和市场经济一般规律的一面,要注意借鉴。同时,对国外特别是西方经济学,我们要坚持去粗取精、去伪存真,坚持以我为主、为我所用,对其中反映资本主义制度属性、价值观念的内容,对其中具有西方意识形态色彩的内容,不能照抄照搬。"[④] 由此可见,程恩富提出的在"马学"基础上科学汲取"西学"的思想具有一定的前瞻性和创造性。

(三)国学为根:挖掘中国传统经济思想的精华

中国传统经济思想的精华部分对于深入理解中国经济史的演变历程、探寻符合

---

① 程恩富. 改革开放与马克思主义经济学创新[J]. 华南师范大学学报(社会科学版),2009(1):5-15.
② 程恩富. 改革开放与马克思主义经济学创新[J]. 华南师范大学学报(社会科学版),2009(1):5-15.
③ 程恩富. 改革开放与马克思主义经济学创新[J]. 华南师范大学学报(社会科学版),2009(1):5-15.
④ 中共中央文献研究室,编. 十八大以来重要文献选编(下)[M]. 北京:中央文献出版社,2018:6-7.

中国国情的发展路径具有不可或缺的价值。程恩富指出，国学主要包含中国古近代的社会科学知识体系，置于经济学领域则特指那些古近代孕育出的经济思想精华。挖掘和继承这些传统经济思想，并对其进行现代性转化，是构建中国自主的经济学知识体系的重要路径。这些优秀的民族文化元素散布于我国各经济形态之中，在中国经济学现代化转型的过程中，深刻理解和高度重视我国优秀传统文化中蕴含的经济思想，是彰显中国经济学鲜明中国特色的关键。只有这样，才能确保中国经济学既遵循国际视野下的普遍规律，又能充分契合我国自身的特殊发展情况，为国家经济发展提供坚实的理论支持。[①] 习近平总书记曾指出："坚持把马克思主义基本原理同中国具体实际相结合、同中华优秀传统文化相结合。"[②] 程恩富较早地提出"国学为根"的学术原则，为我们贯彻落实马克思主义基本原理同中华优秀传统文化的"第二个结合"的实践提供了方法论参考。

（四）世情为鉴：汲取国际经济发展实践的经验

"世情"这一概念主要涵盖世界各国经济的历史演变、当下现状及未来发展趋势。回顾世界经济数十年的发展历程，从苏东、拉美、欧美、日本到众多不发达国家，各国在经济建设过程中均展示出曲折多变的发展轨迹。程恩富指出，系统研究世情以掌握国际经济形势，有助于从中汲取进一步完善中国经济学的宝贵经验教训。例如，程恩富通过研究世界历史实践，指出在新自由主义主导下的经济全球化进程中，从未实现过普遍繁荣的目标，反而导致部分国家陷入衰退和贫困的境地，这一史实提醒我们，必须对新自由主义进行深刻反思和批判，以避免其对我国经济社会发展造成颠覆性破坏。[③]

（五）国情为据：重视经济发展的国情差异

"国情"是一个由多重因素构成的复合概念，包括由生产力水平决定的社会形态、深厚的文化传统以及自然环境等，充分涵盖了省、市、县以及城市和乡村之间的实际差异，它们共同描绘出一个国家的独特发展面貌。[④]《资本论》中，就详细剖析了一个典型案例：从英国移居澳大利亚的商人不考虑当地的实际情况，误以为资本逻辑是放之四海而皆准的万能良方，结果在澳大利亚的商业尝试以失败而告终。

[①] 程恩富. 改革开放与马克思主义经济学创新[J]. 华南师范大学学报（社会科学版），2009(1)：5-15.
[②] 任初轩. 如何提高"政治三力"[M]. 北京：人民日报出版社，2022：129.
[③] 程恩富. 改革开放与马克思主义经济学创新[J]. 华南师范大学学报（社会科学版），2009(1)：5-15.
[④] 程恩富. 改革开放与马克思主义经济学创新[J]. 华南师范大学学报（社会科学版），2009(1)：5-15.

由于国情迥异，伦敦的"资本"并不能在不同背景下的国家发挥同样的作用。因此，在推进中国经济学现代化的进程中，必须基于我国的实际情况，汲取社会主义市场经济发展过程中积累的智慧结晶，构建一套具有中国特色、风格和气派的科学的现代经济学体系。当前，我们面临的重要实际是，在社会主义初级阶段如何高效地将社会主义公有制与市场经济相结合。回顾历史，无论是实施改革开放，还是制定经济发展的重要政策，都是在充分了解世界和国内情况的基础上，制定规范，然后进行试点。如果忽视了我国基本国情，那么实现马克思主义政治经济学的全面创新将变得遥不可及。

（六）综合创新：中国经济学现代化的必由之路

综合创新是指在继承传统经济学家智慧的基础上，结合全球经济的最新动态，对现有经济理论进行拓展与创新。在探讨综合创新的实现路径时，程恩富提出了一个核心观点：必须科学地处理"马学"、"西学"和"国学"三大知识体系之间的内在联系。这实际上是以唯物辩证法为指导，在明晰东西方市场经济共性与个性的基础上，对"马学"、"西学"和"国学"中所包含的古今中外经济事例与思想精华进行提炼与整合的过程。这一过程包含双重要求：一方面，在经济学的常规发展中寻求进步；另一方面，在批判借鉴中实现对传统经济学和西方经济理论的超越，实现经济学范式的革命性变革。①

本研究认为，"马学为体、西学为用、国学为根、世情为鉴、国情为据、综合创新"这一基本学术方针和总体创新原则，是程恩富坚守马克思主义方法论核心、回应实践挑战的创新转化成果，也是贯穿于整个程恩富经济学术思想研究的底层逻辑。它以唯物史观和辩证法为方法论根基，既批判性地抵御了西方经济学的话语霸权，又创造性地激活了中国传统经济思想的现代价值，构建了一种立足中国实践、面向世界问题的马克思主义政治经济学研究范式。这一创新方法论的积极意义首先体现为对"经济学殖民化"的鲜明批判与对学科独立性的坚决拥护。程恩富将"马学为体"置于首位，直指新自由主义全球化下中国经济学面临的"学术殖民化"危机。面对"经济学西化"的错误发展取向，他明确指出中国经济学现代化的本质是马克思主义政治经济学的现代化，而非与西方经济学的"接轨"。这一立场深刻揭示了西方主流经济学中资产阶级意识形态的阶级本质，同时恢复了马克思主义政治经济学作为科学范式的本体地位。但是，程恩富也并未全盘否定西方经济学，而是

---

① 程恩富. 改革开放与马克思主义经济学创新[J]. 华南师范大学学报（社会科学版），2009（1）：5-15.

以马克思主义立场对其进行辩证审视，主张对其进行合理吸收。其次，对"国学"的历史唯物主义激活与民族文化自信的重振。程恩富提出"国学为根"，不是对复古主义或文化保守主义的推崇，而是重新挖掘中国传统经济思想中的科学内核，这种"古为今用"并非简单比附，而是通过历史具体性分析，将中国传统经济思想中符合劳动人民利益、反映社会化生产一般规律的元素纳入马克思主义政治经济学的解释框架，从而打破"现代化＝西方化"的思维定式，为中国特色社会主义经济理论注入我国优秀传统文化基因。最后，"综合创新"方法论对教条主义与折中主义的双重超越。程恩富的"综合创新"既反对将马克思主义经典理论与我国实际进行机械套用，也拒绝不加批判地将西方经济学概念范畴直接植入我国语境。他强调的"综合"是对马克思主义"扬弃"的积极运用，如他主张剥离西方应用经济学新自由主义意识形态内核，提取其中先进的技术性分析工具，并将其始终置于马克思主义的框架之下，这种"体用分明"的方法既避免了苏联教科书体系僵化封闭的历史教训，也克服了对西方经济学全盘否定的片面性，体现了"具体问题具体分析"的辩证法精髓。

二、时间维度：与时俱进革新学术话语

习近平总书记在哲学社会科学工作座谈会上提出："要善于提炼标识性概念，打造易于为国际社会所理解和接受的新概念、新范畴、新表述。"① 提出新概念、新范畴、新表述就是术语革命的过程，也是马克思主义政治经济学方法论不断完善的生动映照。术语革命体现了马克思主义的批判性和创新性，它通过结合时代发展对已有术语的批判性分析和重新定义，以及新术语的创造性提出，推动政治经济学理论的创新性发展。随着经济和社会生产力的演进，相应的经济学理论体系及其术语也需相应地调整既有内容。无论是理论内容的深化还是新学术话语的衍生，本质上都是术语革命这一方法的实践产物。恩格斯指出："一门科学提出的每一种新见解都包含这门科学的术语的革命"②，"政治经济学通常满足于照搬工商业生活上的术语并运用这些术语，完全看不到这样做会使自己局限于这些术语所表达的观念的狭小范围。例如，古典政治经济学……不言而喻，把现代资本主义生产只看作人类经济史上一个暂时阶段的理论所使用的术语，和把这种生产形式看作永恒的、最终的

---

① 习近平.习近平谈治国理政:第2卷[M].北京:外文出版社,2017:346.
② 中共中央马克思恩格斯列宁斯大林著作编译局,编译.马克思恩格斯文集:第5卷[M].北京:人民出版社,2009:32.

阶段的那些作者所惯用的术语，必然是不同的"①。恩格斯既充分肯定了马克思创新提出的批判话语体系，也批判了古典政治经济学那种不根据资本主义演进实践而进行的所谓理论创新。马克思谈到杜林对《资本论》第一卷的评论，指出"这个家伙并没有察觉到这部书中的三个崭新的因素"②。在《资本论》中，马克思从"剩余价值"、"劳动二重性"和"工资"三个"崭新的因素"入手，揭示了过往经济学家在研究中的不足，推动了马克思主义政治经济学理论的伟大创新。这三个崭新概念不仅是马克思经济思想发展历程中的显著标志，更是如恩格斯所说，是一场深刻的"术语的革命"。

通常而言，每一学科领域的理论突破，都伴随一场深刻的术语革命，它象征着学科内部知识架构的更新和拓展。马克思主义政治经济学理论以其独特的视角和深刻的洞察力，创新出了大量前所未有的术语，不仅深刻改变了经济学的面貌，更引领了一场经济学的革命。因此，在构建中国经济学的基础性研究中，我们既要坚守马克思主义政治经济学的逻辑精髓与分析范式，又要把握现实发展的脉动，不断凝练出既与时俱进又兼具强大解释力的科学话语体系。程恩富对术语革命的重要性也有过精辟的论述，他指出，学术话语体系是基础研究的支撑点和核心点，马克思主义政治经济学的研究范围随着时代的演进相应地发生变化，这必然要求我们提炼并创新术语体系，以便精确地界定、有效地阐释，以及广泛地应用新兴的经济概念和理论。③

三、空间维度：综合构建多学科融合体系

综合构建多学科融合体系是马克思主义政治经济学方法论在新时代的重要发展，这一路径既继承了历史唯物主义与辩证法的核心原则，又针对新时代下新经济形态的复杂性提供了更具解释力的分析框架。其本质在于以开放包容的学术姿态，推动马克思主义政治经济学在坚守科学性与批判性的基础上，实现方法论创新与实践效能的双重提升。程恩富坚持"以马克思学者的独创精神，勇于突破中外政治经济学说史上的方法论局限，实现方法论体系的深度融合与有机整合"④ 这一理念，不仅

---

① 中共中央马克思恩格斯列宁斯大林著作编译局，编译. 马克思恩格斯文集：第5卷[M]. 北京：人民出版社，2009：33.
② 中共中央马克思恩格斯列宁斯大林著作编译局，编译. 马克思恩格斯文集：第10卷[M]. 北京：人民出版社，2009：275-276.
③ 程恩富，侯为民. 中国特色社会主义政治经济学理论基础性研究不容忽视[J]. 人民论坛，2017(7)：26-28.
④ 程恩富."马学"为体，"西学"为用：重建中国主流经济学范式[J]. 华南师范大学学报（社会科学版），2005(4)：4-8,157.

广泛借鉴了美学、生物学、社会学、法学、系统论多学科的研究方法，还成功地将这些元素与马克思主义政治经济学方法论相结合，构建出系统的综合体系。

第一，借鉴现代美学的知识和方法。经济学与美学传统上被视为两个截然不同的学科，前者关注物质财富的创造与分配，后者聚焦艺术美感的探索。然而，程恩富发现经济学与美学之间实际上存在着紧密的联系，并据此创新性地提出了"经济美"的概念，从马克思政治经济学的角度来看，"经济美"是美学理论与人类经济社会发展矛盾运动的审美表达。经济美不仅体现在经济学研究的理论层面，而且广泛地融入经济活动的各个方面，如公平的财富分配、规范的市场竞争、平衡的供求关系等，这些具体表现反映出经济活动中美学价值与实践智慧的完美融合。[1]

第二，借鉴现代生物学的知识和方法。程恩富认为，生物学为经济学研究提供了启示和借鉴。经济学研究的对象是活的人类及其行为，而非单纯的物理粒子、力或能量状态，因此，现实经济现象与生物有机体及其动态过程之间的共通性，远远超过了它们与无生命体（如行星）之间的相似性。相较于机械力学，将进化论原理应用于经济学分析更能体现方法论优势，这一方法不仅与人类行为的本质相契合，而且能够更精确地捕捉到经济系统随时间演变的动态特征及其规律。例如，动物的利他行为对经济学中"经济人"假设的传统观念构成了有力挑战；动物的"拟态"策略与博弈论中的学习机制相呼应；动物的社群互动模式与产业组织理论中的产业布局策略及进化稳定策略相类似，这些跨学科的交汇点构成了极具探索价值的研究领域。[2]

第三，借鉴现代社会学的知识和方法。社会学以其对人类互动模式的深刻剖析，结合对习俗、非理性行为等社会现象的独到见解，为理解组织结构的演变、特性的塑造以及社会变迁的动力机制提供了独特视角。[3] 与社会学的跨学科理论融合，不仅能够深化对经济活动社会嵌入性的认识，也有助于准确把握社会经济现象背后的社会逻辑与文化脉络，为政策制定提供更为科学、合理的经济学依据，为研究转型期中国社会经济问题提供新的解决方案。

第四，借鉴现代法学的知识和方法。经济学的研究领域不仅包含人与自然之间物质财富的创造与心理欲望的满足，还深入探索利益冲突、相互依存以及社会秩序构建的复杂博弈格局。程恩富指出，法学对经济学的影响涵盖了产权的细致分析、

---

[1] 程恩富. 经济学的综合创新与构建海派经济学[J]. 毛泽东邓小平理论研究,2004(3):66-68.
[2] 程恩富. 海派经济学方法论:综合创新的若干思考[J]. 上海财经大学学报,2005(1):12-18.
[3] 程恩富,胡乐明. 经济学方法论:马克思、西方主流与多学科视角[M]. 上海:上海财经大学出版社,2002:361.

责任的明确界定、合同的法律应用、正义观念的多元探讨（包括秩序正义、分配正义与矫正正义）、公平理念的树立等方面，法学中案例的深入剖析、实验的科学方法、社会调查的广泛实践、演进博弈的动态分析、公共选择的集体决策研究、过程分析的细致描绘以及问题导向的研究意识等一系列研究方法也常常为经济学所借鉴。[1] 法学方法的引入，为经济学在研究经济制度与经济权利时提供了更多的工具与视角，尤其是在探讨现代企业治理结构、市场运作机制以及国家决策体系等核心议题时，更需要融合中外法学的分析方法与理论精髓。

第五，借鉴现代系统论的知识和方法。马克思在《资本论》的构建中不仅根植于系统思维，还深刻阐述了"社会有机体""结构"等多个系统原理，体现了马克思主义政治经济学对系统论的科学应用。同样，系统思想在古典经济学家的研究中也占据一席之地，彰显了其跨文化的普遍性。程恩富指出，当面对复杂经济概念与现象时，必须将其视为一个内在统一、不可分割的整体，这既是马克思主义整体观的体现，也是系统论的基本要求。在分析过程中，应融合定性与定量两种分析方法，既要从质的规定性上揭示经济系统的本质特征，又要通过量的分析来把握其外在表现和变化规律。为了深入认识复杂经济系统的规律，他强调必须依据系统论的整体性、协同性和相似性三大特性展开探索，因为这些特性揭示了系统内部各要素之间的相互联系和相互作用，是把握系统运动规律的关键。此外，在进行复杂经济系统的决策制定时，还必须将系统的观点、信息的观点、动力的观点、比较的观点和历史的观点这五个核心要点进行融会贯通，以确保决策的科学性和有效性，推动经济系统的持续健康发展。[2]

本章小结

习近平总书记在党的二十大报告中指出："我们从事的是前无古人的伟大事业，守正才能不迷失方向、不犯颠覆性错误，创新才能把握时代、引领时代。"[3] 在对中国经济问题的探究中，国内经济学领域曾几度出现过度依赖西方经济学方法论抑或过度强调经济学体系独立性的僵化趋势，在一定程度上导致了理论与实践相脱节的不良后果。在此形势下，程恩富旗帜鲜明地坚守与捍卫马克思主义政治经济学方法

---

① 程恩富,胡乐明. 经济学方法论:马克思、西方主流与多学科视角[M]. 上海:上海财经大学出版社,2002:361.

② 程恩富,胡乐明. 经济学方法论:马克思、西方主流与多学科视角[M]. 上海:上海财经大学出版社,2002:360-361.

③ 习近平. 高举中国特色社会主义伟大旗帜　为全面建设社会主义现代化国家而团结奋斗:在中国共产党第二十次全国代表大会上的报告[M]. 北京:人民出版社,2022:20.

论的核心地位，并通过本土化时代化的转化，增强其在分析中国经济问题上的适用性，力求推动马克思主义政治经济学方法论的创新发展。

一方面，对马克思主义政治经济学方法论的坚守与捍卫是进行研究方法创新的前提。辩证唯物主义和历史唯物主义作为马克思主义理论体系的方法论基石，必须在与不同理论范式的交锋及对具体经济现实的回应中确证其科学性。程恩富坚持将辩证唯物主义和历史唯物主义视为马克思主义政治经济学的根本方法，从两大方面对其进行继承与发展。一是对马克思主义政治经济学方法论的具体应用。他认为，马克思主义政治经济学方法论及其科学性不是抽象的，而应囊括具体与抽象相统一、逻辑与历史相统一、定性与定量相结合、宏观与微观相协同等一系列具体的研究方法，这些具体因素构成了马克思主义政治经济学超越西方经济学固有缺陷的关键所在。据此，他运用创新发展的马克思主义政治经济学方法论指导社会主义经济建设实践，提出了以公有制为主体的共同富裕是中国特色社会主义的经济本质等政策判断与建议。二是对马克思主义政治经济学整体性研究方法的理解与运用。他认为，既往的研究范式倾向于从哲学、政治经济学和科学社会主义三个维度分别展开对马克思主义的研究，不可避免地导致了对马克思主义进行的整体架构的割裂。推进对马克思主义的整体性研究，有助于我们系统梳理并准确把握马克思主义各个理论部分之间的内在联系，并更好地从理论上捍卫马克思主义的科学性与真理性。为此，程恩富及其学术团队在回顾相关文献的基础上，提出了"马克思主义政治经济学研究的整体观"，从十四个视角对马克思主义展开全方位评析，为学界开展马克思主义的整体性研究提供了理论参考。

另一方面，马克思主义政治经济学的方法论只有在创新中才能得到更好的坚守。新中国成立以来，西方经济思想和其他社会思潮不断涌入我国，在方法论领域也引起了多方争议。对此，程恩富指出，教条式照搬马克思主义政治经济学和盲目信奉西方经济学均是有害的，他主张以"马学为体、西学为用、国学为根、世情为鉴、国情为据、党情为要、综合创新"的创新方针原则，来推动中国经济学的范式变革，其理论要义主要包括四大方面。一是坚持以"马学"而非"西学"为体，摆脱了将中国经济学创新等同于"与现代西方经济学接轨""西方经济学'本土化'"的错误倾向，奠定了马克思主义政治经济学在中国现代经济学体系中的主导地位和举旗定向作用，确保中国经济学的发展是对马克思主义和社会主义道路的坚守而非偏离乃至颠覆。二是坚持"西学为用"，清除了在建立中国现代经济学过程中"以西学为体"和"全盘排斥西学"的极端片面思想，意味着"西学"在"马学为体"的前提下实现了基于科学原理和结合中国实际的批判性吸收与具体化改造。三是坚持"国学为根",超越那些全面遗弃或不加辨别地弘扬中国古近代知识体系的狭隘观点,在辩证看待中国传统经济思想的成就与不足中,发掘与萃取那些同马克思主义内核相契合的经济观点,并赋予它们新的时代内涵,使中国经济学在优良"基因"及"根脉"的加持下更好地实现对西方经济理论的整体性超越并取得更大的世界影响力。四是坚持"综合创新",批判以"大杂烩"的逻辑无差别地糅合各种经济理论的错误思想,主张从阶级本质、理论硬核、研究方法等层面摆正中外马克思主义政治经济学、西方经济学及古近代经济思想等不同元素在中国经济学理论创新中的合理地位,进而更好地依据中国特色社会主义经济建设的崭新实践及世界经济形势的新变化新特点,打通多学科在知识、方法、工具等层面的理论通道,进行实质性、综合性的理论和政策创新。

推动经济学方法的革新,绝非单纯地将马克思主义政治经济学、西方经济学及中国传统经济思想中的术语与概念进行机械式的组合,这种简单的思想堆砌不仅无法构筑起一个逻辑缜密、自成体系的方法论框架,反而可能导致理论间的互斥,造成整个理论体系的内在矛盾与不稳定状态。与此形成鲜明对比的是,程恩富在方法论的创新探索中,展现出三种极具启示意义的研究取向:一是实现批判性论述与建构性论述的统一。批判错误思潮并非意味着对现有理论的简单否定,而是力求在超越陈旧、不合时宜的理论过程中创新出更为科学的理论,本质上是对辩证法批判性与革命性特质的生动实践。二是架构起民族话语与全球话语之间的桥梁。当前世界正处于"双重语境"相互交融的复杂文化背景之下,既包含中华民族传统文化复兴的"新篇章",也涵盖全球化背景下构建人类命运共同体的"大叙事"。要推动中国化的马克思主义走向世界,需要深入剖析不同文化背景下人们的认知偏好与接受方式,灵活运用"情感共鸣"与"逻辑论证"等表达方式,将"本土叙事"与"国际对话"相联结,提升跨文化交流的创新力、凝聚力和影响力,真正实现民族话语与人类话语之间的深度贯通与和谐共鸣。三是促进政治话语与学术话语之间的积极交互。坚持运用严谨的理论分析来消除社会各界对政治话语的曲解甚至滥用,同时坚守学术研究的自主原则,秉持科学客观的探索精神,提出具有引领性、预见性的洞见与策论,才能增强马克思主义政治经济学的理论韧性与实践指导力。

第四章

判定时代方位：对社会形态演进和历史发展进程的准确把握

在政治经济学的宏大叙事中，明确我国所处发展阶段和世界经济发展形势，是构建符合我国国情的政治经济理论体系与制定有效经济政策的大前提。这一前置性工作要求我们既要深刻洞察国内经济结构、社会矛盾及发展特征的变化，也要精准把握经济全球化的内在逻辑、基本特征及其演进趋势。只有立足生产力和生产关系的矛盾运动规律，精准研判我国社会发展现状与前景，才能因地因时地制定相应的制度与规划。同时，经济全球化的纵深推进对世界政治经济发展格局的形塑现实，要求我们必须顺应世界历史发展规律，在抓住机遇积极融入其中的同时，善于识别其中的挑战并妥善应对，尤其是对弥散其中的帝国主义新形式，必须予以坚决回击，以确保社会主义现代化建设的自主性。

第一节　对社会主义发展阶段的把握

社会主义发展阶段理论是判定社会主义所处具体发展阶段的学说，它通过科学阐述社会主义各个发展阶段的不同特点，为社会主义在相应发展时期进行科学部署决策奠定前提基础。对马克思关于社会主义发展阶段的相关论述进行适时的丰富与拓展，是理论指导实践、实践反哺理论的生动呈现。20世纪八九十年代，继党的十一届三中全会提出社会主义发展阶段这一重大理论问题，党的十三大系统论述了社会主义初级阶段理论，由此引发了学界关于社会主义发展阶段的多元解读。

当时，学者们形成了诸如"小过渡的二段论"、"中过渡的二段论"、"小过渡的三段论"、"大过渡的一段论"以及"经济运行机制四段论"等理论，其中，影响较大、有较多拥趸的当属前三种。"小过渡的二段论"强调革命胜利后通过短暂改造即可进入社会主义社会，淡化中间过程的复杂性。持这一观点的学者如杨娴等（1979）[1]、赵炳章（1979）[2]等，他们以生产力发展水平和状况为依据，认为"过渡时期"指的是从资本主义社会到共产主义低级阶段即社会主义社会的过渡，其后社会主义又分为不发达和发达两个阶段。朱述先（1979）[3]则认为社会主义所有制

---

[1] 杨娴,辛守良,秦玉珍.关于社会主义社会发展阶段问题[J].经济科学,1979(1):75-80.
[2] 赵炳章.试论社会主义社会的发展阶段[J].人文杂志,1979(2):17-20.
[3] 朱述先.也谈无产阶级取得政权后的社会发展阶段问题:与苏绍智、冯兰瑞同志商榷[J].经济研究,1979(8):14-18.

改造已然完成，虽然社会主义并未建成，但也必须与过渡时期区别开来。"中过渡的二段论"将过渡时期和社会主义初级阶段划入过渡阶段，如苏绍智、冯兰瑞（1979）认为两种社会主义公有制并存同单一的全社会公有制有根本差别，在不发达的社会主义下还存在阶级斗争，还需要无产阶级专政，所以从资本主义到社会主义的过渡阶段应包括过渡时期和不发达的社会主义时期。[①]"小过渡的三段论"突出不同历史任务的衔接性与递进性，如王克忠（1987）认为只有与物质生产力发展的一定程度相适应的占统治地位的那种生产关系才是决定社会性质的，才能作为划分不同社会形态的"尺子"，据此他将过渡时期排除在社会主义初级阶段之外。[②]

程恩富对社会主义发展阶段的把握是在同各种观点的交流与斗争中发展深化的。从1988年在《关于划分社会经济形态和社会发展阶段的基本标志——兼论我国社会主义社会初级阶段的经济特征》一文中正式从经济制度角度阐述"社会主义三阶段论"，到出版专著《社会主义三阶段论》，再到《社会主义发展三阶段新论》《重构和完善社会主义初级阶段的基本经济形态》《落实科学发展观要深刻认识社会主义初级阶段的理论》《学好用好中国特色社会主义政治经济学明确国企改革方向》等文章的相继发表，经过30多年的打磨，程恩富对社会主义发展阶段的研究不断趋于成熟与完善。他提出的"社会主义发展三阶段论"紧密贴合我国社会主义市场经济的实际运行状况，不仅为理解我国经济发展新特征和明晰社会主义发展历史方位奠定了前提，也为未来政策制定与战略规划提供了学理参考。

一、生产力和生产关系是基本划分标志

对社会经济形态及其发展阶段的判定，是马克思主义理论中的重要内容，同时具有重要的现实意义。它不仅是理解人类社会历史演进规律的关键所在，更是指导我们认识和改造现实社会的强大思想武器。针对这一议题，学术界展开过大量的理论研究，形成了以生产力发展水平、生产方式、生产关系与生产资料所有制、社会经济运行机制等为标志进行划分的观点。例如，卫兴华、黄泰岩（1987）认为首先应考虑社会生产力水平，他们区分了生产力的绝对尺度（内在尺度）和相对尺度（相对于资本主义国家生产力的发展水平）。[③]杨尊明（1987）主张在综合考察经济

---

① 苏绍智,冯兰瑞.无产阶级取得政权后的社会发展阶段问题[J].经济研究,1979(5):14-19.
② 王克忠.试论社会主义社会的初级阶段:关于我国社会发展阶段几个问题的思考[J].复旦学报（社会科学版）,1987(3):91-96.
③ 卫兴华,黄泰岩.关于社会主义初级阶段几个理论问题的探讨[J].教学与研究,1987(5):8-12.

基础和上层建筑的变化时将生产方式作为划分社会主义发展阶段的主要标准。① 王克忠（1987）认为既要以生产关系作为直接标准，又要考虑生产力的性质和状况。②

程恩富在对这些观点进行细致甄别时，指出对社会经济形态及其发展阶段的界定需采取一种全面而综合的视角。因此，他认为在探讨如何划分社会主义社会发展阶段时，既要深刻认识生产力的终极推动作用，也不能忽视生产关系的直接影响力，二者共同塑造着社会形态的演进轨迹。③ 基于此，程恩富确立了将生产力与生产关系作为区分社会经济形态基本标志的地位，并在充分理解生产力与生产关系各自独特作用的基础上进行了综合分析。

就生产力而言，它是观察社会经济形态和社会发展阶段的"指示器"④。具体而言：首先，程恩富驳斥了一些学者所谓"生产力的历史继承性弱化了其在社会经济制度划分中的作用，且生产关系往往滞后于生产力发展"的观点。他强调，尽管生产力本身不直接表明社会经济制度的性质，但它奠定了特定生产关系的基础。生产力与生产关系在历史进程中总是呈现动态协调的特性，但是从具体的历史发展阶段来看，社会经济形态与生产力的发展并不总是保持同步，多种社会形态并存以及同一形态内部生产力水平存在差异的现象广泛存在，因此需综合考量多种相关因素以加深对该问题的理解。而生产关系的调整或变革并不会削弱生产力在分析社会经济形态中作为"指示器"的核心地位。其次，程恩富指出了生产力对于区分同一社会经济形态不同发展阶段的重要作用。马克思在《资本论》中依据生产力的演化将资本主义分为简单协作、工场手工业和机器大工业三个阶段；列宁也同样重视生产力在资本主义阶段划分中的作用，认为资本主义发展到最高阶段就表现为生产集中度迅速提高并产生垄断。在此基础上，程恩富强调在划分社会主义发展阶段时，必须警惕脱离生产力实际而空谈生产关系变革的倾向，应兼顾生产力和生产关系的相互作用，避免过度夸大单一因素的影响。最后，程恩富强调将生产力作为划分社会发展阶段的标志需有明确的量化标准。针对既往研究缺乏具体量化准则的实际问题，他提出了聚焦于三大实体要素的生产力量化参考框架：一是劳动资料，它是衡量生产力水平的基础指征；二是劳动对象的发展状况，这是生产力的重要衡量指标；三

---

① 杨尊明. 论社会主义社会的发展阶段[J]. 文史哲,1987(4):80－86.
② 王克忠. 试论社会主义社会的初级阶段:关于我国社会发展阶段几个问题的思考[J]. 复旦学报(社会科学版),1987(3):91－96.
③ 程恩富,周环. 关于划分社会经济形态和社会发展阶段的基本标志:兼论我国社会主义社会初级阶段的经济特征[J]. 复旦学报(社会科学版),1988(1):15－20.
④ 程恩富,周环. 关于划分社会经济形态和社会发展阶段的基本标志:兼论我国社会主义社会初级阶段的经济特征[J]. 复旦学报(社会科学版),1988(1):15－20.

是劳动者的素质与技能,这也是评价生产力水平的关键标准之一。这一分析框架为精准把握生产力水平,进而科学划分社会发展阶段提供了有力依据。

就生产关系而言,它是衡量社会经济形态和社会发展阶段的"尺子"[①]。对此程恩富也进行了展开论述:其一,相较于生产力,生产关系更能直观反映社会经济形态的本质属性。生产力的变迁需经由生产关系的变化,方能彰显社会经济形态的转变。生产关系作为特定社会经济形态的核心标识,是区分不同形态的重要标尺,因此,马克思结合生产力与生产关系将人类社会发展划分为五种形态。然而资产阶级经济学家往往忽略生产关系,过分聚焦于生产模式、技术创新或经济主导部门的变换来分析社会形态,这无法触及社会经济形态的本质。所以,在探究社会经济形态变迁时,应全面审视生产力与生产关系的动态关系,不能忽视生产关系在其中扮演的重要角色。其二,在判断社会所处阶段是否发生变化时,生产关系比生产力更具有直接意义。在社会发展历程中,生产资料的所有制形式会随着发展阶段的深入而呈现不同的变化。例如,公有制作为社会主义的本质属性,其内涵的丰富度与成熟度会随着社会主义社会的发展而逐步演变。根据马克思的相关理论,我国所有制的演变将经历三个阶段:初级阶段的特征是多种公有制形式为主体的多元所有制结构,中级阶段则是以多种公有制形式为特征的所有制结构,而到了高级阶段将实现全社会共同所有的单一所有制结构。这一系列所有制形式的变迁,也深刻影响着社会经济活动方式和运行机制的相应变化。其三,分配制度将随着所有制结构的变迁相应地发生质的变化,这种变化不仅体现在量的调整上,而且触及分配原则与机制的根本性转变。而生产资料所有制形式、经济运行方式和分配制度正体现了社会主义初级阶段生产关系的基本内容。

二、"社会主义发展三阶段论"的提出

程恩富从生产力与生产关系的本质规定层面阐明了社会主义阶段的划分标志,基于此,他立足于我国具体的发展状况,对当时学术界流行的三大社会主义分期理论进行了评析:首先,针对"小过渡的二段论",他指出该主张未能精确识别并揭示斯大林过渡时期理论的错误,且在预测历史的发展时间上,对过渡时期的实现表现出过分乐观的态度。此外,在描述不发达社会主义阶段时,该主张存在表述上的混乱,缺乏一个清晰且科学的阐释体系。其次,他认为"中过渡的二段论"在溯源

---

① 程恩富,周环.关于划分社会经济形态和社会发展阶段的基本标志:兼论我国社会主义社会初级阶段的经济特征[J].复旦学报(社会科学版),1988(1):15-20.

马克思恩格斯原意方面具有积极意义。但是,他也客观地指出,无论是"小过渡的二段论"还是"中过渡的二段论",都没有从生产关系角度对产权、分配和运行机制等内容进行详细阐述,因此不能成为当下我国的科学指导理论。最后,他指出了"小过渡的三段论"存在的显著局限性,即未能充分考虑到社会主义生产关系在向共产主义过渡阶段所经历的部分质变,这种变化同时也将涉及社会经济结构的多个层面。他认为从逻辑角度来看,前两个阶段以生产关系的变化作为标志性的特征,而第三个阶段转而以生产力的发展作为核心标志,这种标志物的转换在逻辑上缺乏必要的连贯性和一致性,使得整个理论框架在描述社会主义向共产主义过渡的完整过程中存在割裂性。[①]

进一步地,程恩富综合考虑生产力与生产关系的变化,创新地提出"社会主义发展三阶段论"。他认为广义社会主义的发展进程可细分为初级、中级与高级三个阶段,并从生产力水平、物质技术结构、所有制形式、经济运行机制、分配制度和民主制度等多个维度,用清晰且系统的分析框架对这三个阶段的总体特征进行了论述,具体可用表4-1表示。

表4-1 社会主义三大发展阶段的总体特征

发展阶段	生产力水平	物质技术结构	所有制形式	经济运行机制	分配制度	民主制度
初级	不发达	以机械化为主	以公有制为主的多元所有制	有计划的商品经济	以多种按劳分配形式为主的多元按劳分配	不健全,实行无产阶级专政
中级	较发达	以自动化为主	多种形式的生产资料公有制	以计划为主的产品经济	实行多种形式的按劳分配	较健全,专政在于防御外侵,维护按劳分配等权利,国家未完全消亡
高级	高度发达	以基本自动化为基础	社会主义性质的单一全社会所有制	完全计划化的产品经济	单一的全社会按劳分配	健全,专政在防止外来侵略的意义上存在,国家要维护按劳分配等权利,专政还没有完全消亡

资料来源:根据程恩富《社会主义发展三阶段新论》整理制作。

值得注意的是,程恩富在划分社会主义发展阶段时,提出了一种有别于其他学者的观点。他将通常所说的过渡时期纳入社会主义初级阶段的范畴,从而将初级阶段进一步细化为四个小阶段。他认为,我国实际经历的初级阶段始于1949年至1956年的社会主义改造时期,这一阶段奠定了社会主义制度的基础。随后,历经至

---

① 程恩富. 社会主义三阶段论[M]. 广州:广东高等教育出版社,1991:58-61.

1978年的生产关系逐步完善的第二阶段，社会经济结构得到深化调整。第三阶段自1979年起，我国步入新旧经济体制交替的转型期，开启了新经济体制的重建历程，这一过程预计将持续至21世纪末。而后我国将迈入新经济体制的巩固与发展的第四阶段，实现经济体制的全面优化与升级。[①]

本研究认为，"社会主义发展三阶段论"论证了马克思主义社会形态理论不是静态的教条，而是需要在与具体历史实践的对话中不断发展的活的学说。程恩富在阐释该理论时始终以生产力与生产关系的矛盾运动为根本尺度，既反对脱离生产力水平空谈生产关系变革的"左"倾冒进，也警惕以"阶段性"为借口固化剥削关系的右倾保守。在此基础上，他以历史唯物主义方法论重构社会主义发展阶段划分标准，既批判了苏联教条主义"超阶段论"与中国改革开放初期"唯生产力论"的片面性，又通过生产关系部分质变的动态分析，为我国社会主义发展的历史定位提供了科学依据。"社会主义发展三阶段论"的重要价值体现在以下三个方面：第一，对生产关系"尺子"作用的辩证回归。程恩富提出"生产力是终极标志，生产关系是直接标志"，既坚持了马克思"物质生活的生产方式制约着整个社会生活、政治生活和精神生活的过程"的根本原则，又发展了列宁关于"这个过渡时期不能不是衰亡着的资本主义与生长着的共产主义彼此争斗的时期"的阶段性思想。第二，对"过渡时期"理论的历史唯物主义重构。程恩富将传统意义上的"过渡时期"纳入社会主义初级阶段，是对马克思主义社会形态理论的时代性阐发。马克思在《哥达纲领批判》中提出过渡时期是"资本主义社会向共产主义社会的革命转变时期"，但未明确其具体成熟程度是属于"第一阶段"还是"高级阶段"。程恩富基于中国实践提出1949年后的所有制改造阶段（传统"过渡时期"）本质上已是社会主义初级阶段的起点，这并非降低标准，而是以历史具体性修正了经典理论的抽象预设。第三，对社会主义阶段矛盾运动的系统性揭示。程恩富通过将初级阶段划分为"四小阶段"，并将其细化为"改造、旧体制完善、新体制重建、新体制巩固"的历史分析，具象化地展现了社会主义初级阶段内部生产关系的动态演进。

三、对社会主义初级阶段经济特征的分析

由表4-1可以看出，程恩富认为社会主义初级阶段的显著特征体现为：在不发达的生产力基础上，构建了一个以公有制为主导、多种所有制并存的经济体系，这一体系与过渡时期及社会主义的中、高级阶段均有明显不同。

---

① 程恩富. 社会主义发展三阶段新论[J]. 江西社会科学,1992(3):21-27.

第一，生产力比较落后，物质技术基础相对薄弱。尽管新中国实现了经济增长的跨越式发展，但整体发展面貌依旧留存着基础薄弱的特质且尚未实现根本性转型，我国的生产力分布呈现出多元化且效能不高的特点，地域与企业间的发展差异显著。程恩富洞察到以往我国聚焦生产力作为社会经济形态变迁根本动力的宏观视角，却在一定程度上忽视了它在社会经济形态各发展阶段中的具体功能与影响。实际上，我国生产力水平的相对落后，不仅从根本上刻画了生产关系的现有特征，还构成了制约包括生产关系在内的广泛社会关系发展的瓶颈，而这一现实状况决定了我国社会主义社会所处的初级阶段性质。基于此，程恩富强调在社会主义初级阶段的背景下，加速发展生产力不仅是发展的核心任务，更是时代的迫切要求。这意味着我们必须通过持续增强生产力来破解不平衡不充分的发展难题，促进经济结构的全面优化，进而为生产关系的进一步调整与社会关系的全面发展奠定坚实基础。①

第二，公有制经济特别是全民所有制和集体所有制经济占据主体地位。鉴于生产力发展的迫切要求和公有制经济模式发展的长期性，加之非公有制经济所展现的积极效应，我国在初级阶段应维持公有制与非公有制经济并存的格局。但程恩富强调，要尤为注重巩固公有制经济的主体地位，他特别指出"主体"二字强调的是公有制经济在整体经济中的占比优势，这是确保我国经济始终坚持社会主义发展方向的关键。②

第三，实行有计划的商品经济体制。程恩富指出，从生产关系演化史而言，作为初级阶段的商品经济相对于资本主义商品经济，尽管在本质上已经是一种新型的最高级的商品经济形态，但仍需不断完善，因为初级阶段还未具备迅速过渡到计划经济的条件。同时，由于生产力水平不够发达，初级阶段需要特别注意在推动商品生产和流通方面下大力气。因此，他认为计划经济与商品经济可以相互融合，以利于更好地平衡计划与市场的关系。③

第四，存在以按劳分配形式为主的多元分配格局。程恩富指出，社会主义初级阶段还未在全社会范围内达成充分的平等分配，按劳分配原则尚未完全实现马克思所设想的理想状态。鉴于此，诸如按资分配、按能力分配、合资企业劳动收入以及私人企业劳动收入等一系列其他分配形式目前仍得以广泛存在。这种以按劳分配为主体的多元分配格局，是与我国多层次的生产力发展水平和多样化的所有制结构相

---

① 程恩富,徐惠平. 社会主义初级阶段的经济特征与改革[J]. 赣江经济,1987(12):26-28.
② 程恩富,徐惠平. 社会主义初级阶段的经济特征与改革[J]. 赣江经济,1987(12):26-28.
③ 程恩富,徐惠平. 社会主义初级阶段的经济特征与改革[J]. 赣江经济,1987(12):26-28.

适应的。[1]

四、构建"四主型"经济制度

在对社会主义初级阶段经济特征进行充分分析的基础上,程恩富从产权、分配、市场与政府关系、对外开放方式四个方面,进一步提出了关于完善社会主义初级阶段基本经济制度的相关理论,阐发了"四主型"经济制度这一创新观点。这一理论观点是对社会主义初级阶段经济特征的回应和续写,也是对基本经济制度内涵的学理性表达,形成了从特征分析到制度提议的逻辑演进。"四主型"经济制度对我国经济制度的完整体系进行了勾勒,并指出了其中基本结构和功能之间的关系。程恩富对于"四主型"经济制度的阐述具体如下:

第一,建立和完善公有主体型的多种类产权形态。在当时邓小平同志提出构建以公有制为主体、以其他所有制为补充的社会所有制结构思想的背景下,程恩富提出我国社会主义初级阶段经济改革目标是由单一公有制转变为公有制为主体、多种所有制共同发展的多元形态,以适应生产力发展不平衡和人口就业等问题。虽然我国鼓励非公有制经济增长,但必须坚持公有资产的主导地位,发挥国有经济在功能、作用、社会地位等多个方面的掌控和引领作用。为此,他提出可以在市场竞争机制与政策引导的双重支持下采用"34111模式",即国有经济占30%,集体经济占40%,个体、私营及外资各占10%,[2] 充分体现出对公有制经济在数量与质量上优势地位的强调。

第二,建立和完善劳动主体型的多要素分配形态。程恩富强调未来应将"两个如果"作为评判改革成功与否的重要标准,并将其与"三个有利于"思想相结合以避免空谈共同富裕。同时,他主张应严格遵循"先富带动后富,最终实现共同富裕"的有序发展路径,严密防范新资产阶级的产生以及严重的两极分化现象。[3] 此外,程恩富就政府在处理分配不公问题时的应对策略提出了建议,倡导继续深化经济改革,进一步完善分配制度,以实现"提低、扩中、调高、打非"。[4]

第三,建立和完善国家主导型的多结构市场形态。邓小平同志认为计划与市场是经济手段而非制度的固有属性,他强调二者的有机结合,主张推动国家调节与多种市场结构并存、国家宏观调控与地方自主权平衡,确立由"小而强"政府主导下

---

[1] 程恩富,徐惠平. 社会主义初级阶段的经济特征与改革[J]. 赣江经济,1987(12):26-28.
[2] 程恩富. 重构和完善社会主义初级阶段的基本经济形态[J]. 经济学家,1998(5):8-12,126.
[3] 程恩富. 重构和完善社会主义初级阶段的基本经济形态[J]. 经济学家,1998(5):8-12,126.
[4] 程恩富. 和谐社会需要"四主型经济制度"[J]. 长江论坛,2007(1):4-5.

的强大市场与强有力政府并存的格局。以此为依据,程恩富认为从主张计划经济向主张社会主义市场经济的思想转变过程恰恰体现了马克思主义者从认识到实践又从实践到认识的深刻转变过程。社会主义经济制度需要顺应生产力发展,市场与计划结合促进生产力发展是制度自我完善的过程。应摒弃市场与国家调节对立的极端观念,坚持二者的有机结合以推动经济持续健康发展,这符合中国特色社会主义经济规律。①

第四,建立和完善自力主导型的多方位开放形态。邓小平同志的对外开放战略以坚持自力更生为根本,同时鼓励技术和人才等全方位国际交流,指引着我国经济发展由封闭型向开放型经济转型。在这一思想指导下,我国自改革开放以来实施了广泛的开放策略,显著提升了开放度和国际竞争力。在总结我国经济对外开放的理论和实践经验的基础上,程恩富提出要坚定不移走邓小平同志设计的社会主义市场经济道路,改进过去粗放式引资方式和低质量开放,妥善平衡好开放、保护与创新的关系,尤其是要处理好自主发展与外援辅助之间的关系,强化自主创新。通过精心规划技术引进和资本运作,促进国内外市场的优势互补。同时,继续加强监管和谈判,防止国际资本垄断。②

第二节　对经济全球化与反全球化的探究

2000年前后经济全球化进程加速呈现出显著的机遇与挑战交织态势。世界经济互联推动了生产要素的跨国流动,促进了先进技术的全球传播,带动众多国家实现产业升级和经济跨越式发展,同时加速了国家间的文化交融。然而,这一阶段也暴露了全球化进程的内在矛盾:国际金融体系脆弱性加剧了经济波动传导、发达国家传统产业转移与新兴经济体竞争引发结构性失业、全球财富分配失衡导致社会不平等扩大、资源过度消耗与环境污染问题凸显,以及不同文明的价值冲突在开放环境下不断激化,等等。

在红利与风险并存的经济全球化背景下,学术界围绕这一主题展开了广泛的讨

---

① 程恩富. 重构和完善社会主义初级阶段的基本经济形态[J]. 经济学家,1998(5):8-12,126.
② 程恩富. 重构和完善社会主义初级阶段的基本经济形态[J]. 经济学家,1998(5):8-12,126.

论。张宇（2002）等学者对全球化的本质进行了剖析，强调经济全球化是资本主义矛盾的国际蔓延。① 关于全球化特征的探讨，余永定（1999）强调21世纪全球化以金融自由化尤其是美国的金融霸权为突出特征，国际资本流动加剧了系统性风险。② 贾根良（2012）提出，新自由主义主导下的全球化下，数字技术正在重塑全球化特征，发展中国家面临依附性分工、数据主权和产业链"低端锁定"等问题。③ 学者们在研究该议题的同时，大多提出了我国对此的应对方案，如张宇（2002）主张在积极参与全球化的同时，要坚持自主发展道路，并通过批判新自由主义全球化模式以强调对国家经济主权的维护。④ 贾根良（2012）提出应通过国家主导的战略性产业政策、保护主义措施和区域经济合作方式，构建以主权国家为核心、注重内生增长和技术自主的全球经济新秩序。⑤

在学术界关于经济全球化利弊的持续探讨中，程恩富综合各方合理观点，结合我国发展实践，对全球化的本质特征、双重影响以及反全球化运动的动因进行了阐释，并尝试提出应对路径，为辩证认识国际经贸格局、增强发展定力提供了理论参照。

一、对马克思全球化思想的追溯

马克思的全球化理论不仅是对19世纪全球化现象的深刻反思，也是对21世纪全球化挑战与机遇的预见性研判。程恩富在对马克思全球化理论的追溯中，不仅呈现了马克思对全球化核心特征的精准捕捉，还进一步丰富和发展了这一理论，使之更加适用于分析当代全球化的复杂现实。具体而言，他将马克思的全球化思想归结为以下四个方面：第一，马克思敏锐地抓住了他所处时代全球化的核心特征，并对这一进程的未来趋势作出了前瞻性预判。第二，马克思指出资本主义制度因其内在逐利性，试图将自身的统治范围拓展至全球每一个角落。第三，在马克思主义理论视野中，全球化的兴起植根于经济发展的客观必然性之中，其本质是资本追求无限增殖和不断扩张的本性在全球范围内的外在显现，这种驱动力促使商品、资本、信息乃至文化跨越国界，形成了前所未有的全球互动网络。第四，马克思不仅深刻剖析了全球化趋势背后的经济实质，还进一步揭示了资本主义为实现其全球统治所采

---

① 张宇. 马克思与全球化[J]. 教学与研究,2002(1):30-37.
② 余永定. 当前世界经济形势、全球化趋势及对中国的挑战[J]. 世界经济与政治论坛,1999(5):1-9.
③ 贾根良. 新李斯特主义:替代新自由主义全球化的新学说[J]. 学习与探索,2012(3):95-103.
④ 张宇. 马克思与全球化[J]. 教学与研究,2002(1):30-37.
⑤ 贾根良. 新李斯特主义:替代新自由主义全球化的新学说[J]. 学习与探索,2012(3):95-103.

用的策略与手段，包括国际贸易的扩张、金融市场的渗透以及殖民体系的建立等。此外，程恩富特别强调，马克思所憧憬的最终形态的全球化绝非资本主义主导下的全球化，而是指向一个全新的社会形态——全球共产主义的实现。在这一理想图景中，全球化不再是剥削与压迫的代名词，而是成为促进全人类全面发展和自由解放的强大力量，全球化将为每个人的自由全面发展创造条件，每个人的解放程度与历史向世界历史转变的程度紧密相连，或者说，二者在本质上是同步推进的。[①]

程恩富指出，马克思关于全球化的理论贡献不仅在于揭示资本主义扩张的本质，更在于对全球化进程中阶级斗争与国际关系的深刻洞察。随着全球化的推进，资本主义的内在矛盾在全球范围内被放大，这不仅加剧了发达国家与发展中国家之间的经济鸿沟，也引发了更为激烈的国际阶级斗争。程恩富还分析了马克思关于全球化与民族国家关系的论述。他指出，马克思关于"世界市场"与"民族国家"之间动态关系的分析，为当前探讨全球化背景下国家主权、全球治理以及国际法的演变提供了理论支撑。在对马克思关于全球化与社会主义、共产主义关系进行思考分析的基础上，程恩富对这些理论进行了拓展，他指出，虽然全球化初期主要由资本主义主导，但社会主义国家通过积极参与国际分工与合作不仅能够在全球化进程中学习先进技术和管理经验，还能通过自身的制度优势探索出一条不同于资本主义的发展道路。同时，在这一过程中社会主义国家应致力于构建更加公平合理的国际经济新秩序，以推动全球化向更加包容、普惠的方向发展，为实现全球共产主义奠定物质基础和社会条件。[②]

二、对经济全球化和反全球化的审视

经济全球化作为21世纪最显著的社会经济现象，其概念内涵的复杂性远超单纯的商品、资本与技术的跨国流动。深入探究经济全球化的概念内涵并揭示其本质，已成为政界与学界的共同关切。对此，程恩富坚持运用马克思主义基本原理和方法，对全球化的本质、特征及其带来的社会影响进行深入剖析，同时对反全球化运动的表征及其动因进行了分析，并提出了经济全球化背景下世界政治经济治理的变革之路。

[①] 程恩富,朱富强. 经济全球化:若干问题的马克思主义解析[J]. 上海经济研究,2000(7):30-37.
[②] 程恩富,朱富强. 经济全球化与中国的对策思路:兼论"三控型民族经济"与对半式双赢[J]. 财经研究,2000(10):3-7.

(一) 对经济全球化定义和本质的界定

全球化是由在国际事务中占据支配地位的若干西方大国所推动的,它们试图借此将自身特有的生产方式逐步推广至全球所有国家。程恩富认为此举导致了国家间权利分配的不均衡以及利益获取的不公正,世界上极少数最富裕的国家占据了社会总生产、世界贸易总额及储蓄总额中的主要部分,而发展中国家则面临着人均收入呈现下滑趋势、贸易份额缩减、债务负担加重以及贸易条件不断恶化等不利局面,由此催生了全球范围内新的"中心—外围"结构。① 总体而言,经济全球化虽然拓展了资本主义的活动范围,并在一定程度上缓和了其内在矛盾,但它也在全球范围内带来了新的挑战与危机,国家间贫富差距的持续扩大,势必引发国家层面对新自由主义经济模式的抵制与反抗运动的涌现。②

关于经济全球化的本质,程恩富指出这是由新自由主义推动的全球经济朝着所谓"自由化"方向发展的实践运动。市场原教旨主义理念主导下的全球化,不仅在理论上主张私人跨国公司主导的国际自由贸易与自由金融市场,也在政策层面积极实施这一理念。新自由主义高度推崇美国通过霸权主义和单边主义手段控制国际经济组织以主导全球经济运行的做法,而对许多国家提出的重新建立或完善国际经济新秩序的合理诉求则持否定态度。③

(二) 对经济全球化基本特征的探讨

程恩富剖析了当下全球经济体系的复杂性与多元性,全方位探究了其在信息化、贸易自由化、生产全球化、资本流动国际化以及金融活动全球化等方面的特征,为我们理解当代全球经济的运行规律和发展趋势提供了宝贵的理论参考。

第一,经济全球化与知识经济、信息技术密切相关。④ 程恩富指出:"没有信息化,就没有全球化。"⑤ 21世纪经济全球化是大势所趋,不仅包括传统的商品、服务、资本等要素的跨国流动和配置,更以知识、信息、技术和文化的全球融合与共享为标志。信息技术的快速发展和应用是这一切的基础,因为信息技术是知识经济

---

① 程恩富,朱富强. 经济全球化与中国的对策思路:兼论"三控型民族经济"与对半式双赢[J]. 财经研究,2000(10):3-7.
② 程恩富. 反思和超越新自由主义主导的经济全球化[J]. 河北学刊,2008(1):1-5.
③ 程恩富,[美]大卫·科茨. 新自由资本主义、全球化和社会主义——中美马克思主义政治经济学家对话[J]. 经济学动态,2005(4):15-21.
④ 程恩富. 反思和超越新自由主义主导的经济全球化[J]. 河北学刊,2008(1):1-5.
⑤ 程恩富. 经济全球化及中国的对策[J]. 上海金融,2000(12):4-5.

的核心驱动力,为经济全球化发展提供了高速通道,它打破了地理界限,缩短了时空距离,促进了信息的即时、准确传递。这种信息流通显著推动了国际贸易繁荣、跨国公司全球布局及产业链供应链全球整合。信息技术的普及还促进了全球文化交流与融合,为经济全球化提供了文化基础。信息化为经济全球化提供技术支持和动力,推动全球经济体系和治理体系变革。

第二,经济全球化以横向的水平分工为基础。[1] 程恩富对比了经济国际化和经济全球化的本质区别,他指出经济全球化的分工基础,其核心特征在于广泛而深入的水平分工体系,这一体系彻底改变了以往国际经济格局中单一的垂直分工模式。水平分工意味着发展中国家也开始积极投身于工业化进程,大力发展制造业,形成了与发达国家并肩而行的态势。这种分工模式打破了"中心—外围"经济模式,推动了全球经济向多元、平等的发展,这体现在跨行业专业分工、行业内产品细分及产品生产环节与零部件的精细化等方面。科技革命与国际贸易体系的完善也加速了水平分工体系的形成,科技迭代下国际分工格局发展的新趋势是发达国家依托科技创新与资本不断聚焦高科技与高端制造业,如信息技术、生物技术、新能源等,而发展中国家则利用劳动力和土地成本优势承接一般制造业转移,融入全球生产链。这一趋势一方面促进了发达国家与发展中国家的互补共赢,另一方面导致了发达国家在高科技领域占据优势地位和发展中国家面临产业结构单一、技术依赖困境的差距与挑战。

第三,经济全球化以多元行为主体来构成世界经济和国际关系。[2] 经济全球化背景下,世界舞台日趋多元化复杂化。国家、跨国公司、银行成为其中活跃的关键力量,它们凭借全球视野以及在资本、技术和市场等方面的独特优势,跨越地域限制实施全球发展战略,加速世界经济一体化进程。它们如蛛网般联结各国经济以构建全球生产服务网,在一定程度上优化了全球资源配置。这种模式在一定意义上有助于增强公司竞争力,重塑国际经济关系,使之涵盖企业间、企业与国家间等多维度合作。因此跨国公司成为连通世界经济的桥梁,驱动着信息、资金、商品和服务等要素的高速流动,全球经济成为以跨国公司为核心的网络经济。但与此同时,这个充满了竞争与合作、机遇与挑战的网络也要求各国政府、企业和国际组织等各方力量加强沟通、协调与合作,共同应对全球化带来的各种风险和挑战。

第四,经济全球化依托市场体系和市场经济机制,构建起各国经济之间的紧密联系。[3] 在经济全球化的历史大势中,全球经济活动得到空前的扩展深化。国际货

---

[1] 程恩富. 经济全球化及中国的对策[J]. 上海金融,2000(12):4-5.
[2] 程恩富. 反思和超越新自由主义主导的经济全球化[J]. 河北学刊,2008(1):1-5.
[3] 程恩富. 反思和超越新自由主义主导的经济全球化[J]. 河北学刊,2008(1):1-5.

物贸易规模激增、品类繁多，促使资源在全球范围内的高效配置，推动全球产业链和供应链的不断整合。跨国投资带动的资金、技术、管理经验交流，也在不断加深国家间的经济联结。资本全球流动促进金融市场的深度融合，推动构建更加开放高效的金融体系，同时，劳务、科技、信息、人员流动及国际旅游等领域也在蓬勃发展，形成高度一体化的全球经济网络。

第五，经济全球化同经济区域化和经济集团化并存。[①] 经济区域化表现为地理上相近的国家为了各自的经济利益而实行某种形式的经济联合，而经济集团化则是由多个国家或地区组成经济合作组织，如北美自由贸易区、欧盟等，它们通过深化合作促进成员国的经济迅速发展。经济区域化的发展促进了区域经济一体化，但也存在保护倾向和排他性，对经济全球化进程具有双重作用。经济集团化则进一步推动了世界格局的多极化，增强了区域经济的竞争力。两者并存，共同影响着当今世界经济的发展。

（三）对经济全球化正负效应的探析

经济全球化呈现出生产要素跨国界流动日益加速的图景，以及各国经济活动之间不断加深的相互依赖关系。关于全球化带来的影响，程恩富辩证地认为：一方面，经济全球化为全球经济带来了前所未有的活力与机遇；另一方面，经济全球化伴随一系列负面效应，如表4-2所示。[②]

表4-2 经济全球化的正负效应分析

效应	影响	具体表现	引发结果
正面效应	优化资源配置	全球范围内更高效地利用和分配资源	促进各国比较优势的发挥，通过自然资源、人力资源和技术资源的全球化交流与合作，推动世界经济增长
	促使经济规律作用于全球	市场统一化促进国际合作和竞争	各国企业提升生产效率、扩大生产规模，推动全球总产出的显著增加
	推动产业结构调整与升级	发展中国家吸引外资和技术，加速工业化	发展中国家有机会实现跨越式发展
	提供解决全球问题的平台	各国合作应对全球性问题	各国共同商讨和平、发展、气候等问题，为可持续发展提供契机

---

① 程恩富. 反思和超越新自由主义主导的经济全球化[J]. 河北学刊, 2008(1):1-5.
② 程恩富. 经济全球化及中国的对策[J]. 上海金融, 2000(12):4-5.

续表

效应	影响	具体表现	引发结果
负面效应	造成世界经济发展不平衡	发达国家与发展中国家差距加大	资源、技术、市场优势使发达国家更易攫取利益，发展中国家面临更加严峻的挑战，不平衡也存在于国家内部
	引发经济发展巨大波动	金融市场无序、投机过度、监管缺失	可能引发金融危机和经济衰退，如2008年国际金融危机
	导致世界经济矛盾重重	放大资本主义矛盾，导致失衡	经济差距拉大、贸易和货币争端频发，全球冲突加剧，威胁经济稳定

资料来源：根据程恩富《经济全球化及中国的对策》整理制作。

本研究认为，程恩富针对经济全球化影响的研究，为我们揭示了全球经济变迁与社会发展之间复杂互动关系的深层奥秘。他着重分析了经济全球化如何驱动国际贸易的快速发展、加速资本的国际流动，以及推动跨国企业的全球性扩张。同时，他还对经济全球化正反两个维度的影响进行探讨，剖析了全球化对国家主权、经济发展模式以及社会结构的深远影响，并敏锐地指出经济全球化在推动全球经济持续增长的同时，导致了国家间经济相互依赖程度加深、发展不均衡问题加剧等一系列复杂且亟待解决的问题。借助他的学术洞察，我们能够更加全面地审视经济全球化这一时代潮流的双刃剑特性，既认识到其带来的巨大机遇，也清醒地看到了其中隐含的挑战与风险。

（四）对世界反全球化运动的分析

全球化的浪潮在推动世界经济深度融合与相互依存的同时，孕育了一股不容忽视的反抗力量——反全球化运动。正如程恩富所言，经济全球化虽然拓展了资本主义的活动范围，并在一定程度上缓和了其内在矛盾，但它也在全球范围内带来了新的挑战与危机，国家间贫富差距的持续扩大，势必引发国家层面对新自由主义经济模式的抵制与反抗运动的涌现。[①] 反全球化运动是指对全球化进程及其带来的不平等和不公正现象表示不满，并通过抗议活动寻求改变的群众运动。它反对新自由主义全球化导致的贫富分化、社会不平等及文化同质化等问题，主张维护国家主权和民族文化多样性。该运动始于20世纪90年代，以大规模示威游行和召开世界社会论坛为主要形式，对全球治理和国际经济秩序产生了深远影响。

反全球化运动以其独特的方式，与全球化进程相互交织，甚至在某些时刻迸发

---

① 程恩富. 反思和超越新自由主义主导的经济全球化[J]. 河北学刊,2008(1):1-5.

尖锐的矛盾冲突。反全球化运动虽然在一定程度上表达了人们对于全球化进程中存在弊病的不满和担忧，但也需要理性看待其诉求和行动方式，避免因过度否定全球化本身而陷入极端主义的泥潭。为此，程恩富在其研究中，剖析了反全球化运动的三种表现形式：一是与全球化的国际会议直接对抗的"针锋相对"模式。参与者们身处旨在推动全球化的国际会议现场或附近，通过示威游行和抗议集会的方式直接表达对新自由主义全球化模式下资源掠夺、环境破坏和社会不公等问题的不满，以直接对抗的形式挑战全球化进程，引发人们对全球治理体系及其价值取向的深刻反思。二是采取"异地同频"策略，运动的参与者们在空间上远离相关会议现场，但在时间上同步发起抗议活动。这种跨地域的联动，不仅扩大了反全球化声音的传播范围，也增强了其社会影响力和政治压力，使得全球化进程中的不平等、不公正问题更加引起人们重视。三是不局限于特定时间和地点，而是根据国际形势和自身需求，自主选择时机和方式开展行动。这种独立行动的模式，使得反全球化运动能更易于触及社会各个层面，从文化、教育、环保等多个角度，对全球化进程进行全方位的审视和批判。①

程恩富认为反全球化运动的参与者来自不同的社会阶层，具有不同的文化背景和政治立场，尽管他们的需求与驱动力各不相同，但从总体趋势而言，反全球化运动展现出广泛的社会基础与一定的进步性质，是对新自由主义主导下的全球化模式的尖锐批判和积极反抗。反全球化运动所倡导的追求公正、平等、可持续的"正全球化"模式，将更加注重各国和地区的共同发展，尊重和保护弱势群体的权益，促进全球经济的均衡增长和社会稳定。②

（五）对全球经济治理的研究

在审视20世纪以来全球政治经济治理的演变轨迹时，程恩富回顾了从列强争霸或帝国争夺型治理，到两超阵营型治理，再到当前"一霸数强"型治理模式的历史变迁。这一系列治理模式更迭，不仅反映了国际力量对比的变化，也揭示了全球化进程中治理体系面临的挑战与困境。特别是近年来，西方金融和经济危机的全球蔓延，再次映照出新自由主义的局限性。程恩富认为，当前的"一霸数强"型治理体系内在的不平等性和权力失衡问题日益凸显，导致了全球治理效率低下、国际合作受阻等问题，特别是在应对气候变化、公共卫生危机、贫富差距扩大等全球性挑战

---

① 程恩富. 反思和超越新自由主义主导的经济全球化[J]. 河北学刊,2008(1):1-5.
② 程恩富. 反思和超越新自由主义主导的经济全球化[J]. 河北学刊,2008(1):1-5.

时，这一治理体系更显力不从心。①

新自由主义的局限性在于过度强调市场自由化、私有化，而忽视了政府对经济的必要调控和社会公平正义的重要性，这不仅加剧了全球经济的不稳定，还导致了资源分配不均、社会分化加剧等问题。金融危机的频发正是这一模式缺陷的直接体现，它暴露了资本主义内在的矛盾与危机转移机制，即通过金融创新和全球化将风险扩散至全球而最终由广大发展中国家和弱势群体承担后果。面对这些挑战与困境，程恩富指出全球政治经济治理亟须寻找新的出路与模式，以适应日益复杂多变的国际环境。他呼吁全球政治经济治理应向更加包容、平等和可持续的方向发展。例如，推动构建多边主义国际合作新框架，强化联合国等国际组织在全球治理中的核心作用，以促进全球经济治理体系的民主化、透明化；倡导改革国际货币基金组织、世界银行等国际金融机构的治理结构，增强其危机预防和应对能力；加强各国宏观经济政策的协调与合作，特别是在公共卫生、数字经济、绿色能源等前沿领域加强合作，推动全球经济的绿色复苏和转型升级；尊重各国主权和人民选择，鼓励各国探索符合自身国情的发展道路，以构建人类命运共同体的理念引领全球治理体系的变革。②

更为重要的是，发展中国家作为全球经济的重要力量，其角色与责任尤为关键。程恩富指出，为了更有效地维护本国及全球劳动者的利益，发展中国家必须加强多层次的合作，包括但不限于：发展中国家之间的战略协作、政党间的政策对话、全球工会组织的联合行动、马克思主义学者与左翼知识分子的思想交流，以及国际媒体间的信息共享与舆论引导。通过这些合作机制，发展中国家能够汇聚起更强大的力量，共同应对全球化带来的挑战，推动全球治理体系的变革与完善。程恩富坚信全世界的马克思主义学者将在这场历史性的变革中发挥重要作用，他们将以科学的理论为指导，以坚定的信念为动力，致力于彻底消除人类面临的各种经济危机，推动全球经济政治文化的民主治理进程，为人类的共同福祉贡献智慧与力量。③

三、对我国在经济全球化中定位和对策的探索

明确我国在世界经济格局中的地位，既是制定经济发展战略的前提，也是构建新型国际关系的关键。程恩富突破了传统的"中心—外围"理论，将一国在世界经济发展格局中的定位进一步细分为"中心—准中心—半外围—外围"模式，并基于

---

① 程恩富. 当前西方金融和经济危机与全球治理[J]. 管理学刊,2009(5):4-7.
② 程恩富. 当前西方金融和经济危机与全球治理[J]. 管理学刊,2009(5):4-7.
③ 程恩富. 当前西方金融和经济危机与全球治理[J]. 管理学刊,2009(5):4-7.

对我国在经济、贸易、金融、对外投资和援助、综合竞争力等多个方面取得的显著进步和影响力的总结归纳，指出我国当前在世界经济体系中的"准中心"地位。[①] 对我国在世界舞台中历史定位的明确，有助于我国在国际经济合作中更加自信地发挥桥梁和纽带作用，携手更多国家一同推动构建更加开放、包容、普惠、平衡、共赢的全球经济新秩序，同时有助于我们更加清晰地认识到自身在技术创新、产业升级、资源环境约束等方面面临的挑战，从而更有针对性地制定和实施应对策略。

在明确我国在世界经济格局中的地位以及我国自身所处发展阶段的基础上，程恩富结合我国的实际情况，围绕我国在经济全球化中的应对策略进行了多方思考，提出了六大路径：一是加快建立"四控型"民族企业集团。民族产业是国民经济的重要组成部分，是国家综合实力和国际竞争力的重要体现。加快建立自主控股、控技、控牌和控标的"四控型"民族企业集团是应对全球化挑战、维护国家经济安全的重要举措。程恩富认为，在融合比较优势与竞争优势的基础上，全力推进发展那些能够控股、控技（尤其是核心技术）、控牌（特别是名牌）和控标（技术标准）的"四控型"民族企业集团，关键在于深度培育并充分利用知识产权优势，借此早日实现将中国建设为世界级制造业中心的目标，并完成从贸易大国到贸易强国的战略转型。[②]

二是积极倡导并争取实现"对半式双赢"的全球化合作模式，以确保各国在全球化的大潮中能够均衡分配利益。面对发达国家在全球化进程中占据主导地位，程恩富强调绝不能仅仅满足于被动地与国际体系"接轨"，亦步亦趋地跟随发达国家设定的游戏规则和模式。相反，我们必须以更加积极主动的姿态参与到全球化规则的制定与修订过程中，为本国争取更多的话语权和利益空间。[③] "对半式双赢"不仅是鲜明的主张，更是行动的指南。它意味着在全球化的经济合作中，各国应努力争取获得与自身贡献和实力相匹配的、同等比例的利益，这种合作模式超越了简单的零和博弈思维，倡导在相互尊重、平等协商的基础上实现合作双方乃至多方的共同繁荣与发展。这包括确保全球化规则的公正性、透明度和包容性，以及保障各国尤其是发展中国家在全球化进程中的合法权益等。

三是构建平等竞争环境，对外资企业一视同仁。这一举措不仅体现了公平竞争

---

① 翟婵,程恩富. 中国正处于世界经济体系的"准中心"地位:确立"中心－准中心－半外围－外围"新理论[J]. 上海经济研究,2019(10):5-18.
② 程恩富,张飞岸. 民族产业被外资并购整合并非宿命[J]. 上海国资,2006(10):66-68.
③ 程恩富,朱富强. 经济全球化与中国的对策思路:兼论"三控型民族经济"与对半式双赢[J]. 财经研究,2000(10):3-7.

这一市场经济的核心原则,也是促进国内经济结构优化升级、激发市场活力的关键步骤。程恩富提议取消对外资企业的"超国民待遇",认为过度的政策优惠不仅加剧了企业间发展的不平衡,导致资源的不合理分配,还破坏了市场公平竞争的原则,致使一些国内企业在不公平的竞争中处于竞争劣势,最终难逃被边缘化的命运。因此,尽快调整外资政策,实现外资企业与国内企业同等竞争条件的国民待遇,已成为当前中国深化改革、扩大开放的重要任务之一。①

四是积极消除金融隐患,以确保国家金融安全。程恩富指出了我国近年来在金融领域存在的各种隐患,警示地指出这些隐患不仅关乎国家经济的安全与稳定,也直接影响广大民众的生活福祉和社会经济的可持续发展。面对金融全球化、自由化加速的新态势,我国必须采取一系列综合措施,有效应对金融隐患,确保金融安全:首先,深化国内金融体制改革,加快银行、证券、保险等行业的市场化、法治化进程,提升金融机构的风险管理能力和服务实体经济的能力。其次,在开放金融领域方面,我国应坚持循序渐进、有理有利有节的原则,通过吸引外资、外技激活金融机构竞争机制,稳步推进金融市场的对外开放。再次,加强对外资金融机构的监管,确保其合法合规经营,防范金融风险跨境传递,如建立健全跨境资本流动监测预警机制以应对国际游资的潜在威胁。最后,加强与国际金融组织的合作与交流,共同应对全球金融风险挑战,维护国际金融稳定与安全。② 此外,程恩富还提倡将人民币区域化和国际化视作打破美国金融霸权控制、纠正不公平经济秩序,以有效保障国家金融安全的重要战略举措。③

五是加大科教投入,创造知识资源。程恩富认为,在关税壁垒等传统的贸易保护手段日益失去效力的时代背景下,应聚焦创新驱动发展来增强国际竞争力,由大力发展劳动密集型的比较优势转型升级为提升教育与科技水平的知识产权优势。应意识到,提升知识资源储备和加强自主创新能力,是突破发展瓶颈、实现经济转型升级的关键所在。④ 当前,我国科教领域与发达国家相比仍存在较大差距,大力发展教育是改善我国在国际贸易中的地位,避免贫困化增长的迫切要求。⑤ 因此,必须牢牢把握历史赋予的机遇,加大对教育和科技领域的投资力度,全面优化科教资源配置。同时,有效推进国家科技创新体系的施行,强化基础研究与应用研究,推

---

① 程恩富. 经济全球化及中国的对策[J]. 上海金融,2000(12):4-5.
② 程恩富. 经济全球化及中国的对策[J]. 上海金融,2000(12):4-5.
③ 程恩富,周肇光. 关于人民币区域化和国际化可能性探析[J]. 当代经济研究,2002(11):58-62.
④ 程恩富. 经济全球化及中国的对策[J]. 上海金融,2000(12):4-5.
⑤ 程恩富,朱富强,徐惠平. 教育大发展与经济全球化[J]. 中州学刊,2001(6):114-117.

动产学研深度融合，以促进科技成果的转化和产业化应用。

六是做到"六个适当控制和提升"，构建"精益型"对外开放模式。程恩富认为需要控制我国在外贸、外资、外技、外源、外汇及外产等方面的依赖程度，并在中外资本协调使用效益、自主创新能力、资源配置效率、外汇使用收益、消费拉动增长和参与国际分工等方面实现提升。① 这些举措旨在降低我国在资金、资源、技术等方面的对外依赖，同时强化国内经济的自主性和韧性，以促进经济结构的优化和可持续发展。这对于平衡国内外经济关系、提高我国在全球竞争中的地位，增强抵御外部冲击能力等，具有积极意义。

第三节　对帝国主义新特征的剖析

进入 21 世纪后，资本主义发展越发呈现出新的历史特点，如 2008 年国际金融危机暴露出全球化的制度性衰竭，跨国资本为转嫁危机加速推进技术、金融、知识垄断；数字技术革命重构了资本榨取剩余价值的方式；全球产业分工呈现出"逆全球化"与"区域集团化"并行的趋势，美国主导的芯片联盟和"长臂管辖"机制对他国发展形成新的遏制之势；气候变化危机激化资源争夺，新能源矿产成为殖民控制的新战场；等等。

当代全球化下资本主义的发展语境促使国内外学术界对帝国主义在新国际格局中的形态嬗变进行重新审视。关于新帝国主义的内涵和本质，宋太庆、王路平（1994）作为国内较早提出这一范畴的学者，将其定义为"技术革命和世界一体化历史条件下的国际垄断资本主义"。② 大卫·哈维（2009）从空间政治经济学视角下的动态地理维度出发，提出当代帝国主义的核心是通过"剥夺性积累"与"时空修复"策略，强化帝国主义掠夺，不断转移资本主义内在矛盾并重构全球霸权秩序。③ 在对新帝国主义掠夺手段的剖析方面，因坦·苏万迪等（2019）认为，全球商品链

---

① 程恩富,侯为民. 转变对外经济发展方式的"新开放策论"（下）[J]. 当代经济研究,2011(5):34-38.
② 宋太庆,王路平. 新帝国主义论:关于当代资本主义的总体特征[J]. 华中师范大学学报（哲学社会科学版）,1994(1):31-35.
③ [英]大卫·哈维,著. 新帝国主义[M]. 初立忠,沈晓雷,译. 北京:社会科学文献出版社,2009:117-127.

通过跨国资本对生产、流通环节的垄断性控制，重构了新帝国主义以价值链剥削为核心的空间权力网络，在劳动价值跨国转移中强化了中心国家对边缘国家的系统性剥夺。[①] 何秉孟（2010）揭示了作为新帝国主义核心动力的金融垄断资本的具体运作方式，并通过金融危机案例进一步实证了新帝国主义理论的科学性。[②] 李慎明（2012）认为新帝国主义通过金融垄断、科技控制、文化渗透和军事霸权"四位一体"的新型霸权形态，构建起更加隐蔽且全面的全球统治体系。[③] 王伟光（2022）则认为国际金融垄断资本主义作为垄断资本主义的最新发展阶段，通过金融资本的全球垄断和霸权扩张，深化了帝国主义的经济掠夺与支配形式。[④]

围绕帝国主义的新特征与应对之策，程恩富在列宁帝国主义论的基础上，紧密结合当前帝国主义各种现实情况，展开了相应的研究。

一、新帝国主义的五大特征

新帝国主义的出现，是国际垄断资本主义发展的必然结果。它不仅继承了帝国主义经济掠夺、政治干预、文化渗透和军事威胁与侵略等特征，还在生产力和信息技术跨越式发展的当下呈现出新的表现形式。新帝国主义带来了两极分化和产业空心化，加剧了全球不平等与地区冲突，通过输出西式普世价值观和干涉他国内政，破坏了国际关系民主化与法治化进程。在程恩富的观点中，新帝国主义被视为垄断资本主义在经济全球化与金融化这一宏大背景下所步入的一个特殊的历史阶段，其新的特征被精练地概括为以下五个方面：

第一，生产、流通的国际化和资本集中的强化，形成富可敌国的巨型垄断跨国公司。在新帝国主义阶段，跨国垄断企业大幅提升了对全球资源分配和生产流程的管理能力，一跃成为全球经济版图中的主要力量。跨国公司数量的急剧增加催生了大量的国际直接投资活动，进一步加深了各国经济的相互依赖，并促进了生产与流通体系的全球化和社会化。这些企业不仅是国际投资与生产的领航者，更是国际经济活动的中枢协调者和推动全球经济增长的关键引擎。但随着垄断资本的全球扩展与金融深化，部分跨国公司的经济体量甚至凌驾于某些发达国家之上。它们在各自的领域内构建了垄断壁垒，掌控着国际生产网络。跨国巨头凭借庞大的资本积累和

---

① [美]因坦·苏万迪,R.J.约恩纳,J.B.福斯特,等. 全球商品链与新帝国主义[J]. 国外理论动态,2019(10):25-34.
② 何秉孟. 美国金融危机与国际金融垄断资本主义[J]. 高校理论在线,2010(6):36-44.
③ 李慎明. 金融、科技、文化和军事霸权是当今资本帝国新特征[J]. 红旗文稿,2012(20):7-9.
④ 王伟光. 国际金融垄断资本主义是垄断资本主义的最新发展,是新型帝国主义[J]. 社会科学战线,2022(8):1-27.

尖端科技，在全球多个领域建立了稳固的领导地位，构筑了难以打破的竞争优势。这些公司与国家权力紧密交织，并与全球金融体系协同进化，加速了财富的积聚过程。全球多个行业已形成由少数巨头主导的垄断市场格局，这不仅加剧了全球生产能力的过剩问题，还加剧了贫富差距。①

第二，金融垄断资本在全球经济中起决定性作用，导致经济金融化畸形发展。这是银行与工业垄断资本融合的结果，标志着资本主义由一般资本时代向金融资本时代的转变。程恩富指出，二战后随着科技革命推动经济全球化加速，垄断资本采取双重策略开始寻找更有利可图的获利渠道，一是实现传统产业的海外扩展，二是开拓金融领域。由此给世界经济带来了巨大影响：其一，跨国金融机构控制全球经济大动脉，通过兼并、控股等形式建立广泛经营网络，掌控全球经济。其二，金融垄断资本在全球金融市场肆意横行，利用货币、贸易、资源及信息战争掠夺全球资源与财富。其三，经济金融化，投机逻辑逐渐取代原本应有的生产逻辑。大量的资本涌入虚拟经济领域削弱了实体经济的竞争力，增加了金融系统的风险，同时许多缺乏实际经济基础的创新金融产品的衍生存在巨大的风险。②

第三，美元霸权和知识产权垄断，形成不平等的国际分工和两极分化的全球财富分配格局。程恩富指出，跨国垄断资本和新帝国主义统治在经济全球化、金融自由化下力量更强，体现在"资本—劳动""资本—资本""国家—资本""国家—国家"四个层面：首先，垄断资本全球布局，利用发展中国家的劳动力资源进行"全球劳工套利"，并通过游说政府制定利资政策。其次，跨国垄断资本主导全球合作，金融资本的地位凌驾于产业资本之上，通过不平等生产网络攫取大部分剩余价值。再次，新帝国主义国家推行新自由主义政策维护垄断资本的利益，西方政府沦为金融寡头工具，华尔街利益与国家利益趋同。最后，在国家间关系中，美国凭借美元霸权和知识产权优势，从全球汲取财富，维持高额贸易逆差和财政赤字，并为其跨国投资并购活动提供了强有力的支持。③

第四，"一霸数强"的国际资本主义寡头垄断同盟的形成。在新帝国主义阶段，全球政治经济格局呈现出一种特殊态势，即以美国为首的少数几个霸权国家与其他一些强国通过经济、政治、军事和文化等多方面的联系与合作，结成了国际资本主

---

① 程恩富,鲁保林,俞使超. 论新帝国主义的五大特征和特性:以列宁的帝国主义理论为基础[J]. 马克思主义研究,2019(5):49-65.
② 程恩富,鲁保林,俞使超. 论新帝国主义的五大特征和特性:以列宁的帝国主义理论为基础[J]. 马克思主义研究,2019(5):49-65.
③ 程恩富,鲁保林,俞使超. 论新帝国主义的五大特征和特性:以列宁的帝国主义理论为基础[J]. 马克思主义研究,2019(5):49-65.

义寡头垄断同盟。这种同盟的形成,不仅在经济上加剧了全球资源的不平等分配和财富的两极分化,而且在政治、军事和文化等层面产生了深远影响。[①]

第五,资本主义矛盾和危机时常激化,形成当代资本主义垄断新态势。新帝国主义推崇私人垄断资本的自我调节机制,而排斥必要的宏观调控,这一做法导致了经济危机、社会危机以及生态危机的频繁发生。基于此,程恩富将新帝国主义呈现的特性归结为垄断性和掠夺性、腐朽性和寄生性、过渡性和垂危性三个方面:首先,作为一种新型的垄断与掠夺性资本主义,新帝国主义的运作机制与手段相较于传统形式更为复杂且隐蔽。它们通过高度发达的金融市场和复杂的金融工具剥削发展中国家,极力推动关键领域私有化以控制战略资源,并强化"中心—外围"格局,加剧全球经济不平等和失衡。其次,新帝国主义腐朽与寄生的特征集中体现在食利者阶层的迅速膨胀及其对国家经济的控制力增强上。美国作为典型代表,凭借其军事、经济、科技等方面的霸权地位,在全球范围内进行资源掠夺和财富积累,展现出明显的食利国性质。与此同时,垄断力量对技术创新的阻碍,以及由此导致的经济活力下降,加之垄断资产阶级对民众运动的操控与腐化,共同构成了新帝国主义腐朽与寄生的深刻写照。最后,新帝国主义作为过渡和垂危的新型资本主义,其内在的矛盾与危机日益凸显。一方面,新帝国主义的扩张遇到了来自包括新兴经济体崛起、全球治理体系改革需求等在内的多方阻力。另一方面,其内部的寄生性、腐朽性以及技术创新的滞后,使其难以持续支撑高速的经济增长和社会进步,经济停滞、社会动荡的风险不断累积。因此,程恩富认为新帝国主义正处于一个历史性的转折点,其未来的发展趋势将取决于能否实现内部结构的深刻调整与外部环境的适应性变革,否则将面临更为深刻的危机与转型压力。[②]

本研究认为,"新帝国主义五大特征"理论以列宁《帝国主义是资本主义的最高阶段》为理论根基,系统揭示了金融全球化时代下垄断资本的新形态、新矛盾与新危机,构建了兼具历史连续性与时代特殊性的理论分析框架。该理论的价值不仅在于为资本主义诊断病症,更在于为打破美元霸权、重构国际经济秩序提供了思想武器,它对列宁帝国主义理论的时代化具象化发展具体体现为:第一,对金融资本统治的深刻剖析。程恩富将"金融垄断资本起决定性作用"作为新帝国主义的核心特征之一,这并不是简单重复列宁有关银行资本与工业资本融合的金融资本理论,

---

① 程恩富,鲁保林,俞使超. 论新帝国主义的五大特征和特性:以列宁的帝国主义理论为基础[J]. 马克思主义研究,2019(5):49-65.
② 程恩富,鲁保林,俞使超. 论新帝国主义的五大特征和特性:以列宁的帝国主义理论为基础[J]. 马克思主义研究,2019(5):49-65.

而是揭示了金融化与全球化共生关系下的剥削机制。他指出现代金融资本通过产业跨国扩张与虚拟经济膨胀的"双重积累"模式实现全球剩余价值的超经济榨取，这一过程本质上是马克思"货币转化为资本"公式的全球化升级。在这一模式下，美元霸权使美联储成为全球剩余价值抽取的"终极当铺"，知识产权垄断则将知识劳动成果异化为跨国资本独占的"现代地租"。第二，对国际垄断同盟的阶级性透视。程恩富提出"一霸数强"寡头同盟的观点，超越了传统"中心—外围"结构的静态描述，动态揭示了帝国主义国家间的关系。这种分析延续了列宁关于帝国主义国家发展不平衡规律的判断，同时植根于当代跨国资本与国家机器深度融合的现实。更重要的是，他从军事文化维度对寡头同盟进行了揭露，指出北约东扩不仅是地缘战略扩张，更是为跨国能源资本控制欧亚大陆资源走廊提供暴力担保，这体现了恩格斯"暴力本身就是一种经济力"的论断。第三，对资本主义基本矛盾的具象化。程恩富将新帝国主义危机归结为"垄断性和掠夺性""腐朽性和寄生性""过渡性和垂危性"三重特性，实质上是将"生产社会化和生产资料资本主义私人占有之间的矛盾"具体化为全球化时代下的四重对抗：全球生产网络与民族国家疆界的冲突、金融虚拟膨胀与实体产业萎缩的悖论、知识共享需求与知识产权垄断的对立、生态承载极限与资本无限积累的不可调和。

二、新帝国主义的应对之策

正视并解决新帝国主义给全球带来的破坏性影响，构建更加公正合理的国际秩序，不仅关乎国际社会的和平与稳定，更是实现全球可持续发展与共同繁荣的必由之路，具有重要的理论与现实意义。程恩富在批判性分析新帝国主义的特性及其未来发展方向的基础之上，有针对性地提出了应对策略。

第一，倡导马克思主义的新国际主义。程恩富阐述了马克思主义新国际主义的丰富含义与基本内容，他认为这一理念不仅是对经典马克思主义国际主义思想的继承与发展，更是适应全球化新时代挑战的重要理论创新。他将马克思主义新国际主义的含义归纳为以下三个方面：首先，该理论是基于人类共同价值观来促进命运共同体的发展。各国之间的相互依存随着全球化的日益加深达到了前所未有的程度，人类面临的共同挑战也要求各国以人类共同福祉为出发点，超越狭隘的民族利益，携手构建开放、包容、普惠、平衡、共赢的新型国际关系。其次，该理论主张以马克思主义和社会主义核心价值观为指引，推动世界社会主义事业的进步。最后，该理论倡导联合国际上的进步力量，共同反制霸权主义与帝国主义主导下的不合理秩序，通过多边机制和国际法维护国家主权与发展权益，促进全球经济的均衡、包容性增长。[①]

第二，构建联合国主导型治理框架。当下全球经济政治秩序正面临诸多前所未有的重大挑战。对此程恩富强调，为了超越西方霸权，我们必须从根本上改变现有的不公正、不合理的全球经济政治秩序，推动构建一个各国共同负责、共享发展成果的新秩序。首先，联合国作为最具普遍性和权威性的国际组织必须被赋予更大的责任与使命。其次，国际金融机构的改革迫在眉睫，亟须推动包括国际货币基金组织等在内的对全球经济治理有至关重要作用的机构的民主化改革，确保发展中国家能够在全球化中平等参与和受益。再次，改革世贸组织以更好开展多边贸易和国际合作。复次，推动全球统一货币"世元"和"世界语"，该设想虽然面临诸多困难和挑战，但这可能有助于降低国际贸易和交流的成本，促进全球经济的均衡和可持续发展。最后，取消美国控制的北约和部分国际法律机构，重建联合国领导下的维和部队和国际法律机构的建议。这一主张旨在推动全球军事安全秩序的民主化和公正化，减少大国强权对国际安全事务的干预和操控。[②]

第三，发展中国家加强合作。当前复杂多变的国际环境不仅给发展中国家自身的经济发展和社会稳定造成巨大隐患，也深刻影响着全球劳动者的利益格局。为了有效应对这些风险，维护本国及全球劳动者的利益，发展中国家应在平等、互利和共赢的原则上，通过对话和协商等形式强化合作，共同推动建立更加公正合理的国际经济秩序，这不仅有助于提升发展中国家的整体经济实力，还能为全球劳动者创造更多就业机会和更好的劳动条件。程恩富强调了发展中国家在合作过程中应重点关注的五个方面：首先，发展中国家间的合作是维护本国人民利益最大化的有效途径。这一路径下发展中国家能够共享发展经验，协同应对气候变化、贫困消除、公共卫生等全球性问题，从而保障民众的基本权益和更有效地提升民众的生活水平。其次，政党合作是建立新型国际关系的重要组成部分。建立求同存异、相互尊重的新型政党关系可以促进国际政党间的交流与对话，同时增进国家间的相互了解和信任。再次，全球工会合作对于维护劳动者权益具有至关重要的作用，在这一路径下各国可以共同研究应对跨国资本剥削、保障劳动者基本权益的策略和方法，推动形成更加公平合理的国际劳动市场规则。复次，马克思主义学者与左翼学者的合作是加强学术交流、推动社会进步的重要途径，借此可以深化对社会主义本质和规律的认识，推动社会主义理论的创新与发展，为人类社会进步贡献智慧和力量。最后，

---

① 程恩富,段学慧.现代政治经济学研究[M].北京:高等教育出版社,2024:304.
② 程恩富,段学慧.现代政治经济学研究[M].北京:高等教育出版社,2024:304.

媒体合作是打破西方政治封锁、反击不实言论的关键一环,我国需要与全球媒体加强团结与合作,共同应对西方国家的政治打压和信息封锁,为构建更加客观公正的国际信息传播秩序贡献力量。①

本章小结

习近平总书记指出:"正确认识党和人民事业所处的历史方位和发展阶段,是我们党明确阶段性中心任务、制定路线方针政策的根本依据,也是我们党领导革命、建设、改革不断取得胜利的重要经验。"② 对我国自身社会主义发展所处阶段和在世界发展中所处历史方位的判断有助于为理解与规划我国社会主义现代化建设的长远蓝图奠定前提基础,程恩富关于社会形态演进和历史发展方位的研究是其经济学术思想的主要内容之一,总的来说,程恩富在这一方面的研究主要涵盖以下三个维度。

第一,关于如何把握我国社会主义发展阶段,集中体现为"社会主义发展三阶段论"的提出。党的十三大前后,囿于理论与实践上的局限,关于如何在学理上、政策上研判和澄清社会主义所处发展阶段及建设路径等问题,学界存在诸多理论设想,有的偏离社会主义根本立场,有的虽坚持了基本立场却偏离了当时中国社会发展实际。程恩富觉察到有必要对我国社会主义各个历史发展阶段进行明确,以有力驳斥"渺茫论"、"速胜论"和"趋同论"等错误思潮。因此,他结合我国关于社会主义初级阶段的相关政策,在对各种社会主义发展阶段论进行辨析的基础上,阐发了"社会主义发展三阶段论"。这一理论明确了我国在初级阶段的社会主义性质和立场,既是对国内经济社会形势的精准研判,也是对国际上"西升东降"观点的理论应对,在与西方资本主义的争锋中实现了对社会主义的坚守与发展,为我国各项经济政策、措施的制定奠定了理论基础,也为其他学者在理论创新和学理阐发上提供了方法论上的参照。

第二,对经济全球化展开探究。精准把握我国自身发展的历史方位十分重要,但深刻洞察全球发展的历史方位同样具有不可忽视的战略意义,二者相辅相成,共同构成了全面认知与规划国家发展路径的基石。程恩富首先追溯了马克思的全球化思想,并构建了一个审视经济全球化的总体框架。他剖析了经济全球化的本质、特性、效应及应对策略,指出这不仅是政治经济学研究的核心议题之一,也是我国在制定对外开放战略时必须审慎权衡的现实考量。在此基础上,他提出了对经济全球

---

① 程恩富,段学慧. 现代政治经济学研究[M]. 北京:高等教育出版社,2024:304 – 305.
② 习近平. 习近平谈治国理政:第4卷[M]. 北京:外文出版社,2022:161.

化定位和对策的思考。他指出，经济全球化既是推动人类文明进步的重要动力，也是带来诸多社会难题与全球性挑战的幕后推手。他呼吁应对此议题保持清醒的认知，明确推动人类社会发展的动力并非局限于某一特定国家或区域，而是需要各国在世界历史的广阔舞台上汇聚并发挥效能。因此，既不能盲目崇拜经济全球化，将其视为解决一切问题的万能钥匙，从而忽视其背后的资本主义逻辑与潜在风险，也不能对经济全球化抱持简单的愤怒与非理性抵制态度，从而忽略全球化带来的积极变革与机遇。必须既看到全球化带来的正效应，又要觉察其所引发的负效应。在辩证对待中，积极地应对全球化带来的挑战，推动构建开放型世界经济，倡导多边主义与自由贸易，为全球经济的繁荣与发展贡献智慧与力量。因此，经济全球化究竟是成为开启财富与机遇的"阿里巴巴之门"，还是释放灾难与混乱的"潘多拉魔盒"，这并非一个既定不变、无法逆转的结果，而是取决于我们如何正确地认识经济全球化，以及如何精心构建与之相契合的制度框架。

第三，剖析帝国主义的新特征。对新帝国主义的研究，不仅是对当代国际关系格局的一种深刻剖析，更是对全球化时代下权力动态、利益分配与国际合作机制的一次全面审视。二战后，随着全球化浪潮的兴起和第三世界国家的纷纷独立，帝国主义似乎逐渐淡出公众视线。事实上，帝国主义并未随着传统殖民体系的瓦解而消逝，反而以一种更为繁复且隐秘的方式在全球经济体系中持续演进。帝国主义论作为马克思资本批判理论的直接延伸，不仅是对资本主义新阶段的科学研判，更是对人类社会发展前景的深刻省察。任何对帝国主义论的质疑或否定，无疑都是对马克思主义科学性和共产主义革命愿景的重大挑战。程恩富就是以列宁帝国主义理论为根本遵循，立足我国经济事实，结合当代资本主义发展的新特点对帝国主义理论进行时代化的解读与拓展。他通过对金融资本全球扩张、跨国公司垄断地位加强、美元霸权和知识产权垄断等新现象的剖析，实现了对马克思主义经典帝国主义理论的当代续写，构建了研究新帝国主义理论的崭新框架。在此过程中，他摒弃了西方学者在方法论上的缺陷。这不仅克服了那些有意避开经济基础的文化转向、伦理转向等片面倾向，而且有力地反驳了那些仅强调某一侧面的割裂论，从而维护了帝国主义理论研究的辩证整体性。他在分析新帝国主义特征的基础上，以世情为鉴、国情为据，特别关注全球化进程中我国所面临的技术封锁、市场准入限制、规则制定权争夺等外部压力与挑战，并提出了应对之策，体现出强烈的问题意识和实践导向。

第五章

创新理论政策：对社会主义市场经济理论与政策的有益探索

改革开放以来，我国社会主义市场经济经历了从无到有、从初步建立到不断完善的发展过程。然而这一发展历程并非一帆风顺，而是伴随意识形态冲击、政府调控与市场自发性的冲突、社会阶层贫富差距拉大等多重矛盾与挑战，这些问题与矛盾也一直是学术界重点关注的议题。程恩富在对社会主义市场经济的研究中，着重聚焦于回答两类核心问题：一是面对市场经济下可能带来的意识形态挑战，如何构建自主的中国经济学以引导经济行为，从而在各种思潮暗涌中始终坚守马克思主义经济学立场；二是面对市场经济下所有制结构的优化、经济调节方式的完善以及财富和收入分配的合理化等具体治理难题，如何才能在坚持公有制为主体的基础上有效融合多种所有制经济以激发市场活力、如何才能在市场调节与政府调控之间找到最佳平衡点以确保经济平稳运行，以及如何才能构建更加公平合理的收入分配体系让发展成果惠及全体人民。

第一节 建设中国经济学的历史回望、现实分析和路径探索

党的十八大以来，以习近平同志为核心的党中央高度重视马克思主义政治经济学的学习、应用和创新发展，强调在构建中国自主知识体系中不断开辟当代中国马克思主义政治经济学新境界。在2016年哲学社会科学工作座谈会上，习近平总书记倡导"加快构建中国特色哲学社会科学"，党的二十大报告指明了"开辟马克思主义中国化时代化新境界"的发展方向，一系列重要观点的提出和举措的施行，都深刻反映出中国共产党对将马克思主义基本原理同中国具体实际相结合、同中华优秀传统文化相结合的重视。若将其投射于政治经济学研究领域，则体现为实现政治经济学的普遍性与中国实际的特殊性的深度融合，并在此基础上实现全新转化，而这也必将催生出具有鲜明中国特色的经济学说——"中国经济学"。

随着社会主义市场经济的日趋成熟，我国的科学社会主义研究也随之发生转向，传统的政治经济学理论已经难以全面解释和指导中国的经济实践，中国经济学面临着全面重建的历史任务。因此，学者们围绕重建中国经济学的必要性和实践路径等议题发表了诸多观点。针对重建中国经济学的必要性，学者认为马克思主义政治经济学始终是指导中国经济发展的理论基石，但需与我国现代经济实践相结合进行再认识和发展。如李茂生（2001）提出，虽然劳动价值论、剩余价值论等基础理论在

现代市场经济条件下依然具有指导意义，但针对新出现的经济现象，这些理论需要不断补充和完善，以适应经济发展的新要求。[①] 袁鲲（2003）认为，教条化理解运用马克思主义与滥用西方经济学都无法应对全球化、科技革命和中国特色社会主义实践的新挑战，亟须构建立足中国现实、融合历史经验与时代规律的新理论体系以指导改革发展。[②] 围绕重建中国经济学的实现路径，学界的观点较为多元，主要分为三大类别。一是守正创新路径，代表人物有刘国光、卫兴华、周新城等老一辈马克思主义者。刘国光（2010）强调社会主义政治经济学和经济学教学的"阶级性"，反对西方经济学取代马克思主义的所谓"主流化"倾向。[③] 卫兴华（2006）主张重建中国经济学要以马克思主义为基础分析中国问题，关注社会主义经济关系、研究经济利益问题，实现马克思主义政治经济学与现代经济学的"互补"。[④] 二是批判对话路径，如贾根良（2012）主张基于新李斯特学派理论，通过技术—经济范式变革和国家主导的发展战略重建中国经济学，强调打破比较优势理论束缚，实现自主创新。[⑤] 三是融合创新路径，如主张以现代经济学方法（定量分析与实证研究）与中国实践相结合，构建国际兼容的中国经济学分析范式。

针对这一议题，程恩富在不同时期发表的文献中，分别使用过"中国经济学""中国马克思主义政治经济学""政治经济学现代化"等不同表述，究其本意是指马克思主义政治经济学与中国具体实践相结合的、汲取西方经济学和中国传统经济思想合理元素的"中国经济学"。而关于重建中国经济学这一构想缘何而起、如何发展，以及向何处去，程恩富也曾对这些问题进行过相应的研究。

一、对中国经济学的历史发展阶段划分与模式缺陷分析

引领我国经济腾飞的从来都不是那些舶来的西方经济学说，而是深深植根于中国本土的中国经济学。新中国成立以来，中国经济学以马克思主义为指导，在经济制度、经济运行方式等多个方面的研究均取得了重大突破，极大地助力了我国经济的迅猛增长，也充分彰显了中华民族的经济智慧和文化底蕴。然而，在中国经济学不断演进与创新的同时，我们必须警惕一些不良思潮的干扰。正确划分中国经济学的演进阶段，识别其中存在的范式缺陷，对于中国经济学的完善具有重要意义。

---

① 李茂生. 马克思主义与中国经济学的重建[J]. 中国社会科学院研究生院学报, 2001(6): 35-46.
② 袁鲲. 浅论重建中国经济学[J]. 改革与战略, 2003(S1): 1-4.
③ 刘国光. 关于中国社会主义政治经济学的若干问题[J]. 政治经济学评论, 2010(4): 3-12.
④ 卫兴华. 马克思主义政治经济学对象问题再探讨[J]. 马克思主义研究, 2006(1): 27-35.
⑤ 贾根良. 新李斯特主义：替代新自由主义全球化的新学说[J]. 学习与探索, 2012(3): 95-103.

(一) 中国经济学的演进阶段与相应问题分析

随着新中国的成立,中国经济学的建构也步入崭新发展阶段。程恩富指出,在这一演变过程中,我国社会主义经济学在坚持马克思主义政治经济学这一根本底色的基础上,经历了模仿社会主义经济学(包括"苏联范式")与借鉴西方经济学(包括"美国范式")两个不同发展阶段。在长达数十年的发展历程中,取得了丰硕成果,同时总结了宝贵的经验与教训。

1. 新建阶段与"仿苏"倾向

五四运动后,马克思主义在中国得到广泛传播。当时一些先进的马克思主义学者率先研究、传播和运用马克思主义政治经济学。以王亚南为代表,他的《关于中国经济学建立之可能与必要的问题》和《中国经济原论》等著作,都着重强调了学习马克思主义政治经济学的重要性,这些著作为新中国成立后中国经济学的建立与发展奠定了早期的理论基石。

而真正进入中国经济学新建和"仿苏"阶段的,当属1949年新中国成立之后到"文革"之前的时期。[1] 尽管早期学者翻译了《资本论》等马克思恩格斯的政治经济学著作并进行了相关研究,但苏联的社会主义经济实践更为契合当时我国的发展实际。由于经济基础决定上层建筑,经济建设上对苏联模式的模仿不可避免地影响着我国社会主义经济理论的研究。在社会主义生产方式还不够成熟,且没有先前经验可以借鉴的情况下,被毛泽东认为是"搞出了一本社会主义政治经济学,总是一个大功劳"[2] 的苏联社会主义经济理论便被当成我国社会主义革命和建设阶段可供直接参考的"教辅模板"。与此同时,当时的学术界高度认可来自苏联的经济学理论知识,苏联的经济学理论全面引领了中国社会主义理论经济学的发展方向。

对于当时政界和学界广泛存在的"仿苏"倾向,程恩富认为,融合了马克思、列宁、斯大林经济理论与苏联具体经济实践的"苏联范式"经济学虽有其独特之处,却也存在明显的局限性。例如,对生产力发展的关注度不足、不认同价值规律在生产过程中的调整作用,以及对定量分析的轻视等。不可避免地,这些局限性对中国社会主义理论经济学的发展也产生了深远的影响。然而,从辩证的视角来看,即便受到这些局限的掣肘,当时的中国经济学理论仍然在中国经济建设过程中发挥了重要的引领作用,同时在理论上初步构建了社会主义经济学的基本框架、研究路

---

[1] 程恩富. 重建中国经济学:超越马克思与西方经济学[J]. 学术月刊,2000(2):75-82,89.
[2] 中共中央文献研究室,编. 毛泽东文集:第8卷[M]. 北京:人民出版社,1999:139.

径及核心概念。①

2. 改革阶段与"仿美"倾向

随着国家工作重心转向经济发展，社会主义经济建设迈入改革开放不断深化、中国经济体制逐步向市场经济过渡的新时期，凸显了对更加契合社会主义市场经济运行的新理论的迫切需求。这一时期出现了两大转变：一是"苏联范式"的影响力下降；二是致力于真实反映并引导我国社会主义市场经济实践的"中国范式"经济学从襁褓中逐渐成长。程恩富认为这一时期尽管社会主义经济理论在发展，但存在与实践脱节、缺乏深入研究和研究方法缺乏创新等问题。

在这样的背景下，西方经济学这一代表当时发达市场经济思想成果的学科，趁势在中国高校和理论研究领域中扩大影响力。一些理论研究者开始从苏联模式转向美国模式，但存在忽略对西方经济学背后潜藏的"范式危机"进行深入挖掘的问题。对此，程恩富敏锐地指出中国社会主义理论经济学研究的"仿美"倾向存在两大问题：其一，在研究方法的采用上，过度依赖数学工具，导致人文精神缺失。数学模型与统计分析的广泛应用，本应为理论研究提供更为精准与科学的工具，推动经济学研究的发展。然而，当数学被滥用，甚至被误作为研究的目的时，理论研究便可能走向过度抽象化，与现实经济生活脱节，从而忽略了经济现象中所蕴含的人文关怀与社会价值。其二，在理论观点的接受上，盲目崇拜"经济人"理论，不仅忽视了人类经济行为的丰富性与社会性特征，更是对利他主义和集体主义等社会主义经济建设的核心价值观的否定。② 无论是理论范式的缺陷还是现实的历史经验教训，都清晰地显示出单纯模仿西方经济学无法解决中国社会主义经济建设面临的复杂问题。尽管当前对西方经济学的批判并未能根本动摇其地位，但对其持怀疑和批判态度很可能会更有利于经济理论本身的发展。③

对比马克思主义政治经济学与西方主流经济学分析范式，不难发现它们在研究焦点、思维方式、研究方法、理论前提和价值取向等方面均存在明显的差异。前者以社会发展实际为基础，倡导跨学科研究，提倡关注公共领域和社会制度，代表无产阶级的利益，追求揭示事物发展的本质规律。西方经济学理论则是建立在抽象的假设上，采用自然科学方法和量化分析，侧重研究私人领域，倾向于维护既得利益团体，容易忽视对事物本质的研究。因此，我们必须警醒地看到，虽然西方经济学在一定程度上为我们的理论研究提供了新的视角，但其过度形式化的理念与方法，

---

① 程恩富. 重建中国经济学:超越马克思与西方经济学[J]. 学术月刊,2000(2):75-82,89.
② 程恩富. 重建中国经济学:超越马克思与西方经济学[J]. 学术月刊,2000(2):75-82,89.
③ 程恩富,张建伟. 范式危机、问题意识与政治经济学革新[J]. 河南社会科学,1999(1):48-52.

以及与中国独特社会经济环境的不匹配性，会对我们的经济学研究产生误导，尤其是可能诱导我们走向忽视社会经济结构、生产关系和阶级矛盾等核心要素的歧途，而这些恰恰是马克思主义政治经济学所重点关注的。

（二）传统和现有社会主义经济学理论的模式缺陷分析

习近平总书记深刻地指出："每个时代总有属于它自己的问题，只要科学地认识、准确地把握、正确地解决这些问题，就能够把我们的社会不断推向前进。"[①] 这一观点彰显了马克思主义的问题导向和实践精神。如前所述，自新中国成立以来，在马克思主义政治经济学的科学指导下，我们在经济活动的各个领域均提出了富有中国特色的创新经济理论。这不仅丰富了马克思主义政治经济学，也为我国的经济建设提供了科学的理论支撑。然而我们也必须认识到，在理论经济学创新过程中，各种复杂因素导致了一些错误倾向的产生，这些倾向损害了经济学的纯粹性和科学性，社会主义政治经济学的主导地位正面临巨大挑战。程恩富总结并反思了这些问题，强调要警惕并克服这些不良倾向，以保证经济学健康发展。他认为中国经济学理论存在以下五大缺陷：

第一，规范分析浮于表面，对经济活动内在矛盾的挖掘不够。程恩富指出，在阐释社会主义生产关系的现象与本质时，传统的社会主义理论经济学习惯于对不同社会经济形态进行简单横向对比，实证研究比重少，而规范性分析易掩饰经济活动的某些内在矛盾，从而导致出现研究判断立意不高、理论视野受限等弊端。[②] 因此必须加强实证分析，深入探究社会主义经济体制和行为的内在规律，提高价值性判断的深度和准确性。

第二，实证描述缺乏定量分析，没有重视马克思经济学中的数学运用。程恩富强调，数学在经济学中的应用历史悠久，马克思是那个时代运用数学工具的佼佼者。尽管现代经济学已发展出如微积分、概率论、统计学等成熟的数学分析方法，但我国社会主义理论经济学研究并未充分发挥数学工具的作用。例如，很多马克思主义政治经济学论文基本不涉及数学模型和定量分析，这与国际主流经济学研究存在差距。[③] 因此，应继承和发扬马克思经济学的数学运用，加强经济学教育改革，提升理论工作者的数学素养，鼓励数学方法在经济学中的辩证应用。

第三，政策研究缺乏自省，理论研究在很大程度上呈现为对政策的辩护性阐释。

---

① 习近平. 之江新语[M]. 杭州:浙江人民出版社,2007:235.
② 程恩富. 重建中国经济学:超越马克思与西方经济学[J]. 学术月刊,2000(2):75-82,89.
③ 程恩富. 重建中国经济学:超越马克思与西方经济学[J]. 学术月刊,2000(2):75-82,89.

程恩富指出，新政策的诞生主要有两种途径：一种是基于科学理论和实证分析的推导，另一种是政府主观意愿下的自上而下推行，这两种方式有本质区别。在政治经济学的历史演变中，理论研究有时被错误地用作为经济政策背书的工具，如为了迎合某些既定的政策目标而构建相应的理论模型来为其提供依据，导致理论服务于政策而非指导实践，这种做法违背了科学研究的初衷。① 因此，应基于科学的理论分析来制定符合社会发展和人民利益的政策，避免理论沦为政策的附属品。同时，要警惕那些仅基于政府意志而忽视客观实际和理论科学的政策推行方式。

第四，学科重构未触及根本，错误地用市场经济学取代社会主义政治经济学。程恩富指出，尽管西方国家长期研究资本主义市场经济下的资源配置问题，但并未形成真正的市场经济学。相反，传统社会主义理论经济学虽然起初聚焦于计划经济，但是改革后的社会主义理论经济学的研究重心已转向社会主义市场经济，经济学研究应超越对概念的表面分析，进而深入探讨经济关系的本质和根本制度，以更贴近实际并指导经济活动。② 因此，并不能单纯主张用市场经济学取代社会主义政治经济学，因为社会主义政治经济学始终是各具体经济学科的理论基石和指导原则。

第五，方法变革缺乏创新，存在直接套用西方经济学理论与范畴的情况。对于如何改革旧的社会主义理论经济学，以及改变当下一些理论研究中存在的"洋教条"现象，程恩富认为关键在于批判盲目崇拜西方经济学和简单模仿其分析方法的错误观点，既要科学借鉴国外经济学合理方法，也要避免过度依赖西方经济学。③ 实际上，简单的模仿和表面的"外挂"无法构建符合社会主义经济实际的理论经济学，正确的做法是以马克思主义为指导，深入研究社会主义市场经济的特殊性，进而探索其内在规律，并在此基础上推动理论经济学的创新性发展。

二、对建设中国经济学的若干基本问题的分析

建设理论经济学不能盲目追求宏大理论体系的构建，或是试图通过简单的中西理论融合来达成改良目标，而是应基于我国实际情况，审慎推进理论创新。厘清逻辑起点是构建植根于中国实践的中国经济学自主知识体系的前提，决定了整个学科的方向和框架；界定研究对象和范围有助于区分与其他经济学的差异，既从世界经济发展的普遍性中汲取合理元素，又突出中国特色社会主义道路的特殊性；理论假设的现代化则是为了确保理论能解释和指导我国的社会主义实践，适应现实发展需

---

① 程恩富. 重建中国经济学：超越马克思与西方经济学[J]. 学术月刊,2000(2):75-82,89.
② 程恩富. 重建中国经济学：超越马克思与西方经济学[J]. 学术月刊,2000(2):75-82,89.
③ 程恩富. 重建中国经济学：超越马克思与西方经济学[J]. 学术月刊,2000(2):75-82,89.

求。因此，程恩富从回答中国经济学的逻辑起点、研究对象和范围，以及厘清符合中国经济学现代化的理论假设等若干基本问题入手，开启了构建中国经济学的研究。

（一）中国经济学的逻辑起点

确立逻辑起点是学科建设的"最先一公里"，它作为核心线索引导着研究向前发展，使我们能在此基础上构建起系统的理论体系。因此在构建中国经济学时，选择合适的逻辑起点至关重要，明确了逻辑起点就等同于捕捉到这一过程中的主要矛盾。毛泽东同志曾在探讨如何编写社会主义政治经济学教科书时，深刻地思考过这个问题，提出"社会主义政治经济学教科书，究竟怎样写才好？从什么地方开始写起？这个问题很值得研究"[1]。

近年来，我国学者也在理论经济学领域进行了广泛研究，提出了国家、人民、生产力等许多关于中国经济学研究逻辑起点的看法。例如，部分学者将商品作为逻辑起点，特别强调在社会主义公有制前提下，从我国社会经济发展实际出发。谢富胜、康萌（2023）认为商品作为最简单、直接、抽象的范畴，仍然是作为逻辑起点的最佳选择。[2] 陆夏、丁晓钦（2022）等学者强调"公有制商品"是社会主义初级阶段的经济细胞。[3] 颜鹏飞（2018）进一步主张将社会主义公有制条件下"变形的商品"作为中国经济学研究的逻辑起点。[4] 刘荣材（2023）[5] 和周文、代红豆（2022）[6] 则分别将中国社会主要矛盾和经济制度作为逻辑起点，以体现中国特色社会主义的特殊性。

程恩富对这一问题也曾展开过研究，他在《关于〈资本论〉的研究对象等若干问题的讨论》一文中，就对中国经济学的逻辑起点进行了探讨。文章提出广义政治经济学的起点应是劳动，并在此基础上引申出了新的思考："中国特色社会主义政治经济学的起始概念究竟是什么？是所有制、生产力，还是国家？"[7] 他也进一步回

---

[1] 中共中央文献研究室,编. 毛泽东文集:第8卷[M]. 北京:人民出版社,1999:137.
[2] 谢富胜,康萌. 中国特色社会主义政治经济学的逻辑起点[J]. 马克思主义与现实,2023(2):111-120.
[3] 陆夏,丁晓钦. 中国特色社会主义政治经济学与中外经济研究:2021年新马克思经济学综合学派观点述评[J]. 管理学刊,2022(2):1-13.
[4] 颜鹏飞. 新时代中国特色社会主义政治经济学研究对象和逻辑起点:马克思《资本论》及其手稿再研究[J]. 内蒙古社会科学(汉文版),2018(4):27-31.
[5] 刘荣材. 中国特色社会主义政治经济学逻辑起点选择的理论范式与实践基础[J]. 改革与战略,2023(1):33-45.
[6] 周文,代红豆. 中国特色社会主义政治经济学逻辑起点再讨论[J]. 广西师范大学学报(哲学社会科学版),2022(6):1-13.
[7] 程恩富. 关于《资本论》的研究对象等若干问题的讨论[J]. 政治经济学评论,2017(3):24-26.

答了这一问题,并从方法论、逻辑起点和研究出发点概念辨析、哲学和具体科学逻辑起点辨析等角度,审视了时下流行的各种逻辑起点论,最终得出了中国经济学的逻辑起点是商品的论断。

首先,区分逻辑起点和研究出发点的不同。程恩富强调逻辑起点和研究出发点是不同的概念,"研究出发点是问题意识的起点,逻辑起点则是构建理论体系的起点。"[①] 在讨论中国经济学的逻辑起点时,学者们基于相同的马克思主义立场却得出不同结论,主要是因为混淆了逻辑起点和研究出发点,造成了有些学者误把研究的出发点当作研究的逻辑起点。

其次,区分历史学科的逻辑起点与政治经济学研究的逻辑起点的不同。程恩富指出,确立中国经济学逻辑起点的总原则是唯物史观,除此之外,至少还应将以下两种方法合理运用于中国经济学逻辑起点的确立当中,这也是程恩富一直提倡的马克思主义学者开展学术研究的具体分析方法当中的两种:一是应遵循从抽象到具体的叙述方法,这要求作为逻辑起点的应是经济细胞的最简单、最抽象形式。从而排除了将国家、人民、社会主义经济制度、公有制、消费、剩余产品等视为逻辑起点的主张。二是应遵循逻辑与历史相统一的方法,明确区分历史学科的逻辑起点与政治经济学研究的逻辑起点,政治经济学研究的逻辑起点,并非简单地依据历史事件发生的时间顺序而得出,而是要从所研究的社会结构中居于主导地位的经济范畴的源头入手。因此,以国家、社会主义经济制度为逻辑起点,就属于机械化遵循历史事件时间顺序的方法,是不恰当的。[②]

再次,区分哲学逻辑起点和具体科学逻辑起点的不同。程恩富认为哲学和具体科学在逻辑起点上存在根本不同,明确这两者的区别对于避免将哲学的逻辑起点误认为是政治经济学的逻辑起点至关重要。他指出,哲学的逻辑起点是无须中介的元概念,而具体科学则是基于中介的实体性概念。作为具体科学分支的中国经济学,其逻辑起点应是需要中介的实体概念。而劳动是人类的本质属性和所有财富的源泉,属于元概念范畴,因此劳动不应被视为中国经济学的逻辑起点。[③]

最后,阐发中国经济学的逻辑起点。从前文叙述中能够看出,程恩富通过科学研究方法,清晰区分了研究的出发点和逻辑起点、历史学与政治经济学逻辑起点、哲学与具体科学逻辑起点的不同。在批驳了各式各样的逻辑起点论之后,他认为中国经济学的逻辑起点就是商品,并指出这是"社会主义市场经济的内在逻辑,是对

---

① 段学慧,程恩富. 马克思政治经济学逻辑起点方法论考证和启示[J]. 甘肃社会科学,2021(6):1-9.
② 段学慧,程恩富. 马克思政治经济学逻辑起点方法论考证和启示[J]. 甘肃社会科学,2021(6):1-9.
③ 段学慧,程恩富. 马克思政治经济学逻辑起点方法论考证和启示[J]. 甘肃社会科学,2021(6):1-9.

我国初级阶段下的商品生产和交换进行考察和抽象的结果,实现了逻辑与历史的统一,是贯通中国特色社会主义政治经济学逻辑主线的范畴"[1]。

(二) 中国经济学的研究对象和范围

在经济学理论体系的建构过程中,界定研究对象与研究范围是形成系统化学说的重要前提,厘清观点分歧、锚定核心议题和兼顾多维实际,有助于构建更具学理性和可信度的学术框架。程恩富在探究中国经济学的研究对象和范围时,正是沿着这一逻辑展开研究:首先辨析研究的焦点范畴之争,并指出"资源配置研究"与"生产关系研究"的范式分野背后的方法论差异;其次确立以生产力与生产关系矛盾运动为轴线,并将中国特色社会主义经济实践作为理论创新的现实土壤,同时强调在中外经济实践的综合研究中实现理论普遍性与特殊性的辩证统一。

1. 分歧所在:关于资源配置的研究

尽管马克思主义政治经济学与西方经济学在研究焦点上存在差异,但二者并非完全对立。在资源配置这一议题上,有学者认为马克思主义政治经济学的研究主要集中于生产关系层面,而关于社会稀缺资源的分配问题则是西方经济学的研究领域。然而,程恩富对此提出不同观点,他认为马克思主义政治经济学在关注生产关系的同时,广泛涉及西方经济学关注的资源配置问题。[2] 马克思主义政治经济学揭示了商品经济原理和运行规律,指出资本主义通过市场机制推动生产力发展,同时揭示了资本主义条件下资源配置的历史局限性和内在固有矛盾。因此,中国经济学应广泛关注产品类型的选择、生产规模的确定、生产方式的优化、产品目标受众的界定,以及经济决策的主体和过程等诸多方面,这些问题不仅关乎资源配置的效率,更体现了社会主义市场经济的价值取向和发展方向。

在论证资源配置属于理论经济学研究范畴之后,程恩富又从方法论的视角出发,指出正是由于方法论的不同,决定了马克思经济学与西方经济学在研究资源配置问题时底层逻辑上的本质区别:第一,马克思将经济学定位为社会科学的一个核心分支,认为经济学的研究范围远不止物质财富的生成与分配机制,更应深入探讨人类社会生产关系的内在逻辑与发展规律,强调资源配置本质上是生产关系与阶级博弈的制度投射。在资源配置问题上,马克思主义政治经济学提出资源分配不仅依赖计划或市场,还涉及分配方式,这些分配方式在不同的社会历史背景下有着不同的形

---

[1] 段学慧,程恩富. 马克思政治经济学逻辑起点方法论考证和启示[J]. 甘肃社会科学,2021(6):1-9.
[2] 程恩富,齐新宇. 重建中国经济学的若干基本问题[J]. 财经研究,1999(7):3-7.

式和机制。相比之下,西方主流经济学往往选择简化资本主义生产关系,忽略其对资源分配的深层影响,它们的研究并未触及经济关系与制度的本质。第二,历史唯物主义为社会学研究提供了科学的世界观和方法论指导。马克思运用历史分析法研究资源配置和经济运行,将资源配置视为生产力与生产关系矛盾运动的具象呈现,而西方经济学因固守超历史的均衡分析范式,既遮蔽了资本主义生产关系的剥削实质,更将市场效率神话抽象为脱离社会结构的伪自然法则。①

2. 中心议题:生产力与生产关系探究

在关于理论经济学中心议题的争论中,程恩富明确指出马克思的经济学是在一个更深层次的框架内,通过探究生产力和生产关系的辩证关系,来全面理解和解释经济现象和经济规律。其中生产力和生产关系被看作经济活动的两大核心要素,它们之间是紧密相连的,二者在相互影响中共同塑造了整个社会经济体系。② 作为马克思主义政治经济学在中国土壤上的本土化创新,重建中国经济学的中心议题无疑必须在马克思原意内进行,继续对生产力和生产关系进行挖掘与探讨。此外,程恩富还特别强调,在文化生产力和文化产业蓬勃发展的背景下,仅聚焦传统物质生产领域的经济研究已明显不够,因此理论经济学研究不仅要关注传统的物质生产力,还要关注新兴的文化生产。在厘清这些基本问题的基础上,要更加深入地探讨社会主义经济体制内的经济关系和经济制度,全面分析资源配置中的效率与公平、经济运行的稳定性和可持续性、微观与宏观经济决策机制、经济发展的动力和模式,以及人民福祉的提升。③

3. 研究重点:中外经济实践

"人的思维是否具有客观的真理性,这并不是一个理论的问题,而是一个实践的问题。"④ 人们通过实践活动认识自然、社会和人类思维发展规律,形成科学理论。经济认识也是在经济实践的基础上产生的,离开了经济实践,经济理论就会失去根基,成为空洞的说教。在检验经济学理论时,人们往往低估了经济活动的多样性和实际情况的复杂程度,导致理论难以通过实践充分验证。因此,必须突破这种思维定式,将理论置于更丰富的现实场景中加以考察。

程恩富提出的关于重建中国经济学的观点当中的一项重要内容,就是强调要实

---

① 程恩富,齐新宇. 重建中国经济学的若干基本问题[J]. 财经研究,1999(7):3-7.
② 程恩富,齐新宇. 重建中国经济学的若干基本问题[J]. 财经研究,1999(7):3-7.
③ 程恩富,齐新宇. 重建中国经济学的若干基本问题[J]. 财经研究,1999(7):3-7.
④ 中共中央马克思恩格斯列宁斯大林著作编译局,编译. 马克思恩格斯文集:第1卷[M]. 北京:人民出版社,2009:503.

现理论与实践的紧密结合,在经济全球化的实践过程中,重新审视和完善社会主义经济学的理论体系,"在重建中国经济学的过程中,中外经济实践应被视作宝贵的思想源泉"①。具体而言,就是要深入研究和理解全球经济的发展脉络,以及不同经济体制下的市场模式和运行机制。研究中外社会主义经济实践,不仅能够帮助我们理解社会主义经济在不同国家和地区的具体表现形式,还能够为我们提供翔实的案例和数据,揭示出社会主义经济发展的内在逻辑和规律。同样地,资本主义市场经济实践也在一定程度上为我们提供了重要的参照系,通过与资本主义市场经济的对比分析,可以更清晰地揭示出社会主义经济的独特性和优势所在。故而程恩富一再强调中国经济学现代化的综合创新要充分融合东西方市场经济实践与中国特色的社会主义实践,这一综合过程不仅是对历史和实践的总结,更是对未来社会主义经济发展的理论指导和预见。

(三)中国经济学现代化的五大理论假设

理论假设是科学研究的前提出发点。西方经济学通常基于一系列假设来构建理论模型以研究经济现象,如理性经济人假设、完全竞争市场假设、市场均衡假设、资源稀缺性假设等。这些假设有助于简化现实世界的复杂性,使经济学者能够更清晰地分析和预测经济行为。然而,这些假设往往是为了便于理论分析而设定的,现实世界中的经济现象可能更加复杂多变。因此,在研究西方经济学的一些理论假设时,需要注意其适用范围和局限性。基于这种辩证考量,在构思重建中国经济学时,程恩富指出:"如同现代西方经济学把'生产要素价值论''完全自私经济人论''资源有限与需要无限论''公平与效率高低反向变动论'等视为理论假设一样,现代马克思主义政治经济学的理论创新也有必要把'新的活劳动创造价值论''利己和利他经济人论''资源和需要双约束论''公平与效率互促同向变动论'等视为理论假设。"②秉承这一理念,他在后续的研究中又提出了"公有制高绩效假设",与前述四个理论假设合称五大理论假设。

1. "新的活劳动创造价值假设"

相较于西方经济学者所推崇的"生产要素价值论",程恩富继承并发扬了马克思关于劳动及劳动价值论的科学论述,同时结合现代生产力发展的实际情况,对马克思的劳动价值论进行了拓展与创新,提出了"新的活劳动创造价值假设"("新的

---

① 程恩富.重建中国经济学:超越马克思与西方经济学[J].学术月刊,2000(2):75-82,89.
② 程恩富.程恩富选集[M].北京:中国社会科学出版社,2010:238.

活劳动价值一元论",如表 5-1 所示)。这一假设不仅坚持了劳动创造价值的基本原理,还根据时代变化和社会经济发展对劳动范畴进行了拓展,为理解和分析当代社会经济现象提供了新的视角,更多关于该假设的内容展开和观点评价在第二章中已作过充分论述,这里不再赘述。

表5-1 "新的活劳动价值一元论"和"生产要素价值论"的比较分析

假设	"新的活劳动价值一元论"	"生产要素价值论"
基本定义	强调活劳动在价值创造中的一元地位	否认价值一元论,认为价值可以由多种因素共同创造
理论基础	马克思的劳动价值论	威廉·配第的"生产二要素"理论;萨伊的"生产三要素"理论等
价值创造主体	从事生产性劳动的劳动者	土地、资本和劳动三种生产要素共同协作创造价值
对物化劳动的看法	物化劳动仅作为价值的转移者,其自身不创造新价值	物化劳动(如机器、技术)被视为能够创造价值的要素之一
对科技的看法	本身不创造价值,但科技劳动是生产性活动	视科技为独立于活劳动之外的价值创造要素

资料来源:根据程恩富《现代马克思主义政治经济学的四大理论假设》整理制作。

2. "利己和利他经济人假设"

所有私有化的主张都是对抽象人性论的摹写,西方经济学"经济人假设"强调了人在经济决策中的"自利性"和"理性",它主张个体在经济行为中常常受到个人利益或自利心的驱动而进行理性抉择,最终采纳能够实现自身经济利益最大化的方案。这一理论假设被西方经济学者沿用至今,并发展成西方经济学的重要组成部分。但事实证明,"经济人假设"存在不容忽视的问题和局限性。程恩富一针见血地指出了其中包含的功利主义、预设主义、历史唯心主义、形而上学、"经济—道德"二元悖论、唯理论教条主义、崇尚人类低级本能、人性异化心理等八个错误[1],并以此为基础,创新性地提出"利己和利他经济人假设",如表 5-2 所示。该假设批判了西方经济学倡导的"理性经济人假设",认为个体在经济活动中既利己也利他,且行为既有理性也有非理性。他强调,良好的制度能激励个体在促进集体利益的同时实现个人利益最大化。[2]

---

[1] 程恩富. 现代马克思主义政治经济学的四大理论假设[J]. 中国社会科学,2007(1):16-29.
[2] 程恩富. 海派经济学方法论:综合创新的若干思考[J]. 上海财经大学学报,2005(1):12-18.

第五章 创新理论政策：对社会主义市场经济理论与政策的有益探索

表5-2 "利己和利他经济人假设"和"理性经济人假设"的比较分析

假设	"利己和利他经济人假设"	"理性经济人假设"
基本定义	经济活动中的人利己和利他动机并存	经济活动中的人是完全理性的，具有逐利性和自利性
理性程度	承认人类理性的有限性，决策可能仅达到满意水平	假设人具有完全理性，能够作出最优决策
社会因素考量	重视情感、道德和社会规范对经济行为的影响	忽略情感、道德和社会规范等非经济因素的影响
制度影响	强调良好的制度能激励个体在促进集体利益的同时实现个人利益最大化	制度对个人行为影响有限
理论局限性	结合利己与利他动机试图更全面地反映人类行为的多样性	忽视人类行为的复杂性，未考虑利他主义和社会责任等因素

资料来源：根据程恩富《现代马克思主义政治经济学的四大理论假设》整理制作。

本研究认为，"利己和利他经济人假设"是马克思主义政治经济学人性论假设的重要突破，其最大启示在于对经济行为的分析必须植根于具体的社会关系与制度实践，而非诉诸永恒抽象的人性预设。该理论是对西方经济学"理性经济人假设"的革命性批判与超越，它重构了经济行为主体的社会性与历史性本质，为马克思主义政治经济学提供了更具解释力的人性假设基础。首先，这是对"人的本质是社会关系总和"命题的具体化。程恩富否定"理性经济人"的抽象人性论，强调利己与利他倾向是特定社会关系的产物，这一立场与马克思在《关于费尔巴哈的提纲》中"人的本质不是单个人所固有的抽象物，在其现实性上是一切社会关系的总和"的论断相一致。他通过剖析原始社会、私有制社会及社会主义社会中的利他行为差异，揭示了经济行为的社会建构性，利他并非道德说教的产物，而是特定生产方式和所有制结构的客观要求。这种分析不仅批判了西方经济学将"经济人"永恒化的唯心论，更将人性问题从伦理领域拉回历史唯物主义视野，为解释社会主义市场经济中集体主义与个人利益的辩证关系提供了理论工具。其次，程恩富提出"良好的制度使个人在增进集体利益中实现合理个人利益最大化"，实质上是对马克思"自由人联合体"思想的阶段性阐释。他区分了私有制与公有制下个人利益与集体利益的关系，指出在私有制中个人利益最大化受资本逻辑支配，因此必然与公共利益冲突；而在公有制中，集体理性的优先性通过制度设计使个人利益与公共利益趋于一致。这种分析不仅延续了列宁关于"社会主义竞赛"的设想，更暗含对社会主义市场经济改革中公有制主体地位的捍卫，这与新自由主义鼓吹私有化万能的意识形态形成鲜明对立。最后，对"理性—非理性"范畴的阶级性解构。程恩富批判西方经济学将"理性"等同于"自利"的狭隘定义,指出理性行为的社会规定性:在资本主义制度下,"抢银行""造假货"等行为虽符合个体利益最大化逻辑,却因违反法律和道德而属非理性,呈现"经济—道德"二元悖论;而在社会主义制度中,由集体利益导向的理性则成为主流。这种分析将"理性"从技术性概念上升为阶级性范畴,揭示了资产阶级经济学"理性经济人假设"将资本增殖逻辑伪装成普遍人性,从而为剥削关系提供合法性辩护的资本主义意识形态本质。

3. "资源和需要双约束假设"

资源配置问题是中国经济学研究的一个重要领域。西方主流学者在研究资源配置时,普遍以"稀缺性假设"为核心,借以强调资源稀缺性对人类生产、分配和交换活动的决定性影响。与此相反,程恩富提出了"资源和需要双约束假设"(见表5-3),认为在特定时期内资源和需要都存在约束,但在科技进步的推动下,资源有可能展现出"无限"的潜力,而人的合理需要在一定条件下是"有限"的,从而打破了西方经济学假定资源有限和需要无限的固有观点。程恩富对"资源和需要双约束假设"的三个具体要求作了阐释:要通过科技进步和管理提升资源利用效率和配置;要科学地调节有效需要与合理需要以平衡社会总供给与总需要;要在以公有制为主体的市场经济体系中,有机结合市场机制与国家宏观调控,以最小成本实现资源最优利用和需求最大满足。[①]

表5-3 "资源和需要双约束假设"和"资源有限与需要无限假设"的比较分析

假设	"资源和需要双约束假设"	"资源有限与需要无限假设"
基本定义	假设在特定时间段内,资源与需要均存在约束,设想多种资源与各类需要间能构成多样化的选择或替代方案	假设资源存量有限,而人类的需要是无限的,凸显资源稀缺与需要无限之间的矛盾
逻辑对称性	资源和需要的约束条件在同一时间和条件下进行考虑,前提对称,逻辑更为严密	资源的有限性假设基于特定的时间和条件,而需要的无限性假设则未考虑时间和条件,存在前提不对称的问题
资源的限度	认为资源在一定条件下有限,但从宇宙和科技发展的角度来看,资源具有无限性和可循环性	强调地球上现有资源的有限性,忽视了科技发展、物质变换和循环经济带来的资源扩展潜力
需要的限度	将需要分为三类:无约束的需要;合理需要;具有货币支付能力的需要	认为人类的需要是无限的,未明确区分需要的种类及其约束条件

---

① 程恩富. 现代马克思主义政治经济学的四大理论假设[J]. 中国社会科学,2007(1):16-29.

续表

假设	"资源和需要双约束假设"	"资源有限与需要无限假设"
理论应用	强调资源和需要的双重约束,有助于在供给和需求两个方面进行优化,实现资源配置和需要满足的平衡	强调资源稀缺性,可能导致过度关注供给侧限制,忽视需求侧管理

资料来源:根据程恩富《现代马克思主义政治经济学的四大理论假设》整理制作。

本研究认为,"资源和需要双约束假设"是对西方主流经济学"稀缺性假设"的批判与超越,该理论重构了资源配置问题的分析框架,揭示了资源与需要的社会属性和制度约束,为社会主义市场经济的可持续发展提供了理论根基。程恩富对"资源—需要"关系进行了辩证阐释,指出资源的"有限性"是特定历史条件下技术水平和所有制结构的产物,而资源的"无限性"则根植于物质世界的客观无限性与科技革命的可能性。这种分析不仅批判了资本主义将资源稀缺性永恒化的意识形态动向,也为社会主义通过公有制和科技创新突破资源约束指明了实践路径,与恩格斯"人类支配的生产力是无法估量的"的论断形成呼应。同时,程恩富将需要划分为"无约束欲望"、"合理需要"和"有效需求"三类,实质上是对马克思需要理论的具象化呈现。在资本主义制度下,"有效需求"受资本积累逻辑支配,表现为少数人的奢侈性消费与多数人的基本需求压抑并存;而社会主义通过公有制和按需分配原则,能够将"合理需要"界定为符合生态可持续性与社会公平的消费结构,程恩富的分析是将需要问题由阶级权力关系层面拓展至个体自由层面。

4."公平与效率互促同向变动假设"

在经济学中,"公平"意味着收入、制度、权利、机会和结果的公平,"效率"则关注资源配置是否最优以达到满足需求或增进福利的效果。公平与效率是经济追求的两大目标,对它们之间的关系和制度安排进行研究,是各经济学派不断探索与争议的重要议题。其中,西方经济学者往往陷入"公平与效率呈反向关系"的认识误区,认为公平和效率难以同时实现。相反,程恩富提出了"公平与效率互促同向变动假设",强调经济活动的公平性与效率之间存在正相关性,如表5-4所示。他指出,公平的经济活动能激发潜能,优化资源,提高效率;不公平则会抑制积极性,从而降低效率。[1] 这一观点为构建公平与效率良性共存的社会体系提供了新思路,符合习近平总书记强调的"中国式现代化既要创造比资本主义更高的效率,又要更

---

[1] 程恩富.现代马克思主义政治经济学的四大理论假设[J].中国社会科学,2007(1):16-29.

有效地维护社会公平,更好实现效率与公平相兼顾、相促进、相统一"① 这一统筹效率与公平的原则。

表5-4 "公平与效率互促同向变动假设"和"公平与效率高低反向变动假设"的比较分析

假设	"公平与效率互促同向变动假设"	"公平与效率高低反向变动假设"
基本定义	认为经济活动中的公平与效率是相互促进、同向变动的关系,即公平程度的提高会带来效率的提升,反之亦然	认为经济活动中的公平与效率存在此消彼长的反向关系,即提高公平程度可能导致效率下降,追求效率提升可能引发公平受损
理论基础	基于现代马克思主义政治经济学,强调公平与效率的辩证统一,主张通过制度设计实现二者的协调发展	基于传统西方经济学,认为资源配置的效率与分配的公平性之间存在权衡,需要在二者之间进行取舍
政策主张	倡导在制度、权利、机会和结果等方面实现公平,以促进效率的提升,主张公平与效率并重	只强调机会公平,倾向于效率优先,认为应在效率提升的基础上考虑逐步改善公平
资源配置	公平和效率的提升可通过优化资源配置,促进整体经济效益与社会福祉的提升	过分注重效率,可能出现收入差距加大或资源配置不合理
社会影响	有助于增强社会稳定,提升社会成员的满意度,减少社会矛盾	可能加剧社会不满和冲突,尤其是在效率提升过程中不公平现象加剧时

资料来源:根据程恩富《现代马克思主义政治经济学的四大理论假设》整理制作。

　　本研究认为,"公平与效率互促同向变动假设"是对新自由主义"公平与效率高低反向变动假设"的批判与超越,它揭示了公平与效率的辩证统一关系,为社会主义市场经济条件下共同富裕道路提供了科学理论支撑。程恩富突破西方经济学将公平与效率抽象对立的形而上学框架,指出二者的关系本质上是特定生产关系的表现。在资本主义私有制下,效率以剩余价值最大化为目标,必然通过剥削劳动与垄断定价等方式制造贫富分化,形成"效率—公平"悖论。而在社会主义公有制框架内,按劳分配通过"劳动平等"实现多劳多得的效率激励与公平保障的统一,其本质是马克思"自由人联合体"思想的阶段性实践。同时,程恩富将共同富裕界定为"公平效率互促"的历史过程,提出"提低、扩中、控高、打非"的操作路径,实质上是对马克思"重建个人所有制"思想的中国化诠释。党的十八大以来,通过分配制度创新,我国在保持GDP中速增长的同时,实现了8亿人脱贫、中等收入群体超4亿的公平跃升,这与新自由主义"涓滴效应"的破产形成鲜明对比,验证了在

---

① 中共中央宣传部,编. 习近平新时代中国特色社会主义思想学习纲要(2023年版)[M]. 北京:学习出版社、人民出版社,2023:64.

公有制制度下"效率支撑公平、公平反哺效率"的科学性。

5. "公有制高绩效假设"

公有制的主体地位关系到社会主义性质和中国共产党执政的根基，也关系到广大劳动人民共同富裕最终能否实现。西方试图通过鼓吹"私有制高绩效假设"来否定我国社会主义基本经济制度，误导经济改革方向，他们对我国公有制经济制度的攻击在很大程度上体现在对其运行效率的质疑上，错误地认为公有制产权组织效率必然低于私有制产权组织效率，并捏造"公有制效率低下""公地悲剧论"等错误观点。对此，程恩富相应地提出"公有制高绩效假设"，阐释了公有制高绩效论的具体所指：在马克思主义政治经济学视域中，计划经济下的公有制能达到社会绩效最大化；在中国特色社会主义经济理论视域中，市场经济条件下的生产资料全民和集体所有制能达到社会绩效最大化（见表5-5）。[①]

表5-5 "公有制高绩效假设"和"私有制高效率假设"的比较分析

假设	"公有制高绩效假设"	"私有制高绩效假设"
理论基础	马克思主义及其中国化经济理论视域下的公有制	西方经济学理论视域下的私有制
核心观点	公有制在特定条件下能实现社会绩效最大化，效率受多种因素影响，需要从多个维度进行综合评估	私有制能够通过市场竞争和产权激励机制实现资源的有效配置和高效率
前提条件	无严重社会腐败；委托代理双方权责清晰；对国企承担额外社会义务的独立核算；政府高效治理等	完善的产权制度；有效的市场竞争机制；信息对称等
评估维度	经济效率、社会效率、生态效率等多个维度的综合评估	主要关注经济效率，强调市场机制的自我调节能力
对局部低效的态度	国有经济的特定职能、区域经济发展需要、历史原因，以及正常的市场经营风险等均有影响，不能以偏概全	主要归因于市场机制失灵或政府干预不足，强调通过市场竞争来解决效率问题

资料来源：根据程恩富、郇杰《评析"国有经济低效论"和"国有企业垄断论"》整理制作。

本研究认为，"公有制高绩效假设"是对新自由主义私有化教条的坚决驳斥与马克思主义所有制理论的当代发展，它论证了公有制经济的历史必然性与现实高效性，强调了效率是用来衡量生产关系适应生产力发展的程度，而非抽象的技术指标。该假设的理论贡献首先在于，对公有制整体效率进行了科学阐释，通过数据实证揭

[①] 程恩富，郇杰. 评析"国有经济低效论"和"国有企业垄断论"[J]. 学术研究，2012(10):70-77.

示了国有经济在我国工业化奠基、技术自主突破与宏观战略支撑中的核心作用，确证了马克思"生产资料的全国性的集中将成为由自由平等的生产者的各联合体所构成的社会的全国性的基础"[①] 的论断，证明了公有制与市场机制的兼容性。这种分析彻底驳斥了科斯"产权私有化"的谬论，揭示了西方"国企低效论"的资产阶级意识形态本质。其次，程恩富突破新古典经济学将效率简化为资本回报率的狭隘定义，提出"经济—社会—生态""三位一体"的效率观，国有经济通过承担公共产品供给、区域平衡发展与生态治理，实现了私有资本无法企及的正外部性。最后，程恩富客观地承认国企存在局部低效，并将其归因于历史负担、公共职能与长周期投资，体现了社会主义的本质与发展的长期性。同时，他通过对比私营企业与国企亏损面的巨大差异，揭示了私有制下效率的脆弱性，打破了"市场万能论"神话，为做强做优做大国有资本提供了理论依据。

三、关于中国经济学现代化转型的路径探索

改革开放以来，我国经历了从社会主义有计划的商品经济体制向社会主义市场经济体制的转变，我国经济理论和现实也相应地发生了重大变化，如多元化理论范式的涌入使得政治经济学面临范式之争；经济学学科分类细化和体系扩大使得政治经济学难以全面涵盖。面对这些变化带来的新的风险挑战，程恩富对政治经济学的未来发展方向进行了探索，他主张中国经济学的革新不是简单模仿西方，而是在科学继承苏联经济学精髓与批判借鉴现代西方经济学合理颗粒的基础上，朝现代政治经济学进行新转向。[②] 关于中国经济学在对传统经济学的沿袭与突破中将走向何处，程恩富从宏观层面剖析了经济学发展的五大态势，并对其现代化转型路径进行了探索。

近年来我国马克思主义政治经济学者在理论深挖与政策研讨方面取得了显著成就，为中国经济学注入了蓬勃生机与源源不断的创新动能。程恩富在对中国经济学过往成就的总结归纳中，凝练出值得注意的五大发展态势：对重大经济问题进行符合科学发展观的理论和政策研究；对经济学原理进行超越性发展；对政治经济学理论的数学表达和分析进一步加强；用现代马克思主义政治经济学引领应用经济学创新；与国外马克思主义政治经济学的互动和借鉴增加。这五大发展态势揭示了中国

---

① 中共中央马克思恩格斯列宁斯大林著作编译局，编译. 马克思恩格斯文集：第3卷[M]. 北京：人民出版社，2009：233.

② 程恩富. 马学为体，西学为用：中国主流经济学的现代转型[J]. 重庆邮电学院学报（社会科学版），2006（4）：453-456.

经济学现代化转型的内在理论创新逻辑：从问题导向的科学发展到政治经济学原理突破，从数理方法创新到应用体系重构，再到国际学术对话能力的提升，构成了完整的理论闭环。[1]

基于此，中国经济学要实现更深层次的现代化转型，需要将对发展态势的研判进一步转化为对实践路径的拓展。程恩富提出的政治经济学国际化、应用化、数学化和学派化四大发展方向恰恰顺应了这一需求，通过国际化提升理论传播效能、通过应用化增强现实解释力、通过数学化完善分析工具、通过学派化形成学术共同体，构建起从理论创新到实践突破的立体化转型框架。这种从内在机理到外显路径的延展，既保持了理论体系的连贯性，又为现代化转型注入了动态发展动能。具体而言：

第一，政治经济学的国际化。政治经济学的国际化是驱动该学科不断进步的重要力量。自马克思主义政治经济学问世以来，其鲜明的国际化特质便显露无遗。然而在东西方阵营对峙的历史背景下，政治经济学的国际交流曾一度面临重重阻碍。中国经济的迅猛崛起和在全球经济格局中地位的日益提升，为国际社会深入了解中国政治经济学最新理论成果提供了窗口。程恩富认为，深化双向交流，乃至"以我为主"地掌握经济学理论研究的话语权，已成为推进政治经济学国际化的核心任务。我国理论经济学研究需在持续关注国内经济社会发展的同时，紧密跟踪国际经济学发展动态，科学吸纳国外的先进理论与方法。此外，我国也应积极地将自身的政治经济学理论推向国际舞台，主动融入全球政治经济学和左翼经济学的学术研讨与争鸣，借此扩大国际影响力。[2]

第二，政治经济学的应用化。政治经济学的应用化是将理论应用于实践的重要体现。政治经济学作为一门社会科学，其研究目的在于为社会经济的健康发展提供科学的理论支撑和政策建议。因此，政治经济学必须紧密围绕社会实践，关注现实挑战。程恩富指出，当前政治经济学的应用化主要体现在三个方面：一是深化对部门经济、应用经济和专题经济的研究，将政治经济学理论拓展至更广泛的领域；二是加强与其他社会科学的交融共鉴，加强政治经济学理论对其他学科的影响；三是加强经济政策研究，推动经济社会发展的科学决策与有效实施。[3]

第三，政治经济学的数学化。[4] 数学作为一种精确的分析工具，可以更科学地揭示经济现象的内在规律和机制，提高理论研究的科学性和精确性。关于政治经济

---

[1] 程恩富.改革开放与马克思主义经济学创新[J].华南师范大学学报(社会科学版),2009(1):5-15.
[2] 程恩富.政治经济学现代化的四个学术方向[J].学术月刊,2011(7):59-63,71.
[3] 程恩富.政治经济学现代化的四个学术方向[J].学术月刊,2011(7):59-63,71.
[4] 程恩富.政治经济学现代化的四个学术方向[J].学术月刊,2011(7):59-63,71.

学的数学化的具体内容和观点在前文已作详细论述,这里不再赘述。

第四,政治经济学的学派化。学派化是助推政治经济学创新性发展的重要方式。程恩富强调,加强学术界的交流与合作既能促进集体智慧的迸发,又能促进不同学派间的协作,共同推动政治经济学的创新性发展,为社会经济发展提供更为科学、精准的理论支撑与指导。① 学派聚集了有共同学术目标的学者,学派内部的充分交流和思想碰撞催生了独特的学术理念,为政治经济学的创新和应用提供了动力。当前我国学界已有多个有影响力的政治经济学学派陆续诞生,如"海派经济学"就是一支不容忽视的重要学术力量②,它们在坚持马克思主义原理的基础上,结合自身特色,对政治经济学的方法论、理论体系和应用进行了广泛研究。

第二节 对社会主义公有制主体地位与相应实现形式的研究

在社会主义市场经济框架下,公有制不仅是防止两极分化、维护经济主权的制度根基,更是实现科技创新引领、产业自主升级的战略载体。然而20世纪90年代,在我国由计划经济向市场经济转轨的攻坚过程中,随着全球化浪潮冲击,我国产业安全风险加剧,国企改革进入"抓大放小"、战略性改组的阵痛期,加之农村家庭联产承包责任制释放活力后显现的分散化隐忧,公有制主体地位面临着前所未有的理论质疑与实践挑战。

围绕公有制主体地位的意义、现状和实现路径等议题,我国学界展开了广泛研究。关于坚持公有制主体地位在社会主义制度中的基础性作用,吴宣恭(2016)强调公有制是社会化大生产的必然要求,动摇公有制主体地位则社会主义事业必将受挫。③ 在何干强(2006)看来,必须批判新自由主义对公有制的侵蚀,强调公有制经济的主体、主导和支柱性作用。④ 周新城(2017)从鲜明的意识形态立场出发,认为坚持公有制是社会主义根本保证,主张反对任何削弱公有制的私有化倾向。⑤

---

① 程恩富.政治经济学现代化的四个学术方向[J].学术月刊,2011(7):59-63,71.
② 方松华.中国马克思主义学术史纲[M].上海:学林出版社,2011:244.
③ 吴宣恭.坚持和完善社会主义初级阶段的基本经济制度[J].政治经济学评论,2016(4):10-14.
④ 何干强.维护公有制主体地位的经济学思考[J].当代经济研究,2006(12):1-4.
⑤ 周新城.关于公有制为主体问题的思考[J].当代经济研究,2017(6):20-28.

在关于公有制主体地位现状的研究方面,由于分析角度和工具的不同,学者们得出的结论也不尽相同,但是均指向了捍卫和增强公有制主体地位的必要性和紧迫性。周新城(2011)提出公有制占主体地位,既要在量上有优势,又要保证其在质上有控制力。[①] 赵华荃(2012)以量化公有制主体地位的临界值为尺度,在量化分析的基础上指出自2003年我国以公有制为主体、多种所有制经济共同发展的格局基本形成以来,非公有制经济增速远超公有制经济。[②] 孙宗伟(2015)也根据相关统计数据指出,在看到我国公有制经济总量和质量齐升的同时,也要注意到其在整个国民经济和关系国民经济发展的主要工业行业中优势地位的下降。[③] 而肖香龙、谭劲松(2010)通过分析我国公有制经济发展现状,指出其仍占主体地位。[④] 此外,刘越(2012)从"质"的分析视角,基于五个维度进行实证分析,论证了我国公有制经济的控制力。[⑤] 在公有制的实现形式方面,学者们从多元维度探索增强公有制主体地位的路径。卫兴华(2012)提出要通过深化产权制度改革和探索多样化实现形式,提升公有制经济"控制力"。[⑥] 胡钧(2005)反对将公有制实现形式简化为股份制,提出应通过战略性产业加强国民经济的控制力,从而实现国有经济的主导作用。[⑦] 顾钰民(2015)认为积极发展混合所有制经济是实现基本经济制度在宏观和微观内在统一的重要内容。[⑧]

面对当时国有企业在竞争性领域效率困境与垄断性领域改革滞后的双重矛盾,以及农村土地碎片化经营与现代农业规模化需求的结构性矛盾,程恩富紧扣"生产关系要适应生产力发展"的逻辑,既旗帜鲜明地批判全盘私有化思潮,又尝试性地提出公有制实现形式的多样化路径,为社会主义市场经济条件下巩固制度优势、破解发展难题提供理论支持。

一、捍卫公有制主体地位

我国公有制主体地位在市场化改革与全球化浪潮中遭遇多重冲击:新自由主义

[①] 周新城. 关于公有制为主体的若干基本理论问题的探讨[J]. 思想理论教育导刊,2011(2):35-42.
[②] 赵华荃. 关于公有制主体地位的量化分析和评价[J]. 当代经济研究,2012(3):41-48,93.
[③] 孙宗伟. 公有制主体地位的含义、现状以及发展趋势[J]. 思想理论教育导刊,2015(3):39-45.
[④] 肖香龙,谭劲松. 我国公有制主体地位现状与发展趋势研究[J]. 浙江理工大学学报,2010(6):976-982.
[⑤] 刘越. 我国公有制经济占主体地位之"质"的分析[J]. 马克思主义研究,2012(8):74-83.
[⑥] 卫兴华. 坚持和完善中国特色社会主义基本经济制度[J]. 政治经济学评论,2012(1):66-79.
[⑦] 胡钧. 正确理解"使股份制成为公有制的主要实现形式":评"新公有制"、"现代公有制"[J]. 高校理论战线,2005(3):44-48.
[⑧] 顾钰民. 发展混合所有制经济的理论思考[J]. 中国高校社会科学,2015(4):124-129.

思潮不断渗透，大肆鼓吹"国退民进"、土地彻底私有化等观点，企图动摇我国的基本经济制度；西方经济学打着"去意识形态化"的幌子消解公有制理论根基，以"竞争中性"原则挤压国企发展空间；全球化背景下"国家经济主权让渡论"企图瓦解公有制对战略行业的掌控；国企改革中"产权迷信"蔓延，将股份制异化为私有化工具的观点甚嚣尘上，引发"郎顾之争"等关于国有资产流失问题的论战；农村集体经济领域"去集体化"主张片面夸大个体效率，否定土地集体所有制对农民权益的保障作用；等等。面对这些挑战，党的十五大提出构建"以公有制为主体，多种所有制经济共同发展"的基本经济制度，并通过宪法修订将其正式写入宪法，以回应这些理论冲击。同时，学界纷纷响应，为捍卫公有制主体地位提供科学有力的理论支撑，其中，程恩富通过对比马克思产权理论与西方产权理论，分析了公有制主体在当前经济环境中的重要性及功能，并对公有制改革的困境和原因进行了剖析，提出了切实可行的解决思路。

（一）对马克思产权理论与西方产权理论的比较分析

马克思产权理论是政治经济学的核心理论之一，该理论强调产权是生产关系的法律体现，反映了社会经济制度。在资本主义社会中，产权关系体现为资产阶级对无产阶级的剥削和压迫。而社会主义公有制的目的就在于消除这种剥削，以实现劳动者对生产资料的共同占有和支配。要理解社会主义公有制首先需要掌握马克思产权理论，并区分其与西方产权理论的根本差异。

程恩富从产权的起源、本质、结构等方面，揭示了马克思产权理论与西方产权理论在理论根基和价值追求上的不同。通过对比，程恩富揭示出西方产权理论强调交易费用和市场机制，而马克思产权理论则强调生产力与生产关系的矛盾运动，且更多关注阶级关系和制度革命。在此基础上，程恩富对西方产权理论的错误观点进行了批判，为社会主义公有制的理论创新和实践提供了坚实基础。

1. 关于产权的若干基本问题

产权制度是经济制度的核心，它涉及产权的起源、本质、结构和变迁等若干基本问题。不同经济学派对产权的理解和解释反映出它们之间深刻的哲学与方法论差异。马克思主义从历史唯物主义出发，认为产权是生产关系的法律表现，其形态随生产力的发展而演变，其中私有产权仅是过渡性质而非永恒的。而西方产权理论基于"经济人"假设，强调产权源于稀缺资源的分配和成本收益分析，将私有产权视为自然权利和恒久制度。程恩富通过比较马克思产权理论和西方产权理论在起源、本质、结构和变迁四个方面的差异，探讨二者对经济制度和社会发展的不同解释框架及现实意义,为产权制度的研究提供了更全面的视角(见表5-6)。

表5-6 马克思产权理论和西方产权理论的比较分析

	马克思产权理论	西方产权理论
起源	从历史唯物主义视角出发,将原始公有产权视作人类社会产权的起始形态;随着生产力的发展和家庭的出现,私有产权才产生	从成本与收益比较中阐释产权的起源,认为资本主义私有产权是产权的原始形态
本质	产权是社会关系的法律表现;产权反映生产关系,是社会关系的法律表达形式	产权是个人权利的集合:视产权为个人对资源的占有、使用、收益和转让等权利的集合,强调个人对资源的控制和利用
结构	综合性权利体系:包括终极所有权、使用权、支配权、经营权等,终极所有权居于核心地位,收益权是其经济实现形式	狭义产权关系:强调使用权、收益权和转让权等具体权能,关注这些权能的分配和行使方式
变迁	动态演进过程:认为产权制度随着生产力的发展而演变,从原始公有制到私有制,再到未来更高级的公有制,体现了历史的阶段性和过渡性	静态或渐进变化:视私有产权为恒久性制度,变迁主要在于权利的重新界定和法律的调整,以适应经济发展的需要

资料来源:根据程恩富《产权制度:马克思与西方学者若干理论比较》整理制作。

2. 对西方产权理论错误观点的批判

在剖析并对比中西方在产权的起源、本质及其所有制基础等核心议题上的不同观点与立场之后,程恩富秉持批判性的学术态度,对西方产权理论中的谬误观点进行了有力批判。

第一,揭示西方产权理论研究浮于表象的原因。西方产权理论主要着眼于法权关系,但这些权利不是在历史地形成的生产关系基础上产生的,而是以反映人的超历史的自然本性的法律为基础,产权成为法律的产物。而马克思产权理论则是提供了宏观视角,主张私有产权是历史的产物,其演变受社会经济发展趋势影响,并强调分析产权时需考虑深层次的生产力、经济和文化发展环境,以更准确把握社会经济规律。程恩富指出,马克思在产权理论方面的一个重要贡献就是提供了历史唯物主义这一产权理论研究的方法论哲学基础,西方产权理论由于缺乏历史唯物主义方法论的指导,往往仅关注表面的法权和市场效率,而未能深入探讨所有制层面和产权问题的本质。[①]

第二,剖析私有产权制度的局限性。私有产权制度有促进社会经济发展的一面,但是它自身的局限也十分显著,程恩富指出了其中的三大局限:首先,私有产权与

---

① 程恩富,张建伟. 西方产权理论的哲学审视[J]. 经济经纬,1999(2):14-16.

异化。私有制下人们往往被物质财产束缚,丧失了作为"类"存在的本质属性,导致人们变得片面化和愚昧化,只有废除它才能实现人的全面发展。其次,产权的动态博弈引发阶层冲突和社会制度变革。产权的界定是一个动态博弈的过程,不同产权主体之间会基于利益考量进行博弈,这种博弈不仅涉及个体,还可能牵涉阶级斗争和社会变迁。而随着信息的更新和力量对比的变化,产权界定也会发生变化。最后,财产初始占有的不公,将会加剧社会不平等和竞争不公,导致资源分配不合理和"强盗逻辑"的泛滥。①

第三,批判私有产权谬论。西方产权经济学在某种意义上有值得我国借鉴之处,但是其中很多理论内容并不契合我国社会主义经济发展的实际情况,程恩富对其中存在的谬论进行了驳斥:针对所谓"所有权在经济上无足轻重,可有可无"的观点,程恩富强调财产终极所有权是经济活动中不可或缺的核心要素,影响着公司的决策和经营效率。针对所谓"公有制与市场经济不相容"的观点,程恩富明确指出公有制与市场经济可以共存,通过适当的制度设计可以实现二者融合,许多国家和地区的实践经验已经证明了这一点。针对所谓"高效率与经济公平是此消彼长的关系"的观点,程恩富强调,在合理的制度安排下,公平与效率可以实现正相关关系,即在实现经济公平的同时,可以提高经济效率。实现高效率并不意味着必须牺牲经济公平,相反,合理的经济公平可以促进经济效率的提高。② 针对所谓"私有制是我国经济发展的唯一可靠方法"的观点,程恩富指出在不同的时期和地区,土地、劳动、资本等各种因素对经济发展的相对重要性也有所不同,私有制并不是唯一办法,反而私有制占比越高,越会抑制经济增长。③

(二) 对公有制主体地位的坚守

在全面深化改革的推进过程中,所有制问题始终是一个无法回避的核心议题。所有制结构不仅是社会经济架构的根基,更是决定社会经济体系本质属性的关键因素。生产资料公有制适应了社会化大生产要求,构成了社会主义制度的基础和基本经济特征。坚持公有制的主体地位,同时促进多种所有制经济共同繁荣,是中国社会主义基本经济制度显著优势的重要保障。

1. 阐释坚持社会主义公有产权制度的客观必然性

所有制结构不是决策者主观臆断的产物,而是在对社会经济发展规律进行深入

---

① 程恩富,张建伟. 西方产权理论的哲学审视[J]. 经济经纬,1999(2):14-16.
② 程恩富. 用科学的产权理论分析中国经济变革:张五常先生若干产权观点质疑[J]. 经济学动态,1996(8):16-20.
③ 徐文斌,程恩富. 论资本主义私有制增长缓慢规律[J]. 毛泽东邓小平理论研究,2024(8):36-43,108.

理解和科学分析后的选择。公有制主体地位不仅是社会主义经济基础的核心,更是按劳分配原则和劳动人民主体地位的制度根基。公有制与市场经济的深度融合,既是对"私有制才能与市场结合"教条的突破,又能通过国有经济"量"与"质"的双重优势充分彰显制度优越性,防止政权蜕变与资本权力垄断,为共同富裕提供不可替代的产权制度支撑。为了阐释坚持社会主义公有产权制度的客观必然性,程恩富从多个方面进行了论证。

首先,这与我国生产力发展水平相适应。所有制结构反映了社会生产力的发展水平及其所处的历史阶段特征。程恩富指出,我国选择以公有制为主体是适应社会主义初级阶段生产力水平和特点的最佳选择。在这一阶段,我国的生产力水平较低且发展不均,公有制能在资源配置、利益协调和社会公平等方面充分发挥优势;公有制为主体可以确保生产资料为全体人民共同所有,从而保障社会公平和共同富裕的实现;公有制能够有效地集中人力、物力和财力,推动重点领域的突破和关键技术的研发,进而提升整体的生产力水平。[①]

其次,这与我国社会生产力的多层次并存现状相匹配。传统手工劳作、近代机械生产和现代电子信息技术并存,形成了多层次的生产力结构。这种结构的产生并非偶然,而是根植于我国特定的国情与历史条件。从半殖民地半封建社会到新中国的成立再到新时代,不同生产力形式共同塑造了我国当前多层次的生产力格局。不同生产力形式对生产关系有不同的要求,只有适应了生产力发展的所有制结构才能推动生产力的发展。程恩富指出生产力的多层次性要求我们采取相应的所有制结构,由于目前我国公有制经济尚未覆盖全社会,不能完全满足生产力的多层次性要求,因此我国不能仅依赖单一所有制形式,而应发展多种所有制经济,全面激发市场和社会的创造力,促进经济结构优化和升级。[②]

再次,这有助于推动实现共同富裕目标。自改革开放以来,我国迅速发展为世界第二大经济体,综合国力和国际影响力显著提升。然而,在这辉煌成就的背后,我们需直面一个严峻的现实状况:我国人均GDP与发达国家差距较大,且财富和收入分配不均,"1%最富家庭掌握全国近半财富,中国正面临严重的贫富分化。"[③] 程恩富分析了改革开放以来我国所有制结构的三个阶段变化,指出"公有制经济占比

[①] 程恩富,何干强.坚持公有制为主体、多种所有制经济共同发展的基本经济制度[J].海派经济学,2009(1):14-23.

[②] 程恩富,何干强.坚持公有制为主体、多种所有制经济共同发展的基本经济制度[J].海派经济学,2009(1):14-23.

[③] 程恩富,张建刚.坚持公有制经济为主体与促进共同富裕[J].求是学刊,2013(1):62-67.

迅速下降"、"化公为私的私有化改制导致私有制经济崛起"和"初次分配不公"是导致我国贫富分化的三大主因。① 对此，他强调应重视公有制经济在促进共同富裕中的决定性作用。一方面，国有经济在共同富裕中能够起到保证分配公平与公正、提升公共服务与转移支付、稳定市场与规范竞争、增强关键行业控制力等作用，为共同富裕目标的实现奠定坚实的物质基础。另一方面，集体经济在促进农村经济发展、提高农村居民生活水平方面发挥着不可替代的作用。②

最后，这有助于应对国际经济危机。在全球化的时代背景下，发达国家对发展中国家的产业结构、市场准入和资源配置等方面施加了重大影响，从而限制它们的经济现代化进程，而发展中国家往往因技术与资本不足难以摆脱控制。我国作为人口众多、生产力水平相对落后的大国，要摆脱外国的束缚，就不能走跟随的道路。我们必须坚持社会主义道路，以公有制为主体，充分发挥公有制经济的优势，推动生产力发展，提高人民生活水平，这是应对经济霸权、实现经济独立的正确方式。程恩富指出，社会主义市场经济的宏观调控机制以公有制为基础，是我们相较于发达资本主义宏观调控机制的特征和优势。公有制经济的主体地位能消除个人收入的两极分化，有效控制社会生产与社会消费之间的矛盾，并且确保企业从整体和长远利益出发自觉服从国家计划指导，是避免经济危机的根本保证。而在私有制经济基础下，宏观调控无法从根本上改变市场供求矛盾，经济危机仍不可避免。因此，公有制占主体地位对于宏观调控的根本成效至关重要。③

2. 坚持社会主义公有产权制度的综合考量——"公主私辅政策"

在改革开放进程中，所有制政策的制定与实施必须严格遵循《中华人民共和国宪法》(以下简称《宪法》)的相关规定，体现《宪法》的精神与要求。以此为依据，程恩富提出了坚持"公主私辅政策"的倡议：首先，公有制的主体地位体现在其对关键行业和领域的控制，以及对国家安全、社会公平稳定和经济持续发展的至关重要性。其次，在公有制为主体的前提下，私有制和其他所有制形式通过激发市场活力、推动创新和增加税收等方式发挥重要作用。最后，坚决反对取消《宪法》中关于所有制分类的主张和"所有制中立论"等观点，反对公私经济参半的"半社会主义经济制度"。④ 程恩富支持巩固公有制的主体地位和重点发展公有资本控股的

---

① 程恩富,张吉明. 发展公有经济实现共同富裕:访著名经济学家程恩富[J]. 海派经济学,2012(2):1-13.
② 程恩富,张建刚. 坚持公有制经济为主体与促进共同富裕[J]. 求是学刊,2013(1):62-67.
③ 程恩富,何干强. 坚持公有制为主体、多种所有制经济共同发展的基本经济制度[J]. 海派经济学,2009(1):14-23.
④ 程恩富. 改革开放以来新马克思经济学综合学派的十大政策创新[J]. 河北经贸大学学报,2021(3):18-26,102.

混合所有制,但并不完全否定其他所有制形式,而是将它们作为一种有益的补充,共同推动经济的发展,这一理念既体现了他对社会主义公有制的坚守,也彰显了对我国社会主义初级阶段发展实际和基本经济制度的充分理解和掌握。

3. 对现行社会主义公有产权制度的不足及应对之策的探索

所有制改革是社会主义市场经济体制完善的关键,其成效好坏对国民经济发展和社会主义制度的稳定与否至关重要。所有制改革深化过程中,不仅受到新自由主义思潮的影响,还面临公有制经济主体地位削弱和过度"民营化"等多重阻碍,这不仅不利于改革的深化,也威胁到了公有制的地位。对此,程恩富认为必须深入分析改革过程中遇到的根本性难题,并挖掘其成因,在此基础上提出我国所有制改革的完善之道。

通过总结归纳,程恩富将我国所有制改革中存在的主要问题分为以下三个方面:第一,新自由主义思潮蔓延渗透。20世纪80年代中后期,新自由主义思潮开始在我国流传,随之涌现出诸如"国退民进论""国企普遍亏损论""国企私有化改制论"等企图唱衰公有制主体地位、分化我国社会主义经济基础的历史虚无主义观点。第二,公有制经济主体地位的削弱。20世纪末以来,非公有制经济的兴起导致公有制经济在多个领域中份额和影响力下降,私有化和国有资产流失问题加剧了这一趋势,同时公有制企业内部"所有者主体缺位"和制度矛盾削弱了其自身的竞争力。第三,过度推行公有大中小企业"民营化"。20世纪90年代初,为减轻财政负担和提升企业效率,我国启动了国有企业所有权改革,特别是针对小型企业的"放小"政策尤为显著。在此过程中,一些地区出现了过度私有化,导致国有资产流失和私有资产激增。[①]

深度剖析所有制改革中所遇到问题的成因,有助于推动改革的进一步深化和促进国民经济高质量发展。程恩富认为,我国公有制改革中存在问题的主要原因在于:第一,理论偏离。一些地方政府和主管部门在推进改革时没有坚持科学的理论指导,盲目跟风、人云亦云,导致改革方向出现偏差,同时新自由主义思潮使一些人误将私有化作为改革的目标和方向。第二,制度不健全。我国所有制改革在制度设计上存在缺陷,导致改革过程中出现了国有资产流失严重、私营企业缺乏规范发展的环境、混合所有制经济难以充分发挥其优势等一系列问题。第三,受利益驱动。一些地方政府和主管部门为追求短期经济效益和政绩,采取了一些损害国家和人民利益

---

① 朱林兴,程恩富,王爱华. 完善所有制结构构建和谐社会:《构建和谐社会的六个关系研究》分课题之五[J]. 上海市经济管理干部学院学报,2006(3):1-7.

的措施。第四,观念滞后。一些人仍然停留在计划经济时代的思维模式中,对所有制改革的认识存在误区或滞后,导致了他们在改革过程中缺乏创新精神和进取意识,使改革行动难以适应市场经济发展的要求。①

当下,尽管《宪法》确立了我国的基本经济制度,但一些人仍试图以改革为名推动私有化,影响政策制定。面对这些挑战,程恩富在发现问题、挖掘成因的基础上,提出:"必须在多种所有制共同的动态发展中保持'主体—辅体'的宏观所有制结构。"② 他认为,要筑牢公有制主体地位的思想根基,应做好以下三个方面的工作:首先,要牢固树立"中国绝不能搞私有化"的意识。私有化将会削弱公有制地位,导致失业率上升、财富和收入严重不均等问题,从而威胁社会和谐稳定。而且,从世界发展史的角度来看,苏东经济倒退、拉美挫败、日本停滞等实例无时无刻不在警示我们,私有化并非万能。其次,要积极扬弃"纯而又纯"公有制的错误思想。"纯而又纯"的公有制理念忽视了非公有制经济的作用和符合"三个有利于"原则的所有制形式对社会主义的贡献,限制了经济的活力和创新。因此,放弃纯粹的公有制观念有助于公有制经济更好地融入市场经济并发挥主体作用。但值得注意的是,必须始终确保公有资本的所有权为"公有",并且保持其在股份制企业中的控股权。最后,要正确处理"两个毫不动摇"的辩证关系。非公有制经济的发展应建立在公有制经济稳定的基础上,两者是互补的,需要认识并处理好两者之间的矛盾。看不到公有制经济同非公有制经济两者统一的方面,或者回避两者对立的方面,都会给经济发展带来不利或损失,阻碍我国民族经济的发展。③

二、探索国有企业优化升级的路径

国有企业是社会主义公有制的重要实现形式之一,在我国国民经济中发挥着主导性作用。自2013年首次提出"要做强做优做大国有企业"以来,习近平总书记在中央经济工作会议、全国国企改革座谈会、全国国企党建工作会议、党的十九大和党的二十大等多个场合中都强调了国有企业在中国特色社会主义发展过程中的重要地位。回顾历史,20世纪90年代至21世纪初是我国国企改革的关键时期,国家推出并实施了"抓大放小"政策。与此同时,学术界对国企改革路径进行了广泛探

---

① 朱林兴,程恩富,王爱华. 完善所有制结构构建和谐社会:《构建和谐社会的六个关系研究》分课题之五[J]. 上海市经济管理干部学院学报,2006(3):1-7.
② 程恩富. 和谐社会需要"四主型经济制度"[J]. 长江论坛,2007(1):4-5.
③ 程恩富,何干强. 坚持公有制为主体、多种所有制经济共同发展的基本经济制度[J]. 海派经济学,2009(1):14-23.

讨，一时间国企改革理论研究领域呈现出多元碰撞格局：有些学者以科斯产权理论为基础，主张通过股份制改造、管理层收购实现私有化；有的学者受新自由主义驱动，要求国企全面退出竞争性领域并推行"竞争中性"；有的学者提出警惕权贵资本化，主张职工民主共享改革红利。关于国企改革争论的实质是"市场逻辑"与"社会主义制度逻辑"的碰撞，程恩富作为公有制主体地位的忠实拥护者，认为国企应在关键领域和竞争性行业同时发展，既要在高新技术等关键领域占据一席之地，也要在竞争性行业中做强做优做大。[①] 程恩富的观点和论著，为助力我国国有经济改革与发展贡献了重要力量。从1992年开始，他围绕国有企业发表了近百篇文章，研究范围不仅涵盖国有企业地位、功能和性质等基本问题，还涉及国有资产管理体制改革及国有企业股份制改革等诸多方面。

（一）辨析关于国有企业的错误认识，明确功能定位

自国有企业改革全面启动并稳步推进以来，改革成效举世瞩目，但改革中不可避免地出现了一些与预期目标相偏离的现象。关于国有经济是否能有效融入并适应市场经济体系，以及国有经济是否具备足够的能力肩负起推动国家经济持续健康发展重任的质疑之声越发强烈。面对这些质疑与攻击，程恩富全面总结经验教训，认为既要勇于回应来自各方的抹黑攻击，又要明确国有企业的功能定位，凸显国有企业在国民经济中的"稳定器"和"压舱石"作用。

1. 驳斥抹黑歪曲国有企业的错误论断

在我国经济体制转型的宏观背景下，程恩富十分关注国有企业效能与角色定位的相关争论。他撰写了一系列学术文章，并在多个场合和平台，采用多种方式，对"国有企业垄断论""国有经济退出竞争领域论""神化私有产权"等错误思想进行了正面回应和坚决驳斥。

关于所谓的"国有企业垄断论"，程恩富强调，国有企业在我国经济中的主导地位是基于历史、社会主义理论和国际经验的必然选择，要注重区分"国有企业占优势"与资本主义国家的金融资本垄断之间的本质差异。因为从本质上看，我国国有企业秉持的是服务于国家整体利益和人民福祉的理念，将利润归属全体人民和国家。此外，要正确区分"国有企业垄断"和"国有企业占优势"这两个概念，国有企业占优势地位不等于国有企业成为垄断寡头，更何况在石油、航空等关键领域，

---

① 程恩富,王中保. 近年现代马克思主义政治经济学若干重大理论创新述评[J]. 社会科学管理与评论, 2007(2):17-29.

各个国有企业内部也存在竞争。因此,将国企发展与现代化进程相对立,或者指责国企垄断导致分配不公,是对国企性质的误解和对我国现代化道路的片面判断。①

关于所谓的"国有经济退出竞争领域论",程恩富认为这一观点在理论上和实践上都是错误的,并可能造成误导作用。他强调,依据我国《宪法》和党的大政方针,公有制经济的主体地位是不可动摇的,国有经济全面退出竞争性领域将严重削弱社会主义公有制的基础。此外,国有企业既是市场经济的微观基础,起到提高市场效率、保护消费者利益的作用,还是技术研发和市场开拓的领头羊,为民营企业提供必要的支持和帮助,能够有效防止外资对民族产业造成负面影响。如果国企退出竞争领域,外国跨国公司就有了"可乘之机",所以只有"国民共进"才能共同应对国际高端竞争和经济危机。程恩富还特别强调国有经济的比重调整不能简单以西方国家的国有经济比重为依据,其分布领域也不应局限于公共物品和自然垄断行业。应该看到,在某些发达资本主义国家,国有经济在竞争性市场中同样占据重要地位。②

关于所谓的"神化私有产权"现象,2004年程恩富就对这一观点提出了批判,特别是针对"大卖国有企业"的做法。他指出,一些自由派人士和新自由主义经济学者过度宣扬私有产权的优越性,试图通过快速私有化解决公有制与市场经济的兼容问题。这种"一卖了之"的简化方法忽视了经济和社会问题的复杂性。③ 私有化不是解决所有问题的万能方案,因管理不善引发的问题不能简单地被归咎于所有制。因此,他主张我国的国企改革应在坚持公有制为主体的前提下,通过混合所有制改革来推进。国企改革的关键在于合理安排国有资本、资产交易和处理公私经济关系,进行改革的目的是增强社会主义制度的优越性,而非改变其本质。④

2. 阐述国有企业的六大功能定位

深化国有企业改革并不意味着对国有企业过往成就的忽视或否定。相反,这是为了通过改革进一步强化国有企业在国民经济和社会主义制度中的主导作用。习近平总书记一直强调国有企业的重要性,不止一次指出国有企业是中国特色社会主义经济的"顶梁柱"。程恩富领会并总结了习近平总书记关于国有企业的重要论述,从经济、政治、社会和国际竞争等多个维度概括出包括支柱论、命门论、实体

---

① 程恩富,鄢杰. 评析"国有经济低效论"和"国有企业垄断论"[J]. 学术研究,2012(10):70-77.
② 程恩富,方兴起. 深化经济改革的首要任务绝不是国有企业私有化[J]. 求是,2012(13):63-64.
③ 程恩富. 国企改革不要神化"私有产权作用"[J]. 上海国资,2004(12):58-59.
④ 朱林兴,程恩富,王爱华. 完善所有制结构构建和谐社会:《构建和谐社会的六个关系研究》分课题之五[J]. 上海市经济管理干部学院学报,2006(3):1-7.

论、力量论、内生动力论等在内的关于国有企业的18个重要论点①，有力论证了国有企业的重要功能。此外，以经济和政治大局的角度为切入点，程恩富总结了党中央始终强调做强做优做大国有企业的原因：国有企业构成国民经济及共产党执政的基石，既是中国特色社会主义经济的核心支柱，也关乎共产党执政的物质基础与目标实现；国有企业代表国家实体经济的坚实力量，对实体经济健康发展具有全局意义；国有企业体现全民所有制，是维护人民根本利益的关键；国有企业对增强国家综合实力、参与国际竞争、推动自主创新、建立国家创新体系及实施重大发展战略均发挥重要作用。②

程恩富在充分肯定国有企业地位和作用的基础上，指出其作为社会主义生产关系的现实载体，在经济社会各领域所应发挥的六大功能：第一，基础服务功能。私人资本通常不愿涉足需要巨额投资、长回收期和较低直接收益的基础设施和公用设施领域，只有国有企业才能在该领域扮演好关键角色、担负起建设和维护的重任。第二，支柱构筑功能。国有企业通过掌握和发展支柱产业，推动产业链的升级和发展以增强我国经济的国际竞争力，是我国经济的关键支撑。第三，流通调节功能。国家通过控制银行和金融机构来管理货币和信贷，利用国有企业广泛的商业网络保障商品供应和流通。第四，技术示范功能。科技创新的实现离不开庞大的人力、物力和财力支持，国有企业通过基础研究和应用开发推动科技进步与产业提升。第五，社会创利功能。西方关于"国企与民争利"的观点忽视了国有经济在实现公共利益方面的重要作用，国有经济肩负服务人民的独特价值定位和社会责任，其社会营利性质使其承担维护社会公平和整体利益的使命。第六，产权导向功能。国有企业作为公有制经济的典范，对非公有制经济发展路径产生影响并加以制约，在社会所有制架构及产权制度改革过程中发挥着引领功能。③

（二）关于"一府两系、三层分立、分类管理"国有资产管理新体制的探索

1949—1978年是我国国有企业建设与发展的初始阶段，同时是我国国有企业管理体制的初创与完善时期。在这一时期，国有企业主要通过没收官僚和外国资本、改造民营资本，以及国家投资新建三种方式发展。在计划经济体制下，国有企业按

---

① 程恩富. 学好用好中国特色社会主义政治经济学 明确国企改革方向[J]. 领导科学论坛,2018(16):21-33.
② 程恩富. 新时代为什么要做强做优做大国有企业[J]. 世界社会主义研究,2018(3):35-37.
③ 程恩富. 国有经济的功能定位与发展战略:国有经济的主导功能与制度创新[J]. 学术月刊,1997(10):11-13.

照国家计划进行生产经营,在一定程度上存在政资不分、两权不分、多头管理等问题。经过一段时间的调整与发展,国有企业对经济建设贡献显著,但是仍存在管理混乱、创新不足、市场竞争意识薄弱、人力资源管理待改进等问题,这些问题影响了其市场竞争力,限制了国家经济发展。改革开放之后,为了确保国家利益及国有资产的安全,我国陆续设立了国家经济体制改革委员会和国有资产管理局等机构。然而,随着时间的推移,尤其是在20世纪80年代末至90年代初期,国有企业仍面临着效率低下、生产停滞以及收益亏损等严重问题。为更好地解决这些问题,我国启动了一系列针对国有资产管理体制的改革措施。

科学知识的真理性内容随着实践的推进而持续深化、不断完善。当国家层面在积极探索国有企业管理体制改革的良方时,程恩富关于国有资产管理新体制的理论构建也在逐步形成。他长期关注我国国有资产管理体制的改革问题,在1992年发表的文章中阐发了对国有企业管理体制改革目标模式、实施步骤以及其他配套措施的初步思考。随着党的十六大将国有资产管理体制改革确定为深化经济体制改革的重大任务,程恩富也响应文件精神,相应地发表论文《建立"一府两系、三层分立、分类管理"的国有资产管理新体制》,标志着这一思想臻于成熟。

首先,"一府两系"观点源于《国有资产管理体制改革模式构思》一文,文中提出新的国有资产管理体制原则上应实行"一级所有、一府两系、分层管理"的新模式(见图5-1)。其中,"一府两系"思想旨在明晰国有资产管理机构与政府的关系,有效地区分行政权与所有权,减少行政干预,确保国有资产独立高效运营。按照这一思想架构,中央和地方各级政府设置了两大经济管理体系:一是国有资产管理系统,由国有资产管理局(或部)专注于国有资产的所有权管理;二是社会经济调控系统,由其他经济管理部门负责行政与经济的宏观调控,而不直接干预国有企业的运营。这两大系统共同构成了国家宏观经济管理和调控的广义框架。[①]

其次,"构建三层分立的国有资产产权管理机构"的论述见于《国有资产管理机构及其职能的研究》一文。为解决传统的国有资产管理体制下存在的问题,程恩富构建了一套职责明确、分工合理、相互制约的国有资产产权管理机构,以确保国有资产的保值增值和有效利用。该思想的具体内容包括三个层次:第一,立法与监督层。全国人大和各级人大分别负责国有资产所有权的立法管理与最终监督,确保法律基础的合法性与公正性,为国有资产管理提供坚实的法制保障。第二,行政管理层。中央至地方设立独立的国有资产管理部与局,分别直属于国务院及同级政府,

---

① 程恩富. 国有资产管理体制改革模式构思[J]. 经济研究参考,1992(Z3):2-11.

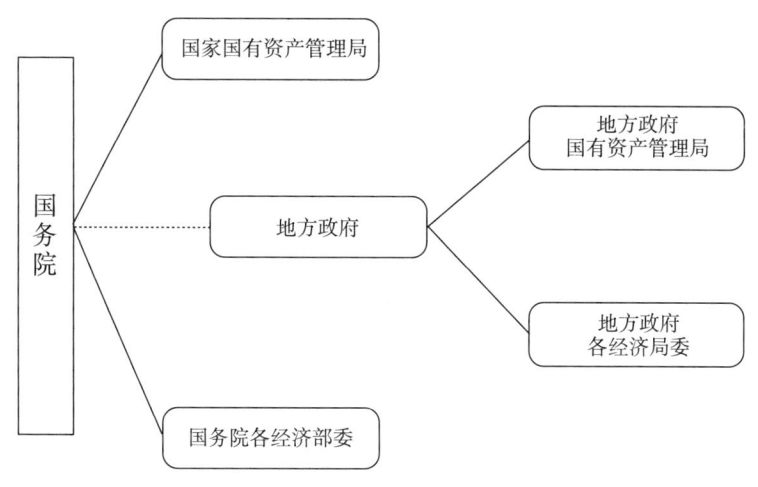

第五章 创新理论政策：对社会主义市场经济理论与政策的有益探索

图 5-1 "一府两系"管理架构
资料来源：根据程恩富《国有资产管理体制改革模式构思》整理制作。

并接受上级业务指导，以实现行政管理的专业化、独立化，避免行政干预，保障管理效率。第三，商务经营管理层。介于行政管理与企业之间，建立国有控股公司等经营机构，实现跨行业、跨地区、多元化经营，促进市场经济适应性，实现所有权、经营权、管理权、监管权的相互制衡与高效运作，最大化国有资产收益。[①]

最后，"分类管理"的概念在程恩富1994年发表的《国有资产管理机构及其职能的研究》中得到初步阐述。经过持续的优化，至2003年《建立"一府两系、三层分立、分类管理"的国有资产管理新体制》一文刊发，这一管理体制得以系统构建。程恩富将国有资产分为经营性和非经营性国有资产，而经营性国有资产按照功能不同，又分为服务于社会目标和经济效率目标两类企业。"分类管理"意味着采用不同的法律与管理制度对国有资产的不同类型和目标进行分类管理。[②] 为了实现国有资产管理部门与各部门间的分类管理和全面协调，程恩富研究出一套各部门协同高效的治理体系。例如，通过建立复式预算与财政部门合作，提升资金使用效率和透明度；与税务部门实施"利税分流"，优化税收征管与资产运营；与计划部门协同制订并实施投资计划，提高决策科学性；与银行部门合作确保资金有效利用；对特殊产业部门采取授权方式，平衡自主管理与有效监管；与劳动、经委、统计等其他政府经济管理部门共同推动国有资产优化管理；对竞争性较强的部门采取过渡

---

① 程恩富.国有资产管理机构及其职能的研究[J].外国经济与管理,1994(11):5-8,13.
② 程恩富,徐惠平.建立"一府两系、三层分立、分类管理"的国有资产管理新体制[J].毛泽东邓小平理论研究,2003(3):31,39-43.

措施促进职能转换，以确保国有资产管理的平稳过渡和有序发展。①

本研究认为，"一府两系、三层分立、分类管理"的国有资产管理新体制通过制度性重构，有助于破解传统计划经济体制下"政企不分""行政干预过度"等问题，也能在一定程度上抵御新自由主义私有化浪潮对公有制主体地位的侵蚀，为社会主义市场经济中公有制与市场机制的兼容性探索了科学路径。其理论贡献体现在以下三个方面：第一，程恩富提出"立法监管—行政管理—商务运营"三级架构，既坚持全国及各级人大作为终极所有权代表的"全民所有制"本质，又将国有资产管理由行政指令转向商务运营，推动国有控股公司市场化运作。例如，设立国有资本投资运营公司，通过资本纽带而非行政命令参与市场竞争，既避免了苏联式计划经济的僵化，又遏制了西方私有化导致的国有资产流失。在这种制度设计下，国家不再是直接经营者，而是通过资本化运营实现"生产资料的社会化占有"与"市场效率"的历史性统一。第二，程恩富强调"分类管理"原则，将军工、能源等战略性资产与制造业、服务业等竞争性资产区别对待，既保障了在国计民生领域的控制力，又通过混合所有制改革激活竞争性领域活力，通过完善制度实现对公有制主体地位的捍卫。第三，程恩富建议设立"国有资产管理营运决策委员会"，将产业界、学术界代表纳入决策体系，实质上是对列宁"工人监督"思想的制度性转化。通过专家智库参与重大投资决策，既规避了官僚主义盲目性，又遏制了资本无序扩张，是对"政资分离"的机制创新。

（三）国有企业做强做优做大的可行性路径研究

理论研究的根本目的在于引导社会实践并推动其健康发展，这一转化显著地体现在提出科学合理的政策建议上，这些政策建议构成了连接理论与实践的桥梁。就国有企业领域研究而言，无论是明确国企功能定位还是创新国企管理体制，都是为了一个核心目标——贯彻落实习近平总书记多次强调的"做强做优做大国有企业和国有资本"。

程恩富研究梳理了改革开放以来我国国有企业为党和国家事业发展所作出的重大贡献，并总结道："要进一步做强做优做大国有企业，培育国际竞争力，必须遵循科学的经济规律，不断深化国企改革。"② 他分析了国企改革经验，并依据对经济发展趋势的研判，从管理体制、企业布局、内部管理、国际竞争四个方面阐发了促

---

① 程恩富，徐惠平. 建立"一府两系、三层分立、分类管理"的国有资产管理新体制[J]. 毛泽东邓小平理论研究，2003(3)：31,39-43.
② 程恩富，李政. 坚定不移把国有企业做强做优做大[J]. 现代国企研究，2021(Z1)：100-101.

进国有企业发展的路径：首先，理顺国有资产监管运营与政府管理关系，在消除管理混乱的同时加强垄断行业监管，优化国有资本经营预算。其次，打破各项壁垒以优化运营与投资平台，聚焦核心领域与新兴产业，推动企业高质量发展与转型升级。再次，构建科学管理模式，优化公司治理在人事、用工和分配制度方面的治理，构建科学的激励与约束机制。最后，加大创新投入，完善自主创新机制，在量质齐升的转变中增强国际竞争力。[1]

除此之外，程恩富在《国有控股公司：成因、产权关系与治理结构——国有制实现形式和国有资本营运模式分析》《确保基本完成国有企业改革之要点》等诸多文章中，也对国有企业改革路径进行了深入探讨。其中，他提出的"大力发展国有控股公司""形成'四跨'企业集团"，以及"企业制度改革必须同时进行各项配套改革"等主张，产生了广泛的影响。关于"大力发展国有控股公司"，程恩富批判了那些认为国有控股公司无法成功运作的观点，强调股份制是国企改革的关键，并指出国有控股公司是国有制的有效形式，发展国有控股公司是社会主义利用股份制的重要战略。[2] 关于"形成'四跨'企业集团"，程恩富指出成立跨地区、跨行业、跨所有制和跨国经营的"四跨"型大企业集团的优势在于可以超越多重限制、优化资源配置、增强国际竞争力。这些集团通过整合资源、融合技术、吸收不同所有制经济的优势，积极拓展国际市场，不断增强实力和创新能力，不仅有助于提升国家在全球经济中的地位，也是实现高质量经济发展和企业国际化的重要途径。[3] 关于"企业制度改革必须同时进行各项配套改革"，程恩富认为国有企业改革与发展是一项错综复杂的系统工程，不可能仅凭一方之力就能实现，需要在调整政府机构与职能、重构国有资产管理、完善社会保障体系和减轻国有企业债务负担等方面多做文章，通过汇聚各方力量，共同推动各项配套工作的落实。[4]

三、创新农村集体经济发展壮大的策略

农村集体经济为农民提供稳定收入，推动农业农村现代化，对于国民经济的发展至关重要，是符合我国国情的公有制重要实现形式之一。21世纪初至今，我国农村集体经济在制度突破与创新中持续发展，取得了巨大的发展成效。例如，集体产

---

[1] 程恩富,李政. 坚定不移把国有企业做强做优做大[J]. 现代国企研究,2021(Z1):100-101.
[2] 程恩富. 国有控股公司:成因、产权关系与治理结构:国有制实现形式和国有资本营运模式分析[J]. 上海社会科学院学术季刊,1998(1):13-22.
[3] 程恩富. 确保基本完成国有企业改革之要点[J]. 学术月刊,1998(7):25-26.
[4] 程恩富. 掌握积极推进国有企业改革的若干基本观点:学习江泽民同志关于国有企业改革讲话的体会[J]. 新疆财经,1995(5):17-20.

权制度改革全面推进,农民股份权能逐步显化;农村土地集体所有权、农户承包权、土地经营权"三权"分置并行,激活了土地要素流动性,推动规模经营与新型主体发展;乡村振兴战略的施行,为农村集体经济发展充分赋能。但这些成就的背后所潜藏着的深层问题依然存在,如区域分化显著,中西部大量村庄造血能力不足;产权改革存在股权固化、权能开放度不足等制度梗阻;集体经济组织普遍面临专业人才短缺、经营模式同质化及风险防控薄弱等市场化瓶颈;等等。如何在提升市场化效率的同时守住集体属性、防范资本异化,以实现共同富裕目标,仍是转型攻坚的核心命题。程恩富对这些事关我国集体经济发展的基本问题进行了研究,并调研了国内外集体经济和合作经济发展的典型地区,总结提炼诸多成功经验与可行性路径。近年来,他陆续在《经济纵横》《中国集体经济》《当代经济研究》等国内重要学术期刊上发表理论文章,对如何发展集体经济和合作经济以优化农村经济结构进行了论述。

(一) 明晰集体经济若干基本问题

在新自由主义冲击与改革实践困惑交织的背景下,探索集体经济的重要理论来源、鲜明特征以及当前面临的现实挑战等若干基本问题,有助于为集体经济的未来发展提供坚实的理论支撑与实践指导。程恩富通过对邓小平同志"两个飞跃"理论的回顾与习近平"统"的思想的研读,认识到集体经济在我国农村改革与发展中的历史地位与战略意义,他细致剖析了集体经济的八大特征,从公有制的基本形式到自愿、互助、民主、平等的合作制原则,展现了其作为社会主义经济重要组成部分的独特之处。更为重要的是,程恩富正视并辨析了农村集体经济改革中存在的问题与错误思潮,坚决反对任何试图削弱或否定集体经济的错误观点,尝试为集体经济的持续健康发展建言献策。

1. 探寻集体经济的重要理论来源

党的十八大以来,中央对"三农"工作的重视程度不断提升,习近平总书记多次强调要探索集体所有制的有效实现形式,发展壮大集体经济。我国对于集体经济的重视并非无源之水、无本之木,其理论逻辑源于马恩经典论述和中国历届领导人关于集体经济的智慧结晶。在一系列重要的理论宝库中,程恩富通过研读邓小平同志关于实现农业集体化和集约化的"第二个飞跃"论述,认为这是我国农村深化改革发展应当坚持的战略方向。[①] 同时,他以新时代我国的发展实际为背景,探究了

---

① 程恩富,张杨. 论新时代社会主义农业发展的若干问题:以马克思主义及其中国化理论为指引[J]. 内蒙古社会科学(汉文版),2019(5):15-22.

习近平总书记"统"的思想之具体内涵,提出要辩证认识集体经济壮大与有效实施乡村振兴的关系。①

1990年邓小平同志首次明确提出:"中国社会主义农业的改革和发展,从长远的观点看,要有两个飞跃。第一个飞跃,是废除人民公社,实行家庭联产承包为主的责任制。这是一个很大的前进,要长期坚持不变。第二个飞跃,是适应科学种田和生产社会化的需要,发展适度规模经营,发展集体经济。这是又一个很大的前进,当然这是很长的过程。"② 1992年,他再次强调了农业发展的"两个飞跃"思想,为妥善解决"三农"问题指明方向。邓小平同志提出"两个飞跃"的目标都是改善农民生活、实现农民富裕,只是两个阶段的具体实现方式不同,前者为后者积累了基础,后者实现了对前者质的飞升。"第一个飞跃"的目标已经达成,当前我国社会主义农业迈入全新发展阶段,转向规模经营是实现"第二个飞跃"的必然选择。但正如邓小平所强调的:"这种转变不是自上而下的,不是行政命令的,而是生产发展本身必然提出的要求。"③ "第二个飞跃"的实现依赖于客观实践的发展,集体化水平提升关键在于生产力,而非人的主观意志。程恩富在分析我国农业发展所取得的阶段性成就后认为"邓小平提出的条件已经总体具备"。④

习近平总书记主张辩证看待集体经济发展中"统"的思想,并强调我国"统分结合,双层经营"的实践虽然显现出极大的积极性,但在"统"的方面还有较大完善空间。在我国的农村经营体制中,"分"和"统"分别意味着优化资源配置和着手市场整合。"分"通过明确产权、强化责任和激励机制,以及实行有效监督等方式,提高农民积极性和农业生产效率。"统"则通过集体组织的统一规划和服务,降低交易成本,增强农民市场抗风险能力,同时促进农业产业链增值。程恩富将习近平总书记关于"统"的思想概括为三大发展阶段:萌芽初创阶段的"经济大合唱"和"大农业"发展主线;丰富发展阶段的"统"与"分"辩证思想深度融入新农村建设,明确农村集体经济组织在双层经营体制中的重要作用;治国理政应用阶段对壮大集体经济的"统"的思想的重视。⑤

在习近平总书记"统"的理念持续锤炼与深化的进阶过程中,其内涵亦随之不

---

① 张杨,程恩富.壮大集体经济、实施乡村振兴战略的原则与路径:从邓小平"第二次飞跃"论到习近平"统"的思想[J].现代哲学,2018(1):49-56.
② 中共中央文献研究室,编.邓小平文选:第3卷[M].北京:人民出版社,1993:355.
③ 中共中央文献研究室,编.邓小平文选:第2卷[M].北京:人民出版社,1994:316.
④ 程恩富,张杨.新形势下土地流转促进"第二次飞跃"的有效路径研究[J].当代经济研究,2017(10):55-61.
⑤ 张杨,程恩富.壮大集体经济、实施乡村振兴战略的原则与路径:从邓小平"第二次飞跃"论到习近平"统"的思想[J].现代哲学,2018(1):49-56.

断丰富与完善。程恩富将其概括为五大部分以便理解：第一，"经济大合唱"思想强调以经济建设为中心，促进社会、经济、生态等方面的协同发展，实现生态经济双赢。同时，重视集体经济在乡村精神文明建设中的作用，为乡村振兴奠定基础。第二，"大农业"思想提倡建立多功能、开放综合的农业体系，助力贫困地区农业发展和农民脱贫。它强调工业化、城市化与农村市场化之间的联系，以及它们与集体经济的相互促进作用。第三，"统"与"分"的辩证思想，"统"不是简单合并，"分"也并非"一分了之"。要着重解决农村存在的"重分轻统"问题，通过推动合作社等组织发展以"统"促"分"，提升农业效益，助力脱贫攻坚。第四，"四条底线"思想强调农村土地集体所有制是保障耕地、粮食生产、农民利益及集体经济壮大的基石，是农村基本经营制度的灵魂，需要对其加强理论研究与实践探索。第五，"贫困村集体经济较弱"思想。贫困村集体经济弱、凝聚力差的现象，暴露出村"两委"能力不足和集体收入匮乏的问题。需要强化党的领导和"四个意识"，尤其是核心意识。[①] 一种思想在不同历史阶段下的每一次精进，都反映了科学理论从萌发到成熟的艰辛探索历程，从我国集体经济发展历程中凝练升华出的"统"的思想，为推动我国农业经济持续健康发展提供了重要理论指引。因此，随着市场经济的发展，重新审视并强化集体经济组织的作用，在尊重家庭经营主体地位的基础上，探索"统"与"分"结合的新路径，业已成为农村经营体制创新的重要方向。

关于邓小平同志"第二个飞跃"理论和习近平总书记"统"的思想的关系，程恩富指出，"第二个飞跃"注重实现规模化经营与集体经济的强化，而"统"的理念是在"第二个飞跃"的基础上，进一步阐发改变分散经营、实现集体化集约经营的"两步走"改革策略。要实现乡村振兴，必须充分融合这两个理论。[②]

2. 关于集体经济特征的探析

在探讨集体经济的特征时，程恩富结合马克思主义经典作家的相关论述、《宪法》确立的基本原则和我国数十年集体经济发展的实践经验，从多个维度进行了总结。他认为集体经济的特征体现在八个方面：第一，集体经济继承并发展了马克思主义的所有制理论，并展现了中国特色社会主义制度的优越性，是社会主义公有制的重要内容之一。第二，集体经济强调劳动者的广泛参与和共同奋斗，劳动者不仅是生产过程的直接参与者，更是企业所有权的共同拥有者。第三，在集体经济中，

---

① 张杨,程恩富. 壮大集体经济、实施乡村振兴战略的原则与路径:从邓小平"第二次飞跃"论到习近平"统"的思想[J]. 现代哲学,2018(1):49–56.
② 张杨,程恩富. 壮大集体经济、实施乡村振兴战略的原则与路径:从邓小平"第二次飞跃"论到习近平"统"的思想[J]. 现代哲学,2018(1):49–56.

劳动者共同出资和共同创造价值，并共享成果、共担风险。第四，集体经济组织以其灵活性和多样性著称，尤其在组织形式和经营方式上，发展了多种财产组织形式、联合方式和经营策略，集体经济组织还采纳现代企业管理理念和制度，提升了管理水平和运营效率。第五，在分配制度上，集体经济组织坚持按劳分配与按生产要素分配相结合的原则，既体现了劳动的价值和贡献，又承认了资本、技术、管理等生产要素在经济发展中的重要作用。第六，集体经济组织作为独立的市场竞争主体，享有高度的自治权和经营自主权，可以自主决策、自主经营、自负盈亏、自我发展。第七，集体经济组织还注重加强内部管理和制度建设，为企业的长远发展提供有力保障。第八，国家对于集体经济的发展给予了高度重视和大力支持。[①] 集体经济作为社会主义公有制的基本形式之一，在社会主义基本经济制度中占据举足轻重的地位，它以其独特的组织形式、灵活的经营方式、合理的分配制度以及高度的自治性和灵活性等优势特点，为农村经济的繁荣和农民收入的增加提供了有力保障。

3. 正视改革中存在的问题与辨析错误观点

随着改革的深入，家庭联产承包责任制和统分结合的双层经营体制也在新时代农业农村现代化的改革中面临着新矛盾新挑战，反映出社会经济制度变迁中矛盾运动的普遍性。同时，对双层经营体制中集体层经营的认知偏差与误解可能影响农村集体经济的长期健康发展。对此，程恩富秉承马克思主义政治经济学自我批判精神与实事求是的科学态度，用历史唯物主义方法剖析其背后的经济根源与社会条件。

经济体制的效率具有历史性和阶段性特征，其效能的发挥受特定时间和社会发展阶段的限制。家庭联产承包责任制曾经有效地激活农村生产力，促进农业发展，但随着生产力的进步和社会关系的调整，其潜力逐渐到达瓶颈期。依据生产关系要适应生产力发展的原理，家庭联产承包责任制虽有其历史贡献，但新形势下仍需探索更适应新时代的农村集体经济新路径。程恩富认为，根植于家庭联产承包责任制基础上的统分结合双层经营体制已发展出多种经营模式，其中主要模式仍以分散经营为主，但由于集体资本积累不足导致难以形成合力。因此，农村双层经营体制运作中存在亟须解决的矛盾和问题：一方面，以单个家庭为经营单位的方式难以适应生产社会化、专业化和商品化趋势。另一方面，集体统一经营与家庭经营发展不平衡，重"分"轻"统"，在产权、管理、组织、监管等方面存在不足，造成集体功能削弱、农民负担加重、乱收费现象增多等问题。而产生这些问题的根源在于农村经济体制的不足，特别是对统分结合双层经营体制理解与实施的偏差。程恩富指出，

---

① 程恩富,龚云. 大力发展多样化模式的集体经济和合作经济[J]. 中国集体经济,2012(31):3-9.

家庭联产承包责任制推行初期,一些地区误将包干到户看作公共积累终结的信号,导致集体资产被量化并平均分配给农户,削弱了集体经济的物质基础。另外,人民公社时期的历史遗留问题加剧了人们对集体经济的不信任,造成"私进公退"思潮弥漫,使得农村经济实践偏重家庭经营,忽略了集体经济在资源整合等方面的优势,最终导致双层经营体制协同不足,集体经济组织被边缘化,其经济和社会服务功能受损。[1] 这一系列问题不仅是对生产力与生产关系相互作用规律的漠视,也是对社会化大生产条件下农村经济组织形态创新探索的阻碍。这时刻警醒我们,在新的历史发展阶段,必须以前瞻性的视野和务实的态度,重新审视并优化农村经济制度的设计框架,力求在尊重农民首创精神与发挥集体优势之间找到最佳平衡点,推动集体经营与家庭经营在更高层次上的有机融合与协同发展,开创农村经济繁荣发展的新局面。

  对集体经济发展改革过程中存在的问题进行客观分析,目的在于精准把脉症结,在经验总结中用理性的观点回应一些质疑之声和错误主张。土地私有化的主张旨在废除或边缘化农村土地集体所有制,其背后的逻辑偏离了保卫人民利益的基本原则,透露出对社会主义基本经济制度本质属性的背离。对此,必须保持高度的警觉性与批判性。程恩富对常见的四种土地私有化主张进行了针对性的剖析与驳斥:第一,针对所谓"农村土地集体所有制产权不清"的观点,他指出,农村土地集体所有制契合了马克思所提倡的生产资料公有制与劳动者结合的原则,有效地避免了土地私有化可能引发的资源垄断、生产效率低下及农民失地风险等问题。第二,针对所谓"土地私有制是农村土地改革方向"的观点,他认为这一观点违背了习近平总书记关于农村土地集体所有制和新型集体经济的战略思想,实际上是企图以土地私有化固化家庭承包关系。第三,针对所谓"农村土地私有化会使农民更为富裕"的观点,他指出,这一观点忽略了资本主义条件下土地市场的不平等,如印度和俄罗斯的土地私有化并未解决农民贫困问题,而我国的土地集体所有制保护了农民的土地权益,防止了土地过度集中,维护了农民利益,使共同富裕成为可能。第四,针对所谓"'一田两主'制度是农村土地改革有效途径"的观点,他认为这种观点实质上是架空集体所有权、变相主张土地私有化,违背了中国特色社会主义农村土地集体所有制原则,历史和现实都证明,这种封建制度既未在封建社会有效,也未被资

---

[1] 程恩富,陆夏,徐惠平. 建设社会主义新农村要倡导集体经济和合作经济模式多样化[J]. 经济纵横,2006(12):2-6,17.

本主义国家采纳,更不能适应中国特色社会主义农村。[①]

(二)对国外集体经济、合作经济实践典型案例的考察及经验总结

集体经济当下已步入一个改革与创新的新时代,而合作经济因其对市场经济的高度适应性和灵活性而持续繁荣,集体经济和合作经济在全球范围内,特别是在发展中国家中展现出巨大活力和增长潜力。这些国家借助这两种经济形式在一定程度上提高了民众收入和生活品质,缩小了城乡差距,促进了地区均衡发展。当前,我国集体经济正积极探索多样化发展道路,需要多方借鉴国外的成功案例并从中汲取经验。在此背景下,程恩富考察了以色列基布兹和西班牙蒙德拉贡的经济运行模式,并对它们的运作经验和有益启示进行了总结归纳。

1. 对以色列基布兹集体所有制的研究

基布兹的形成与空想社会主义和大卫·戈登的理论紧密相连。20世纪初,一群基于平等和共有理念的东欧移民在巴勒斯坦建立了首个基布兹组织。20世纪20年代,基布兹集体所有制经济发展到以色列,经过100多年的发展,以其高度的集体化和自治性而著称。在对基布兹集体所有制经济的研究中,程恩富全方位探究了这一独特的经济组织形式的历史发展、管理模式、成功经验及其对经济发展的贡献和广泛影响。他指出:"这种经济模式建立在平等、公有、自愿的原则之上,实行土地国家所有、生产资料集体所有,以及民主管理原则。在分配上实行'各尽所能,各取所需或按劳分配'的制度,确保了成员之间的完全平等。是一种值得借鉴的较为成功的社会主义集体经济形式。"[②] 此外,以色列基布兹遵循自愿、平等、公有、民主管理及按需分配原则,这些原则构成了基布兹组织的核心价值观和管理基础。在机构设置方面,基布兹内部设有管理委员会和专业委员会处理各种事务,所有成员平等参与建设和发展。程恩富认为,这些原则和结构是基布兹活力和凝聚力的关键。

程恩富的研究不仅有助于了解基布兹这一独特的经济组织形式,还总结了可供我国借鉴的发展路径,对于推动我国经济体制改革和社会主义现代化建设具有重要的理论和现实意义。他认为,基布兹在经济发展、产业结构调整和改革转型方面取得的显著成就,主要得益于政府支持、产业结构调整和若干改革措施的实施。政府的支持为基布兹的产生和发展提供了保障,产业结构调整帮助基布兹实现了经济多

[①] 程恩富,张杨. 坚持社会主义农村土地集体所有的大方向:评析土地私有化的四个错误观点[J]. 中国农村经济,2020(2):134-144.

[②] 程恩富,孙业霞. 以色列基布兹集体所有制经济的发展示范[J]. 经济纵横,2015(3):62-68.

元化，改革转型使其适应了市场经济的发展。这些经验不仅支撑了基布兹的现代化建设，也为其他组织或国家的公有制实践提供了成功范例。基布兹的成功表明，改革应顺应市场经济要求，集体经济在特定条件下发挥着重要作用。①

2. 对西班牙蒙德拉贡合作经济模式的研究

合作社思想起源于西方空想社会主义，19世纪英国空想社会主义者欧文实践了新和谐公社理念，马克思对此给予高度评价，并认为合作经济是无产阶级取得政权后向共产主义过渡的重要形式。随着资本主义矛盾加剧和市场经济的发展，合作社模式应运而生。小生产者和消费者通过合作，有效抵抗资本剥削，改善了生活和竞争地位。这种和平有效的组织形式不仅适应了市场经济的发展需求，也切实解决了弱势群体的生存问题，因此被广泛接受和推动。马克思曾指出，"资本家对这种劳动的异己的所有制，只有通过他的所有制改造为非孤立的单个人的所有制，也就是改造为联合起来的、社会的个人的所有制，才可能被消灭"②，充分体现了合作社模式对于社会所有制变革的重要意义。

进入20世纪后，合作社模式在全球发展出多样化形式。蒙德拉贡联合公司（Mondragon Corpoilacion Cooperativa，MCC）作为工人合作社的典范，其独特的模式在国际金融危机中展现出强大的发展韧性。MCC起源于西班牙巴斯克地区，创始人何塞·玛丽亚·阿里斯门迪从1941年起推广合作经济理念，1956年成立首家合作社，随后发展成为跨多个领域的综合企业集团。当2008年国际金融危机导致世界经济走向低迷时，MCC却稳健地度过困难时期。如今，MCC业务遍及全球，向世界展示了合作经济模式的强大活力，并为全球合作经济的实践提供了参考。程恩富领衔的团队通过实地考察、资料搜集与分析、比较研究等方法，详细分析了MCC的运营、组织、管理及分配制度，在经验总结中揭示其成功的关键因素，挖掘可供中国社会主义经济建设借鉴的重要启示。

关于MCC的成功经验，程恩富认为关键在于它坚定践行合作社原则并不断创新，以及充分融合了合作社与股份制的优势：在产权层面，推行劳动者共有制度，员工兼具劳动者和所有者身份，独特的产权结构为公司崛起提供了坚实支撑；在管理层面，实行民主管理和集体决策并行，保障员工权益和参与；在利益分配层面，遵循初次分配的双重兼顾原则，平衡短期与长期、个体与集体利益，激发工作激情和创新能力；在就业层面，不断创造新岗位，构建稳定的社会保障体系，解决失业

---

① 程恩富,孙业霞. 以色列基布兹集体所有制经济的发展示范[J]. 经济纵横,2015(3):62-68.
② 中共中央马克思恩格斯列宁斯大林著作编译局,编译. 马克思恩格斯文集:第8卷[M]. 北京:人民出版社,2009:386.

问题；在成员教育和培训层面，提升专业技能和素养；在人才孵化层面，高度重视骨干成员的培养，并在推进国际合作中拓宽国际视野。[1]

程恩富不仅揭示了 MCC 取得成功的经验要素，还归纳了其为我国经济建设提供的宝贵经验启示：首先，推广合作理念，发展集体经济，巩固公有制主体地位。通过扶持农民专业合作社，加强对农民的宣传与培训工作，并优化相关政策，促进城乡经济的多元化、规模化、现代化发展。其次，深化收入分配改革。提升劳动报酬在初次分配中的占比，改进税收和社会保障，促进社会公平，激发劳动者积极性。再次，加大教育投入，优化就业机制，完善社会保障体系建设。最后，将持续创新和国际化视为推动经济高质量发展的核心途径，积极参与全球资源配置，提升开放型经济水平，以适应日益全球化的市场环境。[2]

MCC 的成功经验不仅证明了合作经济模式的可行性和有效性，还为我国所有制经济改革提供了有益参考。通过借鉴 MCC 的弘扬合作思想、深化收入分配制度改革、坚持以人为本的发展理念和持续创新加强国际化战略等措施，有助于推动我国经济的高质量发展与国际竞争力的提升。

（三）关于发展集体经济的路径建议

自改革开放以来，我国集体经济经历了重大变革，催生出"新型集体经济"的创新发展范式。农村集体经济的转型成功，为股份合作、社区合作和专业合作社的发展打下了基础，同时现代企业管理制度为农村集体经济的发展注入新的活力。为了持续壮大集体经济，程恩富在总结国内外集体经济和合作经济发展经验的基础上提出了三个方面的路径建议，包括坚持党对集体经济的引领作用、强化政策引导与支持，以及推动集体经济和合作经济的多样化发展。

1. 党领航向：强化集体经济的政治经济引领力

程恩富指出，党对农村工作的领导是社会主义农业发展的首要条件和关键因素。[3] 他基于恩格斯关于无产阶级政党必须把握"经济原因与政治后果内在联系"[4]的辩证思维，结合习近平新时代组织振兴重要论述，阐释了基层党组织在解决"三农"问题中的核心作用。通过分析改革开放以来 49 个坚持集体化道路的典型村庄

---

[1] 谭扬芳,程恩富. 蒙德拉贡合作经济模式的经验及其启示[J]. 中国集体经济,2012(34):89-96.
[2] 谭扬芳,程恩富. 蒙德拉贡合作经济模式的经验及其启示[J]. 中国集体经济,2012(34):89-96.
[3] 程恩富,张杨. 论新时代社会主义农业发展的若干问题：以马克思主义及其中国化理论为指引[J]. 内蒙古社会科学(汉文版),2019(5):15-22.
[4] 中共中央马克思恩格斯列宁斯大林著作编译局,编译. 马克思恩格斯文集:第4卷[M]. 北京:人民出版社,2009:510.

案例,他指出这些成功案例的共同特征在于构建了"不忘初心、牢记使命"的坚强党组织。据此,他强调社会主义农村的集体经济发展需要制度化的组织保障,坚强的基层党组织和出色的基层带头人既能以马克思主义方法论正确处理集体经济"统分结合"的关系。如代村党支部书记王传喜带领群众发展集体产业、进顺村推行社区型股份合作制等实践充分表明,先进基层党组织通过带领群众发展多样化集体经济既能有效抵御资本对土地的侵蚀。又能在提升农业生产效率中实现共同富裕。

2. 政策优化:构筑集体经济发展的政策支撑体系

针对当前农村集体经济发展面临的挑战,程恩富提出优化对集体经济的政策引导与支持的四个重要维度:首先,要认识到发展集体经济的战略重要性,加强马克思主义集体经济与合作经济的理论研究,以解决市场经济理论滞后的问题。同时,要消除认识分歧,在总结新中国集体经济发展经验中,为今后的改革和发展提供理论支持。其次,成立国家和地方的集体经济领导机构,以确保政策的有效实施。通过顶层设计和统筹协调,改变当前自由放任的集体经济发展态势。再次,构建完善的法律政策框架,如优化信贷政策降低融资成本和实施税收优惠减轻经济负担,以增强农村集体经济的竞争力。最后,采取巩固完全集体所有制、优化双层经营体制、推动农业集体化与集约化、规范引导农民专业合作社和发展集体经济联合体等多元化路径壮大集体经济。同时,加强内部民主管理,通过党、村、企适度分离与现代治理机制的建立,巩固党在农村的执政基础。①

3. 模式创新:推动集体经济与合作经济的多元协同发展

程恩富指出,以"两个飞跃"思想和党的相关政策为指引建设社会主义新农村,应在以家庭联产承包为基础的双层经营体制下切实发展统分结合的集体层经营。同时,通过发展多种模式的合作经济,确保农村企业和市场经济的有效融合,以所有制和产权制度改革来缓解农业、农村和农民问题。基于上述设想,他勾画了一个涵盖三个层次的推动集体经济与合作经济的多元化协同发展蓝图。

第一,深耕统分结合的集体层经营之道。统分结合的双层经营体制重新诠释了农村经济组织的现代化路径。家庭承包经营有利于激发个体活力,而集体统一经营则有利于强化服务与管理,两者相辅相成,共同作用于农村经济社会发展。鉴于农民群体存在社会保障缺失、资源受约束及市场对接难的问题,程恩富认为强化统分结合的集体层经营是适时之举,且优越性显著:可以优化集体服务,补齐农业再生产短板,提升农民生产投入与土地利用效率;可以改善农民市场交易地位,增强农

---

① 程恩富,龚云. 大力发展多样化模式的集体经济和合作经济[J]. 中国集体经济,2012(31):3-9.

民市场议价能力,提升产品附加值;可以强化农村精神文明建设,遏制歪风邪气。关于具体实施路径,程恩富强调需秉持"统""分"平衡原则,兼顾因地制宜与多样化原则:一是探索集体层经营多模式发展,如集体独资、股份合作及外资引进,推动农业规模化与产业化。二是聚焦经济实力提升,加强集体资产管理,促进资产保值增值,同时减轻农民负担,优化资源配置。三是重构集体层经营体系,打破行政界限,拓展合作经济组织网络,适应农业多元化发展需求。四是强化顶层设计上的引导与支持,通过财税、金融、技术及政策等多维度激励,营造有利于集体层经营发展的外部环境。[①]

第二,激发农村集体所有制经济的蓬勃成长。农村集体所有制经济作为我国公有制经济的重要实现形式,是一种劳动者共同拥有和管理生产资料的所有制形式。程恩富提倡发展这一模式,是因为它彰显了邓小平同志"第二个飞跃论"的实践与创新,是在通过家庭联产承包责任制成功激发农民生产积极性基础上的再度跃升。农村集体所有制经济能够推动农业向更高水平的集体化和集约化发展,具有强大的生命力和适应性,它对优化农村经济结构至关重要,也是实现农村全面振兴和农民共享发展成果的关键路径。对此,程恩富指出,鉴于我国人多地少的国情条件,应坚定不移走集体化、合作化道路,通过强化集体所有制经济,促进农村合作与资源共享,从而解决土地和劳动力问题,同时能够起到保护环境和农耕文化的作用。[②]

第三,强化多元合作经济模式的有机融合。在农村集体经济改革与发展的深化过程中,合作经济作为农村经济的重要补充,重要性越发凸显。合作经济不仅助力农村生产力的提升,还为实现共同富裕提供了多元路径。程恩富认为合作经济模式的优越性在于,它能够通过广大农户的自愿联合实现资源的优化配置与共享,这将有效缓解小农户在大市场中相对弱势的窘境,提高农户的经营效益与市场竞争力。同时,合作化经营降低了市场交易费用与风险,增强了农民对经济的参与度与监督力度,为农业现代化注入新的活力。程恩富所倡导的多元化合作经济模式,具体涵盖"农户间横向一体化的紧密合作""以农村合作组织为基础的纵向一体化合作形式""融合多种经济成分的混合经济模式下的合作农场"三种模式。[③] 这三种模式虽各有不足,但也有各自的独特优势,它们共同促进了农村经济的转型与升级。其中,

---

① 程恩富,陆夏,徐惠平.建设社会主义新农村要倡导集体经济和合作经济模式多样化[J].经济纵横,2006(12):2-6,17.
② 程恩富,陆夏,徐惠平.建设社会主义新农村要倡导集体经济和合作经济模式多样化[J].经济纵横,2006(12):2-6,17.
③ 程恩富,陆夏,徐惠平.建设社会主义新农村要倡导集体经济和合作经济模式多样化[J].经济纵横,2006(12):2-6,17.

"公司+农户"的横向一体化合作模式是合作经济的基本模式,程恩富肯定了这一模式在缓解农产品销售问题上的作用,同时指出了它存在企业与农户间难以形成稳定的利益共享关系的缺点。而"农户+合作经济组织+公司"的纵向一体化合作经济模式是对传统"公司+农户"模式的创新性发展,展现出更强的可复制性和推广潜力。程恩富揭示了这一模式的多重优势,如农户通过融入合作经济组织,可以稳固实现农业生产价值,同时可以借助龙头企业的品牌光环、信息资源的富集及广泛的销售网络显著提升市场准入能力与竞争力。更为重要的是,这种合作经济模式通过创办农产品加工企业,能为农民开辟更为多元的增收路径与利润增长点。"混合经济模式"的合作农场作为集体经济与合作经济的结合形式,不同于将农村土地使用权流转给私人公司的模式,而是通过土地股权合作实现资源的整合和规模化运营。它依托家庭承包经营责任制,积极倡导农民将土地资源转化为股权以共同参与合作农场的运营和管理,此举不仅保留了家庭承包经营的优势,又通过扩大规模和提高效率有助于规模经济和共同富裕的实现,从而彰显出独特优势和生命力。

集体经济与合作经济虽在私人产权认同的维度上具有根本分歧,但程恩富在剖析两者异同的基础上,巧妙地实现了二者的优势互补,创造性地构想出强化多元合作经济的理论体系。这一体系不仅展现了宏大的全局视野,而且从多维度、多层次出发,全面而系统地致力于我国农村经济发展瓶颈的破解与改善。程恩富的这一贡献是他对我国"三农"问题独到见解与深刻洞察的集中体现,不仅丰富了马克思主义政治经济学在农村经济发展方面的理论内涵,更为我国农村经济的发展提供了强有力的理论支撑与实践指导。

第三节 对市场和政府关系的研究

习近平总书记指出:"经济体制改革的核心问题仍然是处理好政府和市场关系。"[①] 在社会主义市场经济体制的架构内妥善处理好市场与政府的关系,一方面通过市场机制高效配置资源、激发创新活力,另一方面借助政府调控矫正市场失灵、

---

① 本书编写组,编.中国共产党第十八届中央委员会第三次全体会议文件汇编[M].北京:人民出版社,2013:93.

保障公平正义,在市场与政府的动态均衡中,既实现对资本无序扩张和系统性风险的防范,又避免过度干预导致的僵化低效,最终将制度优势转化为高质量发展的持续动能。

自党的十四大提出"建立社会主义市场经济体制"的改革目标后,我国理论界对社会主义市场经济条件下的计划(政府)与市场关系议题的探讨日益激烈,其中不乏不同学者在理论上的分歧与争议。一方面,部分学者强调经济体制改革的市场导向,认为市场经济本身没有姓"社"、姓"资"的问题,社会主义市场经济体制的改革方向应是"小政府、大市场"或"市场调节经济、政府管理市场"的新模式。另一方面,部分学者则主张对社会主义市场经济下计划(政府)与市场关系的特殊性展开以马克思主义政治经济学为基础的理论分析。如顾海良(1993)针对市场经济"中性论"提法,指出"市场经济"不可能作为与一定社会制度相分离的独立范畴而存在,这种提法不利于我们科学把握社会主义市场经济下市场的特殊含义及其作用。[①] 此外,余斌(2015)[②]、刘凤义(2020)[③] 等学者从不同视角对市场与政府关系议题中的市场作用边界、国家规划能力、各种所有制经济关系等问题进行了深入探讨,取得了一系列创新性成果。

程恩富对市场与政府关系的理论研究,始终根植于中国经济体制转型的实践历程,他在该领域的学术探索跨越了1992年邓小平南方谈话确立改革方向的社会主义市场经济体制初创期、21世纪初加入WTO后与全球化接轨的攻坚期与新时代"有效市场+有为政府"的改革全面深化期。这期间,从新自由主义"市场万能论"的冲击到全球金融危机后政府调控的理性回归,程恩富的理论建构回应了如何规避"泛市场化"陷阱和重塑社会主义制度优势的时代之问。他的市场与政府功能性"双重调节"理论,既突破了"市场—政府"二元对立的教条,又抵制了"去监管化"的风险,为理解我国经济奇迹背后的制度密码提供了理论参考。

一、市场与政府关系的研究历程

我国市场与政府关系的演进史,是一部深刻反映社会主义经济制度自我革新与完善的发展史。1978年,面对急需复苏与发展的中国经济,党的十一届三中全会将工作重心聚焦于社会主义现代化建设,开启了改革开放的新篇章,为经济体制改革向市场化方向迈进奠定了初步基础。1981年,党的十一届六中全会虽未直接提及计

---

① 顾海良. 市场经济是中性范畴吗[J]. 高校理论战线,1993(4):10-11.
② 余斌. 正确处理政府与市场的关系必须坚持唯物史观[J]. 毛泽东邓小平理论研究,2015(10):23-29.
③ 刘凤义. 论社会主义市场经济中政府和市场的关系[J]. 马克思主义研究,2020(2):5-15.

划与市场的结合，但通过总结历史经验，指出"必须在公有制基础上实行计划经济，同时发挥市场调节的辅助作用"①。这些论述指明了计划经济体制改革的改进方向，为市场作用的逐步显现作了前期铺垫。1982 年，党的十二大提出"计划经济为主，市场调节为辅"的原则，要求明确划分指令性计划、指导性计划和市场调节各自的范围与界限，标志着市场与政府界限的重构与对市场作用的重视。1984 年，党的十二届三中全会创造性地提出"社会主义计划经济必须自觉依据和运用价值规律，是在公有制基础上的有计划的商品经济"②这一重大论断，摒弃了以往社会主义经济必须依赖指令计划来分配资源的僵化思维，打破了传统计划经济的固有模式和运行机制，明确了商品经济对于社会主义经济发展的重要作用。进入 20 世纪 80 年代中后期，经济改革步伐加快。1987 年党的十三大深化了对计划与市场内在统一的认识，指出"社会主义有计划商品经济的体制，应该是计划与市场内在统一的体制"③，进一步挣脱了旧有意识的束缚，明确了政府调控的计划经济与市场机制均可作为社会主义国家有效配置资源的手段。1992 年党的十四大具有里程碑意义，明确提出建立社会主义市场经济体制的目标，强调要使市场在社会主义国家宏观调控下对资源配置起基础性作用，从而确立了市场在资源配置中的基础性地位。这标志着我国正式步入社会主义市场经济的新纪元。党的十五大、十六大、十七大持续深化这一改革方向，不仅细化了市场作用的发挥路径，还从制度层面强化了现代市场体系的建设。新时代，特别是党的十八大以来，我国在继续强调市场的决定性作用的同时，更加注重政府在宏观调控中的作用，提出要"处理好政府和市场的关系，更好发挥政府作用"，标志着我国市场与政府关系进入"强政府—强市场"的"双强"格局。党的二十届三中全会再次强调建设高水平社会主义市场经济体制的重要性，强调要处理好政府和市场等几对重大关系，实现既"放得活"又"管得住"④，充分体现了党和国家对平衡好政府和市场关系的高度重视。

在此期间，程恩富也积极响应国家号召，专注于研究市场与政府之间错综复杂、动态演进的相互作用机制和规律。早在 1988 年年初便刊文主张在社会主义条件下可以建立新型的市场经济体制，认为："当市场体系和市场机制真正发育成熟和完善的时候，这种经济体制实质上是一种新型的计划调控下的市场经济体制。"⑤ 1992 年

---

① 中共中央文献研究室,编. 三中全会以来重要文献选编(下)[M]. 北京:人民出版社,1982:841.
② 中共中央文献研究室,编. 十二大以来重要文献选编(中)[M]. 北京:人民出版社,1986:568.
③ 中共中央文献研究室,编. 十三大以来重要文献选编(上)[M]. 北京:人民出版社,1991:26.
④ 习近平. 中共中央关于进一步全面深化改革 推进中国式现代化的决定[M]. 北京:人民出版社,2024:5.
⑤ 程恩富,周环. 关于划分社会经济形态和社会发展阶段的基本标志:兼论我国社会主义社会初级阶段的经济特征[J]. 复旦学报(社会科学版),1988(1):15-20.

9月,他发表《借鉴西方经验 建立有计划主导的市场经济体制》一文,[①] 具体论证了"市场经济"这一术语的适用性。

在20世纪90年代初期,程恩富敏锐地把握时代脉搏,围绕"构建市场—政府新型经济调节机制"这一主题发表了一系列文章,创造性地阐述了"以市场调节为基础、以国家调节为主导"的双重调节机制。他剖析了市场调节与国家调节的本质区别,以及二者在更高层次上的对立统一关系,列举了"以市场为基础、以计划为主导"机制下的经济调节形式体系,并详细阐述了不同类型企业在该机制下的实践路径与实现方式。程恩富还展现出卓越的开放意识与国际比较视野,他在《借鉴西方经验 建立有计划主导的市场经济体制》等著作中明确提出"计划与市场可以有机结合""建立社会主义有计划主导的市场经济体制"等论断,客观评价与借鉴了西方有计划主导市场经济体制的成功经验。同时,他撰写了《东亚若干国家宏观调节的六大特色——兼谈当前改革我国宏观调节机制的几点看法》《20世纪不同类型国家的经济体制研究》等文章,广泛汲取多个国家经济体制改革的智慧与教训,为我国经济体制改革提供了国际经验参照与启示。

面对21世纪初出现的对市场经济与社会主义制度兼容性的质疑,以及西方唯市场决定论的渗透,程恩富坚守马克思主义立场,发表了《论资源配置中的市场调节作用与国家调节作用——两种不同的"市场决定性作用论"》《社会主义比资本主义能更好地运用市场经济》等文章,有力地驳斥了这些错误思潮,重申了社会主义市场经济体制的独特优势与光明前景。后来他又借助《论按比例规律与市场调节规律、国家调节规律之间的关系》等文章,进一步论证了马克思主义理论在当代中国经济改革与发展中的核心指导地位与强大生命力,彰显了其作为科学理论的时代价值与引领作用。

二、市场与政府关系理论的继承、借鉴与辨析

政府和市场都是历史与社会的范畴,在不同的理论和方法论立场下,人们对二者关系的认知是不相同的。关于用什么经济理论驾驭社会主义市场经济,学术界呈现出鲜明的理论分野:部分学者主张运用西方经济学范式解析中国问题,强调"没有以西方的理论为指导这一艰巨的历史任务是不能完成的""利润最大化原理、供求原理等经济学的基本理论是人类社会有用的文明成果,指导经济工作需要掌握这些基本的理论原理";另一些研究者则强调回归马克思主义政治经济学的分析框架,

---

[①] 程恩富.借鉴西方经验 建立有计划主导的市场经济体制[J].财经研究,1992(9):16-19.

认为"马克思关于按一定比例分配社会总劳动量的思想,应成为分析社会主义市场经济条件下的政府、计划与市场关系的重要理论基础"。面对这种理论分野,程恩富通过系统性比较各国经济体制的实践效能,明确指出社会主义市场经济本质上是社会主义基本制度与市场运行机制的创造性结合,必须在马克思主义经济理论的科学指引下构建中国特色的政府和市场关系范式,而非简单套用西方经济学的解释体系。①

(一) 按比例分配规律的思想启发

市场与政府功能性"双重调节"思想源于中国社会主义特殊发展阶段的经济土壤与实践脉络,是对马克思主义"按比例分配社会劳动规律"的现代解读和应用拓展。

1. 对按比例规律内涵的理解和应用

程恩富以马克思"要想得到与各种不同的需要量相适应的产品量,就要付出各种不同的和一定量的社会总劳动量"② 经典论述为依据,指出按比例规律是一种能够揭示社会生产与社会需求之间的矛盾运动,同时表征国民经济整体协调发展的规律。他强调劳动力、资本和资源在社会总劳动中的配置应遵循按比例规律,以实现生产要素的有序分配和动态平衡,在最优化资源的利用效率中实现生产效益的最大化。在宏观层面,不同产业和不同经济领域需维持结构性平衡,以促进经济体系的整体协调发展和平稳运行。通过资源的合理配置和结构性调整,可以促进产业互补,提高资源流转和价值挖掘效率。③

2. 对按比例规律与市场调节、国家调节关系的分析

市场调节和国家调节都是基于按比例规律的一种实现形式,只是作用范围不同。程恩富认为,市场调节规律通过市场竞争促成交换价值的波动,来实现资源按比例分配。市场竞争能够激发商品价格的动态变化,并向生产者传达市场供求信息,引导他们自发地调整生产规模、优化产品结构以适应需求,实现供给与需求的动态平衡。而国家调节规律是社会化大生产和发展国民经济的必要实现方式,国家在不同

---

① 程恩富. 用什么经济理论驾驭社会主义市场经济:与吴敬琏、王东京教授商榷[J]. 学习与探索,2005(4):170-173.

② 中共中央马克思恩格斯列宁斯大林著作编译局,编译. 马克思恩格斯文集:第10卷[M]. 北京:人民出版社,2009:289.

③ 高建昆,程恩富. 论按比例规律与市场调节规律、国家调节规律之间的关系[J]. 复旦学报(社会科学版),2015(6):130-137.

发展阶段均承担着统筹社会生产、确保经济平稳健康发展的职责。①

进一步地,程恩富剖析了市场调节与国家调节在实现按比例规律中的各自角色与贡献。一方面,他研究了市场调节如何在不同经济体制中依据按比例规律发挥作用。在简单商品经济中市场调节作用有限;商品交换扩展后价格波动自发调节供需但具有盲目性;资本主义市场经济下市场起决定性作用,自由竞争阶段激化社会化生产与私有制矛盾引发周期性危机,国家垄断阶段破坏性加剧;传统计划经济中市场调节受计划主导;社会主义市场经济则在公有制基础上实现市场决定作用与国家调节的有机结合,既发挥市场积极性又规避其负面效应。另一方面,程恩富论述了在不同社会以及同一社会的不同发展阶段,国家调节在实现按比例规律作用时所表现出的差异性。他强调政府调节并不是随心所欲的、杂乱无章的、没有内在规律可循的,其内在包含着按比例发展和有计划发展等规律。在传统社会主义计划经济中,国家调节主导生产以确保按比例发展,但也存在主观偏好和动力不足等弊端。因此,国家实施市场化改革的目的就在于优化调节机制,提升经济效率与活力。在社会主义市场经济中,国家调节与市场调节有机结合,国家通过宏观调控和微观规制来矫正市场失灵,确保宏观经济稳定和微观经济有序发展。②

(二) 国际案例的经验镜鉴

程恩富以历史唯物主义的视角,从组织决策、信息调控、财产所有制以及激励机制等多个方面研究了20世纪美国、德国、日本、新加坡等国经济体制的核心要素,目的在于总结市场经济体制发展的内在规律和有效策略,同时揭示出资本主义与社会主义市场经济的共性与差异。

1. 汲取西方主要大国经济发展中的有益元素

借鉴西方国家的市场经济之路,是基于历史唯物主义对社会发展规律的深刻洞察。早在1992年,程恩富就指出西方国家在长期的市场经济实践中积累了许多宝贵经验、建立了完善的体制框架,借鉴它们的经验和行为规范,有助于我们降低改革成本,加速构建计划主导型市场经济体制。③

借鉴资本主义国家市场经济经验的前提是遵循马克思主义基本原理,坚守公有制主体地位。为此程恩富强调了研究中要坚持的五大原则:其一,坚持全面性原则,

---

① 高建昆,程恩富. 论按比例规律与市场调节规律、国家调节规律之间的关系[J]. 复旦学报(社会科学版),2015(6):130-137.
② 程恩富. 完善双重调节体系:市场决定性作用与政府作用[J]. 中国高校社会科学,2014(6):43-52.
③ 程恩富. 借鉴西方经验 建立有计划主导的市场经济体制[J]. 财经研究,1992(9):16-19.

深刻剖析西方市场机制和计划制度，从而全面把握市场与计划相互交织、协同作用的内在规律。其二，遵循手段多元化原则，要全面汲取西方经济手段、法律手段和行政手段，以此拓宽我们对经济管理模式复杂性的认识边界。其三，贯彻国别与规模适应性原则，既要借鉴西方大国的宏观经济治理智慧，也需重视中小国在区域与省市层面的管理创新，确保学习经验能精准对接我国不同层面的发展需求。其四，坚持批判性选择原则，对于西方经济体系中尚未克服的难题，应保持清醒头脑，避免盲目复制。其五，秉持创新融合原则，在引进经验的同时，消化其合理内核，并结合我国实际进行创造性转化，实现对外来经验的超越与自我发展。[1]

在恪守这五大研究原则的前提下，程恩富剖析和总结了美国、原联邦德国以及法国在社会经济发展过程中所积累的市场经济建设经验：

通过对美国市场经济发展历程的研究，程恩富认为美国市场经济以高度自由竞争为特点，产量、价格、工资、投资等关键经济要素由私人企业自主决策，美国政府则通过财政金融手段间接调控，在一定程度上保持市场活力和经济稳定。在这种模式下，美国拥有较完善的市场体系和市场机制，能够优化配置资源，推动经济快速发展。同时，美国的经济法规体系为市场经济的正常运行提供了坚实的法律保障。此外，美国市场经济中由中小企业和个体生产者组成的市场体系与由实行计划管理的大公司构成的计划体系二者相互关联，共同促进了经济发展。可以看出，美国经验中的完善市场体系、加强法规建设、灵活运用财政金融手段、发挥大企业作用等方式为我国提供了可学可鉴的经验。[2]

在对原联邦德国市场经济发展历程的研究中，程恩富指出，该国探索出一条介于国家调控与自由市场之间的"自由与均衡原则结合的社会市场经济"。原联邦德国强调在自由竞争的基础上，辅以国家适度调控，并构建坚实的社会安全保障机制。程恩富认为其特点在于既崇尚市场力量的自由竞争，又强调社会均衡以保障市场的有效运作。在面对经济挑战时，原联邦德国政府实施了多项措施保障市场竞争，包括但不限于融合计划与市场机制、强化政府引导和调控作用、通过立法维护公平竞争、确保中央银行独立性和构建灵活的经济政策调节机制等。[3]

法国经济作为现代混合经济体制的典范，融合了市场经济与计划经济的精髓，形成了独具特色的"计划指示型市场经济"。程恩富指出，法国经济的显著特征除国有经济占比高之外，还体现在个人消费者、私营公司和国家三者在经济决策权方

---

[1] 程恩富. 借鉴西方经验 建立有计划主导的市场经济体制[J]. 财经研究,1992(9):16-19.
[2] 程恩富. 借鉴西方经验 建立有计划主导的市场经济体制[J]. 财经研究,1992(9):16-19.
[3] 程恩富. 借鉴西方经验 建立有计划主导的市场经济体制[J]. 财经研究,1992(9):16-19.

面实现了适度平衡,以及在市场主导资源分配的同时,政府使用多种经济杠杆引导经济。此外,通过"现代化委员会"汇集多方智慧制订经济计划和财政立法权集中在中央也是其重要特征。我国可从法国的经验中汲取广泛灵感,如深化对混合经济模式的探索以优化市场与政府的功能边界;构建协商平台促进多方利益主体在经济决策中通过有效参与来提升决策质量;灵活运用经济杠杆,精准施策于产业结构调整与创新驱动,引导资金流向国家发展战略的关键领域;巩固中央财政主导地位的同时,通过合理分权,增强地方财政的灵活性与公共服务效能。[①]

2. 学习东亚新兴经济体快速发展的实践经验

日本、韩国和新加坡作为东亚新兴经济体的典范,它们的经济快速崛起得益于国家在市场自由与政府干预间找到了平衡点,实现了资源配置的优化和经济的飞跃。程恩富通过对这几个经济体展开研究,总结归纳了其中蕴含的诸多先进实践经验和理论启示:第一,政府通过控制重要国企、推行法人持股、鼓励合并垄断等方式,促进企业协作和产业链升级。第二,面对资源匮乏和市场竞争,不断调整产业扶持重点,引导产业结构趋于合理化。第三,在财政金融领域采取稳健策略,既要保持适度财政规模,又要充分发挥财政资金杠杆作用。第四,运用价格调节机制并结合直接与间接管理策略,既保持物价稳定,又维护消费者利益,灵活地应对市场经济挑战。第五,通过灵活高效的行政指导机制来调节经济,对企业间的过度竞争与无序扩张进行积极遏制。政府与企业间的良性互动机制有利于政策制定的科学性与准确性,增强企业对政府政策的支持。第六,采取以技术引进为主、直接投资为辅的开放战略,利用后发优势快速吸收国外技术和管理经验以减少技术差距。通过优惠的外资政策和产业政策,引导外资流向重点发展领域,同时放宽外资限制,增加直接投资的引进。[②]

鉴于东亚三国在宏观调节方面展现出的特点与它们在国家经济发展实践方面取得的巨大成就,程恩富从中归纳总结出对我国完善宏观调控制度体系具有重要借鉴意义的四个方面:第一,逐步确立现代国家调控体系在市场经济运行中的主导地位。第二,建立以公司制为主的现代企业制度,执行政企、政资分离,减少行政干预,增强政府权威。重建独立的国有资产管理体系,推动法人持股为主的股份制企业发展,为国家调控奠定微观基础。第三,推行政策的系统调节,强调经济总体规划和产业投资导向,采用多样化手段指导地方政府和企业投资。在金融调控方面,试点

---

① 程恩富. 借鉴西方经验 建立有计划主导的市场经济体制[J]. 财经研究,1992(9):16-19.
② 程恩富,包亚钧,徐惠平. 东亚若干国家宏观调节的六大特色:兼谈当前改革我国宏观调节机制的几点看法[J]. 经济改革与发展,1995(8):71-75.

发展证券期货市场，严格规范市场交易，抑制物价上涨和货币过度发行。第四，对技术和资本的引进需加强调控，重视软件技术、关键设备及先进管理方法的引入，防止国际资本在某些领域形成垄断局面。①

（三）对谬误观点的批判审视

在探讨社会主义市场经济体制时，不可避免地要面对一系列错误观点的质疑和攻击。这些观点可能源于对市场经济与社会形态关系的误解，或是对市场机制功能的过于理想化解读。程恩富科学运用马克思主义政治经济学理论工具，对学界广为流传的一些谬误观点进行辨析与批判，以揭示市场经济本质及其与社会形态的真实关系，同时阐明市场机制的实际作用与局限。

1. 批判那些将市场经济与资本主义等量齐观的观点

在有关经济体制的诸多论述中，有一种观点主张把市场经济等同于资本主义，把计划经济等同于社会主义。该观点认为资本主义市场经济能高效配置资源，因此周期性经济危机是不必要的担忧，甚至提出了一个简化的二元对立模型，将经济模式的选择局限在非此即彼的狭隘范围内，限制了对经济模式多样性的理解。程恩富批判了这一观点的片面性和狭隘性，认为它忽视了市场经济的普适性和灵活性，因此它错误地将市场经济视为资本主义的专属标签，排除了市场经济与社会主义公有制相结合的可能性。程恩富运用2008年国际金融危机后资本主义市场经济暴露出的监管缺失、过度投机、收入分配不公等重大缺陷作为反例，进一步揭示了西方学者对资本主义市场经济的盲目崇拜，也促使人们重新审视市场经济的本质和功能，以及思考如何在不同社会制度下更好地发挥市场的积极作用。历史与现实都充分证明，市场经济作为一种资源配置方式并不受社会制度性质的限制，它可以根据具体的社会经济条件进行灵活调整和优化，许多国家采取的混合经济模式就是生动的例证。在市场与政府调节的有机结合下，既能发挥市场在资源配置中的决定性作用，又能有效弥补市场失灵的缺陷，实现经济的稳定增长和社会福利的全面提升。②

2. 批判那些认为完全竞争的市场结构是资源配置最佳方式的观点

完全竞争的市场结构在一些西方学者的研究观点中被视为资源配置的最佳理论模型，这种市场结构模式发挥作用的关键要素包括大量买者和卖者的同时存在、产品的同质性、资源自由流动、信息的完全对称，以及不存在外部性和公共产品等。

---

① 程恩富,包亚钧,徐惠平. 东亚若干国家宏观调节的六大特色:兼谈当前改革我国宏观调节机制的几点看法[J]. 经济改革与发展,1995(8):71-75.
② 程恩富,谭劲松. 社会主义比资本主义能更好地运用市场经济[J]. 当代经济研究,2015(3):5-12.

在理论上这一模型能通过供求动态平衡实现资源的有效配置,但实际上它是一种理想化的状态,因为它忽略了资本主义制度下存在的资本积累、阶级斗争和市场垄断等固有的矛盾和不平等问题,这些因素影响和制约着市场结构和资源配置。对于这种在现实经济运行中几乎无法完全实现的,仅仅存在于理论中的抽象,程恩富从历史与现实的角度论证了它并非最有效和万能的,并指出"市场失灵"需要政府调控在事先、事中和事后的各种预防与弥补。为此,他从五个方面阐述了资本主义的"制度之弊":第一,资本主义私有制导致了社会经济活动的无序性,尽管个别企业追求利润最大化提高了生产效率,但整个社会生产却因缺乏统一规划和协调而陷入无序。市场机制的自发性和盲目性加剧了生产过剩与产能不足的周期性波动,生产与消费之间的矛盾始终无法得到真正解决。第二,资本主义私有制的按资分配制度,违背了马克思主义劳动价值论和剩余价值论。这种做法剔除了劳动在分配中的作用,造成财富分配上的失灵,加剧了社会财富的两极分化和阶级对立,使得社会公平正义难以真正实现。第三,资本主义生产目的是追求剩余价值最大化,这也将导致生产无限扩大和劳动者有支付能力需求相对缩小之间矛盾的不断激化。资本主义市场经济既具有一般市场经济特征,又显示出资本主义特有性质。这种双重属性必然导致生产相对过剩的周期性经济危机,造成社会财富和资源的巨大浪费。第四,生产集中与垄断在促进专业化进程的同时,也在某种程度上对技术进步构成了制约。垄断资本家出于维护自身市场垄断地位的考量常常会控制或延迟新技术的应用,从而妨碍技术发展,这不仅加剧了知识产权领域的垄断现象,也阻碍了社会生产力的持续深化发展。第五,资本主义市场经济的运作机制是资本进行对外扩张与掠夺的重要基础。资本在市场经济框架下凭借其强大的影响力在全球范围内肆意构建旨在维护其利益的国际市场竞争规则体系,进而实现生产和消费资源的全球性侵占与扩张策略。此举加剧了发达国家与发展中国家之间的对立态势与冲突局面,成为推动全球贫富差距扩大的主要因素之一。[①]

3. 批判新自由主义"市场决定论"的观点

新自由主义"市场决定论"的核心原则在于强调市场在资源配置中的决定性作用,并主张政府应减少对市场的直接干预。这一观点结合了古典自由主义和现代经济学的相关理念,既保留了反对政府干预、倡导自由竞争与自由贸易的核心观点,又融入理性预期理论与货币主义等新理论,从而形成了一套理论体系。它在实践中虽然在一定程度上起到了激发市场活力、推动经济增长的效果,但也造成了资源向

---

① 程恩富,谭劲松. 社会主义比资本主义能更好地运用市场经济[J]. 当代经济研究,2015(3):5-12.

少数人集中、市场失灵风险增加、忽视公共利益等不利于社会经济可持续发展的负面影响。程恩富将新自由主义经济思想的基本原则概括为非调控化、私有化、全球自由化和福利个人化①，并明确断言新自由主义"市场决定论"不能有效实现资源优化配置。他在对比剖析中国特色社会主义"市场决定论"与西方新自由主义"市场决定论"的本质差异中，借助中国实践完成了对新自由主义"市场决定论"的批判：第一，资源配置中的政府角色问题。新自由主义秉持市场至上的信条，主张市场原教旨主义，从而排斥政府任何形式的干预，尤其是宏观调控。此举非但不能稳定经济波动，反而可能加剧其不稳定性。相较之下，我国不仅强调市场在资源配置中的核心作用，而且充分认可国家宏观调控和微观规制的必要性。第二，物质资源配置范围与调控程度问题。新自由主义主张市场主导资源配置反对政府干预，相较而言，我国认识到市场短期和自利倾向可能偏离公共利益，因此不主张市场无限制地决定资源配置，尤其是在核心资源和长期战略领域。第三，对非物质资源（如文化、教育、医疗）的配置原则问题。新自由主义经济学派主张市场主导非物质资源的配置，政府仅负责最低限度的秩序维护。相较之下，由于过度依赖市场机制可能导致文化生态恶化、教育不公和医疗服务阶层分化等危害社会和谐的问题频发，我国采取了审慎策略，强调对非物质资源实行国家引导与市场机制相结合。第四，不同的所有制结构相结合问题。新自由主义质疑公有制的合理性，坚持市场的主导地位应与以私有制为基础的混合经济体制紧密相连。相较之下，我国在强调市场决定性作用的同时，坚决维护公有制在混合经济中的主体地位，坚定地认为公有制更能有效弥补私人经济与市场机制的不足，是推动国民经济持续、稳定、协调发展的重要力量。第五，收入分配与再分配原则问题。新自由主义主张完全由市场决定财富和收入的初次分配，认为这最能体现经济效率且最为公正。至于再分配方面，新自由主义认为提高福利和社会保障会抑制社会生产力发展，因此主张实行最小干预。相较之下，我国也重视市场的作用，但明确强调国家应参与其中以确保初次分配的合理性和效率性，主张构建国家主导下的多方协调机制以保护劳动者权益。而在再分配阶段，我国则主张政府在其中扮演核心角色，通过财税及社会保障缴款等手段汇聚社会财富，并以社会福利与转移支付形式惠及弱势群体。②

---

① 程恩富. 新自由主义的起源、发展及其影响[J]. 求是，2005(3):38-41.
② 程恩富，孙秋鹏. 论资源配置中的市场调节作用与国家调节作用：两种不同的"市场决定性作用论"[J]. 学术研究，2014(4):63-72.

三、市场与政府功能性"双重调节"理论的核心主张

关于市场与政府的关系,我国学术界内部呈现出多元研究视角。其中既有偏向支持市场调节的声音,也不乏强调维持二者平衡的论述。程恩富在对市场和政府关系的研究过程中,以马克思主义政治经济学相关理论为研究内核,结合中央相关政策和学界最新动态,广泛借鉴多国实践中的典型案例,提出了市场与政府功能性"双重调节"理论。该理论分析了市场与政府在经济调节中的复杂互动,揭示了市场和政府各自的正向效能与潜在负向效应,强调了它们功能互补的必要性和可行性,并为经济调节机制的优化提供了理论支撑。

(一)解析市场与政府在经济调节中的各自职能

对市场与政府职能的不同解读推动了理论界对二者关系的持续探索,只有对市场的基础性调节作用和政府宏观、微观调控功能具有透彻的认识,才能把握好二者在经济体系中的辩证关系。市场与政府功能性"双重调节"理论指出了市场与政府在经济发展中各自的优缺点,强调二者的协同发展对经济稳定和社会福祉提升的重要性。

1. 市场调节机制的正向效能与潜在局限的辩证分析

从萨伊的市场万能论到斯密的自由放任思想,再到新凯恩斯主义强调政府调控的必要性,最后到新自由主义主张摒弃政府干预的立场,在系统梳理西方经济学界对市场调节功能认知的演变历程后,程恩富明确指出,对待市场调节应秉持扬弃态度,既要肯定其在资源配置中的积极作用,又要清醒地认识到它的潜在局限性,避免盲目崇拜市场万能论。[1] 市场调节机制的双重作用一方面体现在它的正向效能上:市场调节作为资源配置工具展现出显著的微观经济均衡效应,它通过灵活响应需求变化、驱动个体自主决策、精准对接供求双方等方式实现资源的高效利用;市场在短期资源配置方面能力尤为突出,价格波动作为市场信号有效地传递供求信息与竞争态势,为生产经营者提供即时决策参考,引导资源迅速流向高效益领域;市场是科技创新的催化剂,激励生产者不断优化生产手段与技术水平,推动社会生产力的跨越式发展;市场局部利益驱动机制促进企业管理效能的提升与内外合作的深化,增强企业个体竞争力,为整体经济的繁荣奠定坚实基础。另一方面,市场调节机制存在诸多的局限性:在外部性、垄断和信息不对称等因素影响下容易造成资源配置

---

[1] 程恩富. 完善双重调节体系:市场决定性作用与政府作用[J]. 中国高校社会科学,2014(6):43-52.

效率低下、分配不公、热门行业资源过剩和社会需求不足；在自然垄断和非营利性行业等领域的资源配置存在明显的局限性；信息不透明和反应偏差容易加剧市场波动，经济主体的主观判断偏差和信息不对称容易导致资源配置失误，同时信息传递滞后将削弱市场调节效果；市场调节过程中的高昂成本，包括搜寻、适应、变动、决策和纠错成本，以及国家为弥补市场失灵而额外投入的资源，都将对市场调节效率和社会福利造成负面影响。①

2. 政府调控的功能强点与内在缺点的双重审视

政府调控作为现代化经济体系的坚实支柱，对其效能需以辩证眼光进行全面审视，既要看到其功能之强也需正视其内在之弊，这样才更有利于实现资源优化配置，推进市场稳健前行、社会和谐公正。

程恩富将政府调节的功能强点划分为宏观、中观、微观三大维度：宏观层面，政府作为领航者，通过精准规划和实现经济社会发展蓝图，弥补市场自发性的不足。政府超越了市场主体微观视野，以全局观处理就业、物价、供需、国际收支等核心议题，同时，在缩小贫富差距、推动共同富裕和守护生态可持续发展方面展现出社会责任感和前瞻性视野，成为经济、社会、文化和生态文明全面发展的推动者。中观层面，政府调控更注重补齐发展短板，能够有效缓解产业结构与区域经济失衡问题，通过投资新兴产业、基础产业及推动区域发展战略，彰显长远规划与布局的智慧。微观层面，政府通过高效的规制和监管，确保市场经济的公平和正义。政府作为公正和权威的守护者，通过建立准入、惩罚、黑名单等监管机制，对市场行为进行全过程管理，有效保护劳动者的权益，为市场经济的健康发展提供保障。②

而政府调节的功能弱点，即"政府失灵"现象主要体现在政府偏好的主观性、调节方向的转换机制、部门间的协调和调节承担者的动力机制等方面：政府偏好的主观性可能导致调控目标与全社会需求脱节；政府中的部分工作人员受限于局部利益，往往缺乏积极应对经济矛盾的动力，致使政府调节常常陷入官僚与低效；决策信息获取机制不健全、决策程序复杂、决策成本高等因素，使政府调节难以及时应变；财政、金融等政策措施存在的互相掣肘的情况，也对政府的调节效能起到削弱作用。③

3. 市场与政府功能性"双重调节"理论的提出

市场与政府作为经济体系中的两大核心调节机制，各自承载着不可替代的功能

---

① 程恩富. 构建"以市场调节为基础、以国家调节为主导"的新型调节机制[J]. 财经研究,1990(12):9 – 15,64.
② 程恩富. 完善双重调节体系:市场决定性作用与政府作用[J]. 中国高校社会科学,2014(6):43 – 52.
③ 程恩富. 完善双重调节体系:市场决定性作用与政府作用[J]. 中国高校社会科学,2014(6):43 – 52.

使命。针对"市场与政府的作用和功能是不是此消彼长的关系"这一命题,程恩富指出:"需要将市场决定性作用和更好发挥政府作用看作一个有机整体,而不是此消彼长的截然对立关系。"① 市场以其内在的自发调节能力,展现出灵活高效的资源配置优势;而政府以其宏观调控和公共服务的职能,成为维护社会稳定与促进共同富裕的坚强后盾。两者之间的关系,并非简单的此消彼长,而是辩证统一的,它们之间具有功能互补性、效应协同性和机制的背反性。因此,中国特色社会主义的经济运行调节机制的模式应是构建"以市场调节为基础、以国家调节为主导"②的双重调节机制,旨在构建一个高效市场和高效政府的"双高"或"双强"治理架构,既充分发挥市场调节的功能强点以抑制"政府失灵",又用政府调节的功能强点来弥补"市场失灵"。

关于市场与政府功能互补的可行性,程恩富认为市场调节与政府调控各具独特优势与局限,全面深化改革的关键在于充分释放两者的功能强点,实现二者在层次均衡、资源配置、利益调整、效益变动和收入分配等方面的优势互补。③ 在我国,市场与政府的功能互补充分彰显了社会主义制度与市场经济相融合的独特优势,这种融合机制既能够有效应对市场失灵,又能充分释放市场经济在优化资源配置效率方面的积极效能。社会主义公有制避免了市场经济的过度逐利倾向,按劳分配原则和共同富裕目标有助于解决市场经济分配领域的不公问题。同时,社会主义国民经济遵循的有计划按比例发展规律,有效地应对了市场经济在资源配置方面带来的自发性和盲目性。此外,社会主义核心价值观体系的弘扬,对于克服市场经济环境下可能出现的拜金主义、利己主义等不良倾向,也具有显著的正面作用。④

(二) 探析市场与政府调节相结合的经济组合和经济体制

为深化对市场与政府"基础—主导"型功能结合的理解,程恩富将其内嵌于社会经济形态发展进程和社会主义发展阶段的历史视野中加以阐释。他将社会经济形态简化为"自由经济与计划经济""产品经济与商品经济"两组核心范畴,⑤ 用以

---

① 程恩富.完善双重调节体系:市场决定性作用与政府作用[J].中国高校社会科学,2014(6):43-52.
② 程恩富.构建"以市场调节为基础、以国家调节为主导"的新型调节机制[J].财经研究,1990(12):9-15,64.
③ 程恩富,孙秋鹏.论资源配置中的市场调节作用与国家调节作用:两种不同的"市场决定性作用论"[J].学术研究,2014(4):63-72.
④ 程恩富,谭劲松.社会主义比资本主义能更好地运用市场经济[J].当代经济研究,2015(3):5-12.
⑤ 程恩富.构建"以市场调节为基础、以国家调节为主导"的新型调节机制[J].财经研究,1990(12):9-15,64.

揭示社会经济活动形式和内容的根本差异，如图5-2所示。前一组分类聚焦于探讨社会经济活动是自发的无计划活动还是通过精心规划控制的自律性活动。而后一组分类则着眼于社会经济内容的本质特征，研究社会经济活动的核心内容是由劳动产品直接构成，还是通过价值转换以商品形式相互关联。这种划分方法揭示了社会经济发展的多样性和复杂性，强调了现实社会经济形态是经济运行形式与经济运行内容的紧密结合与相互支撑，二者共同构成了社会经济形态不可或缺的两大支柱。

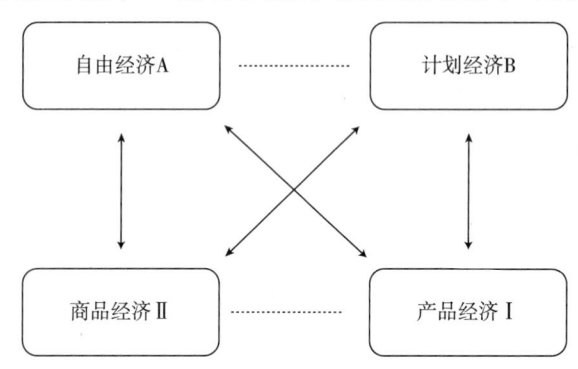

图5-2 四种经济组合

资料来源：程恩富. 构建"以市场调节为基础、以国家调节为主导"的新型调节机制[J]. 财经研究，1990（12）：9-15，64.

通过抽象化分析，程恩富从"自由经济与计划经济""产品经济与商品经济"两组核心范畴中延伸出四种不同的经济组合：自由产品经济（AⅠ）、自由商品经济（AⅡ）、计划商品经济（BⅡ）和计划产品经济（BⅠ）。具体而言：

自由产品经济（AⅠ）在原始社会、奴隶社会乃至封建社会中占据核心地位，其主要特征在于劳动产品并未融入市场交换的价值体系，而是保持原始的非商品化状态，社会经济活动展现出高度的自由性；

自由商品经济（AⅡ）广泛存在于商品经济和资本主义商品经济中，其核心特征在于劳动产品披上了价值形式的外衣，社会经济活动依然具有高度的自由性；

计划商品经济（BⅡ）在社会主义初级阶段得到了具体的实践，其核心特点在于劳动产品被赋予商品的价值形式，参与到市场交换中，同时社会经济活动并非处于无序的自发状态，而是受到科学且自觉的计划调控与指导；

计划产品经济（BⅠ）预示着未来社会主义高级阶段乃至共产主义社会经济的理想形态，其显著特征在于劳动产品彻底摒弃了商品的价值形式，实现了非商品化的纯粹状态，社会经济活动非但没有陷入无序与混乱，反而是在一种高度自觉的计划调控之下有序运行。

对这四种经济组合的显著特征进行分析之后，程恩富补充指出，各种经济组合之间可能存在过渡性类型，因此在自由商品经济与计划商品经济之间、计划商品经济与计划产品经济之间分别再细分出"计划—自由商品经济（BAⅡ）"和"计划商品—产品经济（BⅡⅠ）"两类经济组合。①

为了阐释这些经济组合以怎样的经济体制和经济调节机制运行，程恩富进一步提出了"六种经济调节机制论"，并对每一种组合相对应的社会经济制度和发展阶段进行了清晰梳理，如表5-7所示。

表5-7 经济调节机制的社会经济制度和社会发展阶段比较

经济组合	经济体制	经济调节	经济制度与发展阶段
AⅠ 自由产品经济	完全自由的产品经济	单一的自然分工调节	前资本主义自然经济
AⅡ 自由商品经济	完全自由的商品经济	单一的市场调节	资本主义自由竞争阶段
BAⅡ 计划—自由商品经济	含计划性的商品经济	以市场调节为主体、以国家调节为辅助	资本主义国家垄断阶段
BⅡ 计划商品经济	含计划主导的商品经济	以市场调节为基础、以国家调节为主导	社会主义初级阶段
BⅡⅠ 计划商品—产品经济	含计划主体的产品经济	以国家调节为主体、以市场调节为辅助	社会主义中级阶段
BⅠ 计划产品经济	完全计划的产品经济	单一的计划调节	社会主义高级阶段

资料来源：程恩富. 构建"以市场调节为基础、以国家调节为主导"的新型调节机制［J］. 财经研究，1990（12）：9-15，64.

从"四种经济组合"到"六种经济调节机制论"，程恩富探究了影响调节机制变化的经济体制类型与经济组合环境，揭示了经济调节机制的本质及其历史变迁的内在逻辑与脉络。按他自己的话说："只有引入制度分析方法，从人类社会演化的历史大背景去观察经济调节的变化脉络，才能消除孤立谈论现阶段经济调节的种种偏误，进而在改革中应构建何种经济体制和调节机制的难题上找到更多的共同语言。"②

---

① 程恩富. 构建"以市场调节为基础、以国家调节为主导"的新型调节机制［J］. 财经研究，1990（12）：9-15，64.
② 程恩富. 构建"以市场调节为基础、以国家调节为主导"的新型调节机制［J］. 财经研究，1990（12）：9-15，64.

(三) 阐述具体调节形式及实现方式

程恩富认为我国经济调节机制主要采用指导性计划、指令性计划和市场自发三种形式，这些形式存在针对性和具体性不足、中介性经济活动缺乏合适的调节方式、调节领域缺乏多样性和灵活性等问题，从而导致调节效果不佳。他有针对性地拓展和完善了这三种调节形式，提出了与我国社会生产力系统的层次性和不平衡性，以及生产关系的多元性和公有制内部的差别性更匹配的"以市场为基础、以计划为主导"（"基础—主导型"）的经济调节体系，该体系主要由三大领域和六种形式构成，如图5-3所示。

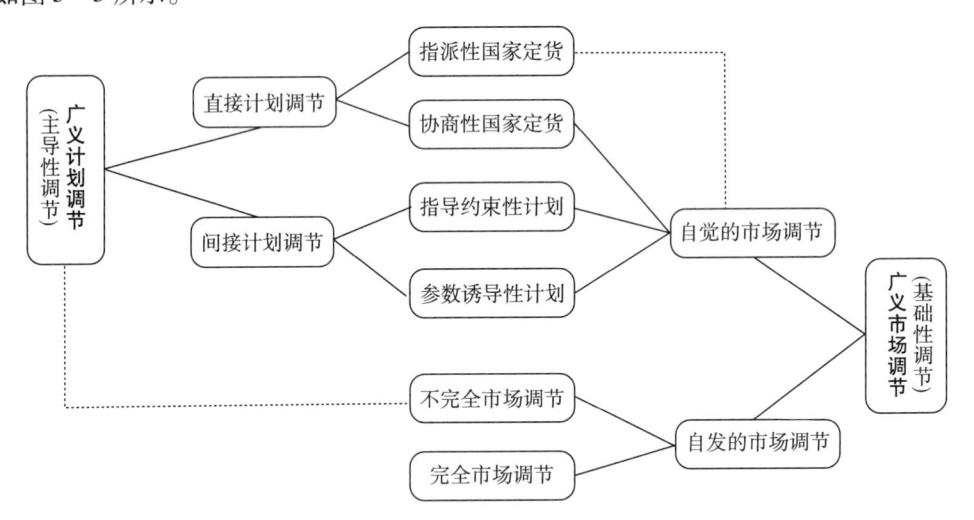

图5-3 "基础—主导型"调节机制的结合形式总体系

资料来源：程恩富，施镇平. 再论构建"以市场调节为基础、以国家调节为主导"的新型调节机制[J]. 财经研究，1991 (5): 24-30.

通过科学抽象法，程恩富将我国实行的市场与政府双重调节体系细分为直接计划调节、间接计划调节及市场自发调节三个具体领域，并在此基础上，有针对性地在每个调节领域内都融合了市场调节与计划调节的两种具体方式，创新性地提出了调节的六种形式。具体而言：第一，在当前中国社会经济运行中，直接计划调节发挥着至关重要的作用。必须摒弃那种将直接计划调节视为仅限于指令性计划的陈旧观念，对这种观念进行理论创新后的模式包括指派性国家定货和协商性国家定货两种形式。前者主要针对关键工程、特殊企业以及高稀缺商品，通过国家强制性合同直接指派任务；后者则主要针对重点工程、企业和重要商品，在等价交换原则的基础上通过协商达成合同后再委派任务。第二，从长远视角审视，程恩富认为社会主义经济调节机制应以间接计划与间接调控为主导。其中，间接计划调节分为指导约束性计划与参数诱导性计划两种形式。前者利用政策、经济手段及法律舆论等方式激发企业自我约束,使其经营与国家计划相符;后者通过国家调整货币、利率、税率等可控经济变量,将其转化为市场信号,从而引导企业调整生产经营。第三,在社会主义市场经济中,计划与市场相辅相成,市场的自发调节作用在计划指导和法规约束下运作。我国十分重视市场自发调节对计划调节的辅助作用,尤其是在农副产品、日用品等领域。自发的市场调节分为不完全市场调节与完全市场调节,前者受国家计划框架和间接价格微调的影响;后者则由商品生产者根据市场动态自主定价,体现市场资源配置的灵活性与自主性。①

依据上述调控体系,程恩富进一步阐述了在计划与市场双重调节机制下,国有企业、集体企业、私营企业和"三资"企业的各自特征,以及它们所适配的调节机制和具体运作方式。具体而言,在国有企业中,部分特殊企业采取指派性或协商性国家定货方式;大中型骨干企业则以协商性订货为主,辅以指导约束性计划;中小型国有企业倾向于参数诱导性计划与不完全市场调节相结合方式。集体企业则普遍采用参数诱导性计划,结合指导约束性计划和不完全市场调节。私营企业则依赖不完全和完全市场调节以发挥其灵活性。"三资"企业作为外资的载体,虽然受国家管理,但主要以市场调节为主,以促进其与国内市场的融合。②

第四节 对平衡财富和收入分配促进共同富裕的研究

对追求社会公平正义与提高经济发展效率的双重考量,构成了马克思主义政治经济学者研究社会主义分配与共同富裕问题的核心动因。新中国成立以来,我国在平衡财富与收入分配、推进共同富裕的进程中取得显著成效,基本建立了覆盖全民的社会保障体系,并通过脱贫攻坚历史性消除了绝对贫困,城乡居民收入差距呈现逐步收窄趋势。但与此同时,财富分配的结构性矛盾依然突出,市场机制作用下资本收益与劳动报酬的失衡持续扩大,城乡、区域、行业、阶层间的分化尚未根本扭

---

① 程恩富,施镇平.再论构建"以市场调节为基础、以国家调节为主导"的新型调节机制[J].财经研究,1991(5):24-30.
② 程恩富,施镇平.再论构建"以市场调节为基础、以国家调节为主导"的新型调节机制[J].财经研究,1991(5):24-30.

转,经济新形态下的分配制度创新也滞后于实践发展,这些问题构成了我国学界深化社会主义分配理论研究的现实基点。

关于社会主义分配制度与实现共同富裕问题,我国学者从理论和现实层面展开了广泛探讨。在对社会主义收入分配理论的研究方面,蒋学模(1993)指出,按劳分配作为社会主义经济制度的一大基本特征,对于实现社会主义共同富裕具有重要意义,应不断探索社会主义初级阶段下中国特色的按劳分配实现形式。[1] 同时,卫兴华(1991)[2]、胡钧(2005)[3] 等学者从不同层次回应了按劳分配理论遭遇的"无法计量论""与商品经济不容论"等误解,同时对"按生产要素贡献分配"提法的不合理性进行了深入分析。在对收入分配制度改革与促进共同富裕的研究方面,张宇(2005)[4] 等对社会主义初级阶段及社会主义市场经济条件下的效率与公平关系、社会主义基本分配制度及其实现形式等问题进行了深入探讨,丰富和发展了以马克思主义政治经济学为基础的社会主义收入分配理论。邱海平(2016)[5],蒋永穆、谢强(2021)[6] 等则聚焦以收入分配制度改革促进共同富裕的现实问题展开研究,指出社会主义收入分配制度具有理论上的科学性,社会主义共同富裕具有不同层次的理论含义和较为复杂的实现步骤,从而为理论界对收入分配与共同富裕议题开展更进一步的实证与政策研究提供了有益启迪。

正如习近平总书记反复强调,"我们追求的发展是造福人民的发展,我们追求的富裕是全体人民共同富裕"[7]。实现全体人民共同富裕是中国式现代化的特征之一,是社会主义现代化区别于西方现代化的显著标志。程恩富通过分析我国共同富裕进程中的若干基本问题,创新地提出"五种分配方式论",并探索出多种缩小财富和收入分配差距的应对之策,积极为推动共同富裕建言献策。

一、关于共同富裕若干基本问题的理论探析

明晰共同富裕的前提与内涵,是进一步研究社会主义分配体系的基础;确立贫富差距的衡量标准,实质上是界定公平与效率的动态平衡点,为破解财富两极分化

---

[1] 蒋学模. 社会主义按劳分配和共同富裕[J]. 商业经济与管理,1993(5):3-10.
[2] 卫兴华. 评否定按劳分配思潮中的几种观点[J]. 高校理论战线,1991(1):31-41.
[3] 胡钧. 不应用西方经济学理论阐释生产要素按贡献参与分配的原则[J]. 贵州财经学院学报,2005(6):21-26.
[4] 张宇. "效率优先、兼顾公平"的提法需要调整[J]. 经济学动态,2005(12):14-19.
[5] 邱海平. 共同富裕的科学内涵与实现途径[J]. 政治经济学评论,2016(4):21-26.
[6] 蒋永穆,谢强. 扎实推动共同富裕:逻辑理路与实现路径[J]. 经济纵横,2021(4):15-24.
[7] 中共中央文献研究室,编. 习近平关于社会主义社会建设论述摘编[M]. 北京:中央文献出版社,2017:35.

提供科学参照；追溯我国分配现状及成因，穿透表象揭示生产资料所有制结构、要素市场化程度与新资本形态等深层制度变量，是为了在推动共同富裕过程中对症下药、精准施策。以上这些方面构成了程恩富从政治经济学视角研究分配正义的关键切入点。

（一）关于共同富裕前提、内涵和意义的多维探析

实现共同富裕不仅是关乎发展全局的经济命题，更是彰显社会主义本质的政治命题，构成了中国式现代化的核心特征与中华民族伟大复兴的坚实基础。随着社会主要矛盾的变化，共同富裕的内涵已从单一的经济收入增长拓展到社会公平、文化繁荣、生态和谐等多维度的全面提升。为突破共同富裕的实践瓶颈，必须系统把握其实现的前提条件、科学内涵与历史必然性。程恩富对此进行了阐释：

第一，关于新时代共同富裕研究得以出发的前提。中国共产党的意志和决心、人民群众的主体作用和非公有制经济的贡献与挑战是实现共同富裕的基础。首先，中国共产党始终坚守为人民服务的初心和宗旨，致力于实现全体人民共同富裕。这不仅是一项庄严政治承诺，也是我们党长期以来的奋斗目标。不断调整实现共同富裕的方式和路径，充分表明了中国共产党对这一目标的坚定意志和不懈追求。其次，历史唯物主义认为人民群众是历史的创造者，共同富裕的实现离不开人民群众的劳动创造和团结合作。事实证明，只有依靠人民群众的主体力量，才能在社会主义道路上不断前进。[1]

第二，关于新时代共同富裕的丰富内涵。共同富裕不应被简单地视作具象化的物质状态，而应是关于美好生活的宏伟愿景，具有全时空性、全方位性、全民性和全过程性的特点。作为一个综合性概念，应从共享发展、协调发展、社会矛盾及其运动、公平与效率、社会主义市场经济价值目标五个视角来理解共同富裕。在共享发展理念下，共同富裕是全民参与、成果共享的生动实践；在协调发展视角下，共同富裕要求缩小地区、城乡差距，促进均衡发展；作为社会基本矛盾在分配和消费领域的反映，共同富裕强调生产力与生产关系的和谐统一；在公平与效率方面，共同富裕是追求经济高效发展与分配公平正义的辩证统一；在经济制度层面，新时代的共同富裕必将在社会主义价值引领和制度保障下，成功驾驭市场经济。[2]

第三，关于新时代共同富裕的历史必然性。在理论层面，程恩富强调共同富裕

---

[1] 吴文新,程恩富. 新时代的共同富裕:实现的前提与四维逻辑[J]. 上海经济研究,2021(11):5-19.
[2] 吴文新,程恩富. 新时代的共同富裕:实现的前提与四维逻辑[J]. 上海经济研究,2021(11):5-19.

是历史规律的必然结果,并指出资本主义下的"两极分化"将导致社会再生产过程的崩溃。在现实层面,他指出我国在实现共同富裕的道路上经历了长期探索,从首次提出"共同富裕"概念到新时代对其进行长远擘画和具体实践,共同富裕是增强国民凝聚力和巩固社会主义制度的必然选择。[①]

(二) 对共同富裕衡量标准的探讨

鉴于我国社会主要矛盾的转变,学术界普遍意识到以 GDP 作为共同富裕唯一衡量标准的局限性,并逐渐放弃将 GDP 作为评价体系设计的唯一标准,转而聚焦于对人民生活品质进行多维度、综合性的评估。例如,毛玉娟、马振清(2022)从共同富裕实现的局部特征出发进行考量,提出将物质充裕、精神富有作为衡量标准;[②]许宪春等(2019)则提出"平衡发展指数"综合指标体系;[③]蒋永穆、豆小磊(2022)依据共同富裕的核心和目标制定涵盖人民性、共享性、发展性和安全性的评价指标体系;[④]吕新博、赵伟(2021)依据共同富裕示范区的实践,制定涵盖教育、健康、生活水平和生活环境等多个维度的评价指标体系。[⑤]然而,关于如何构建一个能够超越 GDP 评价体系,从而全面反映人民共同富裕水平的综合衡量指标,学术界至今未形成统一共识。

关于衡量社会主义初级阶段共同富裕的社会状态标志,程恩富也进行过研究,并提出可以从以下五个方面进行综合把握:第一,从定性的维度审视,共同富裕衡量体系不仅标志着绝对贫困的彻底消除,更意味着人类社会在超越温饱与小康阶段后,将迈向物质与精神财富均衡充裕的新时代。第二,从定量层面来看,基尼系数是衡量收入不均的重要指标,同时,家庭收入和家庭净资产的五等份或十等份分组是体现财富均衡性的重要维度,这些量化标准均应维持在较低数值。第三,从时间维度观察,全国人民虽发展步伐或有快慢,但都在一定时期内朝着共同富裕实现了各自生活水平的显著提升,体现了社会主义制度在消除发展差异、促进全民共享发展成果方面的优越性。第四,就空间视角而言,各地区、城乡、行业、阶层之间的财富与收入差距将加速缩小,形成均衡发展的良好格局。第五,在社会保障方面,

---

① 程恩富,刘伟. 社会主义共同富裕的理论解读与实践剖析[J]. 马克思主义研究,2012(6):41-47.
② 毛玉娟,马振清. 习近平关于共同富裕重要论述的时代内涵、价值旨归和世界意义[J]. 邓小平研究,2022(6):46-56.
③ 许宪春,郑正喜,张钟文. 中国平衡发展状况及对策研究:基于"清华大学中国平衡发展指数"的综合分析[J]. 管理世界,2019(5):15-28.
④ 蒋永穆,豆小磊. 扎实推动共同富裕指标体系构建:理论逻辑与初步设计[J]. 东南学术,2022(1):36-44.
⑤ 吕新博,赵伟. 基于多维测度的共同富裕评价指标体系研究[J]. 科学决策,2021(12):119-132.

实现基础性民生服务的公益化与均等化，这是社会主义制度优越性的直接体现。[1]

结合当下具体的经济社会发展状况，程恩富坚持以超越收入分配的视角，通过分析财富占有与整体福利水平，构建衡量共同富裕的指标体系。他认为，家庭净资产作为财富存量的关键，是个人或家庭长期积累与持有的物质财富总和，不仅反映了经济活动的累积成果，而且是社会贫富分化的首要衡量指标。[2]他还提出，"福利"也是构建共同富裕的衡量体系的关键之一，这一范畴不仅涵盖了物质财富的累积，还包括精神财富的充盈，符合马克思对未来社会的构想。随着未来生产资料的全民共享、商品经济的消解以及货币中介的消失，共同富裕的最终形态便体现为这种全面的"福利"制度。以此为依据，他提出将"国内生产福利总值"作为衡量国民福利水平的标准，这一衡量指标涵盖了一国（或地区）在特定时间段内，所有常住单位通过生产经营活动所创造的最终福利总和。[3]"国内生产福利总值"旨在揭示实际的福利状况，以弥补"唯GDP论"的缺陷，它在国内生产总值基础上融入人、资源、环境三大因素，确保人民福利增进与国民经济增长的同步，这种以人民为中心的研究框架对于衡量共同富裕而言具有深远的实际意义。

本研究认为，程恩富对共同富裕衡量标准的探索，突破了"唯GDP论"的物化逻辑，将"人的全面发展"重新置于经济评价的核心地位，构建了以生产关系分析为基础的福利衡量框架。他所实现的突破具体体现在：第一，将家庭净资产作为首要衡量指标，揭示了资本主义市场经济的根本矛盾以及生产资料私有制下的财富世袭积累之秘。这一分析延续了马克思对"资本主义积累的一般规律"的批判，将分配问题从时薪、月薪等收入流量的表层现象推进到房产、股权等财富存量的深层结构，充分揭示出"按劳分配"与"按资分配"的制度性对立，为"共同富裕"提供了生产关系维度的解决路径。第二，他所提出的"国内生产福利总值"概念，将资源消耗、环境成本纳入核算体系，能够更加真实地反映经济发展的社会代价。

（三）对我国共同富裕推进现状的客观审视

共同富裕是社会主义制度独有的核心理念与本质特征，体现了社会主义制度优越于资本主义及其他剥削制度的关键所在。"社会主义的目的就是要全国人民共同

---

[1] 李可愚. 专访全国人大教科文卫委员会委员程恩富：共同富裕是财富和收入差距加速缩小，是基础性的教育、住房、医疗、养老等民生服务公益化、均等化[EB/OL].（2022-03-08）[2025-01-20]. https://www.nbd.com.cn/articles/2022-03-08/2154359.html.
[2] 程恩富. 要坚持中国特色社会主义政治经济学的八个重大原则[J]. 经济纵横,2016(3):1-6.
[3] 程恩富,曹立村. 如何建立国内生产福利总值核算体系[J]. 经济纵横,2009(3):1-8.

富裕,不是两极分化"①,邓小平同志作为改革开放的总设计师对共同富裕的深刻洞察与实践运用,充分彰显了他对社会主义本质的精准阐释。然而在现实社会中,共同富裕思想经常遭到片面理解或误读,这在一定程度上阻碍了共同富裕的实现进程。因此,有必要对这些误解予以及时纠正,并在此基础上,客观地审视我国当下财富和收入分配的现状,探究造成我国贫富差距问题的根本原因。

1. 对误解共同富裕思想的辨析

共同富裕是"要允许一部分地区、一部分企业、一部分工人农民,由于辛勤努力成绩大而收入先多一些,生活先好起来"②,再由"先富"带动"后富",最终实现全国人民逐步走向"共富"。"先富"与"共富"不是相互对立的概念,而是相互联系、相互促进的统一体。通过允许一部分人先富裕起来,可以激发全社会的创造活力和奋斗精神,推动经济的快速持续发展。同时,通过合理的政策调节,先富裕起来的地区和群体会带动其他地区和群体,从而实现整体的共同富裕。

然而,这一构想在实施过程中常被片面理解,甚至遭到误解。例如,一些人将其解释为"同时富裕",有人将其理解成"同等富裕",甚至有观点将其描述成"劫富济贫"。这些关于共同富裕的误解只是停留在较为浅显的层面,程恩富对争议的核心论题进行了深入剖析。他指出,在我国关于共同富裕的讨论中,核心问题集中在"如何",以及"从何时起"开始推进共同富裕的实践。就如何推进共同富裕而言,学界争议的核心在于所有制结构。对此,程恩富认为,市场条件下先富者与后富者的利益相互关联,需通过调整所有制结构和优化财产关系来确保财富的合理分配,公有制是实现共同富裕的制度基础,离开它,共同富裕将成为空谈。而在讨论何时实现共同富裕时,也存在一种误解,即将"先富"和"后富"视为时间上完全分离的两个发展阶段。对此,程恩富明确指出"先富"和"后富"是辩证统一的,不能为了给财富和收入差距的拉大寻找借口而盲目接受西方理论,无数实例表明,贫富差距的持续扩大将会阻碍经济发展,因此,必须坚持公平分配原则,以激发社会活力和创造力,为经济的持续繁荣注入不竭动力。③

2. 关于我国财富和收入分配现状的研究

财富和收入分配问题直接关联民生福祉与社会公平正义,明晰我国财富和收入分配现状才能更好地发现问题、解决问题。程恩富将当时的财富和收入分配格局归纳为五个方面,而从近年来我国社会经济发展数据来看,这些研判仍具有一定的适

---

① 中共中央文献研究室,编. 十二大以来重要文献选编(中)[M]. 北京:人民出版社,1986:10.
② 中共中央整党工作指导委员会,编. 十一届三中全会以来重要文献简编[M]. 北京:人民出版社,1983:14.
③ 程恩富,刘伟. 社会主义共同富裕的理论解读与实践剖析[J]. 马克思主义研究,2012(6):41-47.

用性：

第一，财富差距拉大较快。[①] 财富和收入分配格局失当问题，是亟须解决的重要现实问题。[②] 据统计，我国富裕家庭（资产 600 万元以上）数量由 2015 年的 314 万户增长至 2024 年的 512.8 万户，其中亿元资产超高净值家庭数量由 7.8 万户增长至 13 万户，这 13 万户家庭财富总额高达 87 万亿元，占总财富的 58%，[③] 显著揭示了我国社会财富差距拉大现象。

第二，收入差距已超过警戒点。[④] 尽管对我国的基尼系数有不同测算，但从相关部门公布的数据来看，我国自 2000 年来基尼系数一直在 0.41 以上，表明贫富差距拉大的趋势一直存在。[⑤] 根据《金砖国家联合统计手册 2023》公布的数据，2022 年我国的基尼系数达到 0.467，已显著超过 0.4 的警戒线，揭示了财富分配的严峻挑战。[⑥] 而按收入五等份分组法比值来衡量，根据国家统计局的数据，2024 年全国高收入组人均可支配收入为 98809 元，低收入组人均可支配收入为 9542 元。[⑦] 由此可见，我国居民高、低收入组的人均纯收入比值接近 10:1，处于高值，在一定程度上反映出我国收入差距方面存在的严峻形势。

第三，城乡收入差距较大。[⑧] 根据国家统计局最新发布的数据，2024 年我国城镇居民人均可支配收入达到 54188 元，相较之下，农村居民人均可支配收入为 23119 元，[⑨] 人均可支配收入的比值具体为 2.34:1，城乡居民之间的收入差距仍然处于一个较为明显的水平。人均可支配收入的比值仅反映了每年度城乡居民在人均可支配收入方面的差距，尚未触及更深层次、更广泛的财富分配不均问题，如果我们将视角转向城乡居民的财产占有情况，即从家庭净资产的角度来分析，会发现城乡之间的财产差距可能更加悬殊。[⑩] 这意味着，除了日常的可支配收入，城乡居民在资产积累、财富储备等方面的差异可能将更加凸显城乡经济整体上的差距。

[①] 程恩富,刘伟. 社会主义共同富裕的理论解读与实践剖析[J]. 马克思主义研究,2012(6):41-47.
[②] 程恩富,叶道良. 缩小我国财富和收入分配差距的对策研究[J]. 海派经济学,2024(2):86-99.
[③] 胡润研究院. 2024 胡润财富报告[R/OL]. (2025-02-27)[2025-03-15]. https://www.hurun.net/zh-CN/Info/Detail?num=WH4FGWHNVOMT.html.
[④] 程恩富,刘伟. 社会主义共同富裕的理论解读与实践剖析[J]. 马克思主义研究,2012(6):41-47.
[⑤] 程恩富. 关于劳动收入分配若干问题的思考[J]. 综合竞争力,2010(6):3-7.
[⑥] 国家统计局,编. 金砖国家联合统计手册 2023[M]. 北京:中国统计出版社,2024:85.
[⑦] 国家统计局. 中华人民共和国 2024 年国民经济和社会发展统计公报[R/OL]. (2025-02-28)[2025-03-10]. https://www.stats.gov.cn/xxgk/sjfb/zxfb2020/202502/t20250228_1958817.html.
[⑧] 程恩富,刘伟. 社会主义共同富裕的理论解读与实践剖析[J]. 马克思主义研究,2012(6):41-47.
[⑨] 国家统计局. 中华人民共和国 2024 年国民经济和社会发展统计公报[R/OL]. (2025-02-28)[2025-03-10]. https://www.stats.gov.cn/xxgk/sjfb/zxfb2020/202502/t20250228_1958817.html.
[⑩] 程恩富,刘伟. 社会主义共同富裕的理论解读与实践剖析[J]. 马克思主义研究,2012(6):41-47.

第四，地区收入差距值得重视。① 据统计资料，2024 年，我国东部地区生产总值为 702356 亿元，中部地区生产总值为 287156 亿元，西部地区生产总值为 287350 亿元。② 虽然同比都有一定增长，但是东、中、西部地区生产总值比接近 2.44∶1.002∶1，地区间差距仍然较大。尤其要注意的是，近年来我国南升北降的经济发展趋势越发明显，对东西部收入差异的关注度正逐渐被南北差距的不断拉大替代。这种不均衡不仅关乎经济总量的差距，而且深刻地影响着资源配置的效率、社会公平的实现以及全体人民共同富裕的进程，这也构成了新时代我国经济发展中的一项重大课题。

第五，行业收入差距过大。③ 国家统计局发布的 2023 年城镇单位就业人员年平均工资情况显示，信息传输、软件和信息技术服务业在城镇非私营单位和私营单位的平均工资水平均居于首位，分别达到 231810 元和 129215 元；从平均工资的增长速度来看，金融业表现出最快的增长势头，城镇非私营单位和私营单位的平均工资分别为 197663 元和 124812 元，其增速分别达到 13.4% 和 13.2%；相对而言，工资水平较低的行业主要分布在农林牧渔业、水利、环境和公共设施管理业、住宿和餐饮业以及居民服务、修理和其他服务业等领域。④ 在非私营单位中，最高与最低工资之间的比例为 3.99∶1；在私营单位中，这一比例为 2.91∶1。⑤ 而 20 世纪 80 年代，我国行业间工资收入差距一般保持在 1.6~1.8 倍。

3. 探寻贫富差距扩大的成因

解决难题的关键在于追溯并辨识问题的根本成因。贫富差距的存在是多种因素综合作用的结果，探讨造成贫富分化的根源，需从人类经济社会发展的普遍性、社会主义初级阶段的特殊性以及当下社会发展的时代性中寻求答案，程恩富对此进行了全面的阐释。

首先，遵循普遍性原则，基于人类经济社会发展的普遍规律，挖掘出造成贫富分化的直接原因、基本原因和最根本原因。程恩富认为，基于私人剩余价值规律的按资分配作为导致两极分化的直接原因，加深了社会财富的不平等分配，尽管存在

---

① 程恩富,刘伟. 社会主义共同富裕的理论解读与实践剖析[J]. 马克思主义研究,2012(6):41-47.
② 国家统计局. 中华人民共和国 2024 年国民经济和社会发展统计公报[R/OL]. (2025-02-28)[2025-03-10]. https://www.stats.gov.cn/xxgk/sjfb/zxfb2020/202502/t20250228_1958817.html.
③ 程恩富,刘伟. 社会主义共同富裕的理论解读与实践剖析[J]. 马克思主义研究,2012(6):41-47.
④ 国家统计局. 2023 年城镇单位就业人员年平均工资情况[R/OL]. (2024-05-17)[2025-03-15]. https://www.stats.gov.cn/sj/zxfb/202405/t20240520_1950434.html.
⑤ 国家统计局. 2023 年城镇单位就业人员年平均工资情况[R/OL]. (2024-05-17)[2025-03-15]. https://www.stats.gov.cn/sj/zxfb/202405/t20240520_1950434.html.

社会福利与慈善等缓解措施，但无法从根本上改变资本主义生产方式下贫富分化的内在逻辑。商品经济价值规律则是贫富分化的基本原因，在调节资产与收入分配时，它所特有的"双刃剑"属性不可避免地造成了两极分化，尤其是在私有制与市场经济条件下，这一规律更加导致了资源向少数人集中。而资本主义生产资料私有制则是贫富分化的最根本原因，它通过将商品经济与私有制紧密结合，赋予少数人支配和剥削他人劳动的权力，使得资本家可以无限制地追求剩余价值，而劳动者仅能获得劳动力价值的转化形式作为工资，这种财富分配的不平等性是贫富分化的核心所在。[1]

其次，遵循特殊性原则，基于我国社会主义初级阶段的特殊性，从市场原因、产权原因、行业原因和自然原因等方面揭示造成当下我国贫富分化的多元诱因。在市场原因方面，市场经济的自发性机制在资源配置中占据核心地位，成为资产与收入分配两极分化的催化剂。在产权原因方面，作为当前所有制结构中重要组成部分的非公有制经济本身内含剩余价值规律，在此背景下，资本所有者对生产资料的掌控权及其追求利润最大化的行为模式，加剧了社会财富的两极分化。在行业原因方面，由于我国工农产业之间、不同行业之间的历史基础与发展轨迹各异，加之市场经济条件下各行业对利润的追逐，塑造了行业间的贫富差距。在自然原因方面，我国地域辽阔，自然资源分布不均，交通条件差异显著，这些自然禀赋上的不均衡性直接映射到区域和城乡间的发展差异上，进一步拉大了东部与中西部、南方与北方、城市与乡村之间的发展鸿沟。[2] 此外，劳动者权益保护不足和劳动力市场的结构性问题等因素，也是导致贫富分化加剧的重要原因。劳动者权益保护方面存在的不足，如工会在私有经济体系中所能发挥的作用较为有限，导致劳动者在工资谈判、社会保障及福利待遇方面缺乏充分的发言权，这也是我国劳动收入份额降低的原因。而劳动力市场的结构性问题，如企业内部不同岗位员工工资差距拉大，普通员工的薪酬水平普遍不高，甚至远低于平均工资水平，也将进一步加剧劳动收入分配的不平等。[3] 据国家统计局数据，2023 年我国规模以上企业就业人员年平均工资为 98096 元，其中中层及以上管理人员为 198285 元，办事人员和有关人员为 89502 元，社会生产服务和生活服务人员为 75216 元，生产制造及有关人员为 75463 元。[4] 这些数据

---

[1] 吴文新,程恩富. 新时代的共同富裕:实现的前提与四维逻辑[J]. 上海经济研究,2021(11):5-19.
[2] 吴文新,程恩富. 新时代的共同富裕:实现的前提与四维逻辑[J]. 上海经济研究,2021(11):5-19.
[3] 程恩富. 关于劳动收入分配若干问题的思考[J]. 综合竞争力,2010(6):3-7.
[4] 国家统计局. 2023 年城镇单位就业人员年平均工资情况[R/OL]. (2024-05-17)[2025-03-15]. https://www.stats.gov.cn/sj/zxfb/202405/t20240520_1950434.html.

清楚地表明了管理层与一般员工之间的薪酬差异正在逐渐扩大,揭示了企业内部工资分配的不均衡现象。

最后,遵循时代性原则,基于马克思对资本主义社会贫困成因的理论分析,洞悉贫富分化的现实原因。程恩富通过对国内外反贫困的丰富实践案例及其显著成效进行细致的对比研究与实证分析,提出了引发贫富分化的"四元贫困主因论"。这一理论在排除自然灾害、战争等不可预见且暂时性的灾难性因素后,将研究聚焦科技、制度、法律、个体四大维度,以解释贫困现象的产生。具体而言,从科技维度来看,科技进步是推动社会发展的核心动力,但科技的不均衡发展以及利益分配的不公加剧了社会的不平等与贫富差距,折射出生产力发展与贫困格局之间的复杂关系。在制度层面,资本主义私有制以及按资分配方式是导致贫富分化的根本性制度原因,其内在地限制了劳动者对生产资料的占有与收益权,导致了资本家对劳动者广泛的剥削与压迫,进而造成社会财富的两极分化。在法律维度,资本主义法律体系往往服务于资本利益,加剧了贫困群体的脆弱性。法律的不健全与执行的偏颇,成为贫困问题难以有效解决的重要阻碍。在个体维度,个人及家庭在思想观念与行为模式上的局限性,往往与资本主义政治、经济、教育的系统性缺陷相互作用,加剧贫困问题。①

二、关于分配制度体系的综合创新

分配制度的改革与完善是实现共同富裕不可或缺的基石,不仅关乎经济层面的公平与正义,而且是党的执政理念和政治目标的重要体现。以习近平同志为核心的党中央,在坚持基本分配制度的基础上,持续推动分配方式向更加公平公正的方向发展。从党的十八大到党的二十大,一系列重要政策和举措不断出台,旨在通过分配体系的改革和完善增强人民群众的获得感、幸福感与安全感,为实现共同富裕提供坚实的制度保障。

习近平总书记在党的二十大报告中指出:"坚持按劳分配为主体、多种分配方式并存,构建初次分配、再分配、第三次分配协调配套的制度体系。"② 这一部署对于平衡效率与公平、增进人民福祉、缩小收入差距、推动共同富裕至关重要。初次分配、再分配及第三次分配制度各有其功能和作用,需相互协调配合。初次分配直

---

① 程恩富,张杨. 马克思主义与西方学者关于贫困成因的理论:兼论"四元贫困主因论"[J]. 辽宁大学学报(哲学社会科学版),2021(5):1–10.

② 习近平. 高举中国特色社会主义伟大旗帜 为全面建设社会主义现代化国家而团结奋斗:在中国共产党第二十次全国代表大会上的报告[M]. 北京:人民出版社,2022:47.

接体现了市场机制在资源配置中的决定性作用,它根据劳动、资本、土地等要素在创造价值过程中发挥的实际作用进行分配,有利于优化资源配置、提升效能,然而在某些行业或领域,由于垄断、信息不对称等因素,初次分配可能并不完全公平。再分配主要依靠政府通过税收、社会保障和财政转移支付等方式对国民收入进行二次分配,它坚持公平与效率并重的分配原则,但更强调公平性,旨在减少社会贫富差异,增进社会整体福祉。然而再分配也存在一些局限性,如分配效率可能降低、分配政策难以完全满足各方利益诉求等。根据中央财经委员会第十次会议政策文件精神,第三次分配作为基础性制度安排,已成为国家战略体系的重要组成部分。它主张通过经济主体的自主、自愿行为,利用个人捐赠、慈善公益等手段,自愿地对社会资源进行第三次分配,强调无偿性和自愿性,是初次分配和再分配的有益补充。然而第三次分配理论在应对当前收入分配领域所面临的全部问题时,在覆盖范围和影响力方面呈现出显著的局限性。

(一) 创新收入分配制度体系:"五种分配方式论"

随着经济社会的发展,单一的分配方式已无法满足需求,需要多元化的分配途径和层次来全面体现社会主义的分配原则。为了更好地适应社会主义市场经济发展的新要求,程恩富在对传统分配理论与社会实践进行分析与反思的基础上,提出了"五种分配方式论",该理论拓展了分配途径,深化了分配层次,构筑起一个公正高效的分配格局。"五种分配方式论"的核心内涵如下:

第一,运用好起决定作用的"劳主多辅"分配方式。"劳主多辅"分配方式即按劳分配为主、多种分配方式为辅的分配方式,程恩富通过列举这一分配制度在消除不劳而获心态和鼓励劳动致富方面的优越性,以论证其对于扎实推动共同富裕的决定性意义。同时,他提出要从坚持和巩固公有制经济的主体地位、正确处理积累与消费之间的关系,以及科学区分劳动的数量差别和质量差别从而保障科研劳动者、管理劳动者和高技能劳动者的合理劳动报酬三个方面发挥"劳主多辅"分配方式的决定性作用。[1]

第二,运用好起辅助作用的"国家法策"分配方式。"国家法策"一词特指国家所制定的与财富和收入分配相关的法律法规及政策。程恩富通过分析法律法规与国家再分配政策在推动共同富裕中的重要作用,全面阐述了"国家法策"分配方式

---

[1] 高建昆,程恩富.把握与运用扎实推动共同富裕的五种分配方式[J].福建论坛(人文社会科学版),2024(2):18-31.

作为辅助力量的必要性和有效性。这一分配方式不仅体现了国家对财富与收入分配的宏观调控能力，也为实现共同富裕提供了坚实的法治保障和制度支撑。具体而言，他从三个维度对法律法规在推动共同富裕中的重要保障作用进行了详尽阐述。首先，在初次分配环节，国家通过立法保护劳动者在劳动合同签订、法定劳动时间、限制加班时长以及节假日和加班薪酬等方面的合法权益，为劳动者勤劳致富提供法治保障。其次，在劳动报酬方面，国家通过专项法规保障劳动者按时足额获得相应劳动报酬。最后，在再分配环节，国家通过税收和社会保险等对财富与收入进行宏观调控，借助社会福利保障体系，缩小贫富差距，促进共同富裕。此外，他归纳提炼了国家再分配政策在推动共同富裕中的重要作用，认为它能够矫正初次分配中贫富差距过大的状况，从直接和间接两个层面为共同富裕提供托底保障。在直接调节层面，税收、转移支付等手段是国家再分配政策的主要工具；在间接调节方面，国家通过完善社会保障体系和增加对基础设施及民生领域的投入，从整体上提升经济效能和居民生活质量，为共同富裕提供底线保障。[1]

第三，运用好起调节作用的"物价变动"分配方式。程恩富认为将物价变动视为独立的分配方式，更能全面揭示财富与收入分配的复杂性。他通过分析物价变动的微观与宏观效应，以及国家在此过程中应发挥的调节与治理作用，展示了在社会主义市场经济条件下如何通过合理引导和规范物价变动有效地调节财富与收入分配。在微观层面，商品价格变动直接影响市场主体利益，重新分配消费者与生产者的收入，并通过产业链和价值链的传递效应影响上下游企业的利润分配；在宏观视角上，通货膨胀和通货紧缩对经济体系收入分配具有深远影响，前者降低固定收入群体购买力，后者可能引发企业倒闭和失业，加剧社会不平等。聚焦于如何有效运用"物价变动"这一分配方式来促进共同富裕目标的实现，他提出了两大核心策略：首先，强调国家应通过科学规划和适时干预，引导市场物价趋于合理与稳定。其次，国家应针对垄断行为及其带来的不良后果依法加大治理力度，在承认并发挥大企业在技术进步和成本降低方面的积极作用的同时，要坚决打击垄断企业利用自身规模优势进行不当竞争、攫取超额利润的行为。[2]

第四，运用好起胀缩作用的"资本市场"分配方式。资本市场中，证券、债券价格波动直接关联家庭资产的增值或缩水。程恩富指出，资本市场的产品价格与实

---

[1] 高建昆,程恩富. 把握与运用扎实推动共同富裕的五种分配方式[J]. 福建论坛（人文社会科学版），2024(2):18-31.

[2] 高建昆,程恩富. 把握与运用扎实推动共同富裕的五种分配方式[J]. 福建论坛（人文社会科学版），2024(2):18-31.

体经济的发展息息相关，金融的发展离不开实体经济的支撑，且金融产品的收益来源于实体经济的增值。此外，资本市场金融产品的价格变动还受宏观经济环境、政策变动、市场情绪等多种因素影响，充分展示了资本市场价格变动的复杂性和不确定性。① 他将资本市场视为一种独立的分配方式，通过分析资本市场产品价格变动的本质与规律，提出了运用"资本市场"分配方式促进共同富裕的具体策略：首先，金融发展必须充分服务实体经济。金融产品体系的设计与发展要对接实体经济发展的需求，特别是重点产业和关键领域的研发创新需求，为实体经济劳动者的财富创造和价值创造提供强有力的金融支持。其次，国家要通过金融监管体系进行有效监管，切实采取行动防止金融垄断，完善金融监管法规，提升监管水平。再次，在资本项目对外开放问题上，要谨慎对待并充分论证开放的可行性和风险，避免盲目开放导致的金融市场剧烈震荡和系统性风险。最后，在完善市场分配机制方面，要优化资本市场的供给机制、完善资本市场的交易机制、健全资本市场的分配机制。②

第五，运用好起微补作用的"捐赠穷弱"分配方式。"捐赠穷弱"分配方式不仅体现了社会的温情与关怀，而且是实现共同富裕、构建和谐社会必须重视的有效途径。程恩富论证了这一分配方式在满足困难群体紧急生活需要、提高劳动力素质和就业技能、缩小地区发展差距等方面的微补作用：一是实现捐赠助力，满足困难群体紧急生活需求。在关键时刻为弱势群体提供急需物资和经济支持，这种即时的捐赠援助能够在缓解他们的生存压力和满足基本需求方面解决燃眉之急。二是实现捐赠赋能，强调捐赠在教育和职业技能培训方面的重要作用，提升劳动力素质与就业技能。通过这种"授人以渔"的方式，帮助贫困群体通过提升个人能力来实现自我脱贫，是从根本上解决贫困根源的良方。三是实现捐赠促融，缩小地区发展差距。先富地区与落后地区间的互助合作缩小了地区发展差距，促进了资源优化和经济均衡，不仅能够解决紧急需求，还能促进这些地区经济社会的长远发展。③

（二）"五种分配方式论"的优势分析

为了更全面地应对来自收入分配领域的挑战，更深入地推动共同富裕目标的实

---

① 高建昆,程恩富. 把握与运用扎实推动共同富裕的五种分配方式[J]. 福建论坛（人文社会科学版），2024(2):18-31.
② 潘越,程恩富. 运用"资本市场"分配方式促进共同富裕[J]. 管理学刊,2022(4):23-29.
③ 高建昆,程恩富. 把握与运用扎实推动共同富裕的五种分配方式[J]. 福建论坛（人文社会科学版），2024(2):18-31.

现，有必要在现有的三次分配理论的基础上，进一步丰富和完善分配理论体系。"五种分配方式论"在坚持三次分配理论框架的基础上进行了有益拓展，尝试从更广的范围助力公平和正义的实现。关于"五种分配方式论"的理论优势，程恩富予以了具体的阐释：首先，准确把握初次分配的本质与决定因素。不能脱离所有制讨论市场对初次分配的作用。程恩富指出，初次分配是国民收入分配的起点，发生在创造国民收入的单位内部，如企业、机关、事业单位等。这一过程的分配原则和性质主要由单位内部的所有制或产权关系决定。其次，科学处理分配与效率、分配与公平的关系。处理分配时不能仅追求经济效率的最大化，盲目将资源更多地分配给那些能够产生更高经济效益的群体或个人，而忽视了对社会公平的考量。相反，应当在确保经济效率的同时，考虑社会各阶层、各群体如何通过合理、公正的原则共同分享经济发展的成果。最后，全面洞悉捐赠与慈善的局限性，捐赠和慈善虽有积极意义，但不能作为实现共同富裕的主要手段或成为初次分配和再分配的替代方式。此外，不应过分强调中外基金会和捐赠的作用，尤其需要警惕西方国家某些基金会背后的复杂动机，应客观审视其真实作用。公益并不局限于捐赠，它还包括卫生、救济、教育、环保和文化传承等各项福利事业，个人和单位的捐赠行为虽在道德上值得赞扬，但其在缩小贫富差距方面的效果相对有限，通常只能产生短期缓解作用。①

  本研究认为，"五种分配方式论"在马克思主义政治经济学框架内实现了对社会主义市场经济条件下分配方式的创造性综合。这一理论建构的历史语境是21世纪我国资本积累方式的结构性转型：全球产业链重构催生的金融资本扩张、数字技术革命引发的价值分配格局重塑和生产社会化与生产资料占有形式之间的矛盾新形态。"五种分配方式论"的层级设计，本质上是对马克思"分配关系本质上和生产关系是同一的"命题的现代诠释。"劳主多辅"分配坚守劳动价值论内核，遏制了私有制下"按资分配"的剥削性扩张；"国家法策"分配将无产阶级专政的国家形式转化为分配正义的政治保障机制，通过法治化手段遏制资本逻辑对劳动权益的侵蚀；"物价变动"分配揭示了流通领域价格波动对生产领域价值分配的逆向重构作用，打破了新古典经济学将价格视为单纯市场信号的形而上学认知；"资本市场"分配触及金融化时代虚拟经济与实体经济的辩证关系，在承认资本要素参与分配的历史必然性的同时强调其从属地位；"捐赠穷弱"分配则是对资本积累社会代价的补偿

---

① 高建昆,程恩富. 把握与运用扎实推动共同富裕的五种分配方式[J]. 福建论坛（人文社会科学版），2024(2):18-31.

性机制。这种多维度的分配体系设计，既没有陷入西方福利国家用再分配掩盖初次分配矛盾的改良主义窠臼，也避免了传统社会主义将分配问题简单等同于公有制实现形式的教条主义，而是在劳动价值论基础上构建起具有历史具体性的分配关系辩证体系。

三、关于共同富裕实现路径的实践探索

实现共同富裕作为中国式现代化的核心命题，其路径探索始终贯穿着制度优势与治理效能的互动。回顾历史，中国共产党领导的反贫困实践已为共同富裕奠定了价值坐标与方法基础，面向新阶段，破解发展不平衡不充分矛盾需构建系统集成、协同高效的制度框架。这不仅要求强化战略引领的顶层牵引力，更需要激活基层治理单元的机体活力，在双向互动中形成具有中国特色的共富实践范式。

（一）梳理总结党领导人民进行反贫困斗争的宝贵经验

借鉴历史能够洞悉兴衰更迭，中国共产党100多年的发展历程，是一段引领人民摆脱贫困、不断追求美好生活的奋斗史，总结我国过往在反贫困斗争中的历史经验，可为当前提升人民群众收入水平、完善分配机制、推动共同富裕事业的发展提供重要参考。

通过回顾和梳理中国共产党引领人民摆脱贫困的实践历程，程恩富系统地总结了我国在这一伟大征程中积累的宝贵经验，并将其精髓精练地概括为六个方面：第一，中国共产党是中国反贫困斗争与实现共同富裕宏伟蓝图的领导核心。党的坚强领导确保了反贫困事业的正确方向，凝聚了全社会的力量，为贫困地区的群众带来了实实在在的福祉。第二，人民群众是反贫困与实现共同富裕的主体力量。依靠全国各族人民团结奋斗、自力更生，才确保了反贫困工作取得巨大成效。第三，中国特色社会主义制度为反贫困与实现共同富裕提供了坚实的制度保障。这一制度不仅能够有效整合资源，还能够确保政策的连续性和稳定性，为贫困地区和贫困人口提供持续的支持与帮助。第四，共同富裕被明确为中国反贫困与长期发展的战略目标。这一目标不仅体现了社会主义的本质要求，也为全社会指明了共同努力方向，激励着人们不断追求更加公平、更加富裕的社会。第五，立足实际是制定反贫困政策与实现共同富裕的基本遵循。这意味着必须深入了解贫困地区的实际情况，尊重群众意愿，因地制宜地制定和实施帮扶政策，确保每一项措施都能够精准有效。第六，发展的理念是中国反贫困与实现共同富裕的行动依据。通过不断创新发展思路，优

化发展模式,注重可持续发展,才得以成功实现大规模减贫。[1] 程恩富从宏观到微观的系统分析,以及从近期到远景的全面归纳所总结而成的宝贵经验,为探索新时代推动实现共同富裕的具体路径提供了启示。

(二) 探索新时代推动实现共同富裕的具体路径

总结成功经验有益于更好地对新时代共同富裕的实践路径和作用机制进行全面探索。程恩富以史为鉴,认为党的领导和公有制经济为共同富裕提供了根本保证与物质基础,同时,与民生福祉息息相关的方针政策在促进收入分配公平、优化资源配置、提升公共服务水平等方面发挥着重要作用。此外他认为,包括劳动者与工会在内的基层主体的积极参与和有效协同是实现共同富裕的动力之源。因此,他从顶层设计和基层主体两个维度出发,对新时代实现共同富裕的有效路径进行了阐发。

1. 顶层设计:实现共同富裕的关键因素

第一,坚持党的领导。中国共产党作为领导我国反贫困的核心,其地位和作用在历史与现实的交汇中得到了充分验证。[2] 自新中国成立以来,中国共产党一直致力于消除贫困的伟大事业。从抗日战争时期的"精兵强农"政策,到改革开放后的"大开发扶贫"政策,中国共产党摸索出了极具中国特色的扶贫道路。党的十八大以来,党中央更是将脱贫攻坚提升到治国理政的突出位置,通过精准扶贫、精准脱贫等战略举措,领导全国各族人民打赢了这场规模空前的人类反贫困斗争。历史的实践充分证明,中国共产党在反贫困斗争中发挥了领导核心作用,党的领导能够确保以人民为中心的发展思想不跑偏,不断满足人民对美好生活的向往;能够调动全党全社会的积极性、主动性和创造性,形成推动共同富裕的强大合力。没有党的坚强领导,就没有全面小康的成就,只有继续坚持党的领导,才能推动反贫困事业不断向前发展,最终实现共同富裕的美好愿景。[3]

第二,坚持公有制主体地位。习近平总书记多次强调:"我国基本经济制度是中国特色社会主义制度的重要支柱,也是社会主义市场经济体制的根基,公有制主体地位不能动摇,国有经济主导作用不能动摇。"[4] 这一重要论述深刻揭示了坚持公有制在我国国民经济中的关键性作用。前文已经论述过,财富的创造并非局限于劳

---

[1] 程恩富,吕晓凤.中国共产党反贫困的百年探索:历程、成就、经验与展望[J].北京理工大学学报(社会科学版),2021(4):7-16.
[2] 程恩富,吕晓凤.中国共产党反贫困的百年探索:历程、成就、经验与展望[J].北京理工大学学报(社会科学版),2021(4):7-16.
[3] 吴文新,程恩富.新时代的共同富裕:实现的前提与四维逻辑[J].上海经济研究,2021(11):5-19.
[4] 中共中央文献研究室,编.习近平关于全面建成小康社会论述摘编[M].北京:中央文献出版社,2016:46.

动这一唯一因素，还受到生产关系的制约，只有劳动与生产资料相结合才有机会创造财富。劳动者勤劳致富的前提是实行社会化大生产的生产资料公有制，劳动者有机会自己掌握生产资料并获得相应的酬劳。[1] 公有制的本质是生产资料归劳动者共同占有，确保他们有机会参与生产并分享社会发展成果，与私有制相比，它能更有效地避免因私人占有生产资料而产生的两极分化现象。为缩小贫富差距实现共同富裕，必须不断做强做优做大国有经济、大力发展集体经济和合作经济，以及反对私人大资本的垄断和无序扩张。[2]

第三，完善金融财税政策。科学的金融财税政策是推动共同富裕的重要方式。程恩富提倡设置科学合理的金融财政税收政策，以保障人民收入的公平与稳定。为此，他提出了一系列"为民财税政策"，以助力缩小收入差距：一是优化个人所得税制度，促进税负公平。考虑将纳税单位由个人转向家庭，以实现家庭税负的公平性。[3] 同时，适当增加高收入群体税率和降低中低收入者的税收负担。[4] 二是完善财产税体系，调节财富分配。构建和完善遗产税和赠予税体系，形成与个人所得税相协调的收入和财产再分配机制。同时，征收房产税以调控房地产市场，避免房价过快上涨对居民消费和实体经济产生不利影响。[5] 三是设置特殊税种，防止资本外流与税收逃避。[6] 例如，对放弃国籍的个人及转移至海外的资产进行征税，探索建立弃籍税与资产离境税。四是优化财政支出结构，增强转移支付力度，改善社会保障和公共服务的支出结构，增加对欠发达地区教育、医疗、生态保护和社会保障的财政支持，减少个体在这些方面的不平等待遇。[7] 五是完善金融市场体系，缩小财富分配差距。发展普惠金融，将金融资源公平分配给中低收入群体，提高他们的金融市场参与度和收益，缩小与高收入群体的财富差距。[8]

第四，健全社会服务保障体系。共同富裕强调经济发展成果应惠及全体人民，完善的民生保障体系是实现共同富裕的关键，政府应根据民众需求配置资源，构建一个覆盖全面、权责清晰、保障适度的多层次社会保障体系。程恩富认为，发展生

---

[1] 吴文新,程恩富. 新时代的共同富裕:实现的前提与四维逻辑[J]. 上海经济研究,2021(11):5-19.
[2] 程恩富,叶道良. 缩小我国财富和收入分配差距的对策研究[J]. 海派经济学,2024(2):86-99.
[3] 程恩富. 改革开放以来新马克思经济学综合学派的十大政策创新[J]. 河北经贸大学学报,2021(3):18-26,102.
[4] 程恩富,叶道良. 缩小我国财富和收入分配差距的对策研究[J]. 海派经济学,2024(2):86-99.
[5] 程恩富,叶道良. 缩小我国财富和收入分配差距的对策研究[J]. 海派经济学,2024(2):86-99.
[6] 丁晓钦,钱玉波,程恩富. 我国富人移民潮的经济影响及应对措施[J]. 河北经贸大学学报,2017(3):21-29.
[7] 程恩富,叶道良. 缩小我国财富和收入分配差距的对策研究[J]. 海派经济学,2024(2):86-99.
[8] 程恩富,叶道良. 缩小我国财富和收入分配差距的对策研究[J]. 海派经济学,2024(2):86-99.

产的最终目的是改善民生,社会主义建设应以民生为导向。① 因此,他秉承民生为本和满足多元需求的理念开展研究,提出了诸多建设性意见。其中,以充分保障教育、医疗、住房及养老四大民生基石方面的创新政策最为典型。在教育领域,他主张建立12年义务教育体系,同时加速发展现代职业教育体系,以及在劳动力流动背景下推动教育资源均衡分配,特别是增加对农村教育的投入力度。② 在医疗领域,他呼吁尽快重启并优化免费医疗制度,建立一种低负担的政策性保险机制,以有效分散和减轻因病给人民群众家庭经济造成的经济冲击,降低农民因病返贫的概率。③ 在住房领域,他提出了城市以公租房为主的"新住房策论",主张建立以公租房为主的住房格局,采用市场和国家双重调节机制来动态适应不同群体的住房需求。④ 除了这一核心理论,他还提出了许多和房产相关的建议,如呼吁制定《住房租赁法》,以法律形式保障租赁市场的有序发展,通过明确租赁合同、提供租金补贴、鼓励金融支持等措施,提高房屋租赁市场的竞争力和吸引力。⑤ 在养老领域,程恩富基于对《事业单位工作人员养老保险制度改革试点方案》实施效果的反思提出了"新养老策论",这一策论致力于打破现有养老保险制度的碎片化状态,通过机关、事业和企业的联动,逐步建立起统一的城镇养老保险体系,以期实现城乡一体化的非缴费型基本养老保险制度。⑥

2. 基层驱动:实现增收致富的主体力量

第一,提倡勤劳致富,激发群众内生动力。"幸福生活都是奋斗出来的,共同富裕要靠勤劳智慧来创造。"⑦ 历史已经证明,依靠全国各族人民的勤奋劳动,在过去的百余年中,我们创造了震撼世界的物质文明成就,也孕育出了举世瞩目的精神财富。党的二十大报告将"坚持多劳多得,鼓励勤劳致富""鼓励共同奋斗创造美好生活"的理念与民生福祉、分配制度、社会公平紧密联系起来,充分体现了对勤劳致富原则的坚持和推崇。劳动价值论认为劳动是价值的源泉,勤劳内含劳动之意,而又高于一般意义的劳动,作为劳动的一种积极表现,它无疑在创造使用价值和价值方面发挥着重要作用。"勤劳致富是我们不遗余力所倡导的正向价值观,也是一

---

① 程恩富. 要坚持中国特色社会主义政治经济学的八个重大原则[J]. 经济纵横,2016(3):1-6.
② 程恩富,伍山林. 促进社会各阶层共同富裕的若干政策思路[J]. 政治经济学研究,2021(2):5-11.
③ 程恩富,伍山林. 促进社会各阶层共同富裕的若干政策思路[J]. 政治经济学研究,2021(2):5-11.
④ 程恩富,钟卫华. 城市以公租房为主的"新住房策论"[J]. 财贸经济,2011(12):107-113.
⑤ 程恩富,叶道良. 缩小我国财富和收入分配差距的对策研究[J]. 海派经济学,2024(2):86-99.
⑥ 程恩富,黄娟. 机关、事业和企业联动的"新养老策论"[J]. 财经研究,2010(11):28-38.
⑦ 习近平. 习近平谈治国理政:第4卷[M]. 北京:外文出版社,2022:142.

种朴素的财富真理。"① 劳动者通过努力和汗水,在相同时间内比他人创造出更多社会财富,同时为个人致富打下物质基础。

马克思指出:"任何一个民族,如果停止劳动,不用说一年,就是几个星期,也要灭亡,这是每一个小孩子都知道的。"② 如果暂时抛开生产关系的考量,劳动是构成财富创造的基石和条件。在提倡勤劳致富的前提下,激发群众的内生动力至关重要,他们的自主性与创造性是脱贫战役中的关键性因素。步入新阶段,持续激发相对贫困群众的"造血"能力,对于深化扶贫成效、实现共同富裕目标具有深远意义。为此,程恩富认为探索创新机制以激活内生动力是当务之急。首先,要深入倾听并尊重相对贫困人口的正当诉求,通过基层干部的细致调研,将扶贫策略与群众需求紧密对接,消除群众后顾之忧。其次,要构建自下而上的治理架构,确保相对贫困人口在扶贫资源配置中的参与权与监督权,融入多元化激励机制,畅通利益诉求路径。最后,要聚焦产业发展,依托技术创新创造更多就业机会,深化"志智双扶"提升劳动力参与度和就业质量,构建以发展为导向的相对贫困治理新生态。③

第二,加强劳动联合,发挥工会的组织作用。增加人民财富和收入的基础性因素除劳动者自身的努力外,还需要发挥劳动者维权机构和工会的作用。一方面,劳动者维权机构是关心和维护劳动者权益的关键,体现了社会主义制度的优越性。在资本主义社会中,劳动者与资本家是对立的,社会主义旨在消除这种对立,实现劳动者的全面自由发展。因此,完善国家主导的劳动者维权机制和机构,是保障劳动所得、保护劳动者权益、赢得民心和推动社会主义发展的重要保证。程恩富指出,在非公企业成为我国就业和再就业重要渠道的现实情况下,劳动者的薪酬水平通常由企业雇主单方面决定。然而,不同于西方政府主要采取事后调节、维护雇主利益的协调劳资方式,社会主义政府作为人民利益的忠实代表,应采取积极主动的引导策略,在争议发生时,直接起诉侵犯职工权益的行为,以更有效地保障劳动者的权益。④ 另一方面,工会在提高劳动收入份额中发挥重要作用。马克思曾对工会的直接作用进行论述:"工会的这种活动不仅是合法的,而且是必要的。只要还存在着

---

① 吴文新,程恩富. 新时代的共同富裕:实现的前提与四维逻辑[J]. 上海经济研究,2021(11):5-19.
② 中共中央马克思恩格斯列宁斯大林著作编译局,编译. 马克思恩格斯文集:第10卷[M]. 北京:人民出版社,2009:289.
③ 程恩富,吕晓凤. 中国共产党反贫困的百年探索:历程、成就、经验与展望[J]. 北京理工大学学报(社会科学版),2021(4):7-16.
④ 程恩富,胡靖春. 论我国劳动收入份额提升的可能性、迫切性与途径[J]. 经济学动态,2010(11):33-39.

现代生产方式，就不能没有这种活动。"① 程恩富指出，工会在工资谈判中的重要作用体现在它能够有效抑制雇主的逐利本性，进而改善初次分配的成效，因此需要加强工会力量实现劳资共决。② 而对于非公经济组织中的劳动者权益维护问题，程恩富建议推行职工持股和股份合作制以增强劳动者与资本的谈判能力，以保障劳工权益，实现劳资双赢。③

本章小结

习近平总书记指出："学习马克思主义政治经济学，是为了更好指导我国经济发展实践，既要坚持其基本原理和方法论，更要同我国经济发展实际相结合，不断形成新的理论成果。"④ 改革开放以来，随着我国在建立和完善社会主义市场经济体制方面新任务、新要求的不断提出与推进，推动社会主义市场经济理论和政策创新成为中国经济学发展的重要任务。彼时，探索建立崭新中国经济学理论体系的任务逐步展开，众多学者也围绕国有企业改革、市场与政府关系等涉及新旧体制转换的问题展开了持久且日渐激烈的观点商榷乃至思想交锋。作为"经济学上的世界性难题"的市场与政府关系问题、作为"经济学界的哥德巴赫猜想"的公平与效率关系问题等，本身又是世界各个经济学流派共同关注的重大议题。这就意味着，我国学界对社会主义市场经济理论的探索不仅要实现对经济现实的新概括和对既有理论的新发展，又要在不同经济学理论范式之间作出符合中国实际和科学社会主义原则的正确选择。面对这些极具迷惑性的西方经济思想和新自由主义思潮，选择以何种态度和方式作出理论上的回应，以何种理论范式为基础制定社会主义市场经济的政策方针，直接关系中国经济学理论体系的发展趋向，也直接关乎中国社会主义发展道路的未来走向。对此，程恩富并没有亦步亦趋地遵循以西方经济思想和新自由主义思想为基点设置的观点或议题，而是对这些问题进行了以马克思主义政治经济学为理论根基的审视和商榷。综合来看，他在推动社会主义市场经济理论和政策创新方面主要围绕构建自主的经济学知识体系、所有制结构、经济运行机制和分配方式四个方面展开。

首先，对构建中国经济学的探索与分析。任何经济理论都具有特定的阶级属性、

---

① 中共中央马克思恩格斯列宁斯大林著作编译局,编译. 马克思恩格斯全集:第21卷[M]. 北京:人民出版社,2003:272.
② 程恩富,胡靖春. 论我国劳动收入份额提升的可能性、迫切性与途径[J]. 经济学动态,2010(11):33–39.
③ 吴文新,程恩富. 新时代的共同富裕:实现的前提与四维逻辑[J]. 上海经济研究,2021(11):5–19.
④ 习近平. 论坚持全面深化改革[M]. 北京:中央文献出版社,2018:187.

价值取向和意识形态功能，中国经济学也不例外。程恩富在探索构建中国经济学的过程中始终坚守马克思主义政治经济学的阶级立场、价值取向和方法论依据，旗帜鲜明地将巩固社会主义意识形态视为理论创新发展的内在使命，始终将马克思主义社会主义发展阶段理论与我国社会主义革命、建设和改革的具体实践相结合。具体而言，他针对学术界在推动中国经济学理论创新过程中出现的过度西化趋势，从世界观、理论硬核、核心假设、分析工具等层面，对充斥其中的唯心史观及过度形式化、数理化的分析方法等进行了批判。同时，他主张在坚持马克思主义政治经济学主要假设的基础上有选择性地吸收西方经济学和相关社会科学、自然科学的可用方法，积极吸纳古今中外经济思想的合理成分，总结提炼中外社会主义实践的经验教训。这一过程充分体现了他对"马学为体、西学为用、国学为根，世情为鉴、国情为据、党情为要、综合创新"这一原则的具体运用。在程恩富和一众学者的共同努力下，中国经济学的理论框架得以捍卫和发展。

其次，关于对社会主义公有制主体地位的捍卫。马克思主义认为，"所有制问题是运动的基本问题，不管这个问题的发展程度怎样"[①]。所有制结构作为基本经济制度的核心，既在社会主义市场经济理论体系中占据基础地位，又在不同经济学范式的理论争锋中居于焦点位置。程恩富就坚持公有制主体地位还是实行私有化的问题，同新自由主义的现代产权理论展开了理论斗争。他通过对比分析马克思与西方的产权理论，揭示了两者在理论根基和价值追求上的本质差异，并且在关于公有制主体地位的研究方面，创造性地解答了三个理论问题。其一，回答了公有制与市场经济之间的关系问题。他强调从生产的社会性方面进行理解，是否实行市场经济是由生产力决定的，而非私有制，从而破除了发展市场经济就必须全盘私有化的错误论断。其二，回应了关于私有制经济是否为人的自私性所必然导致的问题。西方产权理论将利己性视作人的固有且永恒的特质，这种做法是历史唯心主义的表现。他从唯物史观的视角创造性地提出了"利己和利他经济人"假设，即人有利己与利他两重性，"利己经济人"无非是基于私有制经济基础的意识形态。其三，回击了"公有制效率低下论"。他有力地批驳了公有制企业效率必然低于私有制企业的错误观点，并阐述了公有制的双重优势，强调公有制不仅能够赋能国家从整体利益角度出发，实施精准高效的调控，还能够有效激发劳动群众的生产动力，从而在宏观与微观层面均展现出超越私有制的效率潜能。

---

① 中共中央马克思恩格斯列宁斯大林著作编译局,编译. 马克思恩格斯文集:第2卷[M]. 北京:人民出版社,2009:66.

再次,关于市场和政府关系的理论创新。市场与政府关系作为一种普遍存在于不同社会制度下的课题,是长久以来受世界各国不同经济学流派关注的"经济学上的世界性难题",同时是我国改革开放后在经济体制改革过程中面临的现实问题。程恩富观察到,无论是新自由主义还是凯恩斯主义,均不是厘清我国市场与政府关系的正确打开方式。一方面他指出尽管市场作为资源配置的重要机制在激发经济活力方面具有重要作用,但单纯依靠市场调节无法解决所有经济问题,特别是社会公平、宏观经济稳定等长期性、全局性问题;另一方面依据马克思主义按比例分配规律,提出必须重视政府在宏观经济调控、社会保障体系建设、公共服务提供等方面发挥的不可或缺的职能作用。在此基础上,他结合我国社会主义市场经济的具体实际分析了市场与政府的"功能互补性",富有创见地提出了市场与政府功能性"双重调节"理论,与历史上党中央关于社会主义市场经济体制改革的政策实现了同频共振。其中的研究方法和具体理论,对于新时期进一步全面深化改革中更好地处理政府和市场关系而言,仍具有方法论意义和现实价值。

最后,关于平衡财富和收入分配促进共同富裕的探索。生产和分配、效率和公平关系是中国社会主义初级阶段基本经济制度中的重要元素,处理好这两大基本关系,是确保我国在推进中国式现代化进程中稳步实现共同富裕的关键所在。改革开放以来,在财富和收入分配研究领域,学界从其改革机制、影响因素和优化路径等方面展开了丰富的理论与实证研究。针对其中存在的误解、曲解我国共同富裕概念和目标的谬论与诋毁我国收入分配制度的观点,程恩富进行了尖锐的批判。他从理论研究视角出发,重申马克思劳动价值论的正确性,明确公有制按劳分配与非公有制按劳动要素贡献分配的本质区别,提倡要正确理解和使用"按生产要素贡献分配"等术语。程恩富始终坚持以人民为中心的学术立场,有针对性地提出新的财富和收入分配的综合衡量标准,并认真思索缩小贫富差距的方法举措。同时,他注重将理论转化为政策建议,提倡通过产权、财税、金融、房地产和教育等多方发力,建立健全民生福祉相关体制机制,持续推进"先富—共富"的有序发展进程。

第六章

程恩富经济学术思想的风范特质与多维贡献

党的二十大报告指出："不断谱写马克思主义中国化时代化新篇章，是当代中国共产党人的庄严历史责任。"① 纵观程恩富经济学术思想的发展轨迹，可以发现其既植根于马克思主义科学理论和方法论沃土，又镌刻着改革开放的时代印记，同时彰显出立足本土、观照世界的胸怀格局。在突破传统学术理论与政策实践之间藩篱的基础上，程恩富立足中国经验的理论提炼与直面改革难题的智慧结晶，从"理论—学科—实践"三个维度回应了学术关切与时代命题。同时，程恩富经济学术思想的风范特质在价值之维、守正之维、创新之维、批判之维和世界之维等方面，为后来理论工作者提供有益启示。

第一节　程恩富经济学术思想的风范特质

拥有理论深度、政策高度、经验厚度和视野宽度，才能将学历、阅历、资历转化为能力、魄力和影响力。程恩富经济学术思想不仅深邃广博，更蕴含着"站人民立场"、"守主义之正"、"创时代之新"、"批错误思潮"和"聚共识之贤"的鲜明风范特质。这不是简单的理论标签堆砌，而是立体呈现程恩富经济学术思想所实现的三重超越：在价值维度，达成人民利益与学术追求的有机融合；在理论方法论层面，实现马克思主义与具体经济实践辩证统一；在实践向度，完成理论创新与改革攻坚的良性互动。

一、立学为民，治学报国

哲学社会科学只有坚持以人民为中心的研究导向，才能焕发出强大的生命力与影响力。在学术研究道路上，程恩富始终秉持"立学为民，治学报国"的崇高理念，将科研工作深深植根于国家发展与造福于民的广阔土壤之中，在站稳人民立场、牵挂民生问题、心系国家发展等方面展现出深厚的学术造诣与强烈的责任担当。

（一）站稳人民立场：以民为本，砥砺前行

习近平总书记指出："我国哲学社会科学要有所作为，就必须坚持以人民为中

---

① 习近平. 高举中国特色社会主义伟大旗帜　为全面建设社会主义现代化国家而团结奋斗：在中国共产党第二十次全国代表大会上的报告[M]. 北京：人民出版社，2022：18.

心的研究导向。脱离了人民,哲学社会科学就不会有吸引力、感染力、影响力、生命力。"[1] 立场问题就是为谁说话、维护谁的利益问题。人民性是马克思主义的本质属性,这一属性从根本上决定了人民立场是马克思主义政党最根本的政治立场。程恩富始终强调"广大马克思主义学者,作为马克思主义理论后继传承与发展的重要主体之一,更应当在习近平治国理政思想的科学指引下,坚定不移地秉持'为人民做学问'的崇高信念"[2]。在面对质疑和挑战时,程恩富坚持实事求是原则,运用历史唯物主义分析方法,对相关错误论调作出了有力回应。例如,在价值观这一核心层面,他反驳与批判了"唯有信仰宗教方能拥有真正的人生信仰和价值观"这一错误且片面的论断,重点阐释了"为人民服务"和"人民至上"的人生观与价值观在历史与现实中所发挥着的显著正面效应。在程恩富的经济学术研究中,"以人民为中心"的立场贯穿始终,是研究的核心与灵魂。他揭示了立场问题所蕴含的阶级性本质,并明确指出立场问题恰恰是制约古典政治经济学深入探索与向前发展的重要原因之一。同时,他阐释了人民范畴的历史性,探讨了"以人民为中心"的公有制经济及其表现形式,系统论述了中国经济学坚持"以人民为中心"根本立场的丰富内涵与生动实践。

(二)牵挂民生问题:倾听民声,纾忧解困

党的二十大报告指出:"中国共产党领导人民打江山、守江山,守的是人民的心。"[3] 民生工程系民心工程的微观体现,深切回应着人民群众急难愁盼问题,其根本旨归在于实现好、维护好、发展好最广大人民的根本利益。程恩富主张"马克思主义是一种不断应用的政策思路,而不是书斋之学"[4],并致力于将其落实为真正的人民经济学。秉承这一理念,他对收入分配制度、住房养老政策、乡村振兴战略等一系列关乎民生福祉的重大问题进行了靶向研讨。例如,在探索完善收入分配制度、推动实现共同富裕的道路上,程恩富严格遵循马克思主义所有制关系决定分配关系的基本原理,着重强调构建国家主导型的劳动者维权机制,提倡实施最低工资制度,并创造性地提出了"五种分配方式论"。这一系列理论和政策创新极大地丰富与发展了中国特色社会主义政治经济学在共同富裕方面的理论。在推动惠民生、暖民心、

---

[1] 习近平. 在哲学社会科学工作座谈会上的讲话[M]. 北京:人民出版社,2016:12.
[2] 王中保,程恩富. 多层面丰富和发展21世纪马克思主义[J]. 毛泽东邓小平理论研究,2017(9):53-61.
[3] 习近平. 高举中国特色社会主义伟大旗帜 为全面建设社会主义现代化国家而团结奋斗:在中国共产党第二十次全国代表大会上的报告[M]. 北京:人民出版社,2022:46.
[4] 程恩富,胡乐明. 中国马克思主义理论研究60年[J]. 马克思主义研究,2010(1):11-22.

顺民意相关政策改革中,程恩富组织专家学者进行专题研讨,从理论与实践两个维度对重大改革进行论证,提出了机关、事业单位和企业联动的"新养老策论"和以公租房为主的城市"新住房策论"等一系列紧贴民生、切实可行的政策建议。程恩富以自己的理论创新支撑"为民政策"的创新,用行动彰显了马克思主义者深入群众、为群众谋利益的人民情怀,切实做到将学问写进人民群众的心坎里,充分体现了哲学社会科学工作者为人民做学问的责任担当。

(三) 心系国家发展:永葆底色,矢志复兴

以促进国家经济社会全面发展为根本目标,将理论学习与解决经济发展和社会治理领域中的热点、难点问题紧密结合,确保研究成果能够产生积极正向的社会效益,这是在实践中坚持和发展马克思主义学风的必然要求。程恩富的学术研究紧密贴合我国不同发展阶段的重大经济理论与实际问题,与党的创新理论成果和政策部署保持高度一致。他尤为注重运用马克思主义基本原理,阐释毛泽东思想、邓小平理论、"三个代表"重要思想、科学发展观以及习近平新时代中国特色社会主义思想。"既要确保红色江山稳固,又要搞好经济建设"[1] 是他所坚守的理念,这在对比研究西方产权理论中表现得尤为明显。他对我国经济体制改革过程中遭遇的挑战进行了剖析,对其中试图颠覆公有制主体地位、恶意曲解国有企业改革成效的错误论调进行了有力的驳斥。例如,他以"公有制高绩效论"正面反驳西方的所谓"私有产权神话",并在此基础上围绕"坚持公有制为主体、多种所有制经济共同发展""中国绝不能搞私有化""国有企业不能完全退出所谓竞争性领域"等观点进行了有力论证,为在坚持公有制基础上实现国家复兴作出了重要贡献。

二、笃信马列,主义是从

在理论与实践的探索过程中,程恩富以其深厚的马克思主义理论功底和坚定的信仰,彰显了"笃信马列,主义是从"的风范特质。他在不同历史阶段始终坚守马克思主义立场,在面对各种考验与挑战时都展现出非凡的学术定力和对真理的不懈追求。他不仅将马克思主义视为指引中国经济学研究的明灯,更将其内化为深邃的理论信仰,外化为对中国共产党的忠诚拥护。

---

[1] 程恩富. 在科学发展和改革中巩固和加强社会主义的经济基础:《江泽民文选》研读有感[J]. 学习论坛,2007(1):29-31.

(一) 保持马克思主义学术定力

科学的"主义"是中国经济学研究的指路明灯。程恩富不仅将马克思主义作为严谨的学术体系,更将其视为一种深邃的理论信仰。这种信仰的本质是对共产主义理想的坚守,它植根于马克思恩格斯所创立的共产主义理论,并在国际共产主义运动的实践中不断得到丰富与发展,最终指向人的自由而全面发展这一崇高目标,是一种科学的、具有高度实践价值的信仰体系。尽管程恩富在不同的学术探索阶段总是遇到各种考验与挑战,但他始终保持对马克思主义的坚定与纯粹,展现出持之以恒的学术定力。在艰苦的知青时期,程恩富便与马列主义经典著作结下了不解之缘,深刻领悟到"文科救国与强国论"的时代价值与深远意义。他将"既然明确了目标与远大抱负,便应矢志不渝地在马克思主义的研究道路上坚定向前"作为座右铭,在青年求学阶段,他便将抱负转化为实际行动,师从中国著名经济学家张薰华、洪远朋,系统研读《马克思恩格斯选集》《资本论》《列宁选集》等马克思主义经典著作,为学术研究工作奠定了扎实的基础。在教育教学工作中,程恩富不仅提出了"一手抓专门研究马克思主义的机构和队伍建设,一手抓用马克思主义指导自然科学特别是社会科学的教学和科学研究"[①]的马克思主义科学研究保障体系建设方案,而且善于将个人的学识与思考融入本硕博学生的日常教学工作、所负责的行政工作、学术组织和杂志期刊的管理工作之中。他持续不断地提出并改进基于马克思主义基本原理和国内外经济实践的经济学理论、方法和政策思想,致力于扩大马克思主义政治经济学在国内外的学术影响力。在过往数十年中,程恩富在理论研究、教学实践和学术创新等方面,始终保持对马克思主义的忠诚信仰,投入了大量精力,并收获了丰硕的学术成果。在他撰写并出版的超400万字的学术成果中,以"马克思"为题名的期刊论文超过105篇,主题涵盖马克思主义理论研究与建设、马克思主义方法论研究与创新、马克思主义中国化、马克思主义与中国改革开放、西方马克思主义等诸多方面,其余600多篇文章虽然题名不直接显现"马克思",但也是以马克思主义理论为指导而进行的创作,如《深化社会主义劳动价值论认识》《不应误用"重建个人所有制"》等。

(二) 拥护马克思主义立党立国的指导地位

恩格斯指出:"我们党有个很大的优点,就是有一个新的科学的观点作为理论

---

① 程恩富,谭劲松. 巩固马克思主义立党立国的指导地位[J]. 红旗文稿,2016(18):4-8.

的基础。"① 马克思主义不仅是我们认识世界、改造世界的科学方法论与行动指南，而且为我们立党立国、兴党兴国提供了坚实的理论支撑。中国共产党的发展、中国革命与建设的成就、改革与开放的胜利，均离不开马克思主义的科学指导。正如毛泽东所强调的，"指导我们思想的理论基础是马克思列宁主义"②。将马克思列宁主义作为党的指导思想，是我们党的根本特征、基本经验和先进性的集中体现，也是中国特色社会主义制度的一个重要特征和巨大优越性所在。自中国共产党成立之日起，我们就将马克思主义鲜明地写在自己的旗帜上，从未有过丝毫的动摇和改变。然而，随着我国改革开放的全面推进，各种非马克思主义、反马克思主义的思潮纷纷涌现。它们干扰着人们的思想，冲击着马克思主义在意识形态领域的指导地位。对此，程恩富进行了旗帜鲜明的批判，并指出"马克思主义过时论、无用论和指导思想多元论等思想，是旨在废旗、易旗和夺旗的阴谋论。必须从《党章》和《宪法》的最高制度层面出发，坚决保障马克思主义的指导地位，确保党和国家事业的正确方向"③，充分彰显了他对马克思主义指导思想地位的坚定拥护。

三、勇立潮头，系统创新

在学术创新与时代变革的浪潮中，程恩富勇立潮头，展现了系统创新的学术能力。他不仅在马克思主义政治经济学的理论领域深耕细作，而且敢于突破传统框架，以全新的视角和方法探索中国特色社会主义经济建设的发展道路。

（一）洞悉时代热点，聚焦前沿议题

在当前错综复杂的国际局势下，理论工作者不仅要拥有扎实的学术基础，还必须具备敏锐的时代感知能力，以便随时捕捉那些与国家发展和社会进步息息相关的重大议题。程恩富凭借自身的马克思主义理论素养和对时代的敏锐感知，不仅通过全面研究"世情""国情"来把握时代的宏观趋势，而且注重分析微观层面的社会变革问题。在研究工作中，他总是能够甄别那些契合时代热点的重大议题，寻找到理论和政策的研究方向。因此他的研究成果不仅具有前瞻性，而且具有实际指导意义，充分体现了其紧跟时代步伐、解答时代之问的风范特点，是联结理论与实践的重要桥梁。例如，在改革开放初期，我国迫切需要对所处的历史方位进行准确判断以便在政治、经济、文化等领域制定符合实际的转型战略与保障制度，程恩富所提

---

① 中华人民共和国教育部,编."三个代表"重要思想概论[M].北京:中国人民大学出版社,2003:92.
② 中共中央文献研究室,编.毛泽东文集:第6卷[M].北京:人民出版社,1999:350.
③ 程恩富,谭劲松.巩固马克思主义立党立国的指导地位[J].红旗文稿,2016(18):4-8.

出的"社会主义发展三阶段论"不仅加深了我们对社会主义发展阶段的理解，而且为找准时代发展定位提供了理论支撑。面对市场经济发展过程中出现的新变化，程恩富提出的"新的活劳动价值一元论"既坚持了马克思的劳动价值论，又结合新的历史条件进行了拓展和创新，不仅有助于深化对服务劳动、管理劳动、科技劳动、精神商品生产劳动创造价值的认识，而且对于理解数字化转型背景下的价值创造和分配公平等时代议题也具有重要意义。此外，他提出的"知识产权优势理论"和"四控型民族经济理论"为我国在国际贸易竞争中保持经济独立性和自主性提供了重要的理论指导，并为我国提出"建立开放型经济体系"作了理论研究铺垫。这些理论成果的取得，体现了程恩富善于把握时代脉搏和洞察前沿议题的特质。

（二）构建系统理论，支撑政策实践

学术研究工作的科学开展离不开对系统性和整体性原则的坚持。程恩富深受马克思主义科学方法论和基本原理的熏陶，善于从全局视角出发，构建相互关联、逻辑严密的理论体系，他的创新经济理论和政策并非各自为政的分散研究，而是一个系统的整体，共同构成了一个完整且富有生命力的理论框架。更为重要的是，他能将这些理论成果转化为具体的政策建议，使理论能够切实地转化为服务国计民生的良策，架构起社会稳定与发展的基本盘。

在体系的连贯性与一致性方面，对马克思主义立场、观点、方法的研究奠定了程恩富经济学术思想的基石，这也是贯穿其学术研究工作的灵魂，确保每一项理论和政策创新都根植于坚实的马克思主义理论土壤。程恩富坚持并弘扬唯物史观和辩证法，并注重运用整体性研究方法为学术研究奠定了科学严谨的方法论原则。在理论与政策的相互支撑与验证方面，"社会主义发展三阶段论"和世界经济体系"准中心"地位的提出，为他的研究奠定了总的基调，后续的理论和政策成果也不断验证这一历史方位界定的正确性；对"劳动价值论""产权理论""分配理论"等经典原理的独到见解，成为他"新的活劳动价值一元论""市场与国家双重调节论""公主私辅政策""改善分配政策"等一系列创新理论和政策得以提出的坚实基础。在整体视野与发展观方面，程恩富坚持以更广阔的历史视角与全球视野来审视中国经济的发展环境和未来趋势，他总结的经济全球化特征和"新帝国主义"五大特征，推动了"对等开放政策""对半式双赢"的全球化合作模式、"四控型"民族企业集团战略等创新政策的提出与运用。可以看出，程恩富致力于实现经济理论和政策的系统性综合研究，他的理论创新为政策制定提供了科学依据和指导思想，而他提出的政策创新又进一步验证了理论研究的应用价值。

四、敢于交锋,科学批判

在学术争鸣与思想碰撞的广阔舞台上,程恩富面对各种错误思潮和观点,不畏强权、不惧非议,始终坚定地捍卫真理,通过讲事实、列数据等方式进行有理有据的批判与反驳,以"敢于交锋,科学批判"的风范特质,成为马克思主义政治经济学领域的举旗先锋。

(一)敏锐的斗争意识

斗争意识表现在面对各种错误思潮和观点时,敢于亮剑、善于斗争,积极开展有理有据的学术争鸣,为学术进步和真理的胜利贡献力量。程恩富指出:"伟大斗争并非局限于某一特定领域,而是全面贯穿于'五位一体'总体布局、'四个全面'战略布局以及'新发展理念'之中,它涉及各个领域、各条战线的工作,是一场全方位的伟大斗争。"① 这一论断充分彰显了当下斗争局势的广泛性和深刻性。在全面深化改革的过程中,来自经济、政治、文化、社会、外交、军事等领域的全方位渗透和挑战无时不有,这要求我们必须始终保持高度警惕,以马克思主义真理为思想武器,勇于并善于同各种反马克思主义的错误思潮进行坚决斗争。程恩富所提倡的"学兼战,知与行"的治学方针,不仅彰显了他对理论研究和宣传工作的高度重视,更体现了他在面对各种反马思潮渗透时,勇于斗争、敢于亮剑的斗争意识。20世纪90年代,随着西方经济学在我国的日益势强,部分人士对其过度推崇,并企图以西方经济学引领我国的经济体制改革。程恩富毅然对此进行了表态,通过撰写《西方产权理论的哲学审视》《科学的产权理论分析中国经济变革——张五常先生若干产权观点质疑》《11位知名教授批评张五常》等著作文章,聚焦于经济理论与实践中有关财产所有权、经济制度、公平效率关系等核心议题与根本性问题,以"财产终极所有权可有可无吗""私产制是经济发展的独步单方吗"等问题为切入点,论证了财产所有权的必要性、公有制与市场经济的兼容性、效率与公平的平衡关系、国有资产使用的正当性等内容,有力地回应了张五常等的错误观点。这一系列极具针对性且掷地有声的驳斥,不仅充分彰显了程恩富敢于斗争、善于斗争的精神,也共同构成了其对经济学基本理念、中国经济发展模式及经济思想演进的深刻反思与前瞻探索。

---

① 杨俊,程恩富. 习近平"大力弘扬将革命进行到底精神"刍议:确立"三重革命论"的马克思主义观[J]. 毛泽东邓小平理论研究,2021(10):13-25.

(二) 求真的思辨精神

求真思辨意识的具体表现是善于深入思考和分析问题,能够挖掘问题的本质和根源,提出富有深度的见解和观点。程恩富在学术研究中在面对多元化的学术观点与纷繁复杂的理论体系时,不盲从、不偏袒,而是以客观公正的态度,依靠确凿的证据与严密的逻辑,进行独立自主的判断与评析,展现出严谨求真的思辨精神。在学术争鸣的舞台上,程恩富尤为擅长运用逻辑的力量与批判的武器,对学术问题进行剖析与质疑。例如,面对王东京所提出的关于现代西方经济学基本理论核心假定的观点,程恩富没有回避或轻率否定,而是从多个维度出发逐一剖析其合理性与局限性,进而明确指出现代西方经济学并不等同于现代经济学,它们的"经济人"假设、资源稀缺假设、保护个人产权假设等前提假设的普遍适用性值得商榷。通过列举现代西方经济学"不实用""不管用"的具体实例,以及从理论层面剖析这些假定的偏颇与不足,程恩富凭借自身扎实的理论功底与求真的思辨力,为学术界贡献了一场场精彩的思想交锋。这不仅彰显了程恩富对真理的不懈追求,更体现了其作为马克思主义学者所应具备的批判性、创新性与建设性并重的思辨精神。

(三) 鲜明的意识形态立场

具有鲜明意识形态立场的学者在面对不同的学术观点时,能够始终基于自身的意识形态立场进行有理有据的分析和评判,既尊重学术自由,又坚守原则底线,展现出坚定的学术方向和价值立场。面对持续涌现的一系列错误的、负面的、腐朽的及保守的社会思潮,程恩富积极响应党中央关于"秉持有理、有利、有节的原则,积极开展意识形态斗争"的号召,始终强调"马学为体"的核心原则,阐释并评析了新自由主义、民主社会主义、新左派、复古主义、折中马克思主义以及传统马克思主义六大社会思潮的政治立场、思想观点与实践主张,为我们清晰辨识各种非马克思主义思潮的本质与主张提供了有力工具。[1] 其中,他尤为关注资本主义政治经济学的最新动态,从多个维度系统性地对新自由主义思潮展开深刻批判。程恩富认为新自由主义作为当下全球资本主义体系危机的诱发根源,对它进行深刻辨析既是一个学术议题,也是一个紧迫的现实问题。他通过结合拉美、东南亚等发展中国家实例以及 2008 年国际金融危机等现实案例,旗帜鲜明地指出:"危机显著地暴露了

---

[1] 程恩富,侯为民. 当前中国七大社会思潮评析:重点阐明创新马克思主义观点[J]. 陕西师范大学学报(哲学社会科学版),2013(2):5-10.

资本主义的非理性特征与新自由主义行为的非法性质。为了从根本上解决当前及未来可能面临的金融与经济危机,我们的理论与政策必须超越新自由主义与凯恩斯主义的框架限制。"[1]

(四)务实的破旧立新思维

破旧立新思维体现在不回避现实问题与挑战、不拘泥于既有理论框架,既尊重前人的研究成果,又勇于批判其不足,致力于在学术研究中积极探索并提出符合时代发展需求的新观点、新理论,实现理论与实践的有机结合,推动学科的进步与发展。"问题和解决问题的手段同时产生"[2],问题是事物内部矛盾的外在显现,只有深入调查研究才能准确把握事物的主要矛盾及矛盾的主要方面,进而揭示问题产生的本质原因。这一过程涉及对问题的发现、提出、分析与解决。程恩富娴熟地运用唯物辩证法的精髓,在对许多所谓"科学的"西方经济学理论进行科学批判的基础上,不断提出具有创新性的理论与政策观点。例如,他驳斥了所谓的"所有领域均由市场决定"的论点,创新性地提出了"以市场调节为基础,以国家调节为主导"的双重调节机制,认为市场只是在一般经济资源配置中起决定性作用,而党和国家在教科文卫和重要经济资源配置中发挥主导作用;在回应"发展混合所有制即意味着新一轮私有化"的论调时,他主张通过完善制度安排与运行机制,确保国有企业的高效运行。程恩富勇于直面那些被"神话"了的经济理论,在思想的交锋中揭示其内在缺陷,于学术争鸣中展现真知灼见,以创新性理论和政策贡献丰富与发展了马克思主义政治经济学,极大地增强了马克思主义政治经济学的科学性、现实解释力与实际应用价值。

五、组织起来,国际联合

在全球化日益加深的当下,面对错综复杂的国际形势和多元交织的学术思潮,程恩富理解并践行了马克思主义的国际主义原则,以实际行动投身于全球马克思主义学者的联系与合作之中。他主张打破马克思主义理论研究领域的国别壁垒,推动马克思主义理论研究的国际化进程与广泛传播,通过一系列重要倡议和行动,尤其是创建世界政治经济系学会,创办在国外出版的《世界政治经济学评论》《国际批判思想》《世纪马克思主义评论》英文期刊,为全球范围内马克思主义学者的联合

---

[1] 程恩富.应对资本主义危机要超越新自由主义和凯恩斯主义[J].红旗文稿,2011(18):1,16-18.
[2] 中共中央马克思恩格斯列宁斯大林著作编译局,编译.马克思恩格斯文集:第5卷[M].北京:人民出版社,2009:107.

与交流搭建了坚实的桥梁。从这一系列生动实践中体现出的"组织起来,国际联合"的风范特质,充分彰显了新时代马克思主义者的国际视野和担当精神。

(一) 遵循马克思主义的国际主义思想

"全世界无产者,联合起来!"[①] 不仅深刻体现了无产阶级的历史使命与行动方式,也蕴含着无产阶级的国际主义原则。它表明无产阶级的伟大共同事业并非孤立无援的小范围斗争,而是国际无产阶级间的积极交流、携手共进,在广泛的国际联合中促进终极目标的实现。从马克思恩格斯首次提出这一口号,到列宁将其丰富并发展为"全世界无产者和被压迫民族联合起来"[②],程恩富对这一思想的历史发展脉络进行了追溯和详尽的阐释。他强调,这一充满国际主义色彩的号召在21世纪依然具有极其重要的现实意义,作为真正的马克思主义政党和马克思主义者,必须始终坚持与贯彻这一纲领性口号和其中所蕴含的战略思想。随着国际共产主义运动不断呈现新的特点,无产阶级革命的范围、力量、内容和主题也在相应地发生变化,世界社会主义的未来"在很大程度上,取决于当代无产阶级联合的水平和工作效率"[③]。为推动更多形式的联合,他从联合全世界具有劳动阶级性质的左翼政党和工会,联合全世界马克思主义和左翼性质的学会、媒体、论坛及运动等多个维度提出了实现"全世界无产者联合起来"的六大途径,以及提出了增进左翼交流、团结泛左翼力量和构建广泛的社会主义国际统一战线等国际联合过程中马克思主义和左翼人士应该注意的九大战略和策略问题。此外,为了打破将国际化片面理解为"引进"外国马克思主义理论的固有思维,他提出了"加强中国马克思主义理论研究成果的国际传播和互动交流""加强与国外在马克思主义理论研究领域的交流合作和互学互鉴"等一系列强调中国马克思主义理论"走出去"的重要倡议。这一系列理论建议为联合全世界工人阶级、紧密团结其他劳动大众和进步力量,以及形成社会主义的广泛联合提供了坚实的思想理论支撑。

(二) 以行动践行马克思主义的国际主义思想

程恩富不仅在理论上坚定推崇马克思主义的国际主义原则,也在实践中积极投

---

① 中共中央马克思恩格斯列宁斯大林著作编译局,编译. 马克思恩格斯选集:第3卷[M]. 北京:人民出版社,2012:11.
② 中共中央马克思恩格斯列宁斯大林著作编译局,编译. 列宁全集:第40卷[M]. 北京:人民出版社,2017:73.
③ 程恩富. 世界社会主义的未来取决于国际无产阶级有效联合行动[J]. 国外社会科学,2012(5):13-16.

身于各种活动，致力于推动马克思主义理论研究的国际化进程与广泛传播，以实际行动诠释无产阶级国际主义，为全球范围内马克思主义学者的交流与合作不懈努力。他提倡全世界的马克思主义政治经济学理论工作者通过共建组织平台、撰写文章、与会交流等多种方式，联合形成一支强有力的学术力量，共同为人类的全面发展贡献超前的智慧与终极的关怀。[①] 在学术组织的创办方面，他首开先河，充当构建全球性学术组织和学术期刊的先锋，自 2006 年筹办并创立世界政治经济学学会以来，该学会已连续举办 17 届国际论坛，成为组织全球马克思主义政治经济学者进行沟通交流的重要学术机构，有力地改变了我国政治经济学在世界舞台上的失语状态。在平台构建方面，他在担任中国社会科学院马克思主义研究院院长期间，成功主办了"首届社会主义国际论坛暨第七届国际思想家论坛""中越马克思主义论坛"等一系列国际会议，产生了广泛的社会影响。在学术刊物创办发行方面，他相继主持了《世界政治经济学评论》《国际批判思想》《世界马克思主义评论》等学术刊物的出版，并借助这些社会科学期刊渠道，让国外学术界更加深刻地认识到中国的学术风采、理论深度。在文章著作编写方面，他借助文化传播渠道，进一步强化了马克思主义的国际传播效果。他不仅主编了十本《国外现代政治经济学经典译丛》，还在美国、日本、俄罗斯、意大利等十多个国家发行了自己的著作，如《现代政治经济学》教材已被译成英文和越文，并在越南等国家的高校得到应用。在广参会方面，他积极参与国际交流活动，曾到访美国、法国、日本、巴西、越南、加拿大等多个国家主持、开展国际论坛或演讲活动。2012 年，他造访印度共产党（马克思主义）总部；2014 年，他前往古巴哈瓦那大学，围绕中国特色社会主义、文化安全与社会主义意识形态等议题展开座谈与讨论；2022 年，他通过线上线下相结合的方式与越共中央党校越南胡志明国家政治学院围绕"新征程　共命运"的主题展开研讨；2024 年他应俄共中央主席久加诺夫邀请参加系列活动，在俄罗斯科学院和莫斯科大学主办的国际论坛上进行演讲。长期的实践已充分证明程恩富在贯彻马克思主义国际主义思想上的不遗余力，在组织学会、构建平台、创办刊物、撰写文章著作和广泛参与会议等方面他都率先垂范、身先士卒，是名副其实的将理论转化为行动的马克思主义行动派。

"弘扬马列，锐意求新，借鉴西学，体察国情"[②]，陈岱孙为《西方产权理论评析》专著的这一题词充分彰显了程恩富学术思想的风范特质。程恩富的学术研究生

---

① 程恩富,王中保. 经济全球化与新自由主义的范式危机[J]. 社会科学研究,2005(2):25 - 29.
② 程恩富. 西方产权理论评析[M]. 北京:当代中国出版社,1997:1.

涯，始终将党的利益、国家利益以及人民群众的利益视为根本宗旨和首要导向，致力于探索和解答那些对人民群众日常生活和国家长远发展具有深远影响与重大意义的问题，充分彰显了学术研究的人民性、实践性和价值性。在学术研究过程中，程恩富的思维方式与研究方法深受辩证唯物主义和历史唯物主义的启发。他通过精读马克思主义经典著作，不断夯实自身的理论根基，在坚守学术传统与理论正道的基础上守正不守旧，积极寻求理论的突破与发展，体现了守正与创新相结合的辩证统一。同时，程恩富以其在学术界勇于批判、敢于斗争的精神风貌而著称，积极开展以学术问题为中心的商榷与争鸣，在与同行学者深入的学术交锋与思想碰撞中，为学术理论的精进注入更为强劲的动力与活力。尤为重要的是，程恩富十分重视并积极倡导国际合作，在身体力行的同时，鼓励学生和同事积极参与国际学术交流，不仅成功培养了一批又一批具有国际视野和跨文化交流能力的杰出学者，还通过国际会议等平台助力中国化的马克思主义理论实现对外传播与交流，显著提升了我国马克思主义理论工作者在国际学术界的话语权与影响力。对程恩富经济学术思想的风范特质进行总结与归纳，有助于我们继承和发扬中国杰出马克思主义学者在共同伟大事业中所展现出的严谨治学精神与国际理论大格局。这不仅是关于马克思主义政治经济学学术思想史的梳理，更是关于马克思主义政治经济学者学术成长史的梳理。从中萃取出的由"马克思主义研究者"蝶变为"马克思主义信仰者""马克思主义守正创新者"所必备的风范特质，无疑为新时代青年学者的学术生涯发展提供了一个可学可鉴的榜样参照。

第二节 程恩富经济学术思想的多维贡献

在世界百年未有之大变局与中华民族伟大复兴战略全局交织共振的历史背景下，程恩富经济学术思想体系以其严谨的马克思主义政治经济学分析框架，在理论创新、学科建设和实践探索三个维度中彰显出重要的时代价值，既为马克思主义政治经济学的传承与创新作出贡献，又为中国经济学的构建与完善提供了参考，还为我国社会主义市场经济的改革与发展提供了坚实的理论支撑和智力支持。程恩富经济学术思想在理论逻辑自洽性、学科构建规范性与政策实践有效性的辩证统一中，持续生成完善理论体系与破解改革难题的认知范式与创新路径。

一、理论创新：为马克思主义政治经济学的传承与创新贡献力量

习近平总书记强调："马克思主义政治经济学是马克思主义的重要组成部分，也是我们坚持和发展马克思主义的必修课。"[1] 程恩富不仅见证和亲历了我国经济体制改革由计划经济为主向社会主义市场经济体制逐步转型的历史演变过程，还积极投身于马克思主义政治经济学由理论继承向理论创新的历史跨越。他致力于探究马克思主义政治经济学的基本理论框架，不断丰富和拓展马克思主义科学方法的内涵与外延，在持续的理论创新与实践探索中，为马克思主义政治经济学在中国的本土化与时代化发展贡献了重要力量。

（一）对《资本论》理论的继承与发展

梳理总结程恩富经济学术思想进程可以发现，对《资本论》的研究始终贯穿其中。程恩富不仅在对经典文本的深度阐释中深化对《资本论》的理解，而且致力于推动其核心理论的时代转化，并在有选择地吸收学界优秀成果中实现对《资本论》的丰富与发展。

首先，通过深耕与解读文本深化对《资本论》的理解。程恩富通过对比研究《资本论》法文版第一卷中译本与德文第四版中译本，揭示了马克思晚年对理论表述的精细化调整。他不仅指出两版本在理论内容增删、篇章结构调整、例证材料补充等方面的六大差异，而且通过文体通俗化转变、学派评论变更等细节，还原了马克思思想发展的动态轨迹。[2] 准确识别并理解这些差异，对于加强理论研究的严谨性无疑是必要且大有裨益的。既继承了马克思主义经典文献研究的严谨传统，又为理解《资本论》的理论演进提供了实证支撑，使经典文本研究由单纯训诂考证升华为思想史层面的理论重构。

其次，在对经典原理的时代化阐释中助力《资本论》的理论拓展。程恩富的政治经济学研究既坚守马克思主义经典理论的核心要义，又通过时代化阐释与创新性拓展构建起贯通历史逻辑与现实需求的理论体系，为马克思主义政治经济学的时代化发展注入新的活力。在理论内核的守正创新上，他直面劳动价值论在当代遭遇的挑战，系统开展理论辩护与范式突破，不仅坚决捍卫劳动价值论作为分析资本主义与社会主义市场经济的理论基石地位，而且针对"物化劳动创造价值""科技劳动

---

[1] 中共中央文献研究室,编. 十八大以来重要文献选编(下)[M]. 北京:中央文献出版社,2018:1.
[2] 程恩富,徐惠平. 具有"独立科学价值"的《资本论》法文版[J]. 上海经济研究,1984(3):20,39-41.

不创造价值"等误读展开学理批判,创造性地提出"新的活劳动价值一元论"①,将科技创新、文化创意等非物质生产劳动纳入价值范畴,延伸出"全要素财富说""按贡分配形质说"等理论,使劳动价值论突破传统物质商品生产的边界,形成适应知识经济时代的价值理论体系。这种理论创新基于马克思主义原意进一步拓展原理的解释半径,强化了马克思主义对现代经济现象的阐释力。此外,程恩富对共产主义经济形态的研究也体现了经典文本与当代实践的双向激活。他基于对《资本论》四卷本的系统梳理,提炼出包含生产资料社会所有制、按比例发展规律、人的全面发展等十三大特征的共产主义经济特征②,在阐释过程中,既深刻揭示资本主义下劳动异化、贫富分化加剧等系统性危机,又结合中国特色社会主义实践,论证初级阶段坚持公有制主体地位、构建劳资利益平衡机制的历史必然性,既保持了马克思主义对资本主义的批判,又彰显了《资本论》原理对社会主义建设的实践指导,体现了"解释世界"与"改造世界"的辩证统一。

最后,在理论互鉴与批判汲取中实现理论创新。程恩富将同行学者的智慧结晶视为理论创新的催化剂,借助理论互鉴以实现理论突破。例如,他汲取其导师之一洪远朋《〈资本论〉难题探索》的实践导向方法论,突破传统理论阐释的封闭性。③通过借鉴该书"理论争鸣—现实回应"的研究路径,将《资本论》原理运用于解释国企改革、劳资关系等中国问题,使马克思主义政治经济学由抽象逻辑演绎转向具体实践场域。又如,其另一位导师张薰华《〈资本论〉中的数量分析》中对数理研究范式的研究,激起了程恩富对新时代背景下如何采用新方法以不断深化和扩展马克思主义政治经济学的深入思考。④ 此外,程恩富还在对西方经济学理论的批判性扬弃中实现《资本论》理论的深化发展。例如,针对新自由主义"市场万能论",他提出"以市场调节为基础,以国家调节为主导"的双重调节机制,破解了公有制与市场经济的兼容性难题。面对混合所有制改革中的私有化质疑,他通过制度创新设计,将马克思股份资本理论转化为国企治理现代化的实践方案。

(二)对马克思主义政治经济学研究方法的拓展

马克思主义政治经济学的重要性,不仅在于它为我们提供了独特的研究视角,

---

① 程恩富. 科学地认识和发展劳动价值论:兼立"新的活劳动价值一元论"[J]. 财经研究,2001(11):3-9.
② 程恩富,段学慧.《资本论》中关于共产主义经济形态的思想阐释(下)[J]. 经济纵横,2017(5):1-13.
③ 程恩富. 不倦的探索 可喜的硕果:评介洪远朋的《资本论难题探索》[J]. 中国经济问题,1986(4):53-56.
④ 程恩富,齐新宇. 马克思经济学是同时代经济学数量分析的典范:《〈资本论〉中的数量分析》读后感[J]. 复旦学报(社会科学版),1997(6):107-108.

透过它能够洞察社会经济现象并揭示发展规律，也在于它的方法论的科学性和对实践的指导价值。掌握并灵活运用马克思主义科学方法论有助于我们更精确地理解经济运行的内在逻辑，以及制定更加科学合理的经济政策。

中国经济学的现代化进程既离不开方法论层面的创新，也离不开对中外政治经济学说研究方法局限性的深刻反思与突破。改革开放40多年来，我国经济理论与实践的发展始终与经济学方法论的变革创新紧密相连。其间，经济学研究方法实现了由较为单一的分析模式向多元分析的进阶发展，对西方经济学研究方法的态度也逐渐实现了从盲目搬运到批判性学习的根本性转变。在《经济学方法论——马克思、西方主流与多学科视角》出版之前，尽管有关经济学方法论的研究众多且论点各异，但总体而言，这些研究倾向于聚焦某一具体领域或微观层面，缺乏从宏观层面对经济学方法论体系的整体把握和创新。而程恩富在综合前人智慧成果的基础上，主张基于马克思主义政治经济学立场，批判性地吸纳西方经济学的分析方法与工具，广泛地汲取国内外社会科学及自然科学领域的新知识与方法。

程恩富经济学术思想对政治经济学方法论的创新拓展，本质上依然是遵循马克思主义的根本内核，在此基础上，通过结构性突破与范式重构来实现对传统研究方法的创新。这首先体现在方法论体系的整体性建构中，他突破单一维度的分析框架，构建起多维复合的方法论体系，既强化辩证唯物主义与历史唯物主义的实践转向，将抽象理论转化为分析中国经济动态的具体工具，又在坚持马克思主义硬核的前提下，主张批判性吸纳西方经济学中诸如数理模型等工具并加以中国化改造，同时，需对其他社会科学和自然科学的知识和方法加以整合，形成既超越苏联教条化倾向，又区别于西方形式逻辑推演的方法论体系。其次体现在理论对话范式的革命性突破。程恩富的方法论建构是从被动防御到主动建构的转变，一方面通过批判性研究解构西方经济学方法论隐含的制度预设与价值立场；另一方面以"术语革命"构建基于马克思主义的概念范畴，助力马克思主义政治经济学在与西方经济学的对话中赢得主动权。最后，这种创新拓展本质上是坚持问题导向。无论是针对国有企业改革提出的"一府两系、三层分立、分类管理"管理新体制，还是对市场与政府功能性"双重调节"辩证关系的梳理，均反映出问题导向的方法论自觉，而这也正是使政治经济学真正成为"改变中国经济现实"学科的重要方法。

（三）对马克思主义政治经济学中国化的学理性阐释

党的十一届三中全会以来，我们党把马克思主义政治经济学基本原理同改革开放新的实践相结合，不断丰富和发展马克思主义政治经济学，形成了许多重要的理论成果。程恩富体悟马克思主义政治经济学中国化时代化的深远意义,一以贯之地保持对马克思主义政治经济学中国化最新成果的高度关注,确保自身的思想紧密贴合党中央的决策部署,在深刻理解中对党的创新理论进行透彻的学理化阐释,并尝试以通俗易懂的方式将其予以呈现,以增强人民群众对经济理论和政策的理解与支持。

程恩富步入学术研究殿堂后正式发表第一篇文章是1978年,恰逢我国改革开放的历史转折期,也是马克思主义理论在我国得到更广泛弘扬并迎来大幅创新的关键时期。在接下来的历史进程中,邓小平理论、"三个代表"重要思想、科学发展观,以及习近平新时代中国特色社会主义思想,依次代表各个阶段马克思主义中国化所取得的最新理论结晶。无论何时,程恩富都密切关注马克思主义中国化的最新理论成果中有关政治经济学的相关论述,并致力于对它们进行学理化阐释。他用辩证思维对邓小平理论中有关经济学的论述进行了分析,[①] 指出邓小平经济理论将原则与任务、市场与计划、公有制与非公有制经济、速度与效率、基层与中央等视为相互关联的矛盾统一体。[②] 驳斥了那些曲解和否定邓小平社会主义本质理论的错误思潮,重申了邓小平所倡导的社会主义本质的科学内涵,强调发展生产力的核心地位,同时探讨了生产力和生产关系在社会主义本质中的辩证关系。[③] 在学习与阐释江泽民重要讲话精神方面,程恩富重点分析了"三个代表"思想对党的先进性、统一性和实践性三者内在一致性进行的综合表述。[④] 此外,他结合江泽民有关国有企业方面的重要论述,阐释了国有经济在国家治理中作为经济物质力量的重要性,强调了必须明确社会主义国家的国有经济与资本主义国家的国有经济在性质、地位、作用上的差异。[⑤] 此外,他在国有企业管理体制改革与完善社会配套改革方面也进行了阐释,并提出了具体的完善路径。[⑥] 在对科学发展观的研习与运用方面,程恩富从马克思主义政治经济学基本原理、科学方法论和未来发展目标等维度对其进行了学理分析[⑦],从内涵和实现方式等方面分析了胡锦涛在新型工业化道路、新农村建设、

[①] 程恩富. 辩证地认识邓小平的基本经济思想[J]. 财经研究,1997(6):37-41.
[②] 程恩富. 邓小平经济理论的八大辩证思维[J]. 经济学动态,1998(1):18-21.
[③] 程恩富. 邓小平社会主义本质论新探[J]. 重庆邮电学院学报(社会科学版),2003(5):1-4.
[④] 程恩富,周肇光. 党的性质与"三个代表"的科学内涵[J]. 学术月刊,2001(7):9-14.
[⑤] 程恩富. 在改革中巩固和加强社会主义经济基础:学习《江泽民文选》的一点体会[J]. 社会科学管理与评论,2006(4):6-10.
[⑥] 程恩富. 掌握积极推进国有企业改革的若干基本观点:学习江泽民同志关于国有企业改革讲话的体会[J]. 新疆财经,1995(5):17-20.
[⑦] 程恩富. 科学发展与构建和谐的政治经济学观察[J]. 北京党史,2007(5):39-41.

经济发展方式转变等方面的基本经济理论,[①] 并对深受西方意识形态影响的发展观予以了深刻的剖析。[②] 程恩富对马克思主义中国化的最新理论成果——习近平新时代中国特色社会主义思想的研习成果更加丰富,不仅从总体上归纳总结了以人民性、时代性为代表的四大理论特性,[③] 而且基于马克思主义基本原理与方法对以"六个必须坚持"为主要内容的习近平新时代中国特色社会主义思想的世界观和方法论进行了解读,对"人民至上""新发展理念""经济制度思想""科技创新思想"等一系列新思想、新观点和新论断进行了阐释,[④] 对新质生产力重要论述的思想渊源、内涵特征、完善路径展开了探索。[⑤]

综上所述,程恩富在研究中致力于通过系统化的学理阐释,架设起马克思主义政治经济学中国化最新成果与经典理论、时代实践之间的桥梁。他通过辩证思维分析不同阶段党的最新政治经济学创新理论的深层逻辑,用矛盾分析法揭示社会主义市场经济中原则性与灵活性的统一。同时,他擅长以批判性眼光廓清理论误区,在驳斥曲解中捍卫马克思主义政治经济学中国化理论的科学内核和指导地位。在以建构性思维探索理论落地的实践路径方面,无论是对国有经济改革,还是新质生产力培育,程恩富都提出了具体的实践方案。这种立足文本、观照现实、回应时代的立体化阐释,不仅为马克思主义政治经济学中国化理论成果构建起学理自洽的阐释框架,也有助于提高理论的普及和转化为实践的效率。

二、学科建设:为中国经济学的构建与完善作出表率

在全球化背景下,构建与完善具有中国特色的经济学理论体系,能够为精准阐释中国经济现象提供科学、合理的依据,为国家经济发展战略与政策的制定提供理论支撑,为培养兼具国际视野与本土情怀的经济学人才打好基础,还能丰富世界经济学知识体系,为其他国家的发展提供有益参考。程恩富积极投身于构建和完善中国经济学当中,在理论和方法创新、教材编写、学术平台搭建、理论宣讲等方面尽心竭力地为中国经济学学科建设与发展作出应有贡献。

---

① 程恩富,程言君. 科学发展观关于经济发展的基本思想[J]. 江苏社会科学,2013(1):16-23.
② 程恩富. 科学发展观和新自由主义发展观的论争[J]. 上海金融学院学报,2006(5):9-13.
③ 葛聪,程恩富. 习近平新时代中国特色社会主义思想的理论特性:兼论破解"四大陷阱"[J]. 学习论坛, 2018(11):15-19.
④ 程恩富. 从马克思主义基本原理领悟党的二十大精神的几个问题[J]. 马克思主义研究,2022(11):1-10.
⑤ 程恩富,陈健. 大力发展新质生产力加速推进中国式现代化[J]. 当代经济研究,2023(12):14-23.

（一）廓清发展障碍与提供发展思路

改革开放以来，中国及全球经济形势的深刻变化促使中国经济学的革新步入快速发展的轨道。在此过程中，程恩富作为构建中国经济学的倡议者之一，从发现现存问题、明晰方法与道路、研判未来发展方向等视角，进行了较为系统的探索。

首先，构建与完善新的理论体系不仅要有直面内生性局限的勇气，敢于深挖并直视内部存在的问题，还必须有抵御外部理论侵蚀的清醒，能够有效甄别并防范化解来自外部的攻击。程恩富一方面刀刃向内剖析我国现有经济学理论模式存在规范分析浮于表面、实证描述缺乏定量分析、政策研究缺乏自省、学科重构未触及根本和方法变革缺乏创新等缺陷，由此提出"重建中国经济学"的时代命题。另一方面揭示了西方经济学中过度的形式主义和与实际脱节的缺点。这种双向度的理论反思，实质上是在为中国经济学理论体系的构建廓清道路，既通过对本土理论短板的诊断，破除教条化思维定式对创新活力的束缚，又借助对西方经济学局限的批判，挣脱"西方中心主义"的桎梏。

其次，方法与道路问题是关乎党和国家事业兴衰成败的基础性问题，也决定了中国经济学发展的前途与命运。随着社会主义市场经济的日趋成熟，我国的科学社会主义研究发生转向，中国经济学面临全面重建的历史任务，以适应新的发展形势与时代要求。其中的关键在于准确把握前进方向，避免走弯路、错路。对此，程恩富提出要坚持"马学为体、西学为用、国学为根，世情为鉴、国情为据、党情为要、综合创新"，这一原则以马克思主义政治经济学为理论根基，确保经济学研究始终立足社会主义方向，主张运用辩证唯物主义和历史唯物主义揭示中国经济发展的内在规律，为理论体系的构建提供了科学方法论指引。在资源整合层面，该原则主张既批判吸收西方经济学实证分析与数理工具，又挖掘传统经济思想中的义利平衡、经世致用等智慧，实现对中外经济思想的创造性转化。通过"世情为鉴、国情为据"的实践导向，在综合创新中推动理论建构与中国改革发展实践逻辑的有机统一，构建出既能阐释中国道路独特性，又能参与全球学术对话的自主知识体系，增强中国经济学的自主话语权。

最后，围绕建设国际化、应用化、数学化和学派化的经济学进行了论述，为研判中国经济学理论体系的发展趋势提供了参考。其中，国际化方向主张打破学术壁垒，通过主动参与国际对话与理论输出，推动中国经济学由"被动输入"转向"双向互动"；应用化方向聚焦理论与实践的结合，倡导将马克思主义政治经济学原理转化为解决现实经济问题的政策工具，避免学术研究脱离实际；数学化方向强调引入数理模型和定量分析方法,提升理论研究的严谨性;学派化方向主张培育多元化学术共同体,在马克思主义框架下鼓励差异化探索,通过学派争鸣激发理论活力。总的来说,程恩富从全球站位、实践导向、方法革新与学术生态四个维度,为中国经济学突破理论局限、构建兼具中国特色与世界意义的现代理论体系提供了方向性参考。

(二) 推动经济学教材本土化创新

教材是国民教育体系的战略性工程,它不仅为学生打下扎实的理论基础提供了具象化的载体,更重要的是肩负着塑造价值观的重要使命,因此教材建设工作关联国家文化安全与人才培养战略。我国始终将教材建设作为"铸魂工程"来推进,将其视为体现国家意志、落实立德树人根本任务的基础性工程。其中,马克思主义政治经济学教材具有特殊重要性,它不仅是系统阐释劳动价值论、剩余价值学说等基本原理的知识载体,更是培养政治判断力、理论辨析力的重要场域。尤其是在西方经济学教材体系深度渗透的语境下,加快构建具有中国特色的马克思主义政治经济学自主性教材体系,既是打破新西方话语霸权的理论突围,也是筑牢社会主义意识形态教育阵地的战略抉择。

在西方经济学话语渗透加剧、中国自主的经济学知识体系亟待强化的背景下,程恩富将教材编写视为打破理论依附性、捍卫意识形态主权的重要学术行动,他的教材编写实践以马克思主义为根基,紧扣"立德树人"的国家战略需求,在重构教材的编排逻辑、革新教学方法与载体、跨学科融合与国际理论镜鉴等方面,为推动经济学自主性教材创新作出了贡献,不仅更易于读者理解与吸收经济学知识,而且有助于冲破西方经济学教材对我国教育领域的侵蚀,筑牢社会主义意识形态阵地。

首先,在教材编排的逻辑创新方面,程恩富突破传统政治经济学教材的框架束缚,摒弃了将资本主义与社会主义分割阐述的"两分法"或"半打通法",通过融合《资本论》与政治经济学六分册体系精髓,创新性地提出"五过程法体系",以更具整体性的理论编排体系出版了《现代政治经济学》(初级版、中级版、高级版)系列教材,并实现了从简明版到通用版和完整版的不断迭代,适应了不同层次教学需求。此外,《马克思主义经济学说史》(五卷本)以唯物史观重构经济学知识谱系,纵向梳理从马克思到习近平的经济思想传承,横向对比中、苏俄、欧美、日本等地马克思主义流派的代表性经济学说,通过"历史脉络"与"地域文明"双轨叙事,展现了多元理论形态,为学科建设注入多维视角。

其次,在教学方法与载体革新方面,程恩富在教材编写中注重呈现教学方法的现代化与多元化。其《现代政治经济学研究》首次引入影视文艺作品作为案例分析工具，打破了传统学术出版的单一文本模式，以更生动的方式深化理论理解。同时，通过嵌入二维码链接在线"延伸阅读"与"思路点拨"，融合互联网思维拓展教材外延，实现科技赋能教育。这种创新不仅增强了教材的互动性与时代性，也为学生提供了多维度学习路径。

再次，在跨学科融合与应用拓展方面，程恩富主编的《文化经济学通论》作为财政部重点教材和全国自学考试教材，将马克思主义政治经济学原理与文化领域中的宏观和微观经济实践相结合，开辟了应用经济学的新方向。其主编的《经济学方法论》、《现代政治经济学数理分析丛书》（五卷本）、《21世纪马克思主义政治经济学研究丛书》（渺观政治经济学、微观政治经济学、中观政治经济学、宏观政治经济学、宇观政治经济学）等著作，则着重强调了数学工具的重要性，并弥合了传统政治经济学与现代政治学、法学、社会学、现代伦理学、现代美学、系统论和生物学之间的间隙，促进了经济学研究的跨学科交融。

最后，在外国理论与本土化知识融合构建方面，程恩富主编的《中俄经济学家论中俄经济改革》、《国外经济学与当代中国经济》（八卷本）、《外国经济学说与中国研究报告》等著作，既立足中国实践，又注重国际比较，通过批判性吸收国外理论成果，为构建中国经济学提供了镜鉴。

（三）搭建学术交流与合作平台

经济学研究的深化与理论体系的完善需要理论工作者突破个体局限，通过高效率、高质量的学术交流形成思想合力。学术交流平台的搭建，能够打破个体间的信息壁垒，促进不同学术观点的碰撞与融合，为中国经济学的理论创新提供持续动力。而学术刊物与学术组织在此过程中发挥着关键作用，通过规范化的学术刊物和协作化的学术组织，学者们得以验证理论假设、凝练学科共识、系统性整合研究资源，以及实现国际学术对话，既有助于避免低效率的重复性研究，又有利于推动经济理论由个体化探索转向整体化建构。作为构建中国自主的经济学知识体系的积极拥护者，程恩富在创办学术刊物、组建世界政治经济学学会等国际化学术组织方面身先士卒，积极将上述理论逻辑转化为切身实践，借助搭建学术平台为中国经济学学科建设和完善提供支撑。

学术刊物作为理论宣传的坚固阵地，不仅是学术研究成果的发布平台，更是推动思想文化传播、促进意识形态认同的主要渠道。在创办学术期刊方面，程恩富通过国际国内双管齐下的方式，助推中国经济学的理论创新与话语传播。在国内学术期刊建设上，他主导创办了多本具有深远影响力的期刊。2003年创刊的《海派经济学》以"争鸣与创新"为特色，为学者探讨中外理论经济学和经济发展问题提供成果发布渠道。2020年创刊的《政治经济学研究》进一步聚焦中国经济学学科建设，强调原创性、科学性与实践性，既为学术研究提供支撑，也为经济政策制定提供参考。在国际学术网络拓展方面，程恩富致力为政治经济学学者在西方学术话语中争得一席发言之地。他主导创办的《世界政治经济学评论》《国际批判思想》《世纪马克思主义评论》三大英文期刊，秉承"高质量成果+国际对话"的理念，成为推动中国理论在世界传播的有效渠道。这些期刊发表的论文被翻译为中、俄、日、德等多国语言，不仅促进了马克思主义政治经济学在全球范围内的跨文化对话，而且将中国化的马克思主义理论推向国际学界，增强其国际认同与影响力。

学术组织一方面通过举办论坛、邀请学者讲授的方式汇聚经济学领域的专家学者，在观点互动中不断推动经济学理论的创新性发展。另一方面扮演智库角色，通过商议学科发展规划、推广优秀研究成果等方式，为经济学学科的规范化、系统化发展贡献力量。政治经济学学术组织是中国经济学学科建设与发展过程中不可或缺的重要力量，为此，程恩富在创立与运营政治经济学学术组织方面持续投入大量精力，作出了一定贡献。在组织建设层面，他通过战略性的机构改革与职能优化，强化了学会的学术引领作用。例如，将"中国经济规律研究会"更名为"中国政治经济学学会"，以突出马克思主义政治经济学的理论主导性，并通过优化中国政治经济学学会、中华外国经济学说研究会等组织的架构，赋予其智库功能，扩大学术研究与政策咨询的辐射范围。在学术交流平台搭建上，程恩富以学术论坛为媒介，贯通国内外学术资源。一方面，在各方团结协作下举办了世界政治经济学学会国际论坛、世界社会主义论坛等国际性学术会议，会议聚焦全球化矛盾、社会主义发展等核心议题，吸引了国外许多马克思主义学者的积极参与。另一方面，通过打造全国马克思主义政治经济学论坛等本土化平台，促进马克思主义政治经济学与中国实践的深度融合。国内国际层面学术论坛的举办，不仅成为学者们思想交锋的"学术磁场"，更成为展示中国理论自信的重要窗口。人才培养与学派传承是学术组织运营的又一重点。程恩富继承陈岱孙、宋涛、胡代光、刘国光、吴树青、吴易风、项启源、张薰华、洪远朋等前辈的学术传统，强化学术组织在凝聚人心、培养青年人才等方面的学术引领作用，通过为青年学者设立论坛专场等机制，为他们提供成长平台。在国际层面，他借助世界政治经济学学会等渠道，推荐青年学者参与全球学术活动，拓宽其国际视野。这些举措不仅培育了一批扎根马克思主义政治经济学的新生力量，更凝聚起跨代际、跨国界的学术共同体，为中国政治经济学学派的体系化发展注入持久动力。

（四）传播经济学术思想

中国经济学理论体系的构建与完善，不仅需要强化理论拓展、方法论创新、教材体系重构及学术共同体平台建设等基础性工程，还需重视实现理论的大众化传播与普及，针对不同受众群体讲他们听得懂的"话语"。这就要求既要重视通过党员干部系统化的理论学习筑牢意识形态根基，又要借助课堂教学的学理阐释、讲座座谈的互动解惑、新媒体平台的通俗演绎等方式，将抽象理论转化为贴近人民群众的话语形态。借助理论从学术研究到大众化传播的"位移"，在提升公众理论认知的同时，强化他们对中国经济学的认可与信服。

推动实现中国经济学理论的大众化，既依赖于制度层面的顶层设计，也离不开理论工作者在实践层面的创新探索。程恩富作为马克思主义研究领域的教育工作者，不断尝试通过多维路径更好地将学术话语转化为大众语言。

其一，筑牢党政干部理论教育阵地。程恩富将面向多个党政机关进行座谈、交流、培训等活动视为传播政治经济学理论的重要路径。他不仅多次参与中央高层理论座谈会，如 2002 年在江泽民召开的理论座谈会上汇报有关国有经济改革与发展的战略构想、2004 年在中共中央政治局集体学习会上讲解"国外哲学社会科学发展的历史脉络"、2007 年向胡锦涛主持的党的十七大报告起草组汇报课题组研究建议，还通过中共中央办公厅、国务院办公厅及多个党政机关的理论学习平台，针对不同层级党政干部的需求进行专题报告，既强化了干部群体的理论武装，也促进了学术研究与国家发展战略的融合。

其二，深耕课堂教学一线。在复旦大学、上海财经大学、中国社会科学院大学执教期间，程恩富始终坚持课堂授课讲学，贯通本硕博及博士后全链条人才培养。他注重马克思主义人的全面发展理论在教育中的实践，既通过严谨的课堂传授政治经济学知识，又结合社会现实案例引导学生理解党的经济方针政策。他通过教育教学，不仅为学术界输送了理论骨干，而且培养了服务社会各领域的实践型人才，实现了知识传授、价值引领与能力培养的统一。

其三，拓展理论传播辐射半径。程恩富借助国内外其他高校讲坛，构建起跨国界、跨地域的理论传播网络。他担任西北工业大学、俄罗斯圣彼得堡大学等国内外十余所高校荣誉教授与客座教授，并在全国各地高校开展专题讲座，内容涵盖马克思主义理论创新、中国经济发展策略和国际经济政治格局分析等领域。他通过将中国经济学理论与政策热点相结合的方式，用鲜活案例解构抽象概念，深化了与会人员对中国化的马克思主义经济理论的认知。

其四,激活理论传播的时代活力。程恩富认识到互联网平台的传播潜力,通过创建虚拟学术社区聚合马克思主义学者。他借助新媒体渠道在网络空间发起实时经济现象评析、理论热点研讨等活动,在文章分享、观点碰撞的互动中,既及时纠偏错误思潮,又催生理论创新灵感。这种数字化传播实践不仅突破了传统学术交流的时空限制,而且培育出兼具理论敏锐度和媒介素养的新时代理论工作者,使中国经济学的理论传播具备即时化、协同化、精准化的数字化时代特征。

三、实践探索:为社会主义市场经济体制的改革与发展建言献策

党的二十大报告明确指出:"我们坚持以马克思主义为指导,是要运用其科学的世界观和方法论解决中国的问题,而不是要背诵和重复其具体结论和词句。"① 任何社会形态都经历了长期而持续的变迁,呈现出分阶段演进与阶梯式发展的历史轨迹。经济理论作为现实的反映,必须确保理论与实践能够相互支撑、相得益彰,避免出现脱离实际、好高骛远的错误倾向。在过往的学术历程中,程恩富坚定不移地将马克思主义经济理论研究作为核心任务,同时勇于开拓、不断进行实践探索,为我国社会主义市场经济的改革与发展填充新的时代内容。

(一) 为社会主义市场经济体制的发展铸牢基本盘

社会主义市场经济体制的改革与发展,是一场关乎党的全面领导与人民福祉能否得以实现的创新实践与系统工程。这一进程既体现为党的战略引领通过制度优势转化为具体的治理效能,又表现为以人民为中心的发展逻辑在资源配置、成果共享等方面的具体落实,二者如同车之两轮,共同为我国经济高质量发展护航。程恩富的政治经济学研究,既回应了社会主义市场经济"举什么旗、走什么路"的道路方向问题,又回应了"发展为了谁、依靠谁、成果由谁共享"的价值归宿问题,从坚持党的全面领导和站稳人民立场两个维度形成逻辑闭环,为我国社会主义市场经济实践铸牢了基本盘。

坚持和加强党对经济工作的全面领导,是习近平经济思想最本质、最鲜明的时代特征和重要组成部分。习近平总书记指出:"党是总揽全局、协调各方的,经济工作是中心工作,党的领导当然要在中心工作中得到充分体现。"② 在论证党对经济

---

① 习近平. 高举中国特色社会主义伟大旗帜 为全面建设社会主义现代化国家而团结奋斗:在中国共产党第二十次全国代表大会上的报告[M]. 北京:人民出版社,2022:17.
② 中共中央文献研究室,编. 习近平关于社会主义经济建设论述摘编[M]. 北京:人民出版社,2017:318.

工作全面领导的重要性方面，一方面，程恩富通过回顾历史阐述了中国共产党对经济工作的领导体现在协调各方利益、维护社会公平正义上[1]，总结了党在我国革命、建设、改革各个时期所发挥的领导作用和取得的辉煌成就，指出坚持党的全面领导是推动我国经济发展的政治逻辑[2]。这将有利于将党的全面领导内化为社会主义市场经济体制优越性的核心标识，揭示出中国经济治理区别于西方模式的内在逻辑。另一方面，程恩富通过批判当前存在的历史虚无主义观点，对中国共产党百余年来领导人民反贫困的成就与经验作了全面总结，充分肯定了党在引领我国社会经济发展中的核心地位[3]。在批判谬误中锚定了改革的社会主义方向，构建了中国经济发展道路的自主叙事体系，为抵御历史虚无主义、巩固改革话语权提供了思想武器。

经济发展与守住民心是相辅相成、互为因果的。守住民心不仅是经济发展的目的，也是前提与保障。在发展经济的过程中，必须牢牢把握"人民至上"的根本原则，只有真正赢得人民的信任和支持，经济发展的根基才能稳固。这一价值取向也体现在程恩富对经济问题的思考与分析之中。首先，程恩富强调社会经济发展必须充分发挥人民群众的积极性和创造性[4]。确立劳动者在生产关系中的主体地位，是解决社会主义基本矛盾、推动社会主义生产的需要，是社会主义初级阶段的必然选择。其次，人民的需求是经济发展的导向，要根据人民日益增长的美好生活需要，不断调整和优化经济结构，推动经济高质量发展。这一观点体现在程恩富关于新质生产力发展目的的相关论述中，他提出要以新生产要素促进新质生产力的跃迁，通过新科学技术引领新质生产力的提升，以满足人民对美好生活的向往[5]。最后，经济发展的成果要惠及全体人民。程恩富多次提到要通过合理的财富收入分配制度和社会保障体系，确保人民在经济发展中获得实实在在的利益，他认为经济发展的最终目的是让人民共享发展成果，国家一切工作的目的在于造福人民，尤其是党政干部要始终全心全意为人民服务，着力解决好人民最关心、最直接、最现实的利益问题[6]。这些以人民为中心的理论探索与政策主张的贡献不仅在于破解了公平与效率的二元对立难题，更在于将"以人民为中心"由政治宣言转化为可操作易感知的经

---

[1] 程恩富. 面对各种挑战,继续坚持和完善社会主义经济体制和机制[J]. 国外理论动态,2011(12):24-29.
[2] 程恩富. 中国特色社会主义前进征途上要做到"五个坚持"[J]. 马克思主义研究,2019(10):22-26.
[3] 程恩富,吕晓凤. 中国共产党反贫困的百年探索:历程、成就、经验与展望[J]. 北京理工大学学报(社会科学版),2021(4):7-16.
[4] 段学慧,程恩富. 以人民为中心:中国特色社会主义政治经济学的根本立场[J]. 福建论坛(人文社会科学版),2017(12):5-16.
[5] 程恩富,陈健. 大力发展新质生产力加速推进中国式现代化[J]. 当代经济研究,2023(12):14-23.
[6] 程恩富. 中国特色社会主义前进征途上要做到"五个坚持"[J]. 马克思主义研究,2019(10):22-26.

济制度设计，既夯实了社会主义市场经济与资本主义市场经济的本质区别，也为社会主义市场经济体制的改革与发展注入鲜明的价值导向与制度活力。

（二）在理论与政策的协同创新中助力破解发展难题

学术探索不能只是书斋中的纯粹思辨演绎，也并非经验主义下的政策汇编，而应在马克思主义政治经济学方法论指引下构建起理论与政策创新相统一的辩证体系。在社会主义市场经济体制深化改革的过程中，经济理论与经济政策的创新缺一不可，二者在交织互动中推动我国经济取得发展奇迹。

程恩富基于马克思主义政治经济学说剖析当前的经济现象与经济实践，在理论研究中注重实证分析与唯物史观的结合，并且始终保持批判反思的态度，不断从实践反馈中提炼新知，致力于推动马克思主义政治经济学的理论边界拓展与创新阐发。他紧密跟随中国开放型经济的发展步伐，从客观界定社会主义发展阶段，到论证社会主义市场经济的学理支撑；从外资引进初期对民族产业安全的关注，到提出新的全球治理体系变革倡议，他的理论研究涵盖了马克思主义政治经济学理论、社会主义经济理论、经济学理论假设、文化与经济交叉理论、知识产权与创新理论和国际经济政治学等诸多方面，且每一次的创新都是基于现实对社会主义市场经济及全球经济运行规律展开有益探索，为我国社会主义市场经济改革与实践提供依据。具体而言，程恩富带领学术团队在三大维度发力，为我国社会主义市场经济改革与发展构建起多层级的学理支撑：一是在制度基础与改革方向层面为市场经济实践提供了坐标朝向与合法性支撑，如"社会主义发展三阶段论"明晰了我国发展的历史方位、"社会主义市场经济论"确立了体制框架内核；"公有制高绩效论"论证了公有制的优越，筑牢了基本经济制度根基。二是在经济运行机制创新层面完善了社会主义市场经济运行规则和理论基础，市场与政府功能性"双重调节"理论提出了市场与国家应实现互补协同的有机结合，破解了市场与政府关系难题；"公平与效率互促同向变动假设"强调了公平与效率的相互促进关系，重塑了发展的价值导向；"资源和需要双约束假设"揭示了资源配置中的双重限制，为经济学研究提供了新的理论工具；"利己和利他经济人假设"重构了微观经济主体的行为逻辑，为中国经济发展铺垫了正确前提；"新的活劳动价值一元论"在适用范围上扩大了劳动的外延，致力于在更大程度上争取劳动者权益。三是在全球竞争与战略升级层面提出了经济全球化的应对之策，"新帝国主义论"揭示了当代帝国主义的五大新特征，"东升西降论"揭示了国际经济政治格局的新变化；"知识产权优势论"强调了自主知识产权在经济发展中的重要性，为提升国家经济综合竞争力提供了新战略；"大文化"经济学敏锐地捕捉到了文化与经济深度融合发展的契机，拓展了新的发展空间。[①] 上述十一项创新理论彼此衔接，共同构建起解释中国经济发展道路、助力中国经济发展实践的理论体系，持续为社会主义市场经济深化发展注入理论活力。

马克思主义学术研究、理论宣传和政策探讨有机结合是程恩富在学术研究中秉承的理念，他不仅在理论创新的道路上矢志不渝，也在政策创新的实践中笔耕不辍。他带领学术团队从宗旨与目标导向、经济体制与政策优化，以及经济战略调整三个层面提出了诸多政策建议。在宗旨与目标导向层面，"幸福指数政策"和"新核算体系政策"代表了经济发展目标与评价体系的完善。在经济体制与政策优化层面，"公主私辅政策""改善分配政策""为民财税政策""金融实化政策""知识产权政策""提高福利政策"等六项提议，旨在维护公有制经济主体地位、完善收入分配机制、优化财政税收体系、促进金融回归服务实体经济本源、强化知识产权保护，以及提升社会福利水平。在经济战略调整层面，"抑制通胀政策"强调在宏观经济调控中保持物价稳定的重要性，为国内经济稳定增长提供坚实基础；"对等开放政策"则是在全球化背景下，为维护国家经济安全、促进高水平对外开放提出的战略考量。[②] 上述十项政策方案，在一定程度上为助推我国经济发展的现代化转型，为我国实现经济高质量发展、社会全面进步和人民福祉提升提供了智力支持。

社会主义市场经济实践的深化发展，始终依托政治经济学的理论范式突破与政策工具的协同创新、双重驱动。当抽象的经济理论转化为具体的经济政策时，理论的前瞻性便获得了实践形态；而当政策的实践成果升华为新的理论时，实践又反过来推动理论不断更新。程恩富的学术探索内含理论创新与政策创新的双向循环，不仅有利于从理论上破解公有制与市场兼容、过渡转型期的社会稳定性等经济发展治理难题，也有助于实现学术理论向政策工具的有效转化，从而持续为社会主义市场经济实践注入创新动能。例如，"利己和利他经济人假设"的学理论证为提出"公主私辅政策"以优化所有制结构提供了微观基础；"公平与效率互促同向变动假设"突破非此即彼的二元对立悖论，使"改善分配政策"在再分配领域实现效率与公平的动态平衡有了可依的理论；"知识产权优势论"阐明创新驱动的必要性，为推动"知识产权政策"提供了支撑。

---

① 程恩富. 改革开放以来新马克思经济学综合学派的若干理论创新[J]. 政治经济学评论,2018(6):47-57.
② 程恩富. 改革开放以来新马克思经济学综合学派的十大政策创新[J]. 河北经贸大学学报,2021(3):18-26,102.

结　语　从"重建中国经济学"到"构建中国自主的经济学知识体系"

精神上的独立自主是一个政党、国家、民族自立自强的重要标志，是我们党坚定道路自信、理论自信、制度自信、文化自信的精神基础；一旦丧失了自身的精神独立性，那么政治、思想、文化、制度等方面的独立性就会被釜底抽薪。作为人们认识世界、改造世界的重要工具，哲学社会科学无疑在实现精神上的独立自主中发挥着不可替代的作用。在哲学社会科学的各个学科门类中，经济学又犹如一颗社会科学皇冠上的璀璨明珠，往往最贴近人类社会生产与资源配置，与其他学科联系也最为密切，经济学"一域"能否做到独立自主，自然也就直接关乎哲学社会科学的"全局成败"，关系到自身文化主体性的有无与强弱。

自新中国诞生以来，中国经济学高扬马克思主义的思想旗帜，植根于中国社会主义经济的实践，不仅在指导中国经济发展方面取得了重大成功，而且在国际舞台上彰显了其独特的价值与影响力。然而，一套完整系统的现代经济理论体系并非僵化不变的，它必然是与中国经济体制改革和世界经济政治格局转变过程相互交织的。"重建中国经济学"的必要性根植于中国经济实践的深刻变革和对理论创新的迫切需求。过去，中国经济学的体系建构曾出现"仿美"或"仿西"的路径依赖，一度在基本范畴、方法论、体系建构等维度陷入迷茫与混乱，呈现出创新、改革与不良倾向并存的复杂格局。面对中国经济学在实现自主发展道路上的前行困境，程恩富毅然响应并践行了"重建中国经济学"的历史号召。

习近平总书记在中国人民大学考察时指出："加快构建中国特色哲学社会科学，归根结底是建构中国自主的知识体系。"[①] 这一重要论述为构建中国自主的经济学知识体系提供了根本遵循和强大动力，要求我们对中国经济理论和实践的发展经验与规律进行全面总结，并将其上升为系统化的经济学说，从而增强经济学知识体系的自主性和原创性。从"重建中国经济学"到"构建中国自主的经济学知识体系"，

[①] 中共中央宣传部,编.习近平新时代中国特色社会主义思想学习纲要(2023年版)[M].北京:学习出版社、人民出版社,2023:199.

是学术研究与党的理论创新的双重推进，是理论与实践、问题导向和目标导向的辩证统一。重建中国经济学是构建经济学自主知识体系的前提和基础，而构建经济学自主知识体系是中国经济学建设的深化和系统化展现。程恩富提倡并践行重建中国经济学，除了在丰富发展中国经济学的方法论与立场原则层面有重要的原创性贡献，还对有关中国经济学的政策研究、学科队伍建设、改革模式完善等至关重要的议题进行研究。他的学术研究历程和成果，不仅是我国政治经济学学者致力于构建完善的中国经济学体系的缩影，更是通往"构建中国自主经济学知识体系"这一宏伟目标有益的探索，为后来的理论工作者提供了理论和方法论参考。

首先，构建中国自主的经济学知识体系必须在方法论层面实现守正创新，彰显马克思主义的时代价值。经济学的创新与人们之间利益关系变化和社会发展阶段紧密相关，必须在继承和创新马克思主义科学方法论的基础上，紧扣时代主题，承担助推经济社会发展的历史使命。对此，首要问题是坚定信念，中国自主的经济学知识体系的构建必然要建立在对马克思主义政治经济学科学方法论的继承与发展之上。马克思之所以能够完成对古典政治经济学的批判超越，根本原因之一是建立或采纳了包括唯物史观、唯物辩证法、具体—抽象—具体的辩证思维过程、逻辑与历史相统一的方法、数量分析方法等在内的科学经济学方法论体系。趋于成熟和现代化的经济体系有利于催生成熟的中国特色社会主义政治经济学理论体系，同时，社会主义经济学家的理论和政策创新研究在其中起到了积极推动作用。我们必须关注并主动推动经济学研究的范式革命与理论创新，避免再度沦为现代资产阶级经济学的"学术殖民地"。要看到，现阶段经济学方法论体系的创新空间正不断增大。例如，社会化大生产范围与程度的扩大加深使得经济系统和经济规律趋于庞大、复杂，这意味着马克思主义唯物史观的展开必然需要面临越来越多的现实规定性；数字技术革命带来的新的生产模式、商品样态和竞争规律等不仅不断冲击着西方经济学关于"边际报酬""信息成本"等内容的原有理论预设，还影响着马克思主义政治经济学包括劳动价值论、剩余价值论等重要学说，推动着社会主要矛盾形成新的变化，等等。因此，有必要科学提炼反映经济本质的规律性概念及原理，并重视创新发展整体综合的方法论体系。将信息科学、系统论等跨学科方法引入中国经济学的方法论体系中，在克服西方经济学滥用、误用数学方法的基础上合理吸收西方现代计量经济学、应用经济学等学科的分析工具，丰富和发展构建中国自主经济学知识体系的方法论体系。此外，必须明确认识到，西方经济学因其固有的阶级属性与中国经济学所坚持的基本立场截然不同，故而无法从根本上作为理论硬核嵌入中国特色社会主义的理论体系并指导中国经济实践。所以，正如程恩富所说，越是坚定地遵循马克思主义，就越能掌握构建中国自主经济学知识体系的主动权，并使之走向科学；反之，越依附于现代西方经济理论，中国自主经济学知识体系就越难以稳健形成，且容易丧失其科学性。

其次，构建中国自主的经济学知识体系必须把握好自主性与开放性的辩证关系，构建"以我为主，为我所用"的知识创新体系。中国自主的经济学知识体系不应是照搬照抄西方实践与经验，而必须是自主性与开放性的内在统一。其一，必须认清，人们长期默认西方经济学等社会科学理论在中国的流行，甚至认为模仿西方才能赋予中国经济学现代性和科学性，而西方经济学的理论实质就是坚持"资本至上"和不同程度的市场原教旨主义，其在中国经济学科中的重要影响力也与西方世界的综合国力和知识生产能力紧密相关。西方经济学理论体系的构建没有"经世济民""天下大同"等反映集体主义思想和全人类共同价值的历史文化基因，更没有发展马克思主义政治经济学的现实土壤。构建中国自主经济学知识体系必须汲取历史经验，绝不能再走照搬西方经济理论和对标西方发展模式的"西化"道路。其二，也应意识到，构建中国自主的经济学知识体系并不是要终止对合理知识的吸纳和本土化进程，也不是拒斥与西方经济学主流学术话语的对话交锋，关键在于明晰马克思主义政治经济学与西方经济学的本质区别，厘清二者在构建中国经济学理论体系中的合理定位。西方经济学将"个人主义""理性经济人""均衡分析"等作为学科体系发展的基本假设和关键要素。一方面，以历史唯心主义、实证主义和体现资产阶级价值立场的世界观方法论对资本主义经济的内在范畴和运动规律展开分析，无法洞悉隐匿于经济表象背后的经济本质并科学预测人类社会发展的基本规律；但另一方面，这确实在一定程度上对产生于资本主义市场经济现实条件的经济运行规律和个体行为动机进行了合理的抽象，较为系统地生成了适应资本主义市场经济发展需要的经济学研究方法。这就决定了我们既不可能选取与辩证唯物主义和历史唯物主义思维方式截然相反、充当西方经济学学科体系"硬核"部分的理论要素作为构建中国经济学知识体系的理论根基，也不能将西方经济理论中有利于揭示现代市场经济运动的一般机制、体现现代数理分析的科学方法等合理元素完全排斥在构建中国经济学知识体系的过程之外。因此，中国自主的经济学知识体系的创新发展应当借鉴程恩富所提出的科学创新原则，在研究对象上将全球范围内的发达与不发达资本主义国家以及社会主义国家的经济实践囊括其中，在研究方法上甄别并借鉴西方现代经济学中有利于揭示现代社会化大生产与市场经济活动一般特点的现代分析方法，在研究理论上合理吸收西方经济理论中的有益元素并完成对其庸俗成分的超越等，从而在独立、融合和开放的辩证统一中构建科学的"以我为主，为我所用"的自主经济学知识体系。

　　最后，构建中国自主经济学知识体系，应以提出一套系统化的、逻辑自洽的、有序整合的理论体系为最终落脚点。构建中国自主经济学知识体系的实质在于对马克思主义政治经济学进行具体化、体系化的发展与创新，但过程中通常存在诸多难点堵点。例如，部分经济研究因以西方经济学知识体系为参照而在基本范畴、分析工具等层面与马克思主义政治经济学存在本质区别；理论界对创新发展当代中国特色社会主义政治经济学的逻辑起点、分析范畴、研究方法、建设结构等问题尚未达成共识；许多具有中国特色的实践智慧尚未被完整地抽象出来；等等。一方面，我们仍需进一步厘清马克思主义经典作家构建政治经济学理论体系遵循的基本原则并结合新时代我国社会主义市场经济发展实践进行范畴开拓和体系建构，注重在从具体到抽象的规律揭示和从抽象到具体的理论构建的有机统一中，在自上而下的理论推演和自下而上的经验总结的双向互动中，实现由经验现象的实证归纳走向理论体系的规范建构。另一方面，构建中国自主经济学知识体系不是简单地通过亮明立场、制定纲领就能实现的，而必须采取科学的战略和策略同西方经济理论争夺学科阵地，捍卫和增强马克思主义政治经济学的主流地位，从而扭转西方经济学在高校经济学科中向主流地位跃升和马克思主义政治经济学不断被边缘化的不利局面，以及增强中国经济学说在国际范围内的影响力和话语权。这就要求我们结合新的经济发展实践，构建和完善能够反映社会主义市场经济运动规律的基本理论假设，广泛地将我国在实践中充分展开的推进高质量共建"一带一路"、推动全球产业链供应链合作、参与全球数字治理等举措纳入中国经济学的研究视域，并对人类命运共同体、人类文明新形态等尚未充分实现学理化的文件用语或经济政策用语进行系统的学理性阐释，不断发展完善一套符合中国式现代化理论叙事的知识体系和范畴体系，使中国的自主经济学知识体系既回应实践也影响和引领实践，既解决中国经济发展问题也为全球经济治理提供思想启迪，最终真正屹立于世界经济学学术之林。

　　全景式展现程恩富经济学术思想的多维贡献和现实启示，从理解程恩富经济学术思想的"窥一斑"拓展到领悟中国特色社会主义政治经济学创新发展的"知全豹"，就是要进一步明确当代中国所有的成就获得与问题破解绝非简单延续我国历史文化的母版、简单套用马克思主义经典作家设想的模板，也不是其他国家社会主义实践的再版和国外现代化发展的翻版，而是从我国具体的政治经济实践中挖掘新材料、发现新问题、提出新观点、构建新理论。从这个意义来说，透过程恩富经济学术思想这一特殊性的样本，我们可以看到现代马克思主义政治经济学（包含当代资本主义政治经济学、中国特色社会主义政治经济学）在创立、发展和完善过程中始终从未离场的文化主体性。而正是这种文化主体性的在场,才使得"重建中国经济学"朝着"构建中国自主的经济学知识体系"的目标不断再出发、一直在路上!

参考文献

一、经典著作和重要文献

[1]中共中央马克思恩格斯列宁斯大林著作编译局,编译.马克思恩格斯全集:第2卷[M].北京:人民出版社,1957.

[2]中共中央马克思恩格斯列宁斯大林著作编译局,编译.马克思恩格斯全集:第3卷[M].北京:人民出版社,1960.

[3]中共中央马克思恩格斯列宁斯大林著作编译局,编译.马克思恩格斯全集:第21卷[M].北京:人民出版社,1974.

[4]中共中央马克思恩格斯列宁斯大林著作编译局,编译.马克思恩格斯全集:第25卷[M].北京:人民出版社,2003.

[5]中共中央马克思恩格斯列宁斯大林著作编译局,编译.马克思恩格斯全集:第35卷[M].北京:人民出版社,2013.

[6]中共中央马克思恩格斯列宁斯大林著作编译局,编译.马克思恩格斯全集:第36卷[M].北京:人民出版社,2015.

[7]中共中央马克思恩格斯列宁斯大林著作编译局,编译.马克思恩格斯选集:第2,3卷[M].北京:人民出版社,2012.

[8]中共中央马克思恩格斯列宁斯大林著作编译局,编译.马克思恩格斯文集:第1,2,3,4,5,6,7,8,9,10卷[M].北京:人民出版社,2009.

[9]中共中央马克思恩格斯列宁斯大林著作编译局,编译.列宁全集:第26,37,40卷[M].北京:人民出版社,2017.

[10]中共中央马克思恩格斯列宁斯大林著作编译局,编译.斯大林选集:下卷[M].北京:人民出版社,1979.

[11]中共中央文献研究室,编.毛泽东文集:第6,7,8卷[M].北京:人民出版社,1999.

[12]中共中央文献研究室,编.邓小平文选:第2卷[M].北京:人民出版社,1994.

[13]中共中央文献研究室,编.邓小平文选:第3卷[M].北京:人民出版

社,1993.

[14]中共中央文献研究室,编．江泽民文选:第2卷[M]．北京:人民出版社,2006.

[15]中共中央文献研究室,编．胡锦涛文选:第3卷[M]．北京:人民出版社,2016.

[16]习近平．之江新语[M]．杭州:浙江人民出版社,2007.

[17]习近平．在哲学社会科学工作座谈会上的讲话[M]．北京:人民出版社,2016.

[18]习近平．论坚持全面深化改革[M]．北京:中央文献出版社,2018.

[19]习近平．在纪念马克思诞辰200周年大会上的讲话[M]．北京:人民出版社,2018.

[20]习近平．高举中国特色社会主义伟大旗帜　为全面建设社会主义现代化国家而团结奋斗:在中国共产党第二十次全国代表大会上的报告[M]．北京:人民出版社,2022.

[21]习近平．中共中央关于进一步全面深化改革　推进中国式现代化的决定[M]．北京:人民出版社,2024.

[22]习近平．习近平谈治国理政:第1卷[M]．北京:外文出版社,2014.

[23]习近平．习近平谈治国理政:第2卷[M]．北京:外文出版社,2017.

[24]习近平．习近平谈治国理政:第4卷[M]．北京:外文出版社,2022.

[25]中华人民共和国教育部,编．"三个代表"重要思想概论[M]．北京:中国人民大学出版社,2003.

[26]中共中央文献研究室,编．习近平关于全面建成小康社会论述摘编[M]．北京:中央文献出版社,2016.

[27]中共中央文献研究室,编．习近平关于社会主义社会建设论述摘编[M]．北京:中央文献出版社,2017.

[28]中共中央文献研究室,编．习近平关于社会主义经济建设论述摘编[M]．北京:中央文献出版社,2017.

[29]中共中央文献研究室,编．习近平关于社会主义文化建设论述摘编[M]．北京:中央文献出版社,2017.

[30]中共中央文献研究室,编．三中全会以来重要文献选编(下)[M]．北京:人民出版社,1982.

[31]中共中央整党工作指导委员会,编．十一届三中全会以来重要文献简编

[M]．北京：人民出版社，1983．

[32]中共中央文献研究室，编．十二大以来重要文献选编（中）[M]．北京：人民出版社，1986．

[33]中共中央文献研究室，编．十三大以来重要文献选编（上）[M]．北京：人民出版社，1991．

[34]中共中央文献研究室，编．十四大以来重要文献选编（上）[M]．北京：人民出版社，1996．

[35]中共中央文献研究室，编．十六大以来重要文献选编（中）[M]．北京：中央文献出版社，2006．

[36]本书编写组，编．中国共产党第十八届中央委员会第三次全体会议文件汇编[M]．北京：人民出版社，2013．

[37]中共中央文献研究室，编．十八大以来重要文献选编（下）[M]．北京：中央文献出版社，2018．

[38]本书编写组，编．中国共产党第十九次全国代表大会文件汇编[M]．北京：人民出版社，2017．

[39]本书编写组，编．中国共产党第二十次全国代表大会文件汇编[M]．北京：人民出版社，2022．

[40]中共中央宣传部，编．习近平新时代中国特色社会主义思想学习纲要（2023年版）[M]．北京：学习出版社，人民出版社，2023．

[41]中共中央党史和文献研究院，编．论坚持人民当家作主[M]．北京：中央文献出版社，2021．

[42]中国国家统计局，编．金砖国家联合统计手册2023[M]．北京：中国统计出版社，2024．

二、程恩富的著作及相关文章

（一）程恩富主要著作

[1]程恩富．程恩富选集[M]．北京：中国社会科学出版社，2010．

[2]王朝科，程恩富．经济力系统研究[M]．上海：上海财经大学出版社，2011．

[3]程恩富，胡乐明．经济学方法论：马克思、西方主流与多学科视角[M]．上海：上海财经大学出版社，2002．

[4]程恩富．社会主义发展三阶段新论[M]．广东：广东高等教育出版社，1991．

[5]程恩富，段学慧．现代政治经济学研究[M]．北京：高等教育出版社，2024．

(二)程恩富主要论文

[1]程恩富. 在学术生涯中形成十大马克思主义观[J]. 毛泽东邓小平理论研究,2020(5).

[2]程恩富. 邓小平经济理论的八大辩证思维[J]. 经济学动态,1998(1).

[3]程恩富. 中国经济学现代化的创新原则与发展态势[J]. 政治经济学评论,2010(1).

[4]程恩富,何干强. 论推进中国经济学现代化的学术原则:主析"马学"、"西学"与"国学"之关系[J]. 马克思主义研究,2009(4).

[5]程恩富. 汲取西方经济理论的科学因素[J]. 经济改革与发展,1996(6).

[6]程恩富. 重建中国经济学:超越马克思与西方经济学[J]. 学术月刊,2000(2).

[7]程恩富. 关于《资本论》的研究对象等若干问题的讨论[J]. 政治经济学评论,2017(3).

[8]程恩富. 论经济力中的消费力及与消费关系的辩证运动[J]. 消费经济,1997(6).

[9]程恩富. 科学地认识和发展劳动价值论:兼立"新的活劳动价值一元论"[J]. 财经研究,2001(11).

[10]程恩富. 马克思经济学与经济思维方法:与张五常先生商榷之四[J]. 学术月刊,1996(10).

[11]程恩富,顾钰民. 新的活劳动价值一元论:劳动价值理论的当代拓展[J]. 当代经济研究,2001(11).

[12]马艳,程恩富. 马克思"商品价值量与劳动生产率变动规律"新探:对劳动价值论的一种发展[J]. 财经研究,2002(10).

[13]程恩富,汪桂进. 价值、财富与分配"新四说"[J]. 经济经纬,2003(5).

[14]程恩富. 生产性管理活动都是创造价值的生产劳动[J]. 社会科学,1995(7).

[15]程恩富,段学慧.《资本论》中关于共产主义经济形态的思想阐释(上)[J]. 经济纵横,2017(4).

[16]程恩富. 马克思的股份资本理论[J]. 学术月刊,1985(10).

[17]程恩富,段学慧.《资本论》中关于共产主义经济形态的思想阐释(下)[J]. 经济纵横,2017(5).

[18]程恩富.《资本论》在当今时代的重大价值[J].《资本论》研究,2017(0).

[19]程恩富.论《资本论》研究的发展态势[J].世界经济文汇,1987(2).

[20]余斌,程恩富.论马克思主义立场、观点和方法的辩证统一[J].马克思主义研究,2013(12).

[21]程恩富.中国特色社会主义政治经济学研究十大要义[J].理论月刊,2021(1).

[22]段学慧,程恩富.以人民为中心:中国特色社会主义政治经济学的根本立场[J].福建论坛(人文社会科学版),2017(12).

[23]程恩富,董金明.坚持以公有制为主体的共同富裕是中国特色社会主义的经济本质[J].海派经济学,2023(4).

[24]程恩富,张福军.要注重研究社会主义基本经济制度[J].上海经济研究,2020(10).

[25]程恩富.怎样认识《资本论》研究方法和叙述方法的关系[J].复旦学报(社会科学版),1984(1).

[26]程恩富,王朝科.中国政治经济学三大体系创新:方法、范畴与学科[J].政治经济学研究,2020(1).

[27]程恩富.政治经济学现代化的四个学术方向[J].学术月刊,2011(7).

[28]程恩富,齐新宇.马克思经济学是同时代经济学数量分析的典范:《〈资本论〉中的数量分析》读后感[J].复旦学报(社会科学版),1997(6).

[29]程恩富,宋宪萍.全球经济新格局与中国新型工业化[J].政治经济学评论,2023(5).

[30]白红丽,程恩富.我国民营企业员工分享选择的实证分析[J].东南学术,2018(6).

[31]王艺,程恩富.马克思主义视野中的"幸福指数"探究[J].学术月刊,2013(4).

[32]程恩富.改革开放以来新马克思经济学综合学派的十大政策创新[J].河北经贸大学学报,2021(3).

[33]程恩富.论马克思主义研究的整体观:基于十二个视角的全方位分析[J].马克思主义研究,2021(11).

[34]程恩富,齐新宇.重建中国经济学的若干基本问题[J].财经研究,1999(7).

[35]程恩富.经济学现代化及其五大态势[J].高校理论战线,2008(3).

[36]程恩富.改革开放与马克思主义经济学创新[J].华南师范大学学报(社会

科学版),2009(1).

[37]程恩富,侯为民.中国特色社会主义政治经济学理论基础性研究不容忽视[J].人民论坛,2017(7).

[38]程恩富,曹立村.如何建立国内生产福利总值核算体系[J].经济纵横,2009(3).

[39]程恩富."马学"为体,"西学"为用:重建中国主流经济学范式[J].华南师范大学学报(社会科学版),2005(4).

[40]程恩富.经济学的综合创新与构建海派经济学[J].毛泽东邓小平理论研究,2004(3).

[41]程恩富.海派经济学方法论:综合创新的若干思考[J].上海财经大学学报,2005(1).

[42]程恩富,周环.关于划分社会经济形态和社会发展阶段的基本标志:兼论我国社会主义社会初级阶段的经济特征[J].复旦学报(社会科学版),1988(1).

[43]程恩富.社会主义发展三阶段新论[J].江西社会科学,1992(3).

[44]程恩富,徐惠平.社会主义初级阶段的经济特征与改革[J].赣江经济,1987(12).

[45]程恩富.重构和完善社会主义初级阶段的基本经济形态[J].经济学家,1998(5).

[46]程恩富.和谐社会需要"四主型经济制度"[J].长江论坛,2007(1).

[47]程恩富,朱富强.经济全球化:若干问题的马克思主义解析[J].上海经济研究,2000(7).

[48]程恩富,朱富强.经济全球化与中国的对策思路:兼论"三控型民族经济"与对半式双赢[J].财经研究,2000(10).

[49]程恩富,[美]大卫·科茨.新自由资本主义、全球化和社会主义:中美马克思主义政治经济学家对话[J].经济学动态,2005(4).

[50]程恩富.反思和超越新自由主义主导的经济全球化[J].河北学刊,2008(1).

[51]程恩富.经济全球化及中国的对策[J].上海金融,2000(12).

[52]程恩富.当前西方金融和经济危机与全球治理[J].管理学刊,2009(5).

[53]翟婵,程恩富.中国正处于世界经济体系的"准中心"地位——确立"中心-准中心—半外围—外围"新理论[J].上海经济研究,2019(10).

[54]程恩富,张飞岸.民族产业被外资并购整合并非宿命[J].上海国资,2006

(10).

[55]程恩富,周肇光.关于人民币区域化和国际化可能性探析[J].当代经济研究,2002(11).

[56]程恩富,朱富强,徐惠平.教育大发展与经济全球化[J].中州学刊,2001(6).

[57]程恩富,侯为民.转变对外经济发展方式的"新开放策论"(下)[J].当代经济研究,2011(5).

[58]程恩富,鲁保林,俞使超.论新帝国主义的五大特征和特性:以列宁的帝国主义理论为基础[J].马克思主义研究,2019(5).

[59]程恩富,张建伟.范式危机、问题意识与政治经济学革新[J].河南社会科学,1999(1).

[60]段学慧,程恩富.马克思政治经济学逻辑起点方法论考证和启示[J].甘肃社会科学,2021(6).

[61]程恩富.汲取西方经济理论的科学因素[J].经济改革与发展,1996(6).

[62]程恩富,鄢杰.评析"国有经济低效论"和"国有企业垄断论"[J].学术研究,2012(10).

[63]程恩富.马学为体,西学为用:中国主流经济学的现代转型[J].重庆邮电学院学报(社会科学版),2006(4).

[64]程恩富,张建伟.西方产权理论的哲学审视[J].经济经纬,1999(2).

[65]程恩富.用科学的产权理论分析中国经济变革:张五常先生若干产权观点质疑[J].经济学动态,1996(8).

[66]徐文斌,程恩富.论资本主义私有制增长缓慢规律[J].毛泽东邓小平理论研究,2024(8).

[67]程恩富,何干强.坚持公有制为主体、多种所有制经济共同发展的基本经济制度[J].海派经济学,2009(1).

[68]程恩富,张建刚.坚持公有制经济为主体与促进共同富裕[J].求是学刊,2013(1).

[69]程恩富,张吉明.发展公有经济实现共同富裕:访著名经济学家程恩富[J].海派经济学,2012(2).

[70]朱林兴,程恩富,王爱华.完善所有制结构构建和谐社会:《构建和谐社会的六个关系研究》分课题之五[J].上海市经济管理干部学院学报,2006(3).

[71]程恩富,王中保.近年现代马克思主义政治经济学若干重大理论创新述评

[J].社会科学管理与评论,2007(2).

[72]程恩富,方兴起.深化经济改革的首要任务绝不是国有企业私有化[J].求是,2012(13).

[73]程恩富.国企改革不要神化"私有产权作用"[J].上海国资,2004(12).

[74]程恩富.学好用好中国特色社会主义政治经济学 明确国企改革方向[J].领导科学论坛,2018(16).

[75]程恩富.新时代为什么要做强做优做大国有企业[J].世界社会主义研究,2018(3).

[76]程恩富.国有经济的功能定位与发展战略:国有经济的主导功能与制度创新[J].学术月刊,1997(10).

[77]程恩富.国有资产管理体制改革模式构思[J].经济研究参考,1992(Z3).

[78]程恩富.国有资产管理机构及其职能的研究[J].外国经济与管理,1994(11).

[79]程恩富,徐惠平.建立"一府两系、三层分立、分类管理"的国有资产管理新体制[J].毛泽东邓小平理论研究,2003(3).

[80]程恩富,李政.坚定不移把国有企业做强做优做大[J].现代国企研究,2021(Z1).

[81]程恩富.国有控股公司:成因、产权关系与治理结构:国有制实现形式和国有资本营运模式分析[J].上海社会科学院学术季刊,1998(1).

[82]程恩富.确保基本完成国有企业改革之要点[J].学术月刊,1998(7).

[83]程恩富.掌握积极推进国有企业改革的若干基本观点:学习江泽民同志关于国有企业改革讲话的体会[J].新疆财经,1995(5).

[84]程恩富,张杨.论新时代社会主义农业发展的若干问题:以马克思主义及其中国化理论为指引[J].内蒙古社会科学(汉文版),2019(5).

[85]张杨,程恩富.壮大集体经济、实施乡村振兴战略的原则与路径:从邓小平"第二次飞跃"论到习近平"统"的思想[J].现代哲学,2018(1).

[86]程恩富,张杨.新形势下土地流转促进"第二次飞跃"的有效路径研究[J].当代经济研究,2017(10).

[87]程恩富,龚云.大力发展多样化模式的集体经济和合作经济[J].中国集体经济,2012(31).

[88]程恩富,陆夏,徐惠平.建设社会主义新农村要倡导集体经济和合作经济模式多样化[J].经济纵横,2006(12).

[89]程恩富,张杨.坚持社会主义农村土地集体所有的大方向:评析土地私有化的四个错误观点[J].中国农村经济,2020(2).

[90]程恩富,孙业霞.以色列基布兹集体所有制经济的发展示范[J].经济纵横,2015(3).

[91]谭扬芳,程恩富.蒙德拉贡合作经济模式的经验及其启示[J].中国集体经济,2012(34).

[92]程恩富.用什么经济理论驾驭社会主义市场经济:与吴敬琏、王东京教授商榷[J].学习与探索,2005(4).

[93]高建昆,程恩富.论按比例规律与市场调节规律、国家调节规律之间的关系[J].复旦学报(社会科学版),2015(6).

[94]程恩富.完善双重调节体系:市场决定性作用与政府作用[J].中国高校社会科学,2014(6).

[95]程恩富,包亚钧,徐惠平.东亚若干国家宏观调节的六大特色:兼谈当前改革我国宏观调节机制的几点看法[J].经济改革与发展,1995(8).

[96]程恩富,谭劲松.社会主义比资本主义能更好地运用市场经济[J].当代经济研究,2015(3).

[97]程恩富.新自由主义的起源、发展及其影响[J].求是,2005(3).

[98]程恩富,孙秋鹏.论资源配置中的市场调节作用与国家调节作用:两种不同的"市场决定性作用论"[J].学术研究,2014(4).

[99]程恩富.构建"以市场调节为基础、以国家调节为主导"的新型调节机制[J].财经研究,1990(12).

[100]程恩富,施镇平.再论构建"以市场调节为基础、以国家调节为主导"的新型调节机制[J].财经研究,1991(5).

[101]吴文新,程恩富.新时代的共同富裕:实现的前提与四维逻辑[J].上海经济研究,2021(11).

[102]程恩富,刘伟.社会主义共同富裕的理论解读与实践剖析[J].马克思主义研究,2012(6).

[103]程恩富.要坚持中国特色社会主义政治经济学的八个重大原则[J].经济纵横,2016(3).

[104]程恩富,叶道良.缩小我国财富和收入分配差距的对策研究[J].海派经济学,2024(2).

[105]程恩富.关于劳动收入分配若干问题的思考[J].综合竞争力,2010(6).

[106]程恩富,张杨.马克思主义与西方学者关于贫困成因的理论:兼论"四元贫困主因论"[J].辽宁大学学报(哲学社会科学版),2021(5).

[107]高建昆,程恩富.把握与运用扎实推动共同富裕的五种分配方式[J].福建论坛(人文社会科学版),2024(2).

[108]潘越,程恩富.运用"资本市场"分配方式促进共同富裕[J].管理学刊,2022(4).

[109]程恩富,吕晓凤.中国共产党反贫困的百年探索:历程、成就、经验与展望[J].北京理工大学学报(社会科学版),2021(4).

[110]丁晓钦,钱玉波,程恩富.我国富人移民潮的经济影响及应对措施[J].河北经贸大学学报,2017(3).

[111]程恩富,伍山林.促进社会各阶层共同富裕的若干政策思路[J].政治经济学研究,2021(2).

[112]程恩富,钟卫华.城市以公租房为主的"新住房策论"[J].财贸经济,2011(12).

[113]程恩富,黄娟.机关、事业和企业联动的"新养老策论"[J].财经研究,2010(11).

[114]程恩富,胡靖春.论我国劳动收入份额提升的可能性、迫切性与途径[J].经济学动态,2010(11).

[115]程恩富,徐惠平.具有"独立科学价值"的《资本论》法文版[J].上海经济研究,1984(3).

[116]程恩富.不倦的探索可喜的硕果:评介洪远朋的《资本论》难题探索[J].中国经济问题,1986(4).

[117]程恩富.辩证地认识邓小平的基本经济思想[J].财经研究,1997(6).

[118]程恩富.邓小平社会主义本质论新探[J].重庆邮电学院学报(社会科学版),2003(5).

[119]程恩富,周肇光.党的性质与"三个代表"的科学内涵[J].学术月刊,2001(7).

[120]程恩富.在改革中巩固和加强社会主义经济基础:学习《江泽民文选》的一点体会[J].社会科学管理与评论,2006(4).

[121]程恩富.科学发展与构建和谐的政治经济学观察[J].北京党史,2007(5).

[122]程恩富,程言君.科学发展观关于经济发展的基本思想[J].江苏社会科

学,2013(1).

[123]程恩富.科学发展观和新自由主义发展观的论争[J].上海金融学院学报,2006(5).

[124]葛聪,程恩富.习近平新时代中国特色社会主义思想的理论特性:兼论破解"四大陷阱"[J].学习论坛,2018(11).

[125]程恩富.从马克思主义基本原理领悟党的二十大精神的几个问题[J].马克思主义研究,2022(11).

[126]程恩富,陈健.大力发展新质生产力加速推进中国式现代化[J].当代经济研究,2023(12).

[127]程恩富.中国特色社会主义前进征途上要做到"五个坚持"[J].马克思主义研究,2019(10).

[128]程恩富.面对各种挑战,继续坚持和完善社会主义经济体制和机制[J].国外理论动态,2011(12).

[129]程恩富.改革开放以来新马克思经济学综合学派的若干理论创新[J].政治经济学评论,2018(6).

(三)程恩富经济学术思想的相关研究文献

[1]李家祥,徐仲伟,张顺洪,等."程恩富教授马克思主义政治经济学学术思想"笔谈[J].河北经贸大学学报,2021(3).

[2]卢国琪.程恩富对《资本论》的开拓性与前瞻性研究[J].海派经济学,2016(2).

[3]杨卫,夏晖.劳动价值论的解读与创新:读程恩富等主编《劳动·价值·分配》[J].海派经济学,2004(3).

[4]白暴力,董宇坤.程恩富"新的活劳动价值一元论"思想述评[J].理论月刊,2021(3).

[5]朱富强.以发展和开放的眼光审视社会劳动的性质:兼论判断社会劳动性质的基本原则[J].管理学刊,2012(3).

[6]朱殊洋.单位商品价值量与劳动生产率的关系:对程恩富、马艳理论的数理分析与评述[J].马克思主义研究,2011(5).

[7]朱殊洋.个别劳动生产率的提高一定会使价值总量增加吗:程恩富、马艳框架下的分析[J].学习与探索,2011(3).

[8]朱殊洋.劳动生产率与单位商品价值量成正比的条件:兼对程恩富、马艳"正比论"的证明[J].海派经济学,2013(1).

[9]邱海平.关于"重建个人所有制"学术争论的感想[J].学术评论,2021(3).

[10]尹伯成.评介程恩富教授主编的《文化经济学》[J].经济学动态,1994(11).

[11]朱奎.新政治经济学·海派经济学·大文化经济学:程恩富教授学术成就与学术思想评述[J].河北经贸大学学报,2010(1).

[12]田辰山.程恩富马克思主义学术思想评析[J].长江论坛,2021(1).

[13]李茹月,唐莉.近年来国内马克思共产主义思想研究述评[J].中共云南省委党校学报,2019(6).

[14]黎昔柒.马克思政治经济学批判的价值立场及其出场方式:基于四个维度进行的研究述评[J].湖南省社会主义学院学报,2019(1).

[15]顾钰民.社会主义经济理论的拓新之作:评程恩富的《社会主义三阶段论》[J].学术月刊,1993(3).

[16]杨俊,陈泓宇.论新马克思经济学综合学派的"第一创新学说"[J].海派经济学,2020(4).

[17]李保民.对中国特色社会主义基本经济制度的超前性理论创新:新马克思经济学综合学派"四主型经济制度观"[J].海派经济学,2021(1).

[18]朱殊洋.程恩富"功能性双重调节论"的控制论特征[J].海派经济学,2019(1).

[19]王彬彬.程恩富教授的"市场-国家"双重调节思想研究:兼议构建新发展格局的经济调节方式[J].西部论坛,2021(2).

[20]王学平.马克思主义基本方法历史之谜解答[J].宁夏社会科学,2021(3).

[21]蒋永穆.马克思主义整体性研究新思维:读程恩富教授著作有感[J].唯实,2021(4).

[22]徐永禄.革命与综合的新尝试:评程恩富等的《经济学方法论》[J].海派经济学,2003(4).

[23]李立男.经济美学辨[J].经济师,2013(7).

[24]周肇光,伍装.现代政治经济学体系的新探索[J].经济学动态,2003(3).

[25]方兴起.马克思主义经济学中的理论假设:对程恩富教授"四大理论假设"的思考[J].中国社会科学,2008(2).

[26]余斌.改革创新还是僵化退步?:对陈文通教授关于程恩富教授四大理论假设的异议的评论[J].政治经济学评论,2010(4).

[27]辛白.建立中国经济学的有益探索:评程恩富主编《当代中国经济理论探

索》[J].上海财经大学学报,2001(1).

[28]李江帆.重建中国经济学的有益探索:评程恩富主编的《当代中国经济理论探索》[J].世界经济文汇,2001(3).

[29]孙立冰.中国经济学的重建之路:程恩富中国经济学现代化思想评述[J].税务与经济,2015(6).

[30]朱进东.从文化、范式危机到重建中国经济学[J].辽宁大学学报(哲学社会科学版),2021(5).

[31]于金富,孙世强.程恩富关于中国产权制度与经营方式的思想研究[J].海派经济学,2015(2).

[32]李政.新马克思经济学综合学派的国有经济理论及其时代价值:略评《社会主义市场经济论》的重要观点[J].学术评论,2021(3).

[33]张嘉昕.马克思人口理论视阈下的"新人口策论"研究:阐发程恩富教授人口思想[J].海派经济学,2014(2).

[34]朱殊洋.新人口政策模型及其在广佛肇一体化的应用[J].探求,2012(2).

[35]韩喜平,周玲玲."知识产权优势理论"评析及其应用价值[J].海派经济学,2013(3).

[36]郭民生,郭铮."知识产权优势"理论探析[J].知识产权,2006(2).

[37]尹伯成.一场意义重大的有关经济改革方向问题的论战[J].财经研究,1997(4).

[38]罗节礼.经济学发展需要创新性的评论[J].财经研究,1997(4).

[39]奚兆永.经济改革需要提倡学术争鸣[J].财经研究,1997(4).

[40]朱奎.程恩富的学术贡献和经济思想[J].海派经济学,2009(3).

[41]周肇光.解放思想创新理论:程恩富教授学术思想述要[J].高校理论战线,2005(4).

[42]郑彪.当代马克思主义经济学者的必要品质:《程恩富选集》评论与感悟[J].经济纵横,2011(9).

[43]武建奇.马克思主义经济学的战略科学家:程恩富印象[J].理论月刊,2021(3).

[44][加]艾伦·弗里曼,孙业霞.技术劳动和创造劳动的解释与管理:中国经济奇迹背后的理论:程恩富等著《劳动创造价值的规范与实证研究:新的活劳动价值一元论》第一卷评述[J].政治经济学研究,2020(1).

[45][日]大西广,童珊.评程恩富、胡乐明主编的《经济学方法论》[J].海派经

济学,2013(2).

三、其他著作和论文

(一)学术著作

[1]本书编写组,编.马克思主义政治经济学概论[M].北京:人民出版社,2021.

[2]中国社会科学院马克思主义研究院,编.程恩富学术思想研究[M].北京:经济科学出版社,2015.

[3]中国社会科学院马克思主义研究院,编.程恩富学术思想研究:第2辑[M].北京:经济科学出版社,2021.

[4]李建平.《资本论》第一卷辩证法探索[M].北京:社会科学文献出版社,2006.

[5][匈]卢卡奇,著.历史与阶级意识[M].杜章智等,译.北京:商务印书馆1999.

[6][英]大卫·哈维,著.新帝国主义[M].沈晓雷,译.北京:社会科学文献出版社,2009.

[7]方松华.中国马克思主义学术史纲[M].上海:学林出版社,2011.

(二)期刊文献

[1][法]让-克洛德·德洛奈,吴茜.中国的行业趋势与经济发展[J].政治经济学研究,2024(1).

[2]王学文.《资本论》的研究对象[J].经济研究,1961(1).

[3]田光.论《资本论》的对象问题[J].经济研究,1981(5).

[4]卫兴华.再论中国特色社会主义政治经济学研究对象[J].毛泽东邓小平理论研究,2017(10).

[5]张魁峰.谈《资本论》的研究对象:兼谈我国政治经济学的研究对象[J].山西财经学院学报,1980(1).

[6]马家驹,蔺子荣.生产方式和政治经济学的研究对象[J].经济研究,1980(6).

[7]吴易风.论政治经济学或经济学的研究对象[J].中国社会科学,1997(2).

[8]萧冬荣.政治经济学的对象应该是生产方式:喜读张建民的《新编政治经济学教程》[J].湖北大学学报(哲学社会科学版),1995(6).

[9]林岗.不朽的《资本论》:纪念马克思195周年诞辰之际为《资本论》的初学者而作[J].政治经济学评论,2013(3).

[10]马拥军.对《资本论》的九个根本性误读[J].天津社会科学,2015(2).

[11]简新华.劳动价值论和剩余价值论的再思考[J].河北经贸大学学报,2024(6).

[12]侯风云.论马克思劳动价值论及其理论意义和实践意义[J].河北经贸大学学报,2022(3).

[13]鲁品越.马克思劳动价值论是与旧劳动价值论根本对立的理论:兼论马恩为何是旧劳动价值论的反对者[J].创新,2016(1).

[14]张雷声,顾海良.马克思劳动价值论研究的历史整体性[J].河海大学学报(哲学社会科学版),2015(1).

[15]王今朝,金志达.从三重维度看劳动价值论的客观性和根本性[J].学术界,2023(5).

[16]张旭,于蒙蒙.人工智能背景下的劳动价值论研究:核心议题、历史追溯与经典回顾[J].政治经济学评论,2024(4).

[17]苏星.劳动价值论一元论[J].中国社会科学,1992(6).

[18]谷书堂,柳欣.新劳动价值论一元论:与苏星同志商榷[J].中国社会科学,1993(6).

[19]李运福.怎样维护劳动价值一元论:读苏星教授"劳动价值一元论"的一点感想[J].学术月刊,1994(6).

[20]吴宣恭.价值创造和马克思主义的劳动价值论[J].学术月刊,1995(9).

[21]吴易风.坚持和发展劳动价值论[J].当代经济研究,2001(10).

[22]简新华,毕先萍.坚持和发展劳动价值论必须正确认识的若干问题[J].学术月刊,2002(3).

[23]汪洪涛,杨若璐,徐承志.新的活劳动价值一元论的现实价值[J].海派经济学,2023(2).

[24]白刚.《资本论》与人类文明新形态[J].四川大学学报(哲学社会科学版),2017(5).

[25]刘雄伟.《资本论》语境中的共产主义观念[J].中共天津市委党校学报,2016(6).

[26]黎健坤,储东涛.《资本论》与科学共产主义[J].南昌大学学报(人文社会科学版),1983(1).

[27]陈征.马克思在《资本论》中对共产主义(社会主义)经济的预示[J].经济研究,1983(4).

[28]倪建秀.论《资本论》对科学社会主义的科学论证[J].学理论,2019(1).

[29]梅荣政,李红军.《资本论》对科学社会主义的科学论证[J].科学社会主义,2011(4).

[30]张旭.《资本论》的当代价值[J].马克思主义研究,2017(10).

[31]丁堡骏.《资本论》当代价值的再阐释:以马克思晚年两封书信为中心[J].哲学研究,2023(6).

[32]汪翠荣.《资本论》理论及其当代价值[J].学校党建与思想教育,2018(9).

[33]邱海平.《资本论》的历史地位和当代价值:纪念马克思诞辰200周年[J].前线,2018(6).

[34]刘凤义.《资本论》与中国特色社会主义政治经济学的构建[J].政治经济学评论,2017(3).

[35]王天义.论《资本论》的当代价值[J].当代经济研究,2013(11).

[36]李正宏.论《资本论》的当代价值[J].湖北行政学院学报,2018(6).

[37]何干强.论《资本论》对资产阶级经济学的批判及其现实指导价值[J].当代经济研究,2022(2).

[38]胡岳岷,胡慧欣.21世纪中国《资本论》研究的统计分析:基于CSSCI来源期刊文献的视角[J].当代经济研究,2019(5).

[39]李连波.2021年国内《资本论》研究进展与展望[J].当代经济研究,2022(8).

[40]邰丽华.试析当代西方学者《资本论》研究[J].毛泽东邓小平理论研究,2017(9).

[41]钱颖一.理解现代经济学[J].经济社会体制比较,2002(2).

[42]林岗,张宇.《资本论》的方法论意义:马克思主义经济学的五个方法论命题[J].当代经济研究,2000(6).

[43]郝敬之.论马克思学说的整体性[J].山东社会科学,2005(2).

[44]张雷声.马克思主义整体性的三个层次[J].思想理论教育导刊,2008(2).

[45]鲁品越.马克思主义是不能肢解的"艺术的整体"[J].思想理论教育,2017,(7).

[46]侯惠勤.论马克思主义的整体性[J].思想理论教育导刊,2021(5).

[47]刘召峰.马克思主义整体性研究:既有成果、存在的问题与未来进路[J].社会主义研究,2019(2).

[48]张岱年.综合、创新,建立社会主义新文化[J].清华大学学报(哲学社会科学版),1987(2).

[49]丁涛．习近平系列重要讲话对中国经济学改革的启示：兼论马学、西学和国学之关系[J]．海派经济学,2015(4)．

[50]方克立．铸马学之魂立中学之体明西学之用：学习习近平在哲学社会科学工作座谈会上讲话的体会[J]．理论与现代化,2017(3)．

[51]杨娴,辛守良,秦玉珍．关于社会主义社会发展阶段问题[J]．经济科学,1979(1)．

[52]赵炳章．试论社会主义社会的发展阶段[J]．人文杂志,1979(2)．

[53]朱述先．也谈无产阶级取得政权后的社会发展阶段问题：与苏绍智、冯兰瑞同志商榷[J]．经济研究,1979(8)．

[54]王克忠．试论社会主义社会的初级阶段：关于我国社会发展阶段几个问题的思考[J]．复旦学报（社会科学版）,1987(3)．

[55]卫兴华,黄泰岩．关于社会主义初级阶段几个理论问题的探讨[J]．教学与研究,1987(5)．

[56]杨尊明．论社会主义社会的发展阶段[J]．文史哲,1987(4)．

[57]张宇．马克思与全球化[J]．教学与研究,2002(1)．

[58]余永定．当前世界经济形势、全球化趋势及对中国的挑战[J]．世界经济与政治论坛,1999(5)．

[59]贾根良．新李斯特主义：替代新自由主义全球化的新学说[J]．学习与探索,2012(3)．

[60]宋太庆,王路平．新帝国主义论：关于当代资本主义的总体特征[J]．华中师范大学学报（哲学社会科学版）,1994(1)．

[61][美]因坦·苏万迪,约恩纳·福斯特,等．全球商品链与新帝国主义[J]．国外理论动态,2019(10)．

[62]何秉孟．美国金融危机与国际金融垄断资本主义[J]．高校理论在线,2010(6)．

[63]李慎明．金融、科技、文化和军事霸权是当今资本帝国新特征[J]．红旗文稿,2012(20)．

[64]王伟光．国际金融垄断资本主义是垄断资本主义的最新发展,是新型帝国主义[J]．社会科学战线,2022(8)．

[65]李忠健．关于重建中国经济学的思考[J]．四川商业高等专科学校学报,2000(4)．

[66]李茂生．马克思主义与中国经济学的重建[J]．中国社会科学院研究生院学

报,2001(6).

[67]袁鲲.浅论重建中国经济学[J].改革与战略,2003(S1).

[68]刘国光.关于中国社会主义政治经济学的若干问题[J].政治经济学评论,2010(4).

[69]卫兴华.马克思主义政治经济学对象问题再探讨[J].马克思主义研究,2006(1).

[70]谢富胜,康萌.中国特色社会主义政治经济学的逻辑起点[J].马克思主义与现实,2023(2).

[71]陆夏,丁晓钦.中国特色社会主义政治经济学与中外经济研究:2021年新马克思经济学综合学派观点述评[J].管理学刊,2022(2).

[72]颜鹏飞.新时代中国特色社会主义政治经济学研究对象和逻辑起点:马克思《资本论》及其手稿再研究[J].内蒙古社会科学(汉文版),2018(4).

[73]刘荣材.中国特色社会主义政治经济学逻辑起点选择的理论范式与实践基础[J].改革与战略,2023(1).

[74]周文,代红豆.中国特色社会主义政治经济学逻辑起点再讨论[J].广西师范大学学报(哲学社会科学版),2022(6).

[75]吴宣恭.坚持和完善社会主义初级阶段的基本经济制度[J].政治经济学评论,2016(4).

[76]何干强.维护公有制主体地位的经济学思考[J].当代经济研究,2006(12).

[77]周新城.关于公有制为主体问题的思考[J].当代经济研究,2017(6).

[78]周新城.关于公有制为主体的若干基本理论问题的探讨[J].思想理论教育导刊,2011(2).

[79]赵华荃.关于公有制主体地位的量化分析和评价[J].当代经济研究,2012(3).

[80]孙宗伟.公有制主体地位的含义、现状以及发展趋势[J].思想理论教育导刊,2015(3).

[81]肖香龙,谭劲松.我国公有制主体地位现状与发展趋势研究[J].浙江理工大学学报,2010(6).

[82]刘越.我国公有制经济占主体地位之"质"的分析[J].马克思主义研究,2012(8).

[83]卫兴华.坚持和完善中国特色社会主义经济制度[J].政治经济学评论,

2012(1).

[84]胡钧.正确理解"使股份制成为公有制的主要实现形式":评"新公有制"、"现代公有制"[J].高校理论战线,2005(3).

[85]顾钰民.发展混合所有制经济的理论思考[J].中国高校社会科学,2015(4).

[86]顾海良.市场经济是中性范畴吗[J].高校理论战线,1993(4).

[87]余斌.正确处理政府与市场的关系必须坚持唯物史观[J].毛泽东邓小平理论研究,2015(10).

[88]刘凤义.论社会主义市场经济中政府和市场的关系[J].马克思主义研究,2020(2).

[89]蒋学模.社会主义按劳分配和共同富裕[J].商业经济与管理,1993(5).

[90]卫兴华.评否定按劳分配思潮中的几种观点[J].高校理论战线,1991(1).

[91]胡钧.不应用西方经济学理论阐释生产要素按贡献参与分配的原则[J].贵州财经学院学报,2005(6).

[92]张宇."效率优先、兼顾公平"的提法需要调整[J].经济学动态,2005(12).

[93]卫兴华.论社会主义共同富裕[J].经济纵横,2013(1).

[94]邱海平.共同富裕的科学内涵与实现途径[J].政治经济学评论,2016(4).

[95]蒋永穆,谢强.扎实推动共同富裕:逻辑理路与实现路径[J].经济纵横,2021(4).

[96]毛玉娟,马振清.习近平关于共同富裕重要论述的时代内涵、价值旨归和世界意义[J].邓小平研究,2022(6).

[97]许宪春,郑正喜,张钟文.中国平衡发展状况及对策研究:基于"清华大学中国平衡发展指数"的综合分析[J].管理世界,2019(5).

[98]蒋永穆,豆小磊.扎实推动共同富裕指标体系构建:理论逻辑与初步设计[J].东南学术,2022(1).

[99]吕新博,赵伟.基于多维测度的共同富裕评价指标体系研究[J].科学决策,2021(12).

四、电子文献

[1]丁晓钦.走向世界的宏伟气魄和有益尝试:从创办"世界政治经济学学会"谈起[EB/OL].(2018-06-26)[2024-12-15].http://xinmapai.com/Index/show/cat-id/25/id/713.html.

[2]拉赫曼诺夫.评《程恩富选集》:国际理论战线的老战士和先行者[EB/OL].

(2021-12-05)[2024-12-20]. http://www.kunlunce.com/ssjj/ssjjhuanqiu/2021-12-05/157156.html.

[3]阿尼霍夫斯基. 程恩富院士对马克思列宁主义哲学发展的贡献[EB/OL]. (2021-12-03)[2024-12-20]. http://www.kunlunce.com/llyj/fl11111111111/2021-12-03/157087.html.

[4]波波维奇. 评《程恩富选集》：真正的马克思主义思想家[EB/OL]. (2021-12-03)[2024-12-22]. http://www.kunlunce.com/e/wap/show.php?classid=176&id=157136.html.

[5]尼基丘克. 马克思列宁主义的光辉著作：程恩富院士和意识形态斗争（И. И. 尼基丘克讲稿）(2021-12-03)[2024-12-22]. http://www.kunlunce.com/llyj/fl1/2021-12-03/157110.html.

[6]国家统计局. 2024年四季度和全年国内生产总值初步核算结果[R/OL]. (2025-01-18)[2025-03-10]. https://www.stats.gov.cn/sj/zxfb/202501/t20250118_1958363.html.

[7]国家统计局. 国家统计局关于2024年粮食产量数据的公告[R/OL]. (2024-12-13)[2025-03-10]. https://www.stats.gov.cn/sj/zxfb/202412/t20241213_1957744.html.

[8]国家统计局. 2024年全国规模以上文化及相关产业企业营业收入增长6.0%[R/OL]. (2025-01-27)[2025-03-10]. https://www.stats.gov.cn/xxgk/sjfb/zxfb2020/202501/t20250127_1958489.html.

[9]国家统计局. 中华人民共和国2024年国民经济和社会发展统计公报[R/OL]. (2025-02-28)[2025-03-10]. https://www.stats.gov.cn/xxgk/sjfb/zxfb2020/202502/t20250228_1958817.html.

[10]中华人民共和国文化和旅游部. 中华人民共和国文化和旅游部2023年文化和旅游发展统计公报[R/OL]. (2024-09-01)[2025-03-10]. https://www.gov.cn/lianbo/bumen/202409/content_6972211.html.

[11]李可愚. 专访全国人大教科文卫委员会委员程恩富：共同富裕是财富和收入差距加速缩小，是基础性的教育、住房、医疗、养老等民生服务公益化、均等化[EB/OL]. (2022-03-08)[2025-01-20]. https://www.nbd.com.cn/articles/2022-03-08/2154359.html.

[12]胡润研究院. 2024胡润财富报告[R/OL]. (2025-02-27)[2025-03-15]. https://www.hurun.net/zh-CN/Info/Detail?num=WH4FGWHNVOMT.html.

[13]国家统计局. 2023年城镇单位就业人员年平均工资情况[R/OL]. (2024-05-

17) [2025-03-15]. https://www.stats.gov.cn/sj/zxfb/202405/t20240520_1950434.html.

五、外文文献

[1] John Bellamy Foster, Gennady Zyuganov, T. Andréani et al. , *Innovative Marxist school in China: comments by international scholars on Cheng Enfu's academic thoughts*, Berlin: Canut International Publishers, 2023.

[2] Foster, John Bellamy, "Foreword to China's economic dialectic: the original aspiration of reform by Cheng Enfu, *World Review of Political Economy*, Vol. 13, No. 3, 2022, PP. 414-420.

[3] Robert Ware, Reflections on Chinese Marxism, *Socialism and Democracy*, Vol. 27, No. 1, 2013, PP. 136-160.

[4] Pena, David S. 21st-century socialism and the four components of sustainability, *World Review of Political Economy*, Vol. 1, No. 2, 2010, PP. 290-304.

[5] Tharappel, Jay. Why China's capital exports can weaken imperialism, *World Review of Political Economy*, Vol. 12, No. 1, 2021, PP. 27-49.

[6] Pautasso, D, Nogara T S. (2024). Cheng Enfu and Domenico Losurdo's views on socialist construction, *Socialism and Democracy*, Vol. 38, No. 1, 2024, PP. 26-39.

附 录

一、程恩富经济学术思想热点议题分布

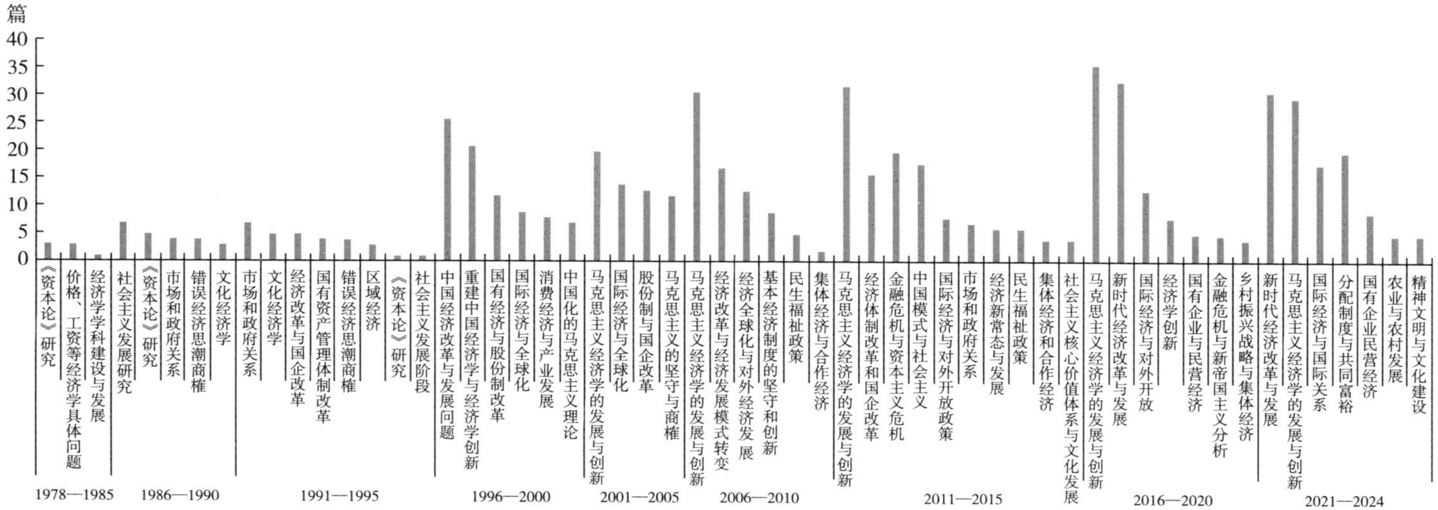

图 1 不同阶段程恩富经济学术思想研究议题分布

资料来源：根据中国知网相关材料整理制作。[①]

[①] 仅展示特定时间段内，程恩富经济学术作品中研究数量较多的研究主题。

二、程恩富的主要著作

[1]程恩富. 消费理论古今谈[M]. 北京:经济科学出版社,1990.

[2]程恩富. 社会主义三阶段论[M]. 广州:广东高等教育出版社,1991.

[3]程恩富. 文化经济学[M]. 北京:中国经济出版社,1993.

[4]程恩富. 国家主导型市场经济论[M]. 上海:上海远东出版社,1995.

[5]程恩富. 上海消费市场发展史略[M]. 上海:上海财经大学出版社,1996.

[6]程恩富. 西方产权理论评析:兼论中国企业改革[M]. 北京:当代中国出版社,1997.

[7]程恩富. 中国海派经济论坛(1998)[M]. 上海:上海财经大学出版社,1998.

[8]程恩富. 文化经济学通论[M]. 上海:上海财经大学出版社,1998.

[9]程恩富. 当代中国经济理论探索[M]. 上海:上海财经大学出版社,2000.

[10]程恩富,李新,B. 梁赞诺夫,等. 中俄经济学家论中俄经济改革[M]. 北京:经济科学出版社,2000.

[11]程恩富,伍山林. 企业学说与企业变革[M]. 上海:上海财经大学出版社,2001.

[12]程恩富. 中国海派经济论坛(2001)[M]. 上海:上海财经大学出版社,2001.

[13]程恩富,李新,朱富强. 经济改革思维:东欧俄罗斯经济学[M]. 北京:当代中国出版社,2002.

[14]程恩富,何玉长,冯金华,等. 国外经济学与当代中国经济丛书(八卷本)[M]. 北京:当代中国出版社,2002.

[15]程恩富,胡乐明. 经济学方法论:马克思、西方主流与多学科视角[M]. 上海:上海财经大学出版社,2002.

[16]程恩富. 十问张五常[M]. 香港:香港经世文化出版有限公司,2004.

[17]程恩富,汪桂进,朱奎. 劳动创造价值的规模与实证研究:新的活劳动价值一元论[M]. 上海:上海财经大学出版社,2005.

[18]施岳群,袁恩桢,程恩富. 20世纪中国社会科学(理论经济学卷)[M]. 上海:上海人民出版社,2005.

[19]程恩富,胡乐明. 新制度经济学[M]. 北京:经济日报出版社,2005.

[20]程恩富,马艳,张忠任,等. 马克思主义经济思想史(五卷本)[M]. 上海:东方出版中心,2006.

[21]程恩富,冯金华,马艳. 现代政治经济学新编(简明版)[M]. 上海:上海财经

大学出版社,2008.

[22]程恩富. 现代政治经济学[M]. 河内:国家经济大学出版社,2008.

[23]程恩富. 程恩富选集[M]. 北京:中国社会科学出版社,2010.

[24]程恩富,冯金华,马艳. 现代政治经济学新编(通用版)[M]. 上海:上海财经大学出版社,2011.

[25]王朝科,程恩富. 经济力系统研究[M]. 上海:上海财经大学出版社,2011.

[26]程恩富,马艳,冯金华,等. 现代政治经济学数理分析丛书(五卷本)[M]. 上海:上海财经大学出版社,2011.

[27]程恩富,冯金华,马艳. 现代政治经济学新编(完整版)[M]. 上海:上海财经大学出版社,2012.

[28]程恩富. 科学发展观与中国经济改革和开放[M]. 上海:上海财经大学出版社,2012.

[29]程恩富. 经济理论与政策创新[M]. 北京:中国社会科学出版社,2013.

[30]程恩富,杨承训,徐则荣,等. 中国特色社会主义经济制度研究[M]. 北京:经济科学出版社,2013.

[31]程恩富. 马克思主义整体性新论[M]. 北京:中国社会科学出版社,2013.

[32]程恩富. 重建中国经济学[M]. 上海:复旦大学出版社,2015.

[33]程恩富. 当代中国马克思主义的新发展[M]. 北京:中国言实出版社,2015.

[34]程恩富. 马克思主义政治经济学基础理论研究[M]. 北京:北京师范大学出版社,2017.

[35]闫启英,程恩富. 中国当代马克思主义理论与实践的新发展[M]. 北京:中国社会科学出版社,2017.

[36]程恩富,刘新刚. 重读《资本论》[M]. 北京:人民出版社,2018.

[37]程恩富,段学慧.《资本论》与社会主义建设[M]. 北京:社会科学文献出版社,2018.

[38]程恩富. 改革开放与中国经济[M]. 北京:中央编译出版社,2018.

[39]程恩富. 社会主义市场经济论:纪念中国改革开放40周年[M]. 北京:中国财政经济出版社,2019.

[40]程恩富. 马克思主义经济学说史[M]. 北京:社会科学文献出版社,2024.

[41]程恩富,段学慧. 现代政治经济学研究[M]. 北京:高等教育出版社,2024.